JN485764

우리나라 선비들의 中國 시 이야기

제1권

원편자_

광건행(鄺健行, Guang Jian Xing)

홍콩 신아학원 중문계 졸업, 그리스 아테네대학 철학박사, 홍콩중문대학 및 홍콩침례대학 중문학과에서 강의, 현재 침례대학 영예교수. 저서 : 『시부와 율조』 『杜甫新議集』 등. 역서 : 플라톤의 『波羅塔哥拉』 등. 홍콩을 대표하는 중국문학자의 하나로, 서양 고전에도 정통하며, 근년에는 한 중 양국의 문화교류에 관련된 한국의 여러 고서에 관한 논문을 많이 발표하고 있음.

진영명(陳永明, Chan Wing Ming)

홍콩중문대학 중문과 졸, 미국 예일대학 철학석사, 위스콘신대학 동아시아계 박사, 현재 침례대학 영예교수. 저서 『중국문학산론』 『원래공자』 등. 홍콩 T.V.에서 문학, 철학, 음악 등에 관한 해설자로 명성을 날렸으며, 여러 책의 베스트 셀러 작가이기도 함.

오숙전(吳淑鈿, Ng Suk Tin)

대만사범대학 국문계 졸업, 홍콩대학 중문계 박사, 현 침례대학 교수. 저서 : 『陳與義詩歌硏究』

역주자_

이장우(李章佑)

서울대학교 중문과 졸업, 대만대학 중국문학연구소, 석사, 서울대학교 문학박사. 현 영남대학교 명예교수. 역서 : 『퇴계시풀이』(6책), 『고문진보』(상,하) 등. 중국과 한국의 한자로 된 책을 쉬운 현대한국어로 옮기는 일에 많은 관심을 가지고 있음.

박한규(朴漢圭)

영남대학교 중문과 졸업, 동 대학원 석 · 박사과정 졸업 및 수료. 현재 영남대학교 강사. 저서 : 『이퇴계의 고문진보 강해 연구』

최계량(崔繼良)

한국방송통신대학교 중어과 졸업, 영남대학교 중문과 석 · 박사과정 졸업 및 수료. 현재 영남대학교 강사. 역서 : 『우리가 알아야할 삼국지 상식 100가지』

우리나라 선비들의 중국시 이야기 제1권

초판 인쇄 2011년 12월 22일 | **초판 발행** 2012년 1월 10일

편자 광건행(鄺健行) · 진영명(陳永明) · 오숙전(吳淑鈿) | **역자** 이장우(李章佑) · 박한규(朴韓圭) · 최계량(崔繼良)
펴낸이 이효수 | **펴낸곳** 영남대학교출판부

출판등록 1975년 9월 5일 경산 제16-1호 | **주소** 경북 경산시 대동 214-1
전화 053) 810-1801~3 | **FAX** 053) 810-4722 | **홈페이지** book.yu.ac.kr

ISBN 978-89-7581-430-3 94810

값은 표지 뒷면에 있습니다.
잘못 만들어진 책은 바꾸어 드립니다.

천마총서 04

우리나라 선비들의 中國 시 이야기

제1권

광건행鄺健行 · 진영명陳永明 · 오숙전吳淑鈿 뽑음

이장우李章佑 · 박한규朴韓圭 · 최계량崔繼良 역주

영남대학교출판부

[1]

우리나라의 선비들은 한문으로 된 중국시의 내용에 대하여 얼마나 깊이 알고 있었으며, 그러한 작품들을 대할 때 어떠한 생각을 지니고 있었을까?

지금 21세기에 사는 우리들이 아무리 열심히 한문을 공부하고 고전을 연구한다고 해도, 한문 문장을 처음부터 통째로 외우기 시작하여 그것을 바탕으로 평생 동안 한자로 문자생활을 하고 지냈던 우리 선조들에게는 도저히 따라갈 수가 없을 게 아닌가?

그러나 그러한 업적들을 어떻게 손쉽게 입수하여 정확하게 파악하여, 지금 우리들이 연구하는 데에도 활용할 수 있을 것인가?

또 지금의 한문학과나 국문과에서는 이와 관련된 공부를 얼마나 하고 있을까?

중국 고전 문학을 전공하면서, 나는 항상 이런저런 점들이 매우 궁금하였다.

그래서 틈나는 대로 우리나라에서 간행된 문집들도 사모아 보았고, 관련된 저술들도 구입해보기는 하였으나, 직접 그러한 내용으로 강의를 하거나, 또 그러한 학회에 참석한 일은 거의 없었기 때문에, 이러한 자료들은 다만 나의 장서를 늘리는 데는 일조를 하였지만, 나의 지식, 나의 작업과는 별 연관이 없었다.

[2]

그런데, 한국에서 한시를 연구하는 시화학회가 생기고, 그러한 연구를 한국, 중국, 일본 학자들이 공동으로 추진한다는 이야기도 들었으나, 나는 그때나 지금이나 별로 대외 활동을 하지 않고, 또 이 분야에 대하여 아는 것도 별로 없기 때문에 그런 모임에 직접 참석하여 본 적은 거의 없었다. 그러나 이러한 모임을 계기로 해서 한국의 시화에도 관심을 가지는 외국, 특히 중국학자들이 더러 있다는 이야기는 가끔 듣게 되었다.

그 중에 한 분이 이 책을 편집한 광건행 교수다. 그가 홍콩에서 이미 풍부한 연구비를 확보하여 한국에서 나온 한문 시화를 모조리 컴퓨터에 입력하고, 그 가운데서 중국 시에 관련된 자료를 모두 뽑아내고 있다는 이야기를 들었을 때, 한편으로는 매우 놀랍고 고맙기도 하면서도, 한편으로는 이러한 일이라면 한국에 있는 중국문학도나 한문학도가 먼저 착수해야 하였을 일이 아니었나 싶은 부끄러운 생각도 들었다.

2002년 11월에 그가 영남대학교 국제관에서 열린 동아인문학회에 참석하였을 때, 나는 초면인 그에게 이 분야의 연구에 착수한 것을 자주 들어 알고 있다고 치하하였더니, 그는 이 책이 마침 홍콩의 중화서국에서 나왔다고 하면서, 새 책을 한권 꺼내어 서명하여 주었다. 금방 나온 책을 편자에게 직접 받고 보니 얼마나 즐거웠는지! 더구나 평소에 알고 싶었던 내용을 요령있게 간추려놓은 책이고 보니 말이다. 또 이분의 장인되는 반중규 潘重圭 교수는 유명한 돈황학자로서, 영남대학교에서 명예문학박사를 받은 분이고 보니, 이 교수와는 본래 가까운 사이였던 것 같이 느껴졌다.

[3]

몇 년 전에 영남대학교에서 퇴직을 하면서, 그 동안 사모았던 책도 모두 영남대학교 중앙도서관에 기증하였다. 그러나 그 도서관 4층에 퇴직 교수들이 공동으로 이용할 수 있는 공간이 하나 생기고, 중문과에서는 대학원 강의를 한 과목 마련해 주었다.

그 때부터 나는 이미 기증한 책 중에서 필요한 것은 다시 대출하여, 광교수의 이 책을 교재로 삼아서 몇 학기동안 학생들에게 강독하였다. 그리고 이 책의 내용을 한글로 번역하고, 관련된 내용 중 스스로 몰라서 사전을 찾아본 것은 가능한 모두 주석을 달아보라고 하였다.

이렇게 초벌 번역된 내용을 강의시간에 내가 보완 수정하여 가며 설명하고, 그것을 다시 정리하여 본과에서 내는 번역전문 반년간 《역총》에 연재하게 하였다. 이렇게 하여 지금까지 모인 것을 우선 한차례 묶은 것이 바로 이 책이다.

[4]

광교수의 이 책은 《한국시화 중 중국관련 자료 가려뽑음韓國詩話中論中國詩資料選粹》이라는 긴 제목을 지니고 있는데, 나는 좀 쉬운 말로 《우리나라 선비들의 중국시 이야기》라고 바꾸어 보았다.

원본은 고려의 《파한집》부터 근세의 이가원 교수의 《옥류산장시화》까지 56편이 초록되어 있으나, 지금까지 읽은 것은 34번째 정재륜의 《한거잡록》

까지인데, 그 전체의 절반 정도의 분량이다.

이러한 한국 시화의 가치에 대하여서는, 이 책 앞머리에 번역 소개하는 광교수의 해설이 있는데, 거기에서는

1. 논시論詩 상의 가치 ; 총설의 예, 주석의 예,
변증의 예, 논석의 예, 평상評賞의 예.
2. 집일輯佚 상의 가치
3. 교감校勘 상의 가치

로 나누어 상세하게 설명하고 있기 때문에 여기서 다시 언급하지는 않으려 한다.

여기서는 다만 이 책을 가지고 강의하여 보고 역주하여 내는 과정에서 느낀 점만 몇 마디 더 적어 보고자한다. 여기 역주한 시화들의 태반은 한국에서도 이미 어떠한 형태로든 번역이 나와 있다. 그렇기 때문에 이런 분야의 책을 처음 읽어보는 대학원 학생들도 우선 그러한 번역과 주석을 보고서, 이러한 어려운 시화의 내용에 겁 없이 접근하여 다시 개역을 시도해볼 수 있었다. 그러한 점에 있어서는 국내의 선행 역주자들에게 깊은 사의를 표하고자 한다.

그러나 그러한 역주를 보면 무엇보다가도 우선 언급되고 있는 중국의 원시들에 대한 이해가 그렇게 철저하지 못하여, 독자들이 읽어도 무슨 내용인지 이해하기가 쉽지 않으리라 생각되었다. 그래서 이 작업에서는 인용되고 있는 모든 중국 원시를 모두 조사하여, 주석에서 그 내용을 몇 줄씩이라도 번역 소개하고, 번역만으로는 그 뜻이 쉽게 전달이 되지 않을 만한 것은 ※표를

하여 가며 그 주석에 또 주석을 첨가하였다. 이렇게 철저하게 검토를 하다가 보니 저절로 시화 원문에 대한 일부 잘못된 번역도 더러 찾아내게 되었다.

수많은 시의 원문을 찾아보는 데나, 방대한 이 작업을 이 정도나마 일관성 있게 진행하는 데는, 최근에 나오는 여러 가지 편리한 기본 전적들과, 공구서들, 그러한 것들을 컴퓨터를 이용하여 검색하고 작업할 수 있도록 만드는 여러 가지 신비한 문명의 혜택들이 모두 동원되었다.

가장 자주 이용한 것만 몇 가지 들자면, 《사고전서》(전자판), 《한국고전DB》(한국고전번역원), 《전송시全宋詩》, 《송시화전편》, 《명시화전편》, 《한어대사전》(전자판), 《한한대사전》(단국대) 같은 것들이다.

이러한 편리한 이기利器들이 없던 시대에 나온 책들을 보면, 힘은 힘대로 기울렸을 것이나, 아무래도 검색에 한계가 많았음을 자주 발견하게 되었다.

[5]

그 다음에 이야기하고 싶은 것은 번역문이나 주석문의 수준에 관한 것이다. 나는 여기서도 모든 말은 한글 전용을 원칙으로 하고, 필요한 경우에는 괄호 속에 한자를 넣도록 하였다. 또 시의 제목이나, 글의 편명 같은 것 까지도 일반 독자들이 무슨 말인지 잘 이해하지 못할 것 같이 생각되면 모두 한글로 그 뜻을 풀어 보게 하였다. 제목부터 무슨 말인지도 모르겠는데, 어떻게 그 뒤에 나오는 내용을 이해할 수 있겠는가? 이러한 점은 내가 하는 다른 역주 작업에서도 고수하고 있다.

흔히 듣는 이야기 중에,

"이러한 정도의 책을 보는 사람은 이미 상당한 수준에 있는 사람들일 것이니, 좀 어려운 말이라도 그들 스스로 알든가, 모르면 사전을 찾을 수도 있지 않겠나?"

하는 것인데, 나는 그렇게 생각하지는 않는다. 우선 "이러한 정도의 책을 보는 사람"을 어느 정도로 잡을 것인가?

나는 인문계통의 책은 평이하고 친절하게만 만들어 놓으면 그래도 상당한 독자층이 있으리라고 기대하여 본다. 그러나 지금 한글세대들은 이전 세대들이 생각하는 것과는 판이하게 한자말을 잘 모른다는 것이 사실이다. 이러한 사람들에게도 옛날이야기 책을 쉽게 접근할 수 있도록 만드는 것은, 우리 같은 기성세대 연구자들이 반드시 시도하여 보아야할 자못 성가시기는 하지만, 꼭 해두어야 할 과업이라고 생각한다. 사실 책을 쉽게 만들자니 번거롭고 귀찮은 일이 점점 더 불어나지만 말이다.

[6]

이렇게 주석이 늘어나고, 말이 길어지다가 보니, 이 책이 이렇게 두터워지고 말았으나, 그래도 약간의 "성취감—이 작업에 참여하였던 한 여학생의 말" 같은 것은 느끼기도 한다. 그 동안 초벌 역주를 하고 여러 가지 잔소리와 수많은 질책을 들어준 영남대학교 중문과 대학원의 여러 동학들에게, 책을 마무리하면서 한없는 사제간의 온정을 느낀다. 일단 퇴직을 한 뒤에 다시 만난 사람들이니 그 사람들은 나에게 더욱 소중하게 생각된다.

이 중에는 한국 학생들 말고도 중국에서 온 동포 학생, 중국인 유학생들도 있고, 나이로 보아서도, 20대에서부터 50대까지 다양한데, 나는 이 사람들에게 모두 많은 역주과제를 부과하였다. 그 중에는 이미 상당한 수준에 도달한 사람들도 몇몇 있기는 하였지만, 나는 늘 그들에게 칭찬보다는, 한글 표현력에서부터 전공에 대한 지식, 자료를 검색하는 능력 등… 많은 것이 모자란다고 나무라기만 하였다. 이렇게 하는 동안 나도 사실은 현직에 있을 때보다도, 이 한 과제에 좀 더 집중할 수 있구나 하는 생각이 들었다. 한 때 이들의 노력과 나의 소망이 합하여진 것이 바로 이 책이다.

그러나 이 책 표지에서는 그 여러 사람들의 이름을 다 밝힐 수 없어, 그 중에서도 대표격인 박한규, 최계량 두 사람 이름만 적었고, 매 시화가 끝날 때 마다 그 시화를 책임지고 정리한 사람들의 이름을 밝혀 두었다.

최계량 선생은 이 책을 읽는 동안, 이미 학점을 모두 이수한 뒤였으나 그것과는 관계없이, 처음부터 계속하여 이 시화 강의를 들어가면서 초벌 번역을 가장 많이 하였고, 박한규 군은《역총》에다가 이 여러 편의 시화 번역을 일일이 체제를 다시 통일하여가면서 연재할 수 있도록 하였다. 이 두 사람은 모두 시가 전공이고, 또 컴퓨터도 나보다 몇 배나 더 잘 다룰 수 있기 때문에, 내가 놓친 것도 많이 찾아 주었다.

마지막에《역총》에 연재한 것을 모두 수합하여 최종정리를 하는 데는, 내가 한 두 차례 처음부터 끝까지 다시 훑어보면서 수정하였고, 박한규 군은 광교수의 해설 부분을 힘들여 번역하였다. 무엇보다도 특히 최계량 선생은 지난 겨울 방학 벽두부터 지금까지, 원문 글자를 일일이 찾아가며 대조하고, 전체의 체제를 다시 통일하며, 내가 다시 수없이 뜯어고쳐놓은 내용을 불평 없이 추가하여 입력하는 등 …… 몇 달 동안이나 문자 그대로

"불철주야不撤晝夜" 헌신하였다. 삼가 고마움을 표한다.

[7]

끝으로 이 책의 한국 출판을 선선히 허락하여 준 광건행 교수, 그에게 그런 호의를 베풀도록 도와준 홍우흠 교수에게 감사하며, 나에게 이 일을 하는 동안 편안하게 공부할 수 있도록 도와준 중문과의 여러 후배교수들과 영남대 중앙도서관, 특히 그 고서실의 여러 사서들에게도 사례의 인사를 드린다.

무엇보다도 이렇게 매수만 많고, 잘 나갈지도 모르는 이 책을 내도록 하여준 영남대학교 출판부에 사의를 표한다.

2011년 12월 초순

영남대학교 중앙도서관
명예교수열람실에서

이장우李章佑

章佑教授道席：

接本月十六日華翰, 敬悉一切. 拙編《韓國詩話中論中國詩資料選粹》蒙 先生採爲教學課本, 至感榮幸. 大函中提及此書之韓文譯註及出版事, 謹奉覆如下：

一, 本人同意 先生譯註及出版拙編《韓國詩話中論中國詩資料選粹》.

二, 本人不收取著作版權費.

三, 是書封面編者請保留本人姓名, 至譯註者姓名自是先生.

譯註本出版後, 甚盼能賜寄三數册, 俾作紀念. 如有其他問題, 仍請先生賜告. 耑此謹頌

教安

鄺健行拜啓

二零零九年 十月二十七日

이장우 교수님께

이번 달 16일에 보내주신 편지를 받고 두루 잘 알았습니다. 제가 엮은 《한국시화중논중국시자료선수》를 선생께서 수업 교재로 채택하셨다니 대단한 영광으로 생각합니다. 편지에서 언급하신 이 책의 한국어 역주 및 출판에 관한 일은 삼가 다음과 같이 답장을 올립니다.

1. 본인은 선생께서 본인이 엮은《한국시화중논중국시자료선수》를 역주하고 출판하는 것에 동의합니다.

2. 본인은 저작판권비를 받지 않겠습니다.

3. 이 책의 표지에 적는 편자에는 본인의 이름을 보류하여 주시고, 역주자의 성명은 선생님의 성함부터 시작하시기 바랍니다.

역주본이 출판된 후, 서너 권 정도 보내주시어 기념으로 삼을 수 있기를 바랍니다. 만약 다른 문제가 있다면 선생께서 알려주십시오.

이에 삼가 교수 생활에 편안하심을 빕니다.

광건행 올림

2009년 10월 27일

목차

제2부 조선 전기의 이야기

중국 원서의 해설
-韓國詩話中論中國詩資料選粹 前言

一. 이 작업의 시작

한국은 역사적으로 일찍이 중국문화를 대량으로 받아들였는데, 그 중 한문漢文을 공적으로 또는 사적으로 저술하거나 기록하는 서면書面 문장으로 채택하였다. 옛날 한국 사람들이 기초 교육을 받아들이는 과정은 중국과 차이가 없었다. 즉, 중국의 경전經典을 소리 내어 읽고 손에 넣는 것부터 중국과 한국의 문학 · 역사 서적을 공부하는 것까지 확대 · 발전시켰다. 그리하여 역사적으로 한국 사람은 세도世道 사회로부터 개인의 덕을 닦고 실천하는 것과 문예창작에 이르기까지 견해가 중국의 영향을 깊이 받아서 중국 사람과의 차이가 적다.

중국은 시가의 나라로 역대로 시풍이 고루 성행하였고, 그에 따라 나타난 시가 평론 문장은 흩어져 있는 구절에서 전집까지 포함하면 그 수가 매우 많다. 이러한 상황은 한국에서도 예외가 아니다. 역대로 한국 사람이 시를 평론한 것은 한국의 작가와 작품에 착안한 것을 제외하더라도, 수많은 문장에서 중국의 시인과 작품 및 중국 시가와 관련된 여러 가지 사항을 담론하였다. 중국 시가를 담론한 것을 종합해보면 대충 보더라도 한국 시가를 이야기한 것에 비해 그렇게 적다고는 할 수 없다. 이는 아마도 중국 시가가 한국 시가의 연원이 되는 것이어서 특별히 중시하였기 때문이거나, 혹은 한국의 옛 사람들 마음속에는 중국 문학의 틀에서 벗어나려는 생각이 아예 없었고, 중국 시가에는 이야기할 만한 제재가 매우 많아서 탐구가 끊이지 않았기 때문이기도 할 것이다. 어찌되었든, 한국 사람이 중국 시가를 논한 수

많은 자료가 기왕에 후세에 전해지게 되었다면, 설사 여태껏 본 적이 없는 사람이라도 상식적인 도리에 의거하여 다음과 같은 내용을 추측할 수 있을 것이다. 즉, 그 속에는 반드시 아끼고 중시할 만한 내용이 있으면서도 학술적인 가치가 완전히 없을 수는 없다는 것이다. 그러한 즉 중국의 시가 연구자의 입장에서도 이 자료들을 접하고 참고할 필요가 있을 것이다.

근세 이래로, 중국의 학자가 자기 나라의 시가[혹은 기타 학술 · 문학 범주]를 연구하면서 중국 이외 지역의 의견과 자료에 주목하고 수집하여 참고하기 시작하였으니, 일본에서부터 전해져 되돌아 온 〈문경비부론文鏡秘府論〉이 바로 그 예이다. 하지만 결론적으로 말하자면 사람들은 주로 일본 쪽을 향하였고, 한자문화권 내의 또 다른 나라—한국—의 자료는 이식李植의 《찬주두시택풍당비해纂註杜詩澤風堂批解》처럼 때때로 언급되기도 하였으나, 전반적으로 말하자면 중시함이 매우 부족하였고 작업을 하려는 사람도 없었다.

나와 홍콩 침회대학浸會大學 중문과의 진영명陳永明 교수와 오숙전吳淑鈿 교수 두 동료는 줄곧 중국 고전 시가에 대해 연구하고 토론하는 것에 깊은 흥미를 가지고 있었다. 이 점을 고려하여, 우리는 다음과 같은 생각을 해내었다. 즉, 역대로 한국 사람이 중국 시가를 담론한 자료를 모아 초보적으로 정리한 후 학술계에 소개하려고 시도한 것이다. 그래서 우리는 계획서를 작성하여, 1996년에 홍콩대학 자조위원회資助委員會의 자금 지원을 얻어 작업을 전개하였다. 계획이 입안되는 초기에 한국 사람의 자료에 대한 우리의 파악과 인식이 충분하지는 않았지만 가치 있는 것들이 많다는 사실을 알았다. 2년여의 정리와 연구 토론을 통해 우리는 이전의 예측을 확실하게 단정하게 되었다.

연구 진행의 첫 번째 단계는 자료 수집이다. 여기서는 먼저 자료 수집의 연원을 말하고자 한다. 우리는 한국 대전시 국립 충남대학교의 조종업趙鍾業 선생이 편찬한 《수정증보한국시화총편修正增補韓國詩話叢編》[이하 《총편》으로 줄임]을 이용하여 자료를 선집選輯하였다. 《총편》은 모두 17권[즉 17

책]으로, 1996년 5월에 한국의 태학사太學社에서 인쇄 발행하였다. 목록으로 보자면 전체 수록한 저작물이 129종이다. 상세히 훑어본 결과 129종 중 14종은 목록만 있고 책이 없으며,[1] 별도로 2종은 한글로 쓰여 우리가 알아볼 수 없었기에 잠시 보류해두고 쓰지 않았다. 이밖에 4종은 중국 사람의 작품으로, 제3권에 보이는 《시문청화詩文淸話》와 제17권에 보이는 《성리대전논시性理大典論詩》·《당송분문명현시화唐宋分門名賢詩話》·《시법요표詩法要標》인데, 한국 사람이 중국시를 논한 범위에 들어가지 않아서 선집의 대열에 두지 않았다. 그리하여 채택할만한 것은 실제 109종이다. 그러나 109종 중에도 각 저작물이 모두 중국 시가를 토론한 것이 아니고, 설령 토론하였다 하더라도 자료가 반드시 쓸 만 하다고 할 수는 없었다. 최종적으로 우리는 실제 56종 저작물 중의 자료만을 골라 써서 집록輯錄하고 인쇄하여 7책으로 엮으니, 대략 50 여 만 자이다. 우리가 보기에 한국 시화 중 학술적 가치가 비교적 높은 몇몇 자료는 포함되어 있다고 할 수 있다.

그래서 『몇몇 자료』라고 하고 자료 전체라 하지 않은 이유는 다음과 같다. 조종업 교수의 《총편》은 그가 평생의 역량을 다하여 수집하여 온 시화 찬집纂集으로, 자료의 수집도와 풍성함은 경탄하기에 의심할 바가 없다. 그러나 현존하는 모든 한국 시화의 전부를 이미 수록하였다고 할 수는 없다. 정약용丁若鏞의 《탁옹한담籜翁閒談》 같은 몇몇 후세에 전해지는 시화는 조 교수가 그 이름을 알았으나 줄곧 읽어 볼 길이 없었으니, 찾아낸다는것 또한 말할 필요가 없다. 정만조鄭萬朝의 《용등시화榕燈詩話》 같은 몇몇 후세에 전해지는 시화는 조 교수가 찾아내기는 하였으나, 우리가 모르는 어떤 이

1 | 이 14종 중 6종은 제5권 홍만종(洪萬宗)의 《시화총림(詩話叢林)》에 편집 수록된 것에 보인다. 이 6종은 이규보(李奎報)의 《백운소설(白雲小說)》, 성현(成俔)의 《용재총화(慵齋叢話)》, 어숙권(魚叔權)의 《패관잡설(稗官雜說)》, 김득신(金得臣)의 《종남총지(終南叢志)》, 임방(任埅)의 《수촌만록(水村漫錄)》, 임경(任璟)의 《현호쇄담(玄湖瑣談)》이다.

유 때문인지 《총편》에 보이지 않는다.[2] 이는 우리가 일찍이 훑어보지 못한 몇몇의 한국 시화가 더 있다는 것과 같으므로, 그 속에 수록된 것 중 반드시 취할 만한 것이 없다고는 말할 수 없다. 만약 취할 만한 곳이 있다면 우리의 집록은 빠진 곳이 있게 되는 셈이다.

그 다음으로, 《총편》 중 편폭이 가장 큰 《귀간시화龜磵詩話》는 시간과 인력 등의 요인에 제약을 받아서, 우리는 따로 전체적인 정리를 진행할 계획을 세워 책 속의 자료는 잠시 선록選錄하지 않았다. 그밖에, 《총편》에서 채록한 자료는 책[書]으로 된 것 혹은 두루마리[卷]로 된 것을 위주로 하였고, 한국 사람의 문집 중 단편 혹은 흩어져 있는 시를 논한 문장은 포함시키지 않았다. 이러한 문장들은 그 수량이 아마도 많을 것이다. 넓은 의미의 각도에서 보면 이러한 문장들도 『시화』라고 할 수 있고 최소한 시를 논한 자료라고 할 수 있지만, 우리는 아직 훑어보지 않았다.

우리의 연구 제목은 〈한국 역대 시화 중 중국 시가 논술에 관계된 자료의 집록과 정리〉이다. 『시화』라는 명칭을 썼는데, 그것은 조 교수의 《총편》에 어울리게 하기 위해 정한 것이다. 사실 말하자면, 무엇을 『시화』라고 하는지, 그 범주는 어떠한지에 대해서 중 · 한 · 일 세 나라 고금 학자들의 견해가 서로 같은 것만은 아니어서, 이 문제에 대한 당대 세 나라 학자들의 토론이 더욱 뜨거웠다. 작년[1999년] 7월쯤에 한국 충남대학교에서 『동방시화東方詩話 제1차 국제 학술 발표 대회』를 거행하여 많은 학자들이 대회장에서 시화의 개념 · 범주 · 정의 등에 대해 잇달아 발언하였으나, 일치된 견해나 심지어 서로 비슷한 견해에도 이르지 못하였다.[3] 조 교수는 대회장에

2 | 두 책의 이름은 조종업의 《중한일시화비교연구(中韓日詩話比較硏究)》 제2편 제3장에 보인다.(臺灣 : 學海出版社, 1984)

3 | 중국 학자 채진초(蔡鎭楚)가 〈시화와 시화학(詩話與詩話學)〉이라는 논문을, 유덕중(劉德重)이 〈시화 범주와 시화학(詩話範疇與詩話學)〉이라는 논문을, 장인팽(張寅彭)

서 〈시화의 광의성〉이라는 논문을 발표하였는데, 우리는 그가 과거와 현재에 하였던 논의를 결합하여, 『시화』라는 단어에 대해 그는 광의의 견해에 치우쳐 주로 다음의 두 가지 점을 포함한다고 생각하였다.

甲 : 작품의 형식에 대해 말하자면, 구성이 근엄한 논저일 수도 있고 수필체제일 수도 있다.

乙 : 작품의 내용에 대해 말하자면, 시에 대한 여러 가지 평론을 포함한 것을 종합하여 시화라고 한다. 시에 대한 여러 가지 평론은 시담詩談·시의詩議·시평詩評·시론詩論·시화詩話·시설詩說 내지 시구詩句·시훈詩訓·시칙詩則·시범詩範·시규詩規·시사詩史·시격詩格·시해詩解 및 구도句圖를 가리킨다.[4]

乙 항목은 다시 다음과 같은 세목으로 배열할 수 있다.

시설류詩說類 : 시화詩話·시설詩說·시의詩議·시담詩談
비평류批評類 : 시평詩評·시품詩品·시론詩論·규류糾謬
격법류格法類 : 시법詩法·시격詩格·시칙詩則·시범詩範·시체詩體·성률聲律
주해류注解類 : 비주批注·시해詩解·시훈詩訓·시서詩序
사전류史傳類 : 시사詩史·소전小傳·시소詩所·본사시本事詩
구도류句圖類 : 구도句圖·제목형題目型·분류형分類型·논시절구論詩絶句[5]

이 〈시화발전정의(詩話發展正義)〉라는 논문을 발표하였는데, 서로의 논점에 이미 큰 차이가 있었다.

4 | 《중한일시화비교연구》 제1편 제4장 〈시화의 정의(詩話之定義)〉.

5 | 〈시화의 광의성(詩話的廣義性)〉을 참조. 본문 및 주 4) 중 세 문장은 동방시화학회(東方詩話學會)에서 엮은 《시화학(詩話學)》1998 창간호에 이미 편집 수록되었다.

《총편》은 바로 이상의 관념들에 근거하여 엮은 것이다.

우리는 본의 아니게 어떤 학파의 어떤 견해를 고수하였다. 우리의 목적은 집록하고 정리하여 자료를 소개하는 것이다. 목적이 이러하여 가능하면 여러 형태의 가치 있는 자료를 포함하여 어느 정도 시가와 관련이 있기만 하면 모두 배척하지 않으려 하였다. 자료가 어떤 형식의 작품에서 나와야지 채록할 수 있을 것인가에 대해서는 우리는 오히려 지나치게 중시하지 않았다.

나와 진영명 교수 · 오숙전 교수 세 명으로 된 팀이 작업을 시작한 지 오래되지 않아 첨항륜詹杭倫 선생이 합류하게 되었다. 첨 선생은 사천사범대학四川師範大學에서 홍콩으로 와서 다른 학술 분야의 연구에 종사하였으나, 그는 연구 활동과 동시에 기꺼이 이 팀의 작업에 참여하였다. 연구 계획의 마지막에 성과가 있었는데 첨 선생의 도움이 중요한 작용을 하였다.

二. 작업 진행 순서

다음으로 우리가 하였던 작업 진행에 대한 구체적인 순서를 말해본다.

순서에는 주로 네 가지가 있다. ①《총편》 전체를 나누어 읽으면서, 선록하려는 장절章節과 단락을 표시해두었다. ② 복사하여 골라낸 장절과 단락은 각각 나누어 구두句讀하여 새로운 형식의 표점을 더하였다. 이와 동시에 원고에 대해서는 필수적인 정리 작업을 진행하였다. ③ 자료는 다시 선별하여 인쇄하고 편찬하였다. ④ 색인을 편찬하였다.

첫째 단계는 주로 열독閱讀이었다. 작업이 시작되기 전, 우리는 세 가지 준칙을 정하였다. ① 첫 단계의 문장 선별은 범위가 넓거나 완전한 것을 구해도 무방하고, 학술상의 의의나 가치는 잠시 따지지 않으며, 다만 주제가 중국 시가를 포함하고 있으면 표시를 해둔다. ② 단락의 내용이 만약 한국의 것이 위주이고 중국의 작자나 작품을 따로 인용하여 보조적으로 설명하는 것이기만 한다면 원칙상 버리는 쪽으로 한다. ③ 몇몇 단락들은 그 전부가 확연히 중국 작품에서 베낀 것으로, 중요한 첨삭도 없다면, 보류하여 선록하지 않는 쪽으로 생각하려 하였다.

甲. 나는 도연명陶淵明 · 사령운謝靈運 뒤로는 포조鮑照를 매우 좋아한다. 대개 [남조의] 송나라와 제나라 이후로는 아름답게 꾸미는 쪽으로만 나아가서 외모는 아름다우나 뼈대는 줄어들어, 전한과 건안시대의 절조 있는 소리는 거의 사라졌다. 그러나 포조의 시만은 유독 우뚝하고도 건전하며 뼈대도 튼튼하니 뒷날 여러 사람들이 미칠 바가 아니었다. 그렇기 때문에 이백과 두보도 그를 종주宗主로 삼아 매우 숭상하였다. 주자께서는 이태백은 오로지 그를 배운 사람으로서 그렇게 할 수 있었다고 말씀하셨다. 이태백의 신선과 같은 재주는, 비록 타고난 것이기는 하지만, 그의 기묘하게 빼어난 기운은 정말 저절로 소종래가 있는 것이다.[포조로부터 얻은 것이라는 뜻임]

(余於陶謝之後, 劇喜鮑明遠. 蓋宋齊以來, 駸駸趨於靡麗, 多姿而少骨, 西京建安之音節, 幾乎絶矣. 而明遠之詩, 乃獨俊快矯健, 骨氣高强, 類非後來諸人所可幾及 ; 是以李杜亦極宗尙. 朱夫子謂李太白專學之者, 得之. 太白天仙之才, 雖出天授, 而其奇逸之氣, 固自有所從來矣.)
-《叢編》제6권 : 李宜顯《陶谷雜著》

乙. 정호음이 〈사달정〉을 제목으로 한 시에서 말하기를

朱明麗景爍庭心, 붉고 밝은 고운 경치 뜰 가운데서 빛나는데,
簾額波光亂躍金. 주렴과 현액에는 물결의 황금빛 뛰노네.
午枕턴來開睡睫, 낮 베개에 싫증나서 자던 눈 뜨고 보니,
黃놈飛下綠槐陰. 꾀꼬리가 홰나무 푸른 그늘에 날아내리네.

라 하였다. 살펴보건대 봄날을 여경이라고 하는데, 여기서는『붉고 밝은 고운 경치』라고 하였으니 아마 타당하지 않을 것이다. 또한 끝 구절은 송나라 사람의『꾀꼬리가 석류나무 그늘에 날아내리네』[6]라는 구절을 완전히 그대로 썼으나, 어찌 경치와 뜻이 맞아서 남의 글을 그대로 따다가 인용함을 꺼리지 않고 그렇게 한 것이 아니겠는가?

(鄭湖陰〈四達亭〉題詠曰:『朱明麗景爍庭心, 簾額波光亂躍金. 午枕慵來開睡睫, 黃鸝飛下綠槐陰.』按春日謂之麗景, 而今曰『朱明麗景』, 則恐未安. 且末句全用宋人『黃鸝飛下石榴陰』之句, 豈景與意會, 不嫌相犯而然耶?) -《叢編》제2권 : 李睟光《芝峰類說 · 詩評》

〈육방옹[육유]의 시를 읽는다〉는 조목 :

壽松堂上一梧支,	수송당 위의 오동나무 가지 하나,
境寂方憐來夢兒.	경계는 적막하고 사방은 어여쁜데 꿈에 빠지네.
開花富貴禽相賀,	꽃피고 부귀해졌는데 새들 날아와서 축하하고,
流水清閑鶯自知.	흐르는 물 맑고 조용함을 꾀꼬리도 저절로 아네.
酒氣發豪還伐性,	술기운 호기를 발하니 도리어 본성이 상하고,
笳聲如訴更爲悲.	호가 소리 하소연하는 듯 하니 다시 슬퍼지네.
永日晴窗消遣法,	기나긴 날 밝은 창 앞에서 한가함 없애고자,
有時讀罷放翁詩.	때때로 육방옹의 시를 읽어대네.

(〈讀放翁詩〉條 :『壽松堂上一梧支, 境寂方憐來夢兒. 開花富貴禽相賀, 流水清閑鶯自知. 酒氣發豪還伐性, 笳聲如訴更爲悲. 永日晴窗消遣

6 | 역주 : 이 구절은 남송 양만리(楊萬里)의《성재誠齋시화》에 같은 시대 사람 이대방(李大方)의 작품으로 수록되어 있는데, 제목도 전하지 않음.《전송시》권 2,873에도 전재되어 있음.

法, 有時讀罷放翁詩.』 - 《叢編》 제15권 : 趙漢復 《彝敍詩話》

丙.

漁翁夜傍西巖宿,	고기 잡는 늙은이 밤이 되면 서쪽 바위에서 잠자고,
曉汲淸湘燃楚竹.	새벽에는 맑은 상강의 물 길어 초죽으로 불 지피네.
煙消日出不見人,	물안개 사라지고 해 떠도 사람은 보이지 않고,
欸乃一聲山水綠.	어여차 노 젓는 소리에 산과 물이 푸르네.
回看天際下中流,	하늘끝 돌아보며 중류로 내려가니,
巖上無心雲相逐.	바위 위엔 무심히 구름만 오가네.

동파는『시는 기이한 흥취를 으뜸으로 삼고, 일상에 어긋남으로써 도에 합치되는 것은 정취로 삼는다. 이 시를 잘 음미해보면 기이한 흥취가 있으나, 마지막 두 구절은 불필요하지만 또한 기이하다.』라 하였다.

(『漁翁夜傍西巖宿, 曉汲淸湘燃楚竹. 煙消日出不見人, 欸乃一聲山水綠. 回看天際下中流, 巖上無心雲相逐.』 東坡云 : 『詩以奇趣爲宗, 反常合道爲趣. 熟味此詩有奇趣, 然尾兩句不必亦奇.』) - 《叢編》 제9권 : 작자미상 《詩話類聚》

甲에서 논한 것은 중국 평론자의 범위를 벗어나지 않으나, 결국은 저자가 여러 견해를 종합하여 직접 써 낸 문장으로, 조리가 훌륭하므로 채록하여 표시한다. 乙의 첫 번째 예는 한국 사람이 송나라 사람의 문장을 그대로 본뜸을 지적한 것으로, 정호음(鄭湖陰 : 鄭士龍)의 시를 주로 얘기하여 중국 시가를 연구하는 것에 많이 도움이 되지는 않는다. 두 번째 예는 비록 육유陸

游의 시를 읽은 것을 제목으로 하였으나 사실 작자가 자신의 한 때의 환경만을 쓴 것으로, 육유의 시를 의론한 곳은 아예 없다. 그러므로 이 두 가지 예는 모두 채록하지 않았다. 丙에서 인용한 시는 유종원柳宗元의 〈고기잡는 노인漁翁〉이다. 이 조목은 원래 스님인 혜홍惠洪의 《냉재야화冷齋夜話》 권5 『유종원의 시에 기이한 홍취가 있다(柳詩有奇趣)』 조목에서 나온 것으로, 한국 사람의 문장이 기본적으로는 비슷하고, 다만 마지막 구절은 《냉재야화》에서 『그러나 마지막 두 구절은 비록 불필요하지만 또한 괜찮다(然其尾兩句, 雖不必亦可)』라 한 것과 조금 다를 뿐 결국 차이는 적다. 이러한 상황을 만나면 가능한 한 채록하려 하지는 않았다.

두 번째 단계는 주로 표점과 정리이다. 이 단계는 아마도 작업이 가장 힘든 단계였을 것이다. 일단 복사한 장절이 많다. 이 단계 초기에 우리는 어떤 장절들을 남겨야 하고 버려야 하는지를 아직 결정하지 않아서 신중하게 계산하기 위해 전부 표점을 찍었는데, 작업량이 이때부터 많아졌다. 그 다음 《총편》의 자료는 대부분 수초본手抄本만 근거하여 영인하였는데, 많은 수초본의 글자체가 그다지 반듯하지 않아서 식별하는데 시간을 꽤 많이 들였다. 다음으로 초본抄本 중에는 상당수의 간체자와 속자가 있다. 이러한 글자들 중 몇몇 글자는 중국의 글자와 비슷하거나 대동소이하여 단번에 분명히 알아볼 수 있다. 그러나 어떤 글자들은 순전히 한국 사람이 썼던 글자로 중국에서는 거의 쓰이지 않는데 여기에서 문제가 한국 사람들이 쓴 글자는 또 두 종류로 세분화할 수 있는데, 한 종류는 따로 떨어뜨려 보면, 설령 무슨 글자인지 식별해낼 수 없다 하더라도, 문자의 앞뒤를 연결하면 본래 글자를 밝혀 낼 수 있다. 예를 들어 「釰」자는 책에서는 쓰이기를 왕사진王士禛의 〈합려의 묘(闔廬墓)〉에서 『검지 봄날되니 물이 휑하니 맑네(釰池春日水淸虛)』를 베끼면서 또한 『진시황이 오왕의 묘를 발굴하여 보검을 얻고자 하였으므로 검지를 팠다.(秦始皇欲發吳王墓, 取寶釰鑿金刃池.)』[7]라고 주를 달았는데, 즉 「釰」은 「劍」자라는 것은 바로 알 수 있다. 또 예를 들어 「烅」자는 알고 보면 「경耿」자임을 짐작하기 어렵지만, 문장 중에서 『조적이라는 사람이 있었는데 가난하였지만 꼬장꼬장하였다. 집에 소동파의 필첩이 있었는데, 당시의 도지사가 빌려가서 즐기고서, 300냥을 내어놓고 바꾸자고 하기도 하고, 또 부귀하게 해 줄 수 있다고 하면서 마음을 움직이게 하려고 하였으나, 다 듣지 않았다.(有趙笛者, 貧而烱介, 家有蘇軾筆帖. 時有道臺借玩, 請以三百金易之, 又動以富貴, 俱不許.)』[8]처럼 쓰였다면, 문장의 내용과 「烱」와 결합하여 단어를 이룬 「介」를 연결해보면, 즉 「烱」은 「耿」으로 봐도 문제가 없을 것이다. 다른 한 종류는 설령 앞뒤 문리文理를 퇴고하더라도 본래 글자를 식별해낼 수 없으니, 예를 들면《총편》제14권에 수록된 김 모씨의《해동시화海東詩話》중 한 단락이다.

> 옛날 사람의 시들은 모두 절박하고 괴로우니, 맹교나 가도처럼 춥고 여위며 메마르고 담담한 말을 뛰어남으로 삼는다. 진사 이길상이 여러 번 乑하여 좌천되어 일찍이 시를 지어 이르기를
>
> 班白豈非爲老翁, 머리털이 반백이라 어찌 늙은이가 아니겠는가,
> 飄飄日用尚孩童. 나풀나풀 일상 행동은 아직도 어린애라네.
> 驚人只有疏狂語, 엉뚱한 수작으로 사람을 놀라게 하지만,
> 輔世曾無細小功. 작디작은 공으로 세상 돕지 못하였네.
> 嗜酒過三杯止渴, 술 마심에 석 잔은 마셔야 해갈이 되고,
> 題詩無一句全功. 시를 지음에 한 구절도 온전히 다듬지 못하였네.

7 |《총편》제13권, 규장각본《동시총화(東詩叢話)》.
8 | 앞의 주와 같음.

乾坤容汝德何厚,　　천지가 덕이 두터워 너를 용납하였으니,
汝自加修愼始終.　　네 삼가 몸을 닦아서 시종여일에 노력하라.

라 하였다. 이는 바로 스스로 적은 실록이다.

(古人詩類皆窮苦, 如孟郊 · 賈島, 以寒瘦枯淡之詞爲奇警. 有上舍李吉祥, 屢㪯稱屈, 嘗作詩曰 :『班白豈非爲老翁, 飄飄日用尙孩童. 驚人只有疏狂語, 輔世曾無細小功. 嗜酒過三杯止渴, 題詩無一句全功. 乾坤容汝德何厚, 汝自加修愼始終.』此正自家實錄.)

문장 중의 「㪯」와 「厚」는 알아보기 어렵다. 「厚」자는 아마도 「厚」자일 것이나, 「㪯」는 오히려 짐작하기 어렵다.[9]

원고에 대해 진행할 필수 정리 작업에 대해서는 우리가 다음의 원칙을 정하였다.

甲, 문장 중의 간체자나 속자는 식별해 낼 수 있거나 기본적으로 확정할 수 있는 것은 일률적으로 유행하는 정자체로 바꾼다. 식별해 낼 수 없는 글자는 원래 글자를 남겨둔다. 컴퓨터로 입력할 때 만약 입력할 수 없다면 가

9 | 우리가 아는 바에 대해 현재 훑어보고 대조하기에 완벽한《한국속자보(韓國俗字譜)》류의 책이 아직은 없는 것 같다. 대만 학자 김영화(金榮華)가 엮은 책이 1986년 한국에서 출판되었고 아세아문화사에서 발행되었다. 이 책은 그가 1983년에 한국에서 1년 동안 가르쳤을 때 「사본 한문 필기 수 십 종」을 구하여 읽었으므로, 그러한 책 속의 속자를 배열 비교하여 책으로 만들어 출판한 것이다. 그러나 솔직히 말하자면, 이 책은 비록 몇 가지 한국 속자를 집록한 것이라고 하지만 결코 완전하다고는 말할 수 없다. 우리들이 찾고자 하는 글자가 수록되어 있는 경우는 매우 드물었다.
역주 : 이 글자는 아마 「들 거(擧)자의 약자인 舉자의 오자일 것이다. 이렇게 보면 「누거칭굴(屢擧稱屈)」, 즉 여러번 과거에 응시하였으나 불합격되었다는 뜻이 된다.

능한 한 손으로 써서 메운다. 책 속에 필획이 또렷하지 않아서 식별하기 어려운 글자는 입력할 때 「□」 부호를 남겨두어 표시한다.

乙, 한국 사람이 시구를 인용한 문장 중에서 설령 중국에서 유행하던 것과 다름을 분명히 알더라도, 일반적으로 잠시 보류하여 변경하지 않아 교감할 가치의 유무를 진일보하게 고찰하게 되기를 기다린다. 예를 들면《총편》 제1권의 이제현李齊賢의《역옹패설櫟翁稗說》의 한 단락이다.

두소릉의 시에

地偏江動蜀, 땅이 편소하니 강은 온 촉땅을 움직이고,
天遠樹浮秦. 하늘이 멀어 나무가 진땅까지에 떠 있네.

라는 시구가 있다. 나는 전에 진땅[섬서]와 촉땅[사천]을 유람한 적이 있다. 촉의 땅은 서쪽이 높고 동쪽이 낮아서 강물이 민산에서 나와 성도를 지나 남동쪽으로 삼협까지 달려가는데, 물결의 광채와 산 그림자가 위 아래로 흔들리고 움직인다. 진중의 천리 땅은 평탄하기 손바닥 같아서 장안성의 남쪽에서 바라보면 삼면의 푸른 나무들이 둥실둥실하고, 아래는 들빛이 하늘에 닿아서 큰 바다에 떠 있는 것 같았다. 그제 서야 나는 이 시구는 두소릉이 진과 촉을 위하여 그 정신을 그린 것임을 알 수 있었는데 그 절묘한 곳은 바로 이 가운데 있는 것이다.

(杜少陵有『地偏江動蜀, 天遠樹浮秦』之句. 予曾游秦 · 蜀. 蜀地東高西卑, 江水出岷山, 經成都南,東走三峽, 波光山影, 蕩搖上下. 秦中千里, 地平如掌, 由長安城南以望, 三面綠樹童童, 其下野色接天, 若浮在巨浸然. 方知此句少陵爲秦 · 蜀傳神, 而妙處正在阿堵中也.)

살펴보건대『地偏江動蜀』두 구절은〈서성의 만조에 엄중승께 10운을 화답하여 드리다(奉和嚴中丞, 西城晩眺, 十韻)〉10에서 나왔다.《구주仇注》·《전주錢注》·《구가집주九家集注》및 왕십붕王十朋의《왕장원집백가주편년두릉시사王壯元集百家註編年杜陵詩史》와 편자를 알 수 없는《분문집주두공부시分門集註杜工部詩》같은 여러가지 송나라 사람의 판본을 검사해보면 두 구절이 모두『땅이 평평하여 강이 촉나라를 움직이고, 하늘이 멀어 나무가 진나라에 떠 있구나(地平江動蜀, 天闊樹浮秦)』로 되어있다.

설사 명나라 후기에 조선인 이식(1584~1610)의《찬주두시택풍당비해》라 하더라도「地平」·「天闊」이라 하였다. 이식은 게다가 특별히「平」·「闊」두 글자에 대해서『평평한 곳에는 강의 움직임이 보이고 탁 트인 곳에는 나무가 떠 있는 것이 있다(平處見江之動, 闊處有樹之浮)』라고 설명하여 이식이 근거한 판본은 그 문장이 중국의 것과 같음을 알 수 있다.

판본적인 측면에서 말하자면, 이제현은 마치 근거한 바가 전무하여 신임을 얻기가 쉽지 않은 것 같다. 비록 이렇지만 우리는 잠시 교정하지 않았으니, 그 원인은 관중의 평야가 넓기 때문(關中平野廣延)으로, 두보杜甫의〈낙유원가樂遊園歌〉에서 말한『진천에서 술을 마주하니 손바닥처럼 평평하네(秦川對酒平如掌)』이다. 이제현은『촉나라 땅은 동쪽이 높고 서쪽이 낮아서(蜀地東高西卑)』다 평평한 건 아니니, 그러한 즉「平」자로 촉 땅을 형용한다면 진 땅이 아닌 곳에도 절대적으로 타당한 지는 여전히 고려해 볼만하다. 이것이 첫 번째이다. 이제현의 문장에 대해 보자면,『千里』와『接天』이라고 한 것은「遠」자를 매우 얽맬 수 있으니, 이제현이 입으로 외웠던 문장은 확실히『하늘이 멀어 나무가 진나라에 떠 있구나(天遠樹浮秦)』이니,「遠」은 후세 사람들이 잘못 베껴서 생긴 결과가 아니다. 이것이 두 번째이다.

10 |《구주(仇注)》: 구조오(仇兆鼇)의《두시상주(杜詩詳註)》권11.

하지만 만약 우리가 잘못 베낀 것임을 확실하게 안다면 우리는 교정을 마다하지 않았다. 《총편》 제13권 중 저자 미상의 《동시총화東詩叢話》에서 왕사진의 〈진회잡시秦淮雜詩〉 중의 한 수를 인용하였는데, 『최근에 내 마음 끊는 것은 남경의 배요, 꿈속을 둘러싼 것은 진회하의 물 위의 배라네. 십일 동안 내리는 빗줄기와 바람 속에, 짙은 봄날 안개 낀 경치가 늦가을 같네.(年來腸斷秣陵舟, 夢繞秦淮水上舟. 十日雨絲風片裏, 濃春煙景似殘秋.)』에서 처음 두 구절은 모두 「舟」자를 두어 운을 매겼으니, 이러한 일은 절대로 있을 수 없으므로 그 잘못이 확연하다. 그리하여 두 번째 「舟」자는 「樓」자로 고쳤다. 또한 《총편》 제11권 중 이옥李鈺의 《백가시화초百家詩話抄》에서 두보의 〈요노 아단에게 보임(示獠奴阿段)〉이라는 시의 『일찍이 도간이 서북놈과는 다르다는 것을(曾聞陶侃胡奴)』을 인용하였다. 이 구절은 6자뿐이어서 확연히 탈일脫逸이 있으므로 「奴」자 다음에 「異」자를 넣었다.[11] 반대로, 구절 중에 중첩된 글자를 잘못 적은 것도 대신 삭제하였으니, 예를 들면 《동시총화》에서 왕사진을 평하면서 『완정의 흉금을 몰래 이르기를……(竊謂阮亭胸胸次……)』라 하였으니, 확연히 「胸」자 하나를 더 넣었으므로 삭제하였다.

자료 중 사실을 잘못 알게 된 상황이 때때로 나타나기도 하였는데, 예를 들면 《총편》 제1권 중 윤춘년尹春年의 《체의성삼자주해體意聲三字注解》로, 윤춘년이 지은 〈시법원류서詩法源流序〉에서 『소위 성이라는 것은 심괄이 말한 「궁성宮聲과 우성羽聲 같은 오음이 서로 변하고 높낮이의 리듬이 다르다. 만일 앞에 부성이 있다면 뒤에는 반드시 절향을 해야 하는」 것이다.(所謂聲者, 卽沈括所謂「宮羽相變, 低昂殊(舛)節. 若前有浮聲, 則後須切響」者也.)』라 하였는데, 『宮

11 | 역주 : 도연명의 증조부인 진나라의 도간 장군은 호남성 산중에 살던 소수민족인 계족(鷄族) 출신이므로, 당시 어떤 사람들은 그를 「계노(鷄奴)」라고 불렀기 때문에, 서북쪽 출신인 「호노(胡奴)」와는 다르다는 뜻으로 보았다. 여기서 「노(奴)」자는 한국어 「놈」 정도의 뜻이다.

羽相變』의 몇 구절이 심약沈約의 《송서宋書 · 사령운전론謝靈運傳論》에서 나왔다는 것은 사람들이 다 아는 바이다. 「심괄」이라고 한 것은 확실히 잘못 적은 것에 속한다. 일반적으로 말하자면 시구가 작자와 잘못 짝지어진 때가 비교적 많다. 우리는 자신이 아는 바를 다하여 수정하였으나 일시에 일일이 대조하여 교정하기 어려웠으니, 생각해보면 누락하고 아직 교정하지 못한 부분이 아마도 많을 것이다.

세 번째 단계는 재차 자료를 선별한 것으로, 지나치게 천편일률적인 몇몇 장절은 삭제하고, 중국 작품을 표절한 정도가 비교적 큰 장절도 삭제하였다. 표절한 범위는 동시에 한국 작품에까지도 연장되어갔다. 한국의 후대 작가들에게는 자주 한국 선현들의 문장을 초록抄錄하는 방법이 있었으나 문장의 내역과 출처에는 오히려 주를 달아 밝히지 않았다. 우리가 생각하기에 처음으로 출현하는 문장을 선록하는 것으로 이미 충분하므로 뒤에 나온 것은 채택할 필요가 없었다. 물론 후대 사람이 이전 사람들의 문장을 초록하면서 더하거나 빼면서 평의評議를 더하여 충분히 자기의 견해를 나타낸 경우도 곧 있으면, 이러한 문장은 남겨두어야 한다는 것은 더 말할 필요조차 없다.

예를 들면 이수광李睟光의 《지봉유설芝峰類說 · 시평詩評》에서 맹호연孟浩然의 『강이 맑으니 달이 사람에게 가깝다(江清月近人)』와 두보의 『강물 속 달이 사람에게서 겨우 두어 자 떨어진 곳에 있다(江月去人只數尺)』는 두 구절의 우열에 대한 의견을 논하였는데, 근세 사람 이가원(李家源, 1917~2000)의 《옥류산장시화玉溜山莊詩話》에서는 다시 기록하여 한 번 훑어봤을 뿐이므로 우리는 보류하였다. 그러나 이가원은 명나라 사신 주지번朱之蕃이 왕세정王世貞을 만난 일을 회상하여 서술하는 한 단락의 문장을 기록하였는데, 그 내용에 홍만종의 《순오지旬五志》 이외의 것이 있어서 우리는 추가로 채록하였다.

三. 한국시화의 가치

한국 시화가 제공하는 자료는 중국 시가를 연구하는데 중대한 가치를 지니는데, 이를 다음의 몇 가지 영역으로 설명하고자 한다. 그러나 반드시 지적해야 할 것은 다음의 몇 가지 영역은 그 가치의 전부가 아니고, 다만 우리가 집록하고 정리하는 과정 중에 보게 되었던 들쑥날쑥한 몇몇 부분이라는 것이다. 즉 한국 사람의 자료는 매장량이 매우 풍부하고 종류가 매우 다양한 지하자원으로, 설령 열심히 파낸다 하더라도 단기간 내에 완전히 채굴해 낼 수는 없는 것이라고 해야 한다.

1. 논시論詩상의 가치

역대로 많은 한국의 학자들은 학문과 수양에 성과가 많았고 시학詩學이 깊어서, 시가 문제를 담론할 때 자주 독특하면서도 취할 만한 견해를 제기할 수 있었다. 이러한 견해는 중국 학자들이 여태까지 언급하지 않았거나 설사 언급한다 하더라도 한국 사람의 다음으로 언급하는 것이어서, 아마도 한국 사람의 분명함과 완벽함만 못하게 될 것이다. 그들의 독특하면서 취할 만한 견해는 우리의 연구에 대해 매우 중요한 참고 작용을 할 것이다. 소위 「논시」라는 것은 광의廣義의 각도에서 봐도 무방한데, 총설總說이기도 하고 주해注解이기도 하고 변정辯正이기도 하고 논석論析이기도 하고 평상評賞 및 기타 여러 가지이기도 하다. 다음으로 이 5가지 항목에서 각각 예를 들어 시험 삼아 설명해본다. 반복하자면 이 5가지 항목은 논시하는 가치의 전부와 같지 않는다는 점이다.

총설의 예 :

신흠申欽의 《청창연담晴窓軟談》(《총설》 제2권)에서 말하기를,

옛 사람이 말하기를『천지간에 맑은 기운이 있는데 그 기운이 흩어져 시인의 몸 속으로 들어갔다.』하였는데, 이「맑음」의 속성을 갖는 것이 바로 시의 본령으로서 기이하다든가 굳건하다든가 하는 것은 오히려 부차적인 것이요, 험절하다든가 괴기스럽다든가 침착沈着하다든가 질실質實하다든가 하는 것 따위는 시도詩道와 더욱 동떨어진 것이라 할 것이다. 맑음이라고 하는 것은 높은 차원에서 우러나오는 것인데 그 높은 차원의 것은 성색聲色으로 구할 수는 없는 노릇이다. 따라서 시는 반드시 무성지성無聲之聲과 무색지색無色之色을 얻어 맑고도 맑으며 밝고도 밝으며 담박하고도 담박하며 투명하고도 투명하게 되면서 외경外境이 나의 정신과 혼연 일체가 되고 나의 정신이 붓에 응해 표현될 수 있어야만 야호선野狐禪을 닦는 외도外道로 떨어지지 않게 될 것이다. 그러므로 과거의 거장들을 두루 살펴 보건대, 시간적인 여유를 갖고 지은 작품이 졸지에 응해 지은 것보다 낫고 초야에서 지은 시가 관각館閣에서 나온 것보다 우수하였는데, 이는 대체로 의도적으로 짓는 것은 자연적으로 우러나와 얻게 되는 것보다 못하기 때문이었다.

(古人云 :『乾坤有清氣, 散入詩人脾.』清是詩之本色 ; 若奇 · 若健, 猶是第二義也. 至於險也 · 怪也 · 沈着也 · 質實也, 去詩道愈遠. 清則高, 高則不可以聲色求也. 詩必得無聲之聲, 無色之色, 瀏瀏郎郎, 澹澹澄澄, 境與神會, 神與筆應而發之, 然後庶幾不作野狐外道. 故歷觀往匠, 閑居之作, 勝於應卒 ; 草野之音, 優於館閣. 蓋有意而爲之者, 不若得之於自然也.)

신흠은 시를 논하면서「清」과「自然」을 가장 중시하였다.「自然」은『어

떤 공리적인 목적을 가지고 하는 것(有意爲之者)』에 상반된 측면이다. 당나라 이후에 사람들이 시를 논하는데, 어떤 사람들은 자연을 중시하였으니, 예를 들면 엄우嚴羽의 《창랑시화滄浪詩話 · 시론詩論》에서 한漢 · 위魏의 시를 『불가오(不假悟 : 깨달음을 빌릴 것도 없음)』라 하여 가장 상품上品으로 여겼다. 또 예를 들면 육시옹陸時雍은 두보의 5언 고시가 한 · 위에 비길 수 없는 작품이라 여겼으니 완전히 「自然」과 「有意」의 차이이다.

> 두보의 오언고시는 재주와 힘을 운용하는데, 한나라 · 위나라의 시를 근본으로 한 것이 다수를 차지한다. 첫솜씨가 조금 둔하고 힘들고 세심하게 지나치게 수식하였지만 당시수준으로 떨어졌다. 무릇 한 번 나아가서 지극함에 이르는 것이 정情이요, 힘들게 모사하여 내는 것은 의意다. 마치 있는 듯도 하고 없는 듯도 하는 것은 정이요, 반드시 그러하거나 곡 그러하지 않은 것은 의다. 의가 죽어야 정이 살아나고, 의가 자취에서 정이 신묘하게 되며, 의가 가까워지면 정은 멀어지고, 의가 거짓이라는 것이 밝혀져야 정이 참되게 되니, 정과 의의 구분은 고금에 걸쳐 유래가 분명하다. 두보는 정밀하고 심각하며 고원하고 탁월하다. 그러나 [오언시를 쓴] 고인들보다도 못한 것은 의가 너무 강하기 때문이다.
>
> (少陵五古, 材力作用, 本之漢魏居多 ; 第出手稍鈍, 苦雕細琢, 降爲唐音. 夫一往而至者情也, 苦摹而出者意也 ; 若有若無者情也, 必然必不然者意也. 意死而情活, 意跡而情神, 意近而情遠, 意僞而情眞 ; 情意之分, 古今所由判矣. 少陵精矣 · 刻矣 · 高矣 · 卓矣, 然而未齊於古人者, 以意勝也.) – 《詩鏡總論》, 丁福保《歷代詩話續編》本

그러나 어떤 사람은—아마도 대다수의 사람들일 것이다—두보와 한유의 의도를 만들고 글을 구성하며 문장을 만들고 단어를 운용하는 것을 높이 평가하였는데, 이것이 「自然」을 강조한다고 말하기는 어렵다. 시의 풍모風貌와 본질에 대해 말하자면, 당나라 이후에는 두보와 한유의 영향이 가장 컸으니, 평론가들이 설사 위응물韋應物과 맹호연 계통의 「청淸」을 마음에 들어한다 하더라도 두보와 한유 계통의 웅혼웅기雄渾雄奇함을 즐겨 이야기하였다. 사실 말하자면, 「청淸」을 시의 본질로 삼은 것은 본래 육조六朝 사람들의 주요 관점으로, 종영鍾嶸의 《시품詩品》에서 여러 번 「청淸」으로써 작품을 추앙하고 칭송하였다. 예를 들면 그는 고시古詩가 『청음만은 유독 유원하다(淸音獨遠)』고 한 것이다. 또 예를 들면 그는 포조鮑照의 시에 익살맞고[諔詭] 곱고 부드러우며[靡嫚] 힘차고도 절조節操가 있고[骨節] 앞으로 달려 나가는[驅邁] 장점이 있다고 단정하였으나 『자못 청아한 곡조를 손상시켰다(頗傷淸雅之調)』는 결점이 있을 수밖에 없다.

신흠이 시를 논한 것은 사실 육조시대 사람의 관점을 상당히 전면적으로 회복한 것이다. 맞든 틀리든 우선 접어두고, 당나라 이후의 중국 평론가와는 그 태도가 매우 다르다. 이는 곧 순수하고 별 뜻이 없는 무의미한 복고라고 볼 수도 없으니, 특정한 역사적 시공간에서 옛 것을 새 것으로 삼은 것이라고 할 수 있다.

주석의 예 :

이수광의 《지봉유설 · 당시唐詩》(《총편》 제2권)에서 다음과 같이 말하였다.

이백의 〈옹존사가 은거하는 곳을 찾아〉라는 시에 말하기를 『꽃그늘 따뜻하여 검은 소 누웠는데, 소나무가지 높아 흰 두루미 조네.』라 하였다. 주에, 『푸른 소라고 한 것은 꽃잎 위에 있는 푸른 벌레다. 두 뿔이 있어서 와우와 같기 때문에 그렇게 부른다.』고 하였다. 나는 말한다. 여기에서 푸른 소라고 한 것은 아마 노자의 고사를 인용하여,

존사가 숨어 살면서 나가지 않기 때문에 청우가 한가하게 누웠다고 말한 것으로, 주석의 견해는 잘못된 것이다. 우곡이 〈왕존사에게 준 시〉에 『푸른 소는 나무 그늘에 잠자고, 흰 개는 원숭이 소리를 내네.』라고 한 것도 또한 이러한 뜻이다.

(李白 〈尋雍尊師隱居〉 詩曰 : 『花暖青牛臥, 松高白鶴眠』 註 : 『青牛, 花葉上青晝蟲也. 有兩角, 如蝸, 故云.』[12] 余謂青牛蓋用老子事, 以尊師隱居不出, 故青牛閑臥也, 註說誤矣. 于鵠〈贈王尊師〉 詩 『青牛眠樹影, 白犬吠猿聲』[13], 亦此意.)

「青牛」가 가늘고 작은 곤충인지 아니면 거대한 가축인지에 대해서 후세 사람들의 해석이 다르다. 청나라 사람인 왕기王琦의 《이태백시주李太白詩註》는 먼저 《열선전列仙傳》의 『노자가 청우가 끄는 수레를 타고 가서 대진(아라비아)에 들어갔다(老子乘青牛車去, 入大秦)』를 인용하고 그 다음에 양제현楊齊賢의 주를 인용하며 마지막에 『「청우」와 「백학」은 도가의 일을 쓴 것에 불과할 따름이니 달리 독특한 풀이를 만들 필요는 없다(「青牛」「白鶴」, 不過用道家事耳, 不必別作創解.)』라는 안어按語를 두었으니, 왕기의 뜻을 미루어보면 양제현의 주를 옳은 것으로 여기지는 않았다. 근세 사람 구태원瞿蛻園 · 주금성朱金城의 《이백집교주李白集校注》[14]도 「청우青牛」가 「청충青蟲」이라는 견해에 동의하지 않고 『청우는 다만 노자의 청우와 관계된 일을 썼을 뿐임(青

12 | 이수광은 중국 명나라 말의 조선 사람으로, 지금 유행하는 청나라 사람 왕기(王琦)의 《이태백문집주(李太白文集注)》는 아직 나오지 않았다. 이수광이 말한 주석은 양제현(楊齊賢) · 소사빈(蕭士贇)의 《분류보주(分類補註)》를 가리킨다.

13 | 우곡(于鵠)의 시는 《전당시》 권 310에 보이는데, 제목은 〈왕존사가 은거하는 곳에 묵다(宿王尊師隱居)〉이다.

14 | 상해고적출판사(上海古籍出版社), 1980 [p.1351].

牛祇是用老子青牛事)』을 강조하였다. 또한 《열선전》의 『봉군달은 수은을 복용 단련하여 나이가 100세인데도 30세 정도로 보이고, 청우를 탔기 때문에 청우도사라고 불린다.(封君達服錬水銀, 年百歲, 視之如年三十許, 騎青牛, 故號青牛道士.)』를 인용하면서 『옹존사에 관한 이야기를 적절하게 설명하였다.(切雍尊師說)』하였다. 이밖에 또 『꽃잎 위의 청충이 너무 미세하여 다음 구절과 그다지 어울리지 않고, 또한 은거하는 모습과 관계가 없다.(花葉上青蟲太微細, 與下句不甚稱, 亦與隱居景象無涉.)』고 지적하였다. 결론은 『견해가 비록 새로우나 따를 필요는 없는 것이다(說雖新, 不必從也)』로, 이러한 즉 왕기 · 구태원 · 주금성 세 사람은 모두 『가축설』을 주장하였다. 근세 사람 중에는 욱현호郁賢皓의 《이백선집李白選集》만이 양제현의 주를 근거로 하였다.

이수광의 주장은 중국의 왕기의 부류에 속한다. 당연히 지적해야하는 것은 이수광은 명나라 말기의 조선 사람이고 왕기의 주석본은 청나라 건륭乾隆연간에 완성되었으므로, 이수광은 왕기보다 일찍 제기하였다는 것이다. 이밖에 그는 『존사가 은거하고 나가지 않았기 때문에 푸른 소는 한가롭게 누워있다(尊師隱居不出, 故青牛閑臥也)』라 하였으니, 소를 눕혔던 이유 내지 문장과 제목에서의 「隱居」라는 단어의 관계로써 합리적인 설명을 제기하였다. 구태원 · 주금성 두 사람은 「青蟲」이 『또한 은거하는 모습과 관계가 없음(亦與隱居景象無涉)』을 비평하면서도 진일보하여 왜 『가축설』이 은거와 연관이 있는지를 지적하지는 않았다. 이수광은 바로 이 점에서 보충하여 완전하게 하였다. 중국의 유명한 주석가 내지 눈에 보이는 근대의 각종 이백시 주석본들도 모두 이 점에서 일찍이 이수광처럼 그렇게 분명히 밝히지는 않았다.

변정의 예 :

차천로車天輅의 《오산설림五山說林》(《총편》 제2권)에서 이백의 〈마른 물고

기가 강에 들러 눈물 흘리다(枯魚過河泣)〉라는 구절을 논하면서 말하기를,

이태백의 〈마른 물고기가 강에 들러 눈물 흘리다〉에,

萬乘愼出入, 만승천자는 처신을 삼가야지,
柏人以爲戒. 박인 이야기를 경계 삼아서.

『박인』은 『박곡』이 되어야 한다. 《사기 · 장이전》에 보면 『한나라 8년에 고조가 동원에서 돌아와 조나라를 지나게 되었는데, 관고 등이 바로 벽인辟人과 박인으로 하여금 고조를 해하려고 숨어 있게 했다.』라 하였다. 이때 고조는 미행한 것이 아니다. 반악의 〈서정부〉에

長傲賓於柏谷, 정장亭長은 박곡에서 손님에게 거만하게 대했는데,
妻覩貌而獻餐. 아내는 [손님의] 얼굴을 엿보고는 밥상을 올렸다네.

라는 구절이 있는데, 그 주에, 『한 무제가 미행하여 밤중에 박곡에 이르니, 정장이 죽이려 하였다.』는 고사가 있다. 이것으로 보아, 박인보다는 박곡이 더 사리에 가깝다고 생각된다.

(〈枯魚過河泣〉:『萬乘愼出入, 柏人以爲誡.』,『柏人』當作『柏谷』.《史記 · 張耳傳》:『上從東垣還, 過趙, 貫高等乃辟人柏人之置.』此高祖非微行人. 潘岳〈西征賦〉:『長傲賓於柏谷, 妻睹貌而獻餐』注:『武帝微行, 夜至柏谷, 亭長欲殺之』云云.)15

「柏人」은 각 판본에서 「柏谷」으로 된 것이 없다. 시구가 원래 「柏谷」인지 아닌지는 알 방법이 없다. 그러나 「柏谷」의 뜻은 확실히 「柏人」과 비교하면 나오니 주의해 볼 만하다. 이 시의 첫 두 구절은 『흰 용이 평상복으로 갈아입으니, 우연히 예저에게 화를 당하였네.(白龍改常服, 偶被豫且制.)』인데, 소식 · 왕안석 등의 주석은 모두 《설원說苑》 권9를 인용하였기 때문에 백룡이 예저에게 화를 당하였던 이유를 제기하였는데 그는 『청녕의 못에 내려가서, 피라미로 변해 버렸기(下淸令之淵, 化爲魚)』 때문이다. 이는 천자가 『만 승의 지위를 버리고 베옷 입는 선비를 따라 술을 마신(棄萬乘之位, 而從布衣之士飮酒)』 것과 같다.

구태원 · 주금성 두 사람의 주석본에는 이 시 주석 끝에 시에 『현종玄宗이 암행한 것을 이백이 풍자한 뜻이 있다』[16]고 지적하였다. 옛 주석은 《사기 · 장이전張耳傳》을 인용하였으나 한漢 고조高祖가 조趙나라를 지나갈 때 조나라 신하인 관고貫高 등이 갑사甲士를 매복시켜 해를 입힐 작정이었으나, 고조에 대해 말하자면 그는 『만 승의 지위를 버리지(棄萬乘之位)』 않았기 때문에, 차천로는 고조가 『미행한 것이 아니다(非微行人)』라고 하였다. 그가 조나라를 잠시 들렀다 지나가서는 안 된다고 할 수도 없다. 어쨌든 그가 지은 글과 한 행동이 반드시 틀린 것은 아니었기에 그리하여 이 때문에 「諷」한 바가 있을 필요가 없다. 후에 그는 『들러서 묵으려 하였으나, 마음에 어떤 느낌이 움직여 묻기를 「현 이름이 무엇인가?」고 하였다. 「박인」이라고 대답하였다. 박인이라는 발음은 사람에게 핍박을 당한다는 박인迫人과 비슷하게 들렸다. 그래서 묵지 않고 떠났다(欲過宿, 心動, 問曰 : 「縣名爲何?」 曰 : 「柏

15 | 『貫高等』 구절은 중화서국 표점본 《사기》에서 『관고 등이 이에 박곡 사람을 벽에 숨기고서 변소에서 해하려고 하였다(貫高等乃壁人柏人, 要之置厠.)』로 되어있다. 반악(潘岳)의 부(賦)는 《문선》 권10에 수록되어있다.

16 | 역주 : 『蓋玄宗微行, 故白以爲刺』 《이백집교주》 p.422.

人.」柏人者, 迫於人也, 不宿而去.)』17라 하였으니, 「愼」의 지극함이라고 할 수도 있다. 한 무제武帝가 박곡柏谷에 갔던 일은 그렇지 않으니, 반악潘岳의 〈서정부西征賦〉에서 그는 『지존의 자리에서 한가함을 싫어하여, 미행하면서 함부로 돌아다닌다네(厭紫極之閒敞, 甘微行於游盤.)』라 하였다. 《문선文選》의 이선李善 주석은 《한무고사漢武故事》를 인용하여 과정을 명확하게 썼다.

> 한무제가 즉위한 뒤에 미행하여, 일찍이 박곡에 이르러 밤에 정장의 집에 투숙하려 하였으나, 정장이 받아들이지 않아서 여관에 가서 잤다. 여관의 주인 늙은이가 소년 10여 인을 청하여, 모두 활과 칼을 지니게 하고서는 주인 할멈으로 하여금 나가서 손님을 맞게 하였다. 할멈이 영감을 보고서 말하였다. 『내가 보니 이 남자분은 보통 사람이 아니고, 또 불의에 대비도 하고 있는 것 같으니, 그를 죽일 수는 없을 것 같소.』 날씨가 추워지자 할멈이 술을 내어 그 영감에게 많이 권하였다. 영감이 취하고 할멈이 영감을 결박하자, 여러 소년들은 모두 도망갔다. 할멈이 나가서 손님에게 사죄하고, 닭을 잡고 밥을 지어 대접하였다. 새벽에 황제가 떠나서 궁으로 돌아갔다.
>
> (帝卽位爲微行, 嘗至柏谷, 夜投亭長宿, 亭長不納, 乃宿逆旅. 逆旅翁要少年十餘人, 皆持弓矢刀劍, 令主人嫗出遇客. 婦謂其翁曰 : 『吾觀此丈夫非常人也, 且有備, 不可圖也.』 天寒, 嫗酌酒, 多與其夫, 夫醉, 嫗自縛其夫, 諸少年皆走. 嫗出謝客, 殺雞作食. 平旦, 上去, 還宮.)

한 무제가 미행한 것은 다만 궁중의 생활에 싫증나서 궁 밖에서 놀며 돌아다니는 것을 생각한 것일 뿐으로, 어떤 절실한 이유는 없고 사실 가지 않

17 | 《사기 · 장이전(張耳傳)》.

아도 되는 것이었다. 그는 제왕의 존엄함으로써 경솔하게 미행하여 변고를 겪었으니, 이는 오히려 인용하여 경계로 삼으려 하였다.

차천로의 변론은 사실 합리성을 드러내었으나, 중국의 고금 학자들은 이에 대해 주목하지 않았다.

논석의 예 :

이수광의《지봉유설 · 시평》에서,

이백의 〈봉황대〉는, 첫 귀와 끝 귀는 전적으로 최호의 (황학루 시의) 구법句法을 그대로 습용하였고, 두 번째 연은 평범한 회고의 말이다. 또한 오언시의,

古殿吳花草, 옛 궁전에는 오나라의 화초 화려하였고,
深宮晉綺羅. 깊은 궁중에는 진晉나라의 비단옷 눈부시었네.

라고 한 글귀와 뜻이 같다. 세 번째 연은 최호의

晴川歷歷漢陽樹, 화창한 냇가에 한양수 무성하고

라고 한 것에 비하여 매우 떨어진다. 또 이미,『강이 스스로 흐른다』라고 말하였는데,『또 두 갈래의 물이 가운데가 나뉘어서』라고 한 것은 중첩된 것 같다. 나는 망령되게 말한다. 이백의 이 시는 짓지 않았어도 좋았을 것이다라고.

(李白〈鳳凰臺〉詩, 起結兩句全襲崔顥法. 第二聯是尋常懷古語. 且與五言詩『古殿吳花草, 深宮晉綺羅』[18] 同意. 第三聯視『晴川歷歷漢陽樹』, 太不侔矣. 且旣曰『江自流』, 而又曰『二水中分』, 似疊. 余妄謂李白此詩, 雖不作可也.)

여기에서 이백의 〈금릉의 봉황대에 올라(登金陵鳳凰臺)〉와 최호崔顥의 〈황학루에 올라(登黃鶴樓)〉를 들어 비교 대조하였다. 이백의 시는 『그 옛날 봉황대 위에 봉황이 노닐더니, 봉황 사라지고 빈 대 앞엔 강물만 무심히 흐르네. 오나라 궁전의 화초는 그윽한 오솔길에 묻히고, 진나라 귀인들 무덤은 오래된 언덕을 이루었네. 삼산은 푸른 하늘 위로 반쯤 솟아 있고, 두 줄기 강물은 백로주를 두고 갈라지네. 어떻든 뜬구름이 해를 가릴 수 있으니, 장안이 보이지 않아 시름에 잠기네.(鳳凰臺上鳳凰遊, 鳳去臺空江自流. 吳宮花草埋幽徑, 晉代衣冠成古丘. 三山半落青天外, 二水中分白鷺洲. 總爲浮雲能蔽日, 長安不見使人愁.)』라 하였고, 최호는 『옛 사람 이미 황학 타고 가 버려, 이 곳에는 공연히 황학루만 남았구나. 황학은 한 번 가서 다시 돌아올 줄 모르니, 흰 구름만 천년 두고 유유히 흘러왔네. 맑은 냇물 건너 한양의 나무들 뚜렷하고, 봄풀 무성히 자람은 강 가운데 앵무주로다. 해는 지는데 고향은 어디쯤일까? 안개 서린 강 물결은 사람을 시름 젖게 하네.(昔人已乘黃鶴19去, 此地空餘黃鶴樓. 黃鶴一去不復返, 白雲千載空悠悠. 晴川歷歷漢陽樹, 芳草萋萋鸚鵡洲. 日暮鄉關何處是, 煙波江

18 | 이백 〈금릉 세 수(金陵三首)〉 제3수의 경련(頸聯).

19 | 《전당시》 권130 최호의 시에 「황학」은 「백운」으로 되어있는데, 당나라 사람이 엮은 《국수집(國秀集)》·《하악영령집(河嶽英靈集)》 등의 시집에도 「백운」으로 되어있다. 「황학」은 유행하는 판본에서 쓰였고, 이 단어가 취할 만하다고 생각한 사람도 있는데, 예를 들면 고보영(高步瀛)의 《당송시거요(唐宋詩擧要)》에 이 시를 수록하였는데, 「황학」 두 글자를 쓰고 아울러 시 뒤에서 이르기를 『「황학거」는 「백운거」로도 되어있는데, 올바르지 않다.』라 하였다. 이수광의 문장을 퇴고하여보면 그가 읽었던 판본도 「황학」 두 글자를 쓴 유행 판본인 것 같은데, 이백의 시 첫 두 구절에 「봉황」이라는 단어를 중첩하였기 때문에, 최호의 시에도 「황학」이라는 단어를 중첩해야만 『최호의 방법을 온전히 습용한다(全襲崔顥法)』고 할 수 있다.

上使人愁.)』라 하였는데, 두 시의 가치의 높고 낮음 및 관계에 대해서 옛 사람들은 다른 견해가 있었다.

혹자는 두 시가 『격률과 기세는 상하를 나누기 어렵다(格律氣勢未易甲乙)』(方回《瀛奎律髓》 권1), 『정말 적수의 바둑이다(眞敵手棋也)』(王夫之《唐詩評選》)라고 여겼고, 혹자는 이백 시 마지막 구에서의 우국憂國의 마음이 최호 시 마지막 구의 고향에 대한 마음을 넘어서서 『자리를 잘 잡았다(善占地步矣)』(瞿佑《歸田詩話》)고 여겼다.

그러나 왕세정 · 왕세무王世懋 형제는 이백의 시가 최호의 시에 미치지 못한다고 확고하게 말하였다. 왕세정의 《예원치언藝苑卮言》 권4에서

> 이태백의 〈앵무주〉(즉 〈금릉의 봉황대에 올라서〉)는 〈황학〉(즉 〈황학루〉)를 본뜬 것인데, 좋지 않다. 『오나라의 궁전』·『진나라 왕조』 두 구절은 정말 훌륭한 작가의 솜씨가 되지 못한다. [이백의] 이 율시는 [모든 구절이] 온전한 것이 될 수가 없으나, 오직 『오로지 뜬구름이 밝은 해를 가리고 있으니, 장안이 눈에 보이지 않음에 사람을 슬프게 만드네』와 『삼가 묻노니 구슬 나무에 깃들고자 하는 학은, 어느 해에나 도리어 황제님의 도읍을 향하여 날겠는가』 두 종결終結 구절들만 괜찮을 뿐이다.
>
> (太白 〈鸚鵡洲〉 [卽〈登金陵鳳凰臺〉] 效顰 〈黃鶴〉 [卽〈黃鶴樓〉], 可厭. 『吳宮』『晉代』二句, 亦非作手. 律無全盛者, 唯得兩結耳 : 『總爲浮雲能蔽日, 長安不見使人愁.』『借問欲棲珠樹鶴, 何年却向帝城飛.』[20]

라 하였고, 왕세무의 《예포힐여藝圃擷餘》에서

20 | 이 두 구절은 이백의 〈하지장 비서감님께서 사명산으로 돌아가심을 송별하면서, 임금님의 명령을 받들어 지음(送賀監歸四明應制)〉의 구절이다.

(이백은) 중간의 두 연만 (최호의 시를) 미칠 수 없을 뿐만 아니라, 결어에 있어서도 역시 크게 차이가 난다. 『일모향관』은 흥이면서 부이고, 『부운폐일』은 비이면서도 부인데, 이렇게 생각하여 본다면, 『사인수』 세 자는 비록 똑같다고 할지라도 어떻게 [최호의 시에] 당할 수 있겠는가? 『일모향관』·『연파강상』은 본래 특별히 지적하여 가리키는 것이 없이 [황학루에] 올라서 아래로 내려다 본 사람에게서 저절로 생겨난 근심일 뿐이다. 그렇기 때문에 『사인수』는 연파가 슬프게 만드는 것이다. 그러나 『부운』과 『폐일』, 『장안불견』은 쫓겨난 신하가 스스로 슬퍼해야할 것이니, 모름지기 무엇이 그렇게 만들 수 있겠는가?

([李白] 無論中二聯不能及 [崔詩], 卽結語亦大有辨. 如『日暮鄕關』, 興而賦也 ; 『浮雲蔽日』, 比而賦也. 以此思之, 『使人愁』 三字雖同, 孰爲當乎? 日暮鄕關, 煙波江上, 本無指著, 登臨者自生愁耳, 故曰『使人愁』, 煙波使之愁也. 浮雲蔽日, 長安不見, 逐客自應愁, 寧須使之?)

라 하였다. 이수광이 이백의 시를 폄하한 것은 왕세정 형제의 태도와 같다. 그가 왕세무의 《예포힐여》를 보았는지는 알 방법이 없다. 그는 왕세정의 《예원치언》은 읽었다. 그러한 즉 이수광이 논한 것을 말하자면, 적어도 왕세정 견해의 영감을 받아서 아마도 지나치지 않은 것 같다. 그러나 그의 비평은 더욱 전면적이고 분석은 더욱 세밀하여, 각각의 분야에서 같으면서도 다르고 별도로 자신의 견해가 있다. 마치 왕세정 형제가 이백 시의 첫 번째 연을 심하게 비난하지 않았지만, 마지막 연에 대해서 왕세무는 이백의 글자를 쓰고 내용을 생각함에 문제가 있다고 여겼으나 왕세정은 여전히 호감을 가졌음을 말하는 것 같다.

이수광은 이백 시의 처음과 마지막 두 연에 대해 완전히 부정하였으나 마지막 연을 부정한 이유는 왕세무와는 다르다. 왕세정은 이백 시의 두 번째 연이 『대가의 솜씨가 아니다(非作手)』라 하여 견해가 표면적인 것을 약간 싫어하고, 이수광은 구체적으로 『평범한 회고의 말(尋常懷古語)』이라 하였다. 왕세정은 세 번째 연을 비평하지 않았는데, 이수광은 그 글자 사용과 중첩을 지적하였다. 그가 마지막에 총체적으로 부정한 결론인 『비록 짓지 않아도 좋았을 것이다(雖不作可也)』라는 태도는 왕세정보다 더욱 격렬하다.

평상評賞의 예 :

규장각奎章閣본 《동시총화》에서는 왕사진의 시가 언급되어 있는 곳이 많은데, 여기에서 발췌하여 보자면 다음과 같다.

甲, 왕어양의 절구의 결어는 산뜻한 것이 많다. 예를 들어 〈빗속에 관문을 넘다〉는 시에 『서풍이 홀연히 우수수 떨어지는 비를 날려 보내 버리니, 길에 가득한 회나무 꽃 고향 관문에 나타나네』라 하였다. (漁洋絶句之結語, 多得蕭灑, 如 〈雨中度關〉 詩 : 『西風忽送蕭蕭雨, 滿路槐花出故關.』)

乙, 왕어양의 〈산악 아래서 짓다〉라는 시의 마지막 연 『산을 사니 가는 곳마다 좋고, 종일토록 밝은 햇볕 사랑스럽네』는 비록 평담하고 놀랄만한 점이 없으나, 씹으면 씹을수록 향기가 저절로 생겨난다. (王漁洋 〈嶽下作〉 結聯 : 『買山隨處好, 終日戀清暉.』 此語雖涉平淡無警, 自有咀嚼生香.)

丙, 〈고소대 회고〉라는 시의 제3연은 『비가 미성을 스쳐가니 질푸른 풀만 부질없이 남았고, 봄이 학시에 깊으니 무만 반쯤 푸르네』라 하였다. 해옹은 『제5 · 6연(「연」은 「구」가 되어야 함)의 「벽초」와 「청무」를 대對로 쓴 것은, 특히 경치 묘사에서 잘못을 저지른 것이다』라

고 하였다.[21]

(〈姑蘇臺懷古〉 詩頸聯：『雨過麋城空碧草, 春深鶴市半青蕪.』 海翁曰：『第五六聯[「聯」當作「句」]「碧草」「青蕪」之對仗, 殊忌犯景.』)

丁, 왕어양의 〈[서시를 위하여 지은] 관왜궁을 노래함〉 마지막 네 구는

回首穠華能幾時,	고개 돌려보니 꽃다움 무르익음 얼마나 길게 갈 것인가?
羨君一舸逐鴟夷.	부럽구나! 그대 배 한 채 타고 치이를 쫓아 찾음이.
五湖淼淼煙波闊,	오호는 콸콸 넘치고 안개는 자욱한데,
何處黃金鑄范蠡.	어느 곳에서 황금으로 범려의 상을 만들까?

라 하였다. 두목의 시에 『서시 고소 땅으로 내려가니, 배 한 척 치이를 쫓네』라고 하였다. 치이가 곧 범려인데, 이 왕어양의 시에서 또 범려로 끝을 내었으니, 매우 의문스럽다.

(漁洋 〈館娃宮歌〉 末四句：『回首穠華能幾時, 羨君一舸逐鴟夷. 五湖淼淼煙波闊, 何處黃金鑄范蠡.』 杜牧詩有 『西子下姑蘇, 一舸逐鴟夷.』 鴟夷乃范蠡, 而此結又范蠡, 殊可疑.)

각각의 평어評語는 받들어 감상하거나 흠집을 집어내는 것이 한 두 번이 아니라 아주 많고, 때때로 보이는 것 또한 중국 평론가들이 미처 담론하지 못하였던 것이다.

21 | 무 역시 풀에 속하기 때문에 대가 되지 않음.

2. 집일輯佚상의 가치

당·송 및 그 이후에 중·한 양국 인사들의 왕래는 갈수록 빈번해졌다. 양국 인사들이 상대방의 나라에서 장기간 혹은 단기간 머무른 것은 그 수가 적지 않다. 글 짓는 선비가 타향살이한 기간에 쓴 문장은 여러 가지 원인 때문에 귀국할 때 반드시 문장 전부를 가지고 돌아가려고 준비하지도 않았고, 반드시 문장 전부를 가지고 돌아갈 수도 없었다. 다른 지역에 남겨져서 후세에 그 나라 사람들이 보게 되면서부터 일실佚失된 저작물이 되었다. 혹은 설사 본국으로 가져왔다 하더라도 본국의 사회나 개인 상황의 변동으로 인해 전부 혹은 부분적으로 전해지지 않고, 오히려 이역異域에 남겨졌던 것이 완전무결하였기 때문에 또한 일실된 저작물이 되었다.

우리는 한국의 시화를 정리하였다. 시화는 한국의 문장과 서적 중 하나의 작은 범주에 속하지만, 우리는 그 수량이 상당히 많은 중국 사람이 지은 문장과 서적이 중국 땅에서는 보이지 않음을 이미 발견하였다. 이번 연구의 주요 목적이 비록 집일에 있는 것은 아니지만, 한국 시화에 남아 있으면서 중국 땅에서는 보이지 않는 중국 문장과 서적은 집록하고 정리하여 소개해야만하는 것도 머뭇거릴 수가 없음을 지적해야 한다. 이러한 점에서부터 말하자면, 한국 시화에서의 집일 가치는 분명 중대하다.

다음은 일실된 문장의 상황에 대해 간단하게 소개·설명한다.

한국 시화를 훑어보면 중국 학자들은 먼저 매우 많은 사신과 시가에 관계된 기록, 혹은 〈천사시天使詩〉 및 〈조사시詔使詩〉의 기록에 대해 깊은 인상이 반드시 생길 것이다. 「천사」 또는 「조사」는 중국 황제의 사자使者를 가리키는데, 바로 중원 조정에서 한국으로 조서詔書를 알리러 파견한 사신이기도 하다. 필자가 조사 정리한 바에 의하면, 중·한 양국에서는 당나라 때부터 이미 사신 및 시가 문장의 인연에 관한 이야기가 보인다. 호자胡仔의

《초계어은총화苕溪漁隱叢話》 전집 권14에서 다음과 같이 말하였다.

《금시당수록》에서 『고려의 사신이 바다를 지나다가 시를 짓기를

물새는 떴다가 다시 잠기고,
산구름은 끊어졌다 이어졌다 하네

라 하였다. 그 때 가도가 뱃사공으로 가장하고 있다가 아래 글귀를 이어 말하기를

노는 파도 아래 달을 뚫고,
배는 물 속의 하늘을 누르네.

라 하니, 고려의 사신이 한참동안 탄복하고는 이로부터 다시는 시에 대해 말하지 않았다.』라 하였다.
(《今是堂手錄》:『高麗使過海, 有詩云:「水鳥浮還沒, 山雲斷復連.」時賈島詐爲梢人, 聯下句云:「棹穿波底月, 船壓水中天.」麗使嘉歎久之, 自此不復言詩.』)

또한 《총편》 제13권 박성양朴性陽의 《운창쇄록芸窗瑣錄》에서 다음과 같이 말하였다.

양자강을 거슬러 올라가서 성도에 이르러 조공을 바치니, 현종 황제가 친히 오언시 20구를 짓고, 또 손수 써서 신라왕에게 보내어 주면서 말씀하시기를 『신라왕이 해마다 조공을 바치며, 능히 예악에 부합한 명분을 실천하니 가상하도다. [다음의] 시 한 수를 내려주노

라.』라 하였다.

四維分景緯,	사방의 땅이 나누어져 있지만,
萬象含中樞.	만상이 다들 중추를 옹위하여라.
玉帛遍天下,	옥백을 가진 사신이 천하에 많은데,
梯航歸上都.	먼 길을 고생하여 상도를 찾았다네.
緬懷阻青陸,	멀리 가려진 동방을 그리나니,
歲月勤黃圖.	세월이 가도 부지런히 조공을 오는구나.
漫漫窮地際,	아득히 땅이 다해 끝나는 곳에,
蒼蒼連海隅.	푸르게 이어진 바다의 모퉁이네.
興言名義國,	명성과 의리의 나라라고 하니,
豈謂山河殊.	산과 물이야 무엇이 다르겠나.
使去傳風教,	사신이 가서 풍교를 전해주고,
人來習典謨.	사람이 와서 전모를 배워가네.
衣冠知奉禮,	의관 문물이 예의를 받들 줄 알고,
忠信識尊儒.	미쁘고 성실하여 선비를 높이어라.
誠矣天其鑑,	참으로 하늘이 이를 살피나니,
賢哉德不孤.	어질도다, 덕이 어찌 외로우리오.
擁旄同作牧,	군사를 거느림이 작목과 동일하고,
厚貺比生芻.	후한 선물은 생추에 비교되네.
益重青青志,	푸르고 푸른 뜻을 더욱 중히 하여
風霜恒不渝.	풍상이 몰아쳐도 변하지를 말구려.

(泝江至成都貢, 玄宗御製御書五言十韻詩賜王曰 : 『嘉新羅王歲修朝貢, 克踐禮樂名義, 賜詩一首 : 「四維分景緯, 萬象含中樞. 玉帛遍天下, 梯航歸上都. 緬懷阻青陸, 歲月勤黃圖. 漫漫窮地際, 蒼蒼連海隅.

興言名義國, 豈謂山河殊. 使去傳風敎, 人來習典謨. 衣冠知奉禮, 忠信識尊儒. 誠矣天其鑑, 賢哉德不孤. 擁旄同作牧, 厚貺比生芻. 益重青青志, 風霜恒不渝.」』)22

이 두 가지 예는 중국 사신과 관계가 없지만 양측의 「일실된 시」[두 시의 진위는 알 수 없음]를 기록하였다. 중국의 사자가 한국에 간 것에 대해서는 중국의 명나라와 한국의 조선 이후에 이르러서 가장 빈번하였다. 조선은 물론 자주 사신을 북경으로 파견하여 조공朝貢하였지만, 명나라도 자주 사신을 한양으로 파견하여 조서를 알렸다. 명나라 대종代宗 경태景泰 원년(1450)부터 시작하여 한국[사실 당시는 조선왕조로, 「한국」 또는 「한국 사람」으로 쓰는 것은 단지 유행하는 통칭에 속할 뿐임]이 평소에 예의지국禮儀之國이라 불리고 문교文教가 매우 성행한 것에 비추어 보아, 명나라 조정에서는 대부분 문학을 하는 선비를 사신으로 파견하기로 결정하였는데 한국 사람들은 그들을 천사 또는 조사라고 높여 불렀다. 중국 사신이 도착하

22 | 역주 : 이 시의 원문 번역과 주석은 한국고전번역원의 《임하필기(林下筆記)》(제12권)에서 [몇 자 수정하여] 따옴. 관건행의 원서에는 처음 보이는 沂가 泝자로 되어 있음.
※ 옥백(玉帛) : 규장(圭璋)과 속백(束帛)으로, 옛날 제사나 회맹(會盟)이나 조빙(朝聘)이나 사행(使行) 등에 표신(標信)으로 지참하던 예물(禮物)이다.
※ 전모(典謨) : 《서경(書經)》의 〈요전((堯典)〉과 〈순전(舜典)〉 및 〈대우모(大禹謨)〉와 〈고요모(皐陶謨)〉 등 편명의 합칭으로, 제왕의 국가 경영의 궤범(軌範) 또는 전칙(典則)을 뜻한다.
※ 작목(作牧) : 주(周)나라 때 공덕(功德)이 있는 후백(侯伯)에게 주장(州長)의 직책을 추가하여 제후들에 대한 정벌의 권능(權能)을 부여하였는데, 이를 일러 작목이라 하였다.
※ 생추(生芻) : 《시경(詩經) · 소아(小雅) · 백구(白駒)》의 『싱싱한 꼴이 한 묶음일세. 사람이 마치 백옥과 같구나(生芻一束, 其人如玉)』에서 나온 말인데, 어진 사람이 타고 온 망아지에게 신선한 풀을 먹인다는 뜻으로, 임금이 현인(賢人)을 존경하고 예의로 대접함을 의미하는 말이다.

면 한국측에서도 이름난 유학자[碩儒] 및 뛰어난 인재[鴻才]를 원접사遠接使로 가려 뽑아 국경선에서부터 한양까지 노정 전체를 수행하여 영접하고 전송하였다. 작자 미상의 《국당배어菊堂排語》에서 다음과 같이 말하였다.

> 우리 조정은 특히 개국 이래로 정성스럽고 부지런하게 큰 나라를 섬겼으며, 시로써 외교활동을 하였다. 중국 조정 또한 내지內地처럼 여겨서, 무릇 경사스러운 일을 반포함에 있어, 반드시 문학이 뛰어난 자를 뽑아 사신으로 파견했으니, 영접하는 [조선]사신과 더불어 시를 수창하였다.
> (我朝自開國以來, 恪勤事大, 朝聘以詩. 皇朝亦視同內服, 凡有頒慶之事, 詔使必以文學望重之士擇遣, 與儐接之臣有酬唱詩.)[23]

중 · 한 양국의 관리들은 언어가 달라 이야기를 나눌 수 없어서 역관譯官의 전달을 통해야만 했다. 그러나 「글은 같은 글자를 썼기書同文」 때문에 오고 가는 내내 화답하여 읊을 수 있었고, 이렇게 역대로 매번 천사들과 원접사들은 매우 많은 창화시문唱和詩文을 썼다. 이러한 창화시문을 한국 사람들이 모두 남겨 놓아 24부의 《황화집皇華集》으로 엮었으니 시대는 명나라 대종 경태 원년부터 명나라 사종思宗 숭정崇禎 6년(1633)까지로 180여 년간이다.

《황화집》 중 중국 사신의 작품은 그 일부분이 여러 사람의 시화에 실린 것이 보이기도 하는데, 문장이 때때로 약간 다르다. 여러 사람의 시화에는

23 | 《총편》 제3권. 조종업 교수의 〈중한일 시화 비교 연구〉에서는 《국당배어》가 아마도 청나라 초 강희년간의 김익창(金益昌)이 지은 것으로 여겼으나 확정할 수는 없다. 역주 : 심경호 교수의 《한학입문》의 〈한국의 시화와 만록〉 목록에서는 이 책의 저자를 정태제(鄭泰齊)로 적고 있는데, 한국고전종합DB로 검색하여 보면 틀림이 없다. 자세한 것은 이 책 본문의 《국당배어》의 해설을 참조 요망.

《황화집》보다 좋은 점이 있는데, 작품을 쓸 때의 배경 또는 구체적인 상황을 자주 설명한 곳에서는 심지어 작품에 대해 평의評議한 것도 있어서, 우리에게 작가 및 작품에 대한 이해를 다해주었으니, 《황화집》처럼 사뭇 작품이나 문장만 기록한 것은 아니다. 예를 들어보면 《국당배어》에서 다음과 같이 말하였다.

성화成化 12년 병신년, 성종대왕 7년이었다. 정사 호부낭중 기순祈順 · 부사 행인 장근張瑾이 와서, 황태자를 책립한다는 조서를 반포했다. 원접사는 우참찬 서거정徐居正이었다. 정사는 [백상루 연회 자리에 기생을 물리치다(百祥樓宴席, 却妓)라는] 시에서,

因緣舊愧風光曲,	인연 따라서 옛날 번화한 경치 노래한 것 부끄러운데,
落魄空覆薄倖名.	혼이 나갔는데도 박절한 사람이라는 이름만 남았네.
爭似昌黎文字飮,	어찌 창려[韓愈]와 같이 문자를 이해하고서 술 마실까만,
醉來歌詠有餘淸	술 취하여 시 지어 읊조리니 기분이 맑아지누나.

라 했다. 한강을 유람하는 날, 서거정은 명나라 사신이 비록 시를 잘한다고 하지만, 모두 오랫동안 구상한 것이라, 내가 먼저 지어봄으로 그 재주를 알아보고자 하였다. 한번 7언 율시를 던져보았다.

樓中佳麗錦筵開,	누각 아름다운 곳에 자리를 펴니,
樓外青山翠似堆.	누각 밖 청산은 푸른빛 첩첩이네.

風月不隨黃鶴去,　　바람과 달은 황학을 따라가지 않고,
煙波長送白鷗來.　　아지랑이 긴 물결은 백구를 보내오네.
登臨酬唱三千首,　　높은 곳 올라가며 3천수를 수창하고,
賓主風流一百杯.　　주객의 풍류는 술 일백 잔이로세.
更待夜深吹玉笛,　　밤 깊어질 때 옥피리를 부니,
月明牛斗共徘徊.　　달은 밝은데 견우 북두성 함께 방황하네.

함련은 고려조 채홍철蔡洪哲의 문장으로, 단지 몇 자만 바꿨으니 가히 무덤에서 파낼 만한 것이었다. 정사가 붓을 들어 즉시 차운하기를,

樓前風捲白雲開,　　누각 앞 바람 휩쓰니 흰 구름 흩어지고,
坐看群山紫翠堆.　　앉아서 보니 뭇 산은 자취색 비취색 무더기로세.
百濟地形臨水盡,　　백제 지형은 강물을 따라 다하고,
五臺泉脈自天來.　　오대산 물줄기는 하늘에서 내려오네.
題詩愧乏崔郎句,　　시를 쓰자니 최랑의 글 못 따른 것 부끄러우나,
對酒寧辭太白盃.　　술 대하여서는 이 태백의 술잔 어찌 마다하리오.
花鳥滿前春景好,　　꽃과 새가 눈앞 가득 봄경치 좋으니,
不妨談笑更遲徊.　　웃고 이야기하며 더디 돌아간들 어떠리.

라 하였다. 〈양화 나룻터에서 놀다(遊楊花渡)〉라는 시에

倚罷高樓未盡情,　　높은 다락에서 골고루 구경하였으나 정을 다하지 못해,

又攜春色泛空明. 다시 봄빛을 따라 밝은 강에 배 띄우네.
人隨竹葉盃中醉, 사람은 죽엽 술잔 오가는 사이에 취하고,
舟向楊花渡口横. 배는 양화도 어구에 비스듬히 대었네.
東海微茫孤島沒, 동해는 아득한데 외로운 섬 잠겨있고,
南山蒼翠淡雲生. 남산은 울창하니 엷은 구름 일어나네.
從前會得江湖樂, 이전에도 강호의 즐거움을 알았다지만,
今日襟懷百倍清. 오늘날의 이 감회 백배나 더 맑구나.

라고 했다. 또 부사가 시로 차운하기를,

江頭風景滿樓船, 강기슭 풍경 누선을 가득 차게 하고,
花柳爭姸二月天. 꽃과 버들 아름다움 다투는 2월이네.
帆影帶將飛鳥去, 돛 그림자 나는 새를 데리고 가고,
笛聲驚起老龍眠. 피리소리는 늙은 용의 잠을 놀랍게 깨우네.
山連兩岸雲林合, 산은 두 강 둑을 이어 구름 낀 숲 합쳐지고,
石激中流雪浪濺. 돌에 부딪치는 강물이 눈처럼 멋대로 튀네.
莫怪東來好遊賞, 동쪽 와서 유람 감상 좋아 한다 책하지 말기를,
尋常詩酒慣相穿. 항상 시와 술로서 의기 상통하고 있다네.

라 하였다. 시가 나올수록 더 기이하니, 보는 자로 하여금 혀를 내두르게 만든다. 문장에 뛰어난 조사詔使로는, 예 시강 · 장 급사 다음으로 기 호부를 꼽는다.

(成化十二年丙申, 成宗大王七年. 正使户部郎中祈順 · 副使行人張瑾來, 頒冊立皇太子詔. 遠接使 ; 左參贊徐居正. 正使詩曰 :『因緣舊愧風光曲, 落魄空覆薄倖名. 爭似昌黎文字飮, 醉來歌詠有餘清.』遊漢江日, 徐居正以爲天使雖善詩, 皆是宿構, 吾可先作, 以試其才. 仍投七言律：『樓中佳麗錦筵開, 樓外青山翠似堆. 風月不隨黃鶴去, 煙波長送白鷗來. 登臨酬唱三千首, 賓主風流一百杯. 更待夜深吹玉笛, 月明牛斗共徘徊.』領聯乃麗朝蔡洪哲之句, 而只改下數字, 可謂發塚手也. 正使卽援筆次其韻：『樓前風捲白雲開, 坐看群山紫翠堆. 百濟地形臨水盡, 五臺泉脈自天來. 題詩愧乏崔郎句, 對酒寧辭太白盃. 花鳥滿前春景好, 不妨談笑更遲徊.』〈遊楊花渡〉詩曰：『倚罷高樓未盡情, 又攜春色泛空明. 人隨竹葉盃中醉, 舟向楊花渡口橫. 東海微茫孤島沒, 南山蒼翠淡雲生. 從前會得江湖樂, 今日襟懷百倍清.』又次副使韻, 詩曰：『江頭風景滿樓船, 花柳爭妍二月天. 帆影帶將飛鳥去, 笛聲驚起老龍眠. 山連兩岸雲林合, 石激中流雪浪濺. 莫怪東來好遊賞, 尋常詩酒慣相穿.』愈出愈奇, 見者吐舌. 詔使能文章者, 倪侍講·張給事之後, 稱祈户部云.)

김안로金安老의 《용천담적기龍泉談寂記》에는 이에 대해 더욱 상세하고 빈틈없으며 생동감 있는 기록이 있다.

성종 때에 호부 기순이 황제의 명령을 반포하러 왔다. 도중에 사물을 보고 흥이 나는 까닭에 시를 읊었다. 원접사 사가 서 선생은 평범하다 여기고, 속으로 그들을 얕보았다. 사신 일을 마친 다음날 사가는 한강에서 놀기를 청하였다. 기순이 말하기를『좋소. 도중에서 시답하기를 손님이 주인보다 먼저 하였으니, 내일 강에서는 주인이 손님보다 먼저 흥을 돋우는 것도 좋겠소.』라 하였다. 사가가 미리 율시 한편을 짓고, 또 미리 지어두었던 〈영천명원루〉시의 운자를 적고는『저 보잘 것 없는 젊은 녀석에게 이 늙은이가 항복을 받아내야겠다.』라 하였다. 제천정에 이르러, 술은 반도 마시지 않고, 자리에서 다소 읊조리며, 어떤 구상을 하는 모양을 하고, 붓을 찾아 시 한 연을 적어

風月不隨黃鶴去,　　바람과 달은 황학을 따라가지 않고,
煙波長送白鷗來.　　아지랑이 긴 물결은 흰 갈매기 보내온다.

라 하였다. 기순이 즉석에서 붓을 휘둘러 말하기를

百濟地形臨水盡,　　백제 지형은 강물을 따라 다하고,
五臺泉脈自天來.　　오대산 물줄기는 하늘에서 내려온다.

라 하였다. 사가를 돌아보며 말하기를『어떻소?』라고 하는데, 필봉이 자유분방하여, 대항할 수가 없었으며, 자리에 있던 사람들의 얼굴빛의 기가 모두 꺾이었다. 괴애 김수온 또한 참석하여, 화압해야 하는데『퇴堆』자가 있어, 고심하며 읊었으나 생각이 말라버려, 눈썹을 찌푸리며 사람들을 돌아보고 말하였다.『생각도 나지 않고 뜻도 다해버렸으니, 내가 죽을 지경이구려.』오래 지나서야 겨우 글을 엮어 말하기를

崇酒千瓶肉百堆　　훌륭한 술이 천 병 이요, 고기는 백 무더기라.

하고서는 그 뒤에 또『두頭』자로 각운을 해야 되자 김수온이,『검은 구름이 비를 안고 뱃머리 위에 다다랐구나(黑雲含雨已臨頭).』하였다. 기순이『가히 고기 백 무더기를 씻을 만 하구려.』라 말하였다. 배를 타고 노를 띄워 물결 따라 내려오니, 강산이 정신을 사로잡고, 술과 음식은 정신을 피곤하게 하고, 붓을 잡고 정력을 기울였던 통에 한눈 팔 겨를이 없었다. 서쪽 해는 반쯤 서산에 물려있고, 저녁 물결이 잠잠해졌는데, 술에 얼큰하게 취해 눈을 지그시 감고 있는 사이에 배는 잠두봉 아래에 이르렀다. 기순이 눈을 뜨고,『여기는 지명이 무

엇이오?』라고 하니, 통역관이 『양화도라 합니다.』라고 대답하였다. 바로 율시 하나를 읊기를

人從竹葉杯中醉,	사람은 죽엽주 잔 중에 취하고,
舟向楊花渡口橫.	배는 양화나루터를 향해 가로질러 가는구나.

라 하였다. 사가가 그 운에 맞추어

山似高懷長偃蹇,	산은 높은 회포를 안은 듯 높고 우뚝하게 솟아있고,
水如健筆更縱橫.	물은 힘찬 붓과도 같이 다시 출렁거리네.

라 하였다. 두 사람의 교묘하고 빠르기가 대략 서로 비슷하여, 마치 두 영웅이 대진한 것 같이 오래도록 결판이 나지 않았고, 기습하기도 하고 대진해서 싸우기도 하는 변화를 서로 잘 알지 못함이 없었다. 칼을 맞닥뜨리고 싸움이 붙어, 번개 같이 빠르고 뇌성같이 날쌔어 진격하고 물러나는 기세가 깃발과 북 사이에 있었다. 비록 당당하게 팔진을 벌리고 부채를 들고 지휘하였지만, 사마중달의 계산도 실수하나 없었으니, 역시 항복받기는 쉬운 일이 아니었다.

기순이 일찍이 말하기를 『선생이 중국에 계셨더라면 정말 시 잘 짓는 4·5명 이내에 들것입니다.』라 하였다. 돌아가는 길에 임진강에서 배를 타고서 사가가 먼저 고시체의 장운을 지으니, 기순이 두루마리 끝을 탁자위에 두고 손으로 짚어가며 천천히 보아 내려가는데, 한 구를 보기만 하면 또 시 한 구를 짓고 하여 손과 눈이 한꺼번에 내려가면서 그것을 잠깐 사이에 다 보자, 운에 꼭 맞추어 지은 시도 역시 다 지어졌다. 운을 다 맞추고서도 붓은 계속 멎지 않고, 연이

어 종이가 다 되도록 시를 짓는데, 마치 바람이 질주하고 비가 쏟아지는 것처럼 또 한편의 시가 이루어졌다.

사가가 마음속으로 그것에 탄복하고, 종사관 채수蔡壽를 돌아보며 『빨리 짓고, 많이 지었다.』하였다. 이마를 약간 찌푸리고는 곧 이어 스무 수를 지으니, 뜻이 샘물 같이 솟아나 다할 줄 몰랐다. 저쪽에서 한 번 부르면 화답이 반드시 중첩되어 포개지고, 많이 짓는 것으로 이기려 하니, 이것 또한 정말 세상에 드문 민첩한 솜씨이다.

(成廟朝, 祁户部順來頒帝命. 道途所由, 覽物興詠. 遠接使四佳徐先生以爲平平, 心易之. 竣使事明日, 四佳以漢江之遊請. 順曰 :『諾. 在途酬唱, 客先主人 ; 明日江上, 主人先客以起興可也.』四佳預述一律, 幷錄夙製〈永川明遠樓〉詩韻, 曰 :『當豎此老降幡矣.』到濟川亭, 酒未半, 於座上微吟, 若爲構思之狀, 索筆書呈一聯, 有曰 :『風月不隨黃鶴去, 煙波長送白鷗來.』順卽席走毫, 曰 :『百濟地形臨水盡, 五臺泉脈自天來.』顧四佳曰 :『是否?』筆鋒橫逸, 不可枝梧, 四座皆色沮. 乖崖亦預席, 當和押, 有「堆」字, 苦吟思涸, 攢眉顧人曰 :『神耗意竭, 吾其死矣.』久乃僅綴云 :『崇酒千瓶肉百堆.』爾後又有「頭」字押, 乖崖云 :『黑雲含雨已臨頭.』順曰 :『可洗肉百堆.』乘舟放棹, 順流而下, 江山役神, 觴豆疲形, 操觚瀝精, 不暇流眄. 而西日半銜, 夕波微興, 倚醺瞑目之頃, 舟至蠶頭峯下. 户部開目曰 :『是何地名?』舌者曰 :『楊花渡.』卽吟一律 :『人從竹葉杯中醉, 舟向楊花渡口橫.』四佳次云 :『山似高懷長偃蹇, 水如健筆更縱橫.』二公巧速略相似, 猶兩雄對陣, 持久不決, 奇正變化, 莫不相諳. 鋒交戰合, 電流雷迅, 揖讓之風存乎鼓旗之間. 雖堂堂八陣, 擧扇指麾 ; 而仲達之算無遺策, 亦未易降也. 順嘗曰 :『先生在中朝, 亦當居四五人内矣.』行返到臨津舟上, 四佳先賦古風長韻, 順卷紙尾置案上, 手披徐徐, 覽一句輒成一句, 手眼俱下, 須臾覽訖, 而步韻亦訖. 步訖而筆猶不停, 連書竟紙, 颯颯風馳雨驟,而一篇又成. 四佳心服之, 顧從事蔡懶齋曰 : 『速矣, 多矣. 額稍蹙然, 卽連賡兩什, 意思泉湧浩浩莫竭. 彼一再唱而和必重累, 以多爲勝, 此亦希世之捷手也.』)[24]

이는 한 차례 외교석상에서의 「글 싸움[文鬪]」이다. 시화는 과정을 있는 그대로 기록하였는데, 《황화집》에서는 볼 수 없는 것이다.

명나라 사신들의 시 작품[사실 賦나 散文 같이 다른 체제의 작품도 있음]에는 아직도 중국에 남겨진 것도 있고 이미 사라진 것도 있다. 만약 우리가 《전명시全明詩》나 《전명문全明文》을 편찬하려면 여러 사람의 시화 및 《황화집》은 빠질 수 없는 중요 자료이다. 예를 들면 헌종憲宗 성화成化 12년 병신丙申[1476]에 기순祁順이 한국에 사신으로 나가 한국에 머문 기간 동안 한국 사람들과 창화唱和하였는데, 《병신황화집丙申皇華集》이나 여러 사람의 시화에 근거하면 120수 이상의 시가를 썼다. 그러나 후세에 전해지는 기순의 문집인 《손천집(巽川集)》[25]의 통계에 따르면, 조선에 사신으로 갔을 때의 시가를 수록한 것은 약 20편으로 숫자의 차이가 많이 난다.

또한 주지번朱之蕃의 예를 들면, 신종神宗 만력萬曆 34년 병오丙午[1606]에 한국에 사신으로 나갔다. 그 기간 동안 한국 사람과 시 작품을 창화하였고, 귀국한 후 《봉사조선고奉使朝鮮稿》[26]를 엮으면서 덧붙여 수록하였다. 비록

24 | 홍만종의 《시화총림》 권1에 《용천담적기》가 수록되어있다. 《총편》 제5권을 보라.

25 | 《사고전서존목총서(四庫全書存目叢書) · 집부(集部) 37》은 동북사범대학(東北師範大學) 도서관에서 보관하고 있는 청나라 강희 2년 재자당각본(在兹堂刻本)에 근거하여 영인하였다. 대만 장엄문화사업유한공사(莊嚴文化事業有限公司), 1996.

26 | 《사고전서존목총서 · 집부 176》은 상해도서관(上海圖書館)에서 보관하고 있는 명나라 만력각본(萬曆刻本)에 근거하여 영인하였다.

이렇다 하더라도 《봉사조선고》를 들어 여러 사람의 시화 및 《병오황화집》과 비교 대조하면 그래도 빠뜨린 것이 있다.[27] 매번 정사正使를 따라 나선 부사副使 혹은 기타 속관屬官의 작품에 대해서는 아직 포함하여 계산하지 않았다.

「천사시(天使詩 : 명나라 사신의 시)」 이외에 여러 사람의 시화 중에는 많은 중국 사람의 작품도 기재하였다. 이러한 중국 사람들은 한국에 가서 문장을 남겨 한국 사람이 정리 기록하거나, 한국 사람이 중국 땅에 가서 중국 사람의 시편詩篇을 한국으로 가지고 돌아오기도 하였다. 그들은 대개 문사文士일수도 있고 일반인 일수도 있다. 어찌되었든 그들이 쓴 장구章句는 중국 땅에 여전히 남아있다고 할 수는 없으나, 예술성이 반드시 높지는 않더라도 집일하는 문인이 수집 정리하지 않을 수는 없었던 것이다. 다음에 3가지 예를 든다.

> 가정 병진년(1556, 명종 11) 무렵에 명나라 사람 유응기가 왜구에게 잡혔다. 왜구의 배 안에 있다가 우리나라 사람에게 잡혔다. 서울[중국]에 와서 시를 지었다.

只怨干戈不怨天,	다만 전쟁을 원망하고 하늘을 원망하지 않노니,
離鄉去國路千千.	고향을 등지고 나라를 떠나니 길은 몇 천 리 라네.
愁纏病骨哀衰運,	시름이 병든 뼈를 감싸 쇠한 운명 슬퍼하고,
淚洒紅顏泣盛年.	눈물은 붉은 얼굴에 뿌려 젊은 나이에 흐느끼네.

27 | 누락은 시가에만 국한하지 않고 문장에도 있다.

見月思歸西塞外, 달 보니 그리움은 고향 쪽으로 돌아가고,
看雲心逐北堂前. 구름 보니 마음은 어머니 앞으로 달려가네.
旄邱見葛何多日, 모구에서 칡을 본 지 며칠이 지났는가?
尾瑣孤身困此邊. 고생으로 외로운 몸 여기서 곤욕당하네.

재상 아계 대감이 젊었을 때 이 시에 차운하여 지었다.

鯤海鯨波杳接天, 큰 바다 거센 물결은 아득히 하늘에 닿아,
南荊迢遞幾三千. 남쪽 초나라 땅 아득하니 거의 삼천 리 되네.
流離異國惟孤影, 이국땅에서 떠돌아다니니 오직 외로운 그림자뿐이오,
飄泊他鄕是弱年. 타향에서 유랑한 것은 어린 때라네.
蝶夢有時傳塞外, 나비꿈 때때로 변경 밖으로 돌아가지만,
雁書無路抵家前. 기러기 편지는 집 앞에 닿을 길이 없네.
知君夜夜思親處, 알겠노라, 그대 밤마다 어버이 그리워하니,
秋雨蕭蕭客枕邊. 나그네 베갯가에 가을비 쓸쓸히 내린다네.

당시 유응기의 나이 15, 6세요 이산해의 나이는 17, 8세여서, 나이는 모두 어렸으나 시는 이미 문장을 이루었다.

(嘉靖丙辰年間, 大明人劉應箕見執於倭寇. 在寇船中, 爲我國人所擒. 到王京作詩曰 :『只怨干戈不怨天, 離鄕去國路千千. 愁纏病骨哀衰運, 淚洒紅顔泣盛年. 見月思歸西塞外, 看雲心逐北堂前. 旄邱見葛何多日, 尾瑣孤身困此邊.』李宰相鵝溪公少時次其韻云 :『鯤海鯨波杳接天, 南荊迢遞幾三千. 流離異國惟孤影, 飄泊他鄕是弱年. 蝶夢有時傳塞外, 雁書無路抵家前. 知君夜夜思親處, 秋雨蕭蕭客枕邊.』時劉年十五六, 鵝溪年十七八, 年皆幼稚, 詩已成章.) – 權應仁《松溪漫

錄》, 《叢編》 제1권

만력 임진년(1592)에 명나라 장군 풍중영馮仲纓 등이 양암성陽巖城에 웅거하면서, 북쪽에 주둔한 왜군을 토벌하였는데, 그때 지은 시와 문장으로 된 현판이 아직도 그 고을 객사에 남아있다. 그 내용은 다음과 같다.

『왜장 가토 기요마사가 임진년 여름부터 함경도의 길주와 안변 등지에 웅크리고 있으면서 흉포하여 백성들이 편안히 살 수가 없었다. 우리들이 황제님의 명령을 받들고 여기에 이르러 형편을 살펴가며 작전을 수행하였는데, 한편으로는 전황을 예측하여 묘책을 세우기도 하고, 한편으로는 내가 단기單騎로 적의 소굴에 들어가서 이해관계를 따져가며 담판하기도 하였다. 적장은 죽음이 두려워, 그날 즉시 서울쪽으로 후퇴해 가서 뒤에 있을 명령만 기다리게 되었다. 내가 생각하니 조선의 북쪽 땅에 중국 사람으로서 여기까지 들어온 사람은 천지개벽 이후로 없을 것이기 때문에 짧은 시를 지어 이러한 사실을 적었으나 그 운취는 보잘 것 없다. 그러니 어찌 스스로 나의 공로를 자랑하여 후세에 이름을 빛내고자 함이 있겠는가?

倭酋盤踞若蜂屯,	왜적 추장 웅크리고 있음 마치 벌이 자리잡고 있음과 같으니,
流毒生靈不忍聞.	살고 있는 백성들에 해독 끼침을 차마 들을 수 없구나.
兵馬散亡難作戰,	군대와 말 흩어지고 없어 전쟁을 하기도 어렵고,
城闉板蕩惜遺文.	큰 성 작은 성 모두 어지럽게 되었으니 전해오던 문화가 아깝구나!

天皇廣德極藩國,	황제님의 넓으신 덕 변방의 나라까지 다 하고,
小子微誠在致君.	내 작은 정성으로나마 그 분의 덕 요순 같이 되게 하였으면!
單騎入巢開利害,	단기필마로 적진에 들어가서 이해득실을 논하며 설명하니,
便言何幸靖妖氛.	몇 마디 말이나마 얼마나 다행스러웠는지 요망한 분위기를 가라앉힐 수 있었음이.

일을 같이 한 분들은 겸도지휘 장여익 · 조응부 · 섭백명 · 왕미 · 양선, 참군 김상조 · 진문언 · 주우증 · 김의상 · 우응오 · 오명동 · 유수신, 조선의 관찰사 홍세공, 절도사 신집, 향도, 첨지 최우, 부장 김귀장 · 성천판관 박진남, 양덕지현 홍귀상, 통사 유종백 · 이응 · 이덕년이니 모두 공을 함께 세운 사람들이다.

만력 계사년(1593) 4월 24일, 명나라 절강 소흥부 산음사람 창주 풍중영이 적노라.』

시는 비록 그렇게 볼만한 것이 못되나, 당시 사실을 살펴보기에는 좋다. 우리나라의 역사에서는 관북지방을 임진년에 회복한 것은, 바로 정문부의 공로라고 하나, 왜적의 괴수가 물러난 것은 아마도 명나라 군사들이 그 뒤에서 견제하고 있었기 때문일 것이다. 또 명나라의 정왜장군 광덕 사람 송대빈宋大斌의 시에

雲霽名花縣,	꽃이름난 고을에 구름 개이고,
春回細柳營.	가는 버들 늘어진 병영에 봄은 돌아왔구나,
喜傳前部捷,	앞선 부대 승전보 전하니,
好緩後援兵.	뒷선 원병들도 느긋해하는구나.
鼓角山城靜,	북 호각 소리 같은 전쟁 신호 산성에서 고요해지고,

烽煙海宇淸.　　봉화 연기도 온 세상에서 사라졌구나.
願言諸父老,　　바라노니 여러 늙은 백성님네들,
從此任歸耕.　　이제부터는 마음 놓고 돌아가서 농사 지으소서.

라 하였고, 스스로 주석을 달기를 『왜군의 패잔병들이 자취를 숨기자, 용맹한 병사들이 양덕현으로 나왔다. 이 사실을 적어 홍대윤님[관찰사 홍세공인 듯함]께 드린다.』라 하였다.[28]

(萬歷壬辰, 天將馮仲纓等據陽巖城, 討北關屯倭. 題詩文懸板, 尙存於客舍, 云 :『倭酋淸正, 自壬辰夏盤踞咸鏡道吉州 · 安邊等處, 凶狂慘毒, 民不聊生. 纓等奉皇命率兵至此, 以便宜行事. 一面運籌設奇, 一面纓單騎入巢, 開示利害. 倭酋畏死, 卽日退去王京, 以待後命. 予惟朝鮮北鄙, 我國之人至此者, 自開闢以來無之. 故賦小詩, 以記其事, 不計其韻. 豈欲自伐其功, 以圖誇耀於後世哉?「倭酋盤踞若蜂屯, 流毒生靈不忍聞. 兵馬散亡難作戰, 城闉板蕩惜遺文. 天皇廣德極藩國, 小子微誠在致君. 單騎入巢開利害, 便言何幸靖妖氛.」同事諸公 : 兼都指揮張汝翼 · 趙膺孚 · 葉伯明 · 王椒 · 揚先, 參軍金相祖 · 陳文彦 · 周于中 · 金依祥 · 虞膺鰲 · 吳明棟 · 劉守信, 朝鮮觀察使洪世恭, 節度使申磼 · 向導僉知崔遇, 部將金龜長 · 成川判官朴震男, 陽德知縣洪龜祥, 通事柳宗伯 · 李膺 · 李德年, 皆同功之人也. 萬歷癸巳仲春卄四日, 大明浙江紹興府山陰滄洲馮仲纓書.』詩雖不甚佳, 足

28 | 역주 : 시의 원문은 한국고전번역원의 《석재고(碩齋稿)》(권9) 〈해동외사(海東外史)〉에 실린 대로 인용하였다.

※ 세류영(細柳營) : 세류는 장안 근처에 있던 지명. 이곳에 한나라 때 주아부(周亞夫)라는 장군이 주둔하였는데, 군령이 엄격하여 문제(文帝)가 순시할 때도 장군의 명령이 떨어지기 전에는 황제도 들어갈 수 없었다고 함. 뒤에 군령이 엄한 병영이라는 뜻으로 사용되었다.

驗當時事實. 國史：關北壬辰之恢復, 乃鄭文孚之功, 然倭渠退去, 恐天兵之掎其後也. 又天朝征倭將軍廣德宋大斌詩：『雲齊名花縣, 春回細柳營. 喜傳前部捷, 好緩後援兵. 鼓角山城靜, 烽煙海宇淸. 願言諸父老, 從此任歸耕.』自注：『殘倭敗遁, 猛師出陽德縣, 賦此爲洪大尹贈.』) – 成海應《蘭室詩話》〈天將詩〉條,《叢編》제11권

나의 조부께서는 정조 무인년(1758)에 북경에 들어가셔서 면주의 사천 사람 당원항 낙우라는 분과 서로 필담을 나누셨다. 그때 벼슬이 호부원외랑이었는데, 특이한 사물과 특정한 제도 같은 것에 익숙하였다. 그 필담에서『저는 일찍이 시를 지었는데,「부귀공명이 분수에 맞는 것이라면 어느 누가 물리칠 수 있으리, 문자를 지어 교제하는 사람 없다면 함부로 짓지 말게나」라 하였습니다.』라 하였다. 또 말하기를『저는 건륭 병술년(1766)에 진사가 되었는데 농업관계 부서에서 벼슬하여 전후 12년 동안에 잔도를 일곱 차례나 내왕하였습니다. 그때 〈용동배龍洞背〉라는 시를 지었는데, 이것은 잔도를 읊은 것입니다. 왕어양王漁洋도 역시 이 제목으로 지은 작품이 있는데,

虎穴愁深入,	호랑이 굴 깊이 들어감 걱정스럽고,
龍門慘不開,	용이 사는 문 겁나서 열지 못하네.
陰風驅雪浪,	음산한 바람은 눈보라를 몰고 다니고,
白日走冰雷.	대낮에도 차가운 우레 치네.
山鬼逢人攫,	산 귀신은 사람을 만나면 낚아채고,
雲鴻逐客哀.	구름 속 기러기는 귀양온 나그네 슬프게하네.
朱顔凋欲盡,	젊은 얼굴 다 쪼그러지려 하는데,
北馭滄中來.	북쪽의 말몰이 회백색 속에서 오네.

라고 하였습니다.』라 하였다. 계속하여 묻기를 왕어양의 이 시는 어떻습니까라고 하자 조부께서는 완정(阮亭 : 王士禛)에 버금간다고 대답하셨다. 원항은 〈악률서론〉 한 첩을 만들어 기증하였다. 지금 집에 간직하고 있는데, 그 시는 담담하니 다듬은 흔적이 없는데, 마치 그 인품과 같다. 우촌 이조원李調元과 70리 떨어진 곳에 집을 짓고 사는데, 어릴 때부터 사귀던 친구의 정이 있다고 한다. 알지 못하겠노라, 그 아들들도 계속해서 사이좋게 지내는지.

(我王考於正廟戊戌入燕, 與綿州四川人唐鴛港樂宇相交筆談. 伊時官户部員外郎, 嫺於名物度數之學. 其筆談曰 :『僕嘗有詩曰.「功名有分誰能却, 文字無交莫漫論.」』仍曰 :『僕乾隆丙戌進士, 官農曹先後十二年, 往來棧道七次. 有 〈龍洞背〉 詩, 此棧道也, 漁洋亦有此作 :「虎穴愁深入, 龍門慘不開, 陰風驅雪浪, 白日走冰雷. 山鬼逢人攫, 雲鴻逐客哀. 朱顔凋欲盡, 北馭滄中來.」』仍問何如漁洋? 王考答以接武阮亭. 鴛港爲製 〈樂律書論〉 一帖以贈, 今藏於家, 其詩淡然不求刻琢, 如其人品. 與雨村李調元相距七十里地卜築, 童稚親情云. 未知其子姓蟬聯否?) - 李圭景《詩家點燈》〈唐鴛港龍洞背詩〉 條,《叢編》 제12권

《총편》에는 2부의 완전히 일실된 중국책을 수록하기도 하였는데, 하나는 작자 미상의 《시문청화詩文清話》(제3권)이고, 다른 하나는 주지번이 평하였다는 머리말이 달린 《시법요표詩法要標》(제17권)이다. 조종업 교수는 〈중한일 시화 비교 연구〉에서 《시문청화》를 논하면서, 이 책은 『지은이가 명나라 말 유민인 것으로 의심되나 중국의 시화나 문평류文評類 서목에서는 아직 이 책이 보이지 않으니 우선 기다려 본다』[29]라 하였다. 《시법요표》를 논

29 | 제2편 제3장.

하면서, 이 책은 『지금 중국에는 역시 없고』 명나라 사신 주지번이 신종 만력 34년에 『조선으로 가져와서 전해졌는데, 중국에서 간행하고자 하였으나 명나라 국세國勢가 점차 변하여, 마침내 결실을 맺지 못한 것인가?』[30]라고 여겼다.

조 교수는 이 글에서 《시문청화》를 〈한국 시화 자료〉장에 넣고 《시법요표》를 〈중국 시화 자료〉장에 넣었다. 그 의도를 미루어보면, 마치 《시법요표》를 중국인의 손에서 나온 것이라고 여긴 것은 확실히 의심할 바가 없다. 그러나 《시문청화》가 비록 중국 유민의 작품일 것이다 하더라도, 다만 확실한 증거가 없으므로 여전히 한국 사람의 작품 속에 집어 넣었다. 이는 매우 신중한 학술 태도이다. 우리는 두 책을 자세히 고찰하였는데, 《시법요표》가 중국 사람의 작품이라 생각하는데 있어 의심할 만한 점이 없다. 《시문청화》가 중국 사람의 작품이라는 가능성은 중국 사람의 작품이 아닐 가능성 보다 더 크다.

먼저 《시법요표》를 논한다. 이 책은 책머리에 『무장 오묵과 이곡 왕가가 선집하였고 난우 주지번이 평하였으며 산인 정규가 교감하였다.(無障吳默·二曲王櫝選集, 蘭隅朱之蕃評, 山人程逵校.)』라고 명시하였다. 다른 책의 첫머리에는 말릉秣陵 주지번의 〈서序〉가 있고, 책 마지막에는 신도新都 정규의 〈발跋〉이 있어 책 전체의 특색과 편찬자의 의도를 설명하였다. 이는 모두 중국 작자의 손에서 나왔음을 증명한다. 하지만 《총편》에 수록된 것은 한국 사람의 수초본에 근거하여 영인한 것으로, 이 점은 책에서 나타나는 수많은 한국 사람의 상용자 및 몇몇 곳에서 나타나는 한국 사람들의 독특한 필사 방식에 따라 추정할 수 있다. 소위 『독특한 필사 방식』이라함은 다음의 예를 보면 명백히 알 수 있다. 책 중에 권1의 〈시에는 평측이 있다(詩有平仄)〉 조목에는 근체시의 4가지 평측 양식을 나열하였다. 즉 측기仄起 7언 전율식全律式 · 평기平起 7언 전율식 · 평기 5언 율식律式 · 측기 5언 율식이다. 평기 7언 전율식은 다음과 같이 쓴다.

1. 平平仄仄仄平平	3. 仄仄平平平仄仄
2. 仄仄平平仄仄平	4. 平平仄仄仄平平
5. 平平仄仄平平仄	7. 仄仄平平平仄仄
6. 仄仄平平仄仄平	8. 平平仄仄仄平平

여기서의 모든 구절은 아라비아 숫자를 따라 읽어내려가야만 양식이 된다. 그러나 이렇게 배열하는 필사법은 중국에서는 보이지 않았다. 명나라 말 비경우費經虞의 《아륜雅倫》[31] 권10에서도 보譜를 실었는데 다음과 같다.

1. 平平仄仄仄平平	2. 仄仄平平仄仄平
3. 平仄仄平平仄仄	4. 仄平平仄仄平平
5. 平平仄仄平平仄	6. 仄仄平平仄仄平
7. 平仄仄平平仄仄	8. 仄平平仄仄平平[32]

또한 머리말에 명나라 말 담우하譚友夏가 감정하고 유자륙游子六이 찬집하였다고 한 《시법입문詩法入門》[33]에 《시법요표》의 4가지 양식이 있는데, 『7언

31 | 비경우[神宗 萬曆 26년~清 聖祖 康熙 9년, 1599~1671]가 지은 《아륜》은 《사고전서존목총서》 집부 420권에 수록되어있는데, 이 책은 오문치(吳文治) 주편(主編)의 《명시화전편(明詩話全編)》 제9책도 수록되었다. 강소고적출판사(江蘇古籍出版社), 1997.

32 | 각각의 평측(平仄)자는 표준 보식(譜式)과 다르지만 문장의 배열 방식과 관계없으니 여기서는 논하지 않는다.

율식(평기)』은 즉《시법요표》의『평기 7언 전율식全律式』으로, 다음과 같이 썼다.

1. 平平仄仄仄平平　　2. 仄仄平平仄仄平
3. 仄仄平平平仄仄　　4. 平平仄仄仄平平
5. 平平仄仄平平仄　　6. 仄仄平平仄仄平
7. 仄仄平平平仄仄　　8. 平平仄仄仄平平

중국 사람과 한국 사람이 양식을 쓴 방법이 다름을 볼 수 있으니, 이것이『독특함』이다.《총편》에서 근거로 한 저본 이외에 우리는 또다른 두 종류의《시법요표》판본을 찾게 되었는데, 양식과 필사법은《총편》이 근거로 한 판본과 다름이 없으니 모두 한국 사람의 초본抄本에 속한다. 다시 말하자면, 중국의 원초본原抄本은 한국에서 보이지 않았다—적어도 우리는 보지 못하였다. 우리는 일찍이 몇 명의 한국 학자들에게 가르침을 청한 적이 있었는데, 마찬가지로 더 나은 자료를 얻지는 못하였다. 이는 사람에게 의혹을 떨쳐버릴 수 없게 만드는 것이니, 한국 사람이 각종 자료를 채집하고 편집 종합하여 책으로 엮으면서 주지번 등의 이름을 끼워 넣을 가능성이 없겠는가? 주지번은 문신文臣으로서 한국에 사신으로 갔는데, 그의 시문·저술 및 평감評鑑은 대부분 한국 사람들이 중시하였으니, 그의 이름을 씀으로써 작품의 평판을 향상시킨 것은 일종의 방법이라고도 할 수 있겠다.

말은 비록 그렇지만, 만약 다음의 이치와 자료에 따라 고려해보면 앞에

33 | 이 책은 비록 담우하가 감정하였다고 적었지만 책으로 완성된 연대는 아마도 조금 뒤로, 청나라 초기 작품이다. 본문이 근거한 것은 민국(民國) 3년[1914] 상해 천경당서국(千頃堂書局) 석인본(石印本)으로, 책 이름은《증보시법입문(增補詩法入門)》이다.

서 이야기 한 의문은 해소될 것이다.

甲 : 한국 사람은 주지번의 이름을 쓸 수 있지만 오묵 · 왕가 · 정규 등의 이름을 끼워 넣을 이유는 없다. 이 세 명은 당시에 명성이 혁혁한 무리는 아니어서 한국 사람들의 시화에서 여태껏 언급된 적이 없었다. 그들의 이름을 쓰는 것은 작품의 평판 향상에 하나도 도움이 되지 않았기 때문이다.

乙 : 주지번의 〈서序〉에 『현묘한 마음으로 오묘하게 터득한 사람은 법을 법으로 삼지 않지만 법이 있게 되고, 교묘함이나 다투고 화려한 것이나 현란하게 나타내려는 사람은 구차하게 법에 맞는 것이나 구하지만, 법의 취지가 읊조리기도 전에 먼저 나타나버린다.(玄心妙會者, 不法法而法存 ; 鬥巧炫華者, 拘拘求合於法 ; 而法之意先現於吟詠.)』34라 하였다. 비경우의 《아륜》 권15 〈침폄鍼貶〉에서는 주란우(朱蘭禺 : 즉 蘭隅)가 말한 『현묘한 마음으로 오묘하게 터득한 사람은 법을 법으로 삼지 않지만 법이 있게 되고, 교묘함이나 다투고 화려한 것이나 현란하게 나타내려는 사람은 구차하게 법에 맞는 것이나 구하지만, 법의 취지가 미리 없어져버릴 것이다.(玄心妙會, 不法法而法存 ; 鬥巧炫華, 拘拘求合於法 ; 而法之意先亡矣.)』를 인용하였는데, 《아륜》의 문장은 《시법요표 · 서》의 문장과 대동소이하므로, 주지번의 서언을 비경우가 일찍이 보았음을 설명한다. 그는 심지어 《시법요표》도 읽었을 것이다. 주지번은 만력 34년에 한국에 사신으로 갔는데, 비경우는 주지번의 시대와 이어지지만 조금 늦다. 《시법요표》가 만약 한국 사람이 지은 것이라면 이렇게 단기간 내에 중국으로 역류될 수는 없다. 합리적인 해석은 이 책이 원래 중국 사람의 작품인데 명나라 말에 중국 땅에서도 여전히 보였으나 조금 후에 산일散佚 되었다는 것이다.

34 | 『現於吟詠』 이 부분은 《총편》에 근거한 판본에는 빠져있어서 또 다른 초본(抄本)에 근거하여 잠시 보충하였다.

丙 : 《아륜》 권15 〈침폄〉에는 또한 왕이곡王二曲이 말한 『옛 사람들이 시를 지음에 사물에 느낌이 일어 말로 나타내는데, 대개 성정에 유통하게 할 뿐이요, 일찍이 구차하게 먼저 어떠한 격을 세운 뒤에 어떠한 시를 지은 적은 없었다.(古人作詩, 感於物而形於言, 凡以流通性情耳, 未嘗拘拘先立某格, 而後爲某詩也.)』를 인용하였는데, 왕이곡은 아마도 《시법요표》의 선집자選集者 중 한 명인 이곡二曲 왕가王檟일 것이다. 주지번의 서언은 본래 선집자의 선별 편집 취지를 자세히 설명하여 해명한 것으로, 〈서序〉에서 말하는 뜻은 왕이곡의 말과 합치되는데, 『교묘함이나 다투고 화려한 것이나 현란하게 나타내려는 사람은 구차하게 법에 맞는 것이나 구한다(鬥巧炫華者, 拘拘求合於法)』와 옛 사람의 『일찍이 구차하게 먼저 어떠한 격을 세운 뒤에 어떠한 시를 지은 적은 없었다(未嘗拘拘先立某格[格, 法也]而後爲某詩也)』는 서로 어울린다. 이렇게 말하면, 왕가가 《시법요표》의 선집자라는 것은 의심할 바가 없다.

丁 : 《사고전서존목총서四庫全書存目叢書》 집부集部 330에는 《신휴초태사휘선중원문헌新鐫焦太史彙選中原文獻》이라는 책이 있는데, 초횡焦竑이 선집하였고 도망령陶望齡이 평하였으며 주지번이 주석을 달았다. 또한 동일한 집부 331부터 332에는 《성명백가시선盛明百家詩選》이라는 책이 있는데, 주지번이 선집하였다. 이외에, 주지번은 또한 《묵자墨子》[35]를 평점評點하였고 《삼교개미귀정연의三教開迷歸正演義》[36]를 평하였다. 주지번에게 원래 시문을 선정하는 취미가 있었는데, 그가 《시법요표》를 평한 것은 바로 이러한 취미의 또다른 표현이다.

그러므로 《시법요표》라는 책이 중국 사람의 저작물이라는 것은 당연히 사실이다. 주지번에 의해 한국에 가져왔는지 아니면 다른 경로에 의해 전

35 | 대북(臺北) 성문서국(成文書局)은 1975년에 《무구비재묵자집성(無求備齋墨子集成)》을 출판하였는데 주지번의 《묵자평점(墨子評點)》이라는 책을 수록하였다.

36 | 상해고적출판사, 1990.

해 들어왔는지, 혹은 정말 중국의 정세가 불안하여 인쇄 작업을 끝맺지 못하였기 때문이었는지에 대해서는 진일보한 탐구를 기다린다.

그 다음으로 《시문청화》를 논하겠는데, 이 책은 작자의 성씨를 적지 않았고 서문과 발문이 없으며 주요 탐구 맥락이 빠졌다. 또한 《총서》에 영인된 것은 여전히 한국 사람의 초본抄本에 근거하였다. 우리가 이 책을 중국 작품이라고 보는 것으로 기운 까닭은 주로 다음의 몇 가지 점에 기초하였다.

甲 : 책 전체에는 한국 사람이나 한국의 일을 절대 언급하지 않았는데, 이는 한국 시화에서 드물게 보인다. 일반적으로 한국 시화는 설령 중국 시 작품 담론을 위주로 하였지만 대체로 많게든 적게든 한국과 관련될 것이다. 어떤 것은 중국 작품을 담론한 후에 전문적인 장과 절의 토론을 따로 개척하였고, 어떤 것은 중국 작품을 논할 때 동시에 한국 사람 혹은 한국 시 작품을 끌어다 비교 대조하였다. 우리는 자료 집록을 하려고 쓴 한국 시화를 검열하면서 이 책처럼 그렇게 완전히 한국 사람의 말을 한 글자도 적지 않은 것은 절대로 있을 수 없다는 것을 확인하게 되었다.

乙 : 책 속의 기록은 깊이 생각하는데 도움이 된다. 《시문청화》 권1에서 다음과 같이 말하였다.

> 국초에 해창 사람 호허백은 호가 두남인데, 한 때 이름 있는 시인이었다. 일찍이 그가 여사(女史 : 후궁을 섬기며 기록과 문서를 맡아보던 여관)들을 읊는 시를 보니, 〈양귀비 앵무새에게 심경을 읽는 것을 가르치다〉라는 제목의 시에서
>
> 春寒卯酒睡初醒, 봄 추위에 아침 8시경에 잠 처음 깨어나,
> 笑倚同窗小玉屛. 웃으며 동쪽 창문 앞 작은 옥 병풍에 기대섰네.
> 早恨眼前空是色, 일찍이 눈앞에 보이는 것 색이 곧 공이었기에,

不教鸚鵡念心經.	앵무새에게 《반야심경》 외우는 것 가르치지 못했음을 한스러워 하네.

라고 하였고, 〈녹주가 누각에서 떨어지다〉라는 시에

花飛金谷彩雲空,	꽃 같은 녹주 금곡에서 날아 떨어지자 아름다운 구름 사라지고,
玉笛歌殘步障風.	옥저 노래 잦아지고 가리개에 바람 일었네.
枉費明珠三百斛,	밝은 구슬 300휘나 부질없이 허비하였나니,
金釵那及嫁梁鴻.	금비녀 어찌 양홍에게 시집감과 같은가?

라 하였다. 두 시는 온화하게 풍자하여 《시경》의 〈국풍國風〉을 지은 사람들과 같은 뜻을 담고 있으니 그가 시로 이름을 얻었음은 마땅하다.[37]

37 | 역주 : 시의 뜻은, 앞의 2구가 녹주가 자결할 때의 모습을 읊었고, 뒤의 2구는 손수가 구슬 300휘나 주고서 녹주를 손에 넣으려고 하였지만 기녀인 녹주가 양홍의 아내인 맹광(孟光)처럼 마음이 변하지 않았다는 것 같다.

※ 녹주(綠珠) : 진(晉) 석숭(石崇)의 가기(歌妓)로, 저[笛]를 잘 불었다. 석숭이 당시의 재상 사마륜(司馬倫)이 횡포함을 보고 분개하여 제거하려고 하다가 도리어 그의 가신 손수(孫秀)에게 죽음을 당할 때, 석숭이 체포되는 것을 보고서 금곡원(金谷園 : 석숭의 별장)의 누각에서 뛰어내려 자살하였다. 원래 손수가 천할 때부터 석숭에게 좋지 않은 감정을 지니고 있었는데, 귀하게 되자 석숭에게 녹주를 달라고 청하였으나, 석숭이 허락하지 않자 이 때 석숭을 죽이는데 앞장서서 석숭의 어머니 · 형 · 처자 모두 15인을 죽였다.

※ 금차(金釵) : 즉 금차객(金釵客). 머리에 금비녀를 꽂은 기녀.

※ 양홍(梁鴻) : 후한 시대의 선비로, 가난하였지만 학문을 좋아하면서도 벼슬길에 나가지 않았으나, 맹광이라는 어진 아내를 만나서 부부가 산중에 들어가서 함께 농사짓고 길쌈하는 것을 업으로 삼았다. 뒤에 양홍이 집을 떠났다가 빈손으로 돌아왔는데도, 그 아내가 밥상을 정성껏 차려 높이 받들고 와서 잘 모셨다는 고사성어[擧案齊眉 : 밥상을 눈 높이까지 치켜듦. 즉 남편을 깎듯이 공경함을 이름]가 생겨났다.

(國初海昌胡盧白號斗南, 一時詩人. 嘗見其詠女史詩, 題〈楊妃敎鸚鵡念心經〉詩云:『春寒卯酒睡初醒, 笑倚同窗小玉屏. 早恨眼前空是色, 不敎鸚鵡念心經.』題〈綠珠墜樓〉云:『花飛金谷彩雲空, 玉笛歌殘步障風. 枉費明珠三百斛, 金釵那及嫁梁鴻.』二詩沖雅規刺, 有風人之旨, 其負詩名宜矣.)

《시문청화》는 다른 사람의 자료를 집대성하여 만든 저작물로, 재료를 발췌할 때 어떤 것은 손도 대지 않았고 어떤 것은 더하고 빼면서 합병하였다. 이 예는 명나라 사람 낭영郞瑛의《칠수류고七修類稿》권33〈호왕영여사시胡王詠女史詩〉를 절록한 것이다. 원서에는 호허백胡盧白과 왕치도王致道 두 사람의 시를 실었는데, 이 책에서는 왕치도의 시를 삭제하고 기록하지 않았다. 마지막의 평론과 의견은 원서에 없으니《시문청화》편자 본인의 견해로 보아야한다.

여기에서 깊이 생각해 볼만한 것은 마지막 몇 구절이 만약 한국의 편자에게서 나왔다면 그는 인용한 문장 중「國初」두 글자에 대해 수정하는 것이 잘못되었다고 할 만한 이유가 없었으니, 그렇지 않으면 왕조의 칭호가 불분명해져서 혼란을 만들어낸다. 그는 적어도「國初」를「明初」혹은「大明初年」으로 바꾸려 하여야만 하였으니, 한국 사람을 보고 말하자면 이렇게 되어야만 문장의 뜻이 비로소 분명해져서 읽을 만할 것이다. 그러나, 만약 편자가 본래 중국 사람이라면 의견을 보충한 이후 여전히「國初」두 글자를 남겨둘 수 있다.

또 한가지 예를 들어보면 권1에서 다음과 같이 말하였다.

선묘宣廟의 시에는 6자로 된 것이 많다.〈상림원의 봄 경치〉에는

山際雲開曉色,　　산자락에 구름은 새벽 빛을 열고,

林間鳥弄春音.　　숲속에 새는 봄 소리를 지저귀네.
物意皆含生意,　　사물의 뜻 모두 사는 맛 머금으니,
天心允合吾心.　　자연의 마음도 진실로 내 마음과 부합하는구나.

라 하였고, 〈부채를 접다〉라는 시에는

湘浦煙霞交翠,　　상수의 포구에는 안개와 너울 비췻빛 물속에서 바뀔 것이고,
剡溪花雨生香.　　섬계산 속에는 꽃이 비 맞고 향기 내겠네.
掃却人間炎暑,　　인간의 더위를 쓸어버리고,
召回天上清涼.　　천상의 청량을 불러 다시 오려하네.[38]

라고 하였는데, 두 시가 모두 일시동인하는 기상이 있고, 천지 만물을 하나로 여기니, 정말 제왕의 말씨다.

(宣廟詩多六言. 〈上林春色〉 云 :『山際雲開曉色, 林間鳥弄春音. 物意皆含生意, 天心允合吾心.』 詠「撤扇」 詩云 :『湘浦煙霞交翠, 剡溪花雨生香. 掃却人間炎暑, 召回天上清涼.』 二詩皆一視同仁氣象, 以天地萬物爲一體, 眞帝王之言也.)

38 | 역주 : ※ 상포(湘浦) : 지금의 중국 호남성 상수(湘水) 포구. 이 주변의 소수(瀟水)와 더불어 경치가 아름답기로 유명하여 『소상팔경』이라는 8폭의 그림과 8수로 된 시가 많이 지어졌는데, 그 첫째가 〈소상에 밤 비(瀟湘夜雨)〉라는 풍경을 읊은 작품으로, 이 구절은 이 소상의 밤에 내리는 시원한 비를 생각하고 적은 것 같다.
※ 섬계(剡溪) : 지금의 중국 절강성에 있는 강. 이 강이 발원하는 섬중(剡中)에는 도도산(挑都山)이 있다. 거기에 있는 큰 나무를 『도도』라고 하는데, 가지와 가지의 사이가 3천 리나 된다고 하고, 이태백이 꿈속에 이 산에 가보았다는 시[〈夢遊天姥山, 留別〉]가 있다.

문장 중의 「선묘宣廟」는 명나라 선제宣帝로 연호는 선덕宣德이다. 《사고전서존목총서》 집부 40에 《대명선종황제집大明宣宗皇帝集》이 있는데, 〈상림원의 봄 경치上林春色〉라는 시를 실어서 증명할 만하다.[39] 한국 사람이 비록 명나라를 종주국宗主國으로 보고 명나라 연호를 사용하기도 했지만 명나라 군주의 묘호를 칭하는 것은 보지 못한 것 같다. 그것은 늘 한국 군주를 칭하는 것으로 써 왔다. 예를 들어 앞에서 인용한 김안로의 《용천담적기》에서 『성묘 때 호부랑중 기순이 와서 황제의 명령을 반포하였다.(成廟朝[朝鮮 成宗, 1470~1494], 祁戶部順來頒帝命.)』라고 한 것이 바로 증거이다.

「輯佚」이라는 단어에서 「佚」이라는 것은 물론 흩어진 시문 저술을 가리키지만, 시문 저술 이외에 중국 땅에서 보지 못한 사적事蹟과 전설의 기록을 포함하는 것도 무방하다. 중국 사람이 한국에 가면 한국 사람이 그와 교왕交往하면서 보고 들은 것을 기록하고, 혹은 한국 사람이 중국에 가면 중국 사람과 교왕한 과정을 기록하는데, 두 가지 자료는 한국에 남겨져 내려왔고 중국 땅에는 없으니, 모두 이런 종류에 속한다. 설령 일사佚事나 일문佚聞이라 하더라도 작자와 예술을 평론할 때 자주 참고할 많은 가치가 있을 것이다. 명나라 때 한국에 사신으로 온 예겸倪謙처럼, 전겸익錢謙益의 《열조시집列朝詩集》에는 그의 작품을 선별 수록하였는데, 〈소전小傳〉에서는 그의 『시를 모으면 2천 여 수나 된다(詩集多至二千餘首)』라 하였으니 그도 역시 당당한 작자임을 알 수 있다. 우리가 예겸을 연구할 때 한국 사람의 서적 중에 그와 관련된 여러 가지 기록이 있으니 그냥 넘어갈 수 있겠는가?

또한 이덕무李德懋의 《청비록淸脾錄》에 한국 사람 유금(柳琴 : 字는 彈素)이 북경에서 이조원李調元과 친분을 맺는 과정을 기록한 것처럼, 이조원의 용

39 | 〈부채를 접다(撤扇)〉 시는 선종(宣宗)의 일실된 시이다.

모와 행동거지를 기록하기도 하였고 그의 작품에 대해 의론한 것도 기재하였으니, 이는 이조원을 연구할 때 좋은 참고 자료가 되는 것이다.

다음에는 한 가지 구체적인 사례를 들어본다. 주지번이 한국에 사신으로 갔는데, 한국 사람인 허균許筠이 그에게 왕세정王世貞에 관한 일을 물었다.

허균이 묻기를『엄주를 만난 적이 있소?』하고 물었더니,『계사년(1593, 선조26) 봄에 태창太倉에 가서 엄주에게 한 번 가르침을 청한 적이 있었습니다. 공은 그때 남경의 형부상서 벼슬을 그만두고 있었는데 인물은 잘 생기지 않았으나 눈빛이 형형하였습니다. 화원에 고고당·박고당 등의 집을 짓고 시사우(詩社友 : 시 짓는 모임의 친구)와 문도를 모아 온종일 시도 짓고 술을 마시는데 하루에 대여섯 말을 마셔도 취하지 않았습니다. 시문을 구하는 사람이 있으면 시비侍婢에게 피리 불고 거문고 뜯으며 노래하게 하고는 종이를 펴고 바로 완성하였습니다.』라고 하였다. 또 학문과 문장을 공부하는 과정을 물었더니, 이르기를「우리들이 젊었을 적에는 왕수인·육구연의 신기한 학설을 망령되이 좋아하였는데 늙어서 보니 주자가 주석한 사서四書가 제일이었습니다. 학문의 뜻은 여기에서 찾는 것이 좋을 듯 하였습니다. 문장은 사람마다 이우린[李攀龍]이 될 수는 없습니다.」라고 하였다. 또 이르기를「선진·서경의 문文과 한·위의 고시古詩, 성당의 근체시近體詩 등도 반드시 읽어야 하나 소장공[蘇東坡]의 시문은 가장 가깝고 배우기 쉽습니다. 나도 백부[白居易]와 소장공의 시를 본보기로 하였습니다.」』라고 하였다.

(筠問曰 :『曾見弇州否?』曰 :『癸巳春往太倉, 請益於弇州. 公時以南司寇致仕, 貌不中人, 眼炯如花. 園築考古博古等堂, 聚詩社友門徒, 賦詩飮酒終日, 日飮五六斗不醉. 人有求詩文, 令侍婢吹彈而謳, 伸紙輒成. 又問學問文章功程, 則曰 :「吾輩少時妄喜陸之神奇, 到老看之,

考亭訓四字爲第一義, 可自求於此矣. 文章則人人不可爲李于麟」云. 「先秦西漢文, 漢魏古詩, 盛唐近體, 雖不可不讀, 而蘇長公詩文最切近易學也. 吾亦以白傳? 蘇詩爲法矣.」』) - 洪萬宗《旬五志》,《叢編》 제3권

주지번이 입에서 나오는 대로 허균의 질문에 대답하였고, 이 일이 있은 후 기록해 두어 중국 땅으로 가지고 돌아간 것 같지는 않은 것으로 추측된다. 허균이 기록한 것은 대개 진실된 성분이 있어서 왕세정을 연구하는데 참고 자료로 삼을 수 있고 현존하는 왕세정과 관련된 자료와 비교하는 것에도 쓸 수도 있다.

3. 교감校勘상의 가치

한국 시화에서는 중국의 서적과 문장을 대량으로 인용 기록하였는데, 그 문장은 중국에서 통행된 판본과는 때때로 다르다. 생각해보면 알 수 있으니, 이런 것들은 바로 교감할 가치가 있다. 물론 한국 사람이 인용 기록한 문장은 잘못 기록하거나 글자를 잘못 쓴 것으로 인해 분명히 잘못된 것이 많다. 그렇지만 일부분은 자세히 비교 검토할 필요가 분명히 있으니, 판단을 경솔하게 내려서는 안된다. 왜냐하면 보충 설명하거나 심지어 수정하거나 하는 작용을 할 수 있는 것이 없지 않았기 때문이다. 다음에 몇 가지 예를 들어본다.

甲 : 최자의《보한집》권말에 이르기를『당나라 이조의《국사보》서문에 이르기를「귀신을 서술한다거나, 음란한 것에 가까운 것은 모두 삭제한다.」고 하였는데, 구양수 공이《귀전록》을 지을 때에도 이 이조의 말을 법으로 삼았다.

(崔滋《補閑集》書末云:『唐李肇《國史補》序云:「敍鬼神, 近帳箔, 悉去之.」歐陽公作《歸田錄》, 以肇言爲法.』)

살펴보건대 통행하는 구양수歐陽脩 문집[40] 중《귀전록歸田錄》뒤에는 모두 이러한 작은 단락의 문장이 있다.『당나라 이조의《국사보》서문에 이르기를「인과응보를 말한다거나 꿈을 점친다거나 음란함에 가까운 것은 모두 삭제하였다. 사실을 엮거나 사물의 이치를 탐구하거나, 의문점을 밝히거나 사람들에게 경계심을 주거나, 풍속을 채취하거나 담소에 도움이 되는 것은 이 책에 적는다. 내가 기록하는 것은 대개 이조의 말을 법으로 삼는다. [작은 글자의 주:「대저이조위법」6자가 어떤 책에서는「역연」2자로 되어 있다]

(唐李肇《國史補》序云:「言報應, 敍鬼神, 述夢卜, 近帷箔, 悉去之. 紀事實, 探物理, 辨疑惑, 示勸戒, 采風俗, 助談笑, 則書之.」余之所錄, 大抵以肇爲法[小字注:六字一作「亦然」].』라고 하였다. 최자는 남송南宋 때의 고려 사람으로, 그의 서문에서부터 보면 그가 본《귀전록》뒤의 문장에는「亦然」이라고 하지 않은 것 같다.

乙:《시문청화》권3:

왕안석은 다만 교묘한 말만 시가 되는 줄 알고, 서투른 말도 또한 시가 됨을 알지 못한다. 황정견은 □한 말만 시가 되고, 일상의 말 또한 시가 됨을 알지 못한다. 구양수는 오로지 말을 유쾌하게 함으로써만 시를 삼았고, 소식은 오로지 뜻을 새롭게 함으로써 공교하게 만들었다. 이상은은 오직 금옥 · 난봉 같이 진귀한 물건들만 쓸줄 알

40 | 예를 들면 문연각(文淵閣)《사고전서》중의《문충집(文忠集)》· 상해 상무인서관(商務印書館) 초편(初編) 중의《구양문충공문집(歐陽文忠公文集)》· 중화서국(中華書局)《사부비요(四部備要)》중의《구양문충공전집(歐陽文忠公全集)》이다.

았고, 두목은 다만 비단 옷 입은 기녀들이 화장한 모습만 알았으며, 이하는 다만 현란한 화초와 벌 · 나비들만 알았지, 세간에 있는 모든 것이 다 시가 되는 줄은 몰랐다.

오직 두보만이 그렇지 않아서, 산림에 거처할 때든 조정에서 벼슬할 때든, 교묘한 것을 만나면 교묘하게 적고 서투른 것을 만나면 서툴게 적었으며, 기이한 것을 만나면 기이하게 적고 속된 것을 만나면 속되게 적었으며, 풀어버리기도 하고 거두어들이기도 하며, 더러는 새롭게 바꾸기도 하지만 더러는 예스러움도 간직하고 있어, 모든 사물 모든 생각이 시에 반영되지 않는 것이 없다.

(王介甫只知巧語之爲時, 而不知拙語亦詩也. 山谷只知□語之爲詩, 而不知常語亦詩也. 歐陽公專以快意爲詩, 蘇端明專以新意爲工. 李義山只知有金玉鸞鳳, 杜牧之只知有綺羅脂粉, 李長吉只知有花草蜂蝶, 而不知世間一切皆詩也. 惟杜子美則不然, 在山林, 在廊廟, 遇巧則巧, 遇拙則拙, 遇奇則奇, 遇俗則俗. 或放或收, 或新或舊. 一切物, 一切意, 無非詩者.)

만약 우리가 약간 느슨하게 하였다면 《시문청화》를 한국 자료 범위[적어도 한국에 남아있는 자료]에 도로 넣었을 것이니, 그렇게 되면 앞에서 인용한 문장은 교감의 긍정적인 의의를 생기게 한다. 살펴보건대 앞에서 인용한 문장은 원래 송나라 사람 장계張戒의 《세한당시화歲寒堂詩話》에서 나왔다. 《세한당시화》의 원본은 남아있지 않고, 현재 전해지는 판본은 사고관신四庫館臣이 《영락대전永樂大典》에서부터 편집해 낸 것이다.(《四庫全書叢目》 권195 〈歲寒堂詩話提要〉 참조) 정복보丁福保의 《역대시화속편歷代詩話續編》본에는 이 조목 다음에 『살펴보건대 이 조목과 다음 조목은 원본에는 실려있지 않아서 지금 《학해류편》에 근거하여 더하여 넣었다.(案 : 此條及下條原本未載, 今據《學海類編》增入.)』라는 소주(小注)가 있으니, 《세한당시화》를 정리하는 것은 판본의 근거를 찾기가 매우 어려운 것이다.

《역대시화속편》 책에는 이 단락에 『소단명[蘇軾]은 오로지 뜻을 깎는 것으로써 장기로 삼는다(蘇端明詩, 專以刻意爲工.)』라는 구절이 있는데, 소단명은 즉 소식蘇軾으로 소식의 시를 평한 사람은 그의 명쾌하면서 막힘이 없음을 칭찬하기만 하고 고심하여 정교함을 구하는 것을 칭찬하지 않았지만 판본의 근거가 진정 없으니, 현재 전해지는 판본에 대해 교정하기가 어렵다.

《시문청화》에서 소식이 『오로지 뜻을 새롭게 함으로써 장기로 삼는다.(專以新意爲工)』라고 한 것은 맞다. 《후산시화後山詩話》에서 일찍이 『소자첨은 새로움으로써(蘇子瞻以新)』라는 말을 한 적이 있기 때문이다. 원호문元好問의 《논시삼십수論詩三十首》에서도 『소동파의 문하에 만약 충신이 있었더라면, 어찌 소동파 시에 백가지 모습이 새롭게 나타나도록 하였겠는가?(蘇門若有忠臣在, 肯放坡詩百態新?)』라 하였으니, 소식 시의 새로움이 확실히 여러 사람들의 평판임을 알 수 있다. 현재 전해지는 판본에서의 「刻意」 두 글자는 마땅히 베끼는 과정에서 생긴 잘못으로, 《시문청화》에 근거하여 「新意」로 고칠 수 있다.

四. 일러두기

이 책은 우리의 〈연구보고서〉 자료로부터 다시 선별하고 편집하여 만든 것으로, 글자 수는 〈보고서〉의 절반에 가까우므로 「選粹」라고 이름지었다. 책 이름도 《한국시화중논중국시자료선수韓國詩話中論中國詩資料選粹》로 줄였다. 사실 말하자면, 수록하지 않은 것이 가치가 없다고 할 수는 없지만, 다만 편폭 · 체제 혹은 기타 조건 때문에 제한되어 받아들여질 수 없는 것이었다. 예를 들어 서미徐湄의 《청구시화습유고靑邱詩話拾遺稿》의 한 조목에서 다음과 같이 말하였다.

송나라 진중미가 병부시랑이 되었다. 애산에서 패하여 안남을 떠돌다 죽을 때가 다 되어 시를 짓기를,

死爲異國他鄕鬼,	죽어서는 이국 타향의 귀신이 되었으나,
生是江南直諫臣.	살아서는 강남의 직간하던 신하였네.

라 하였다. 안남국의 왕이 그를 위해 만시를 지었으니,

痛哭江南老鉅卿,	강남의 노대신을 통곡하여,
春風搵淚爲傷情.	봄바람에 눈물을 손가락으로 누르며 마음 슬퍼하네.
無端天上編年月,	실없이 하늘에서는 연과 월을 엮으면서,
不管人間有死生.	인간에게 생과 사는 신경쓰지 않네.
萬疊白雲遮故國,	만 겹의 흰 구름은 고국을 가리고,
一堆黃土覆香名.	한 무더기 황토는 향기로운 이름을 덮었네.
回天力量隨流水,	하늘을 돌이킬 만한 역량이 흐르는 물을 따라가,
流水灘頭共不平.	여울머리에서 흐르는 물과 불평을 함께 하네.

라 하였다.

(宋陳仲微爲兵部侍郎. 崖山之敗, 流落安南, 臨沒有詩曰 :『死爲異國他鄕鬼, 生是江南直諫臣.』安南國王挽之曰 :『痛哭江南老鉅卿, 春風搵淚爲傷情. 無端天上編年月, 不管人間有死生. 萬疊白雲遮故國, 一堆黃土覆香名. 回天力量隨流水, 流水灘頭共不平.』)

이 책에는 선별해 넣지 않았는데, 실은 작품이 주로 안남국安南國 왕의 시 작품으로 이 책이 중국 시가와 직접적으로 관계있는 자료만 고른다는 원칙

과 부합하지 않기 때문이다. 그러나 월越의 문화 교류 자료로 보면 오히려 매우 가치가 있는 것이다.

다음에는 편찬에서의 몇 가지 사항을 이야기해 본다.

1. 이 책에서의 문장은 《수정증보한국시화총편修正增補韓國詩話叢編》 중의 56가지 저작물에서 골라낸 것이다. 각 책에서 골라낸 조목 수는 다소 일치하지 않는다.

2. 옛 사람이 책을 인용하면서 제목과 본문을 막론하고 반드시 원작에 전부 의거한 것은 아니고 항상 첨삭하거나 조정한 곳이 있다. 이 책에서 표점부호를 찍은 것은 후에 인용하는 사람이 근거로 삼게 할 수 있지만, 원칙적으로 원작을 엄격하게 따르도록 하지 않았으니, 예를 들면 아수광의 《지봉유설》에서 『〈공소보를 보내다〉라는 시에 「깊은 산 속 큰 못에 용과 뱀처럼 멀리 숨으려 하네」……(〈送孔巢父〉 詩云 : 「深山大澤龍蛇遠」……)』라 하였는데, 〈송공소보〉는 〈병 때문에 강동으로 돌아가는 공소보를 송별하며 그 편에 이백님께도 드림을 겸하다(送孔巢父, 謝病歸遊江東, 兼呈李白)〉라는 시 제목의 약칭일 뿐이지만, 우리는 여전히 완전한 시 제목으로 취급하여 앞뒤에 「〈 〉」를 더하였다. 또한 예를 들어 윤춘년의 《체의성삼자주해 · 시법원류서》에서 『그 후 우연히 엄우嚴羽가 지은 글을 보게 되어 말하길 「무릇 시를 배우는 자는 지식을 위주로 하되, 반드시 입문이 올발라야 한다. 시작이 조금이라도 차이가 나면 가면 갈수록 더욱 멀어진다.」』(其後偶見嚴滄浪之論曰 : 「夫學詩者當以識爲主, 入門須正. 路頭一差, 愈騖愈遠.」)라 하였는데, 엄우嚴羽의 말은 《창랑시화 · 시변詩辨》의 첫 단락에서 보이지만 앞의 두 구절과 뒤의 두 구절 사이에 사실은 수십 자가 더 있었는데, 윤춘년은 전부 없애버리고 두 가지를 하나로 이었다. 의미는 일관되기 때문에 우리는 문장 전체에 표점부호를 찍기로 하였다.

3. 책을 인용하는 시작과 끝은 당연히 앞뒤에 따옴표를 더하였다. 책 중의 몇몇 인용문은 우리가 뒤져서 조사한 것으로, 따옴표가 문제없이 놓였다. 하지만 어떤 자료들은 여러 가지 원인 때문에 잠시 동안 원문을 뒤져볼 방법이 없어서, 따옴표[특히 』] 사용에 실수를 피하기 어려웠으니, 이는 독자의 양해를 구하는 바이다.

4. 한국 시화 자료의 원형을 유지하기 위해서 이 책은 완전한 교감을 하지 않았다. 우리는 다만 가치 있는 자료를 집록하여 각각 구두句讀하고 적당히 표점을 찍어 열람하기에 편하게 하였다. 원서의 문장은 원칙적으로 변경하지 않으나, 예를 들어 〈머리말〉에서 제기한 분명한 실수를 발견하였을 때만 필요한 수정을 하여 문장의 의미가 원활하게 하였다. 그러나 가능한 한 주석을 첨가하여 설명하였다. 그밖에 우리가 문장에 잘못이 있음을 의심하던 때가 있었지만 여전히 절대적으로 단정할 수 없었으니, 이때 우리는 본문 내에서 원래 글자를 남겨두면서, 주석에서 우리의 추측을 나타내기도 하였다. 알아볼 수 없는 몇몇 문장에 대해서는 여전히 사실대로 기록에 근거하였다.

5. 원서에서 손으로 옮겨 쓴 속체자 · 이체자는 일반적으로 통행하는 글자로 바꿨다.

홍콩 침회대학浸會大學 오언 홀 빌딩(Oen Hall Building, 溫仁才大樓)에서 씀

2000년 6월

(박한규朴韓圭 역주, 이장우李章佑 교열)

중국판 서
―《韓國詩話中論中國詩資料選粹》序言

(한국) 학산鶴山 조종업趙鍾業

일찍이 무진년(1988)부터 병자년(1996)까지 나는 그동안 모은 한국시화 원고를 취합해서 엮어《한국시화총편韓國詩話叢編》이라 이름 지었다. 그때는 간행에 급급하였으므로 수정할 겨를이 없었고, 다만 원고의 원본을 복사하여 인쇄하였는데, 자주 판독할 수 없고 빠지거나 거꾸로 된 페이지가 있어서, 결국 조잡함을 면하지 못하였다. 그러나 시화의 내용은 풍부하면서 뛰어난 것이 많으므로, 이제 제가諸家가 흠모하는 바가 되었으니, 마치 고기가 입에 맞듯 기쁜 일일 뿐만 아니라 시화 연구의 만 분의 일에 도움이 되기에 충분하니, 어찌 다행이 아니겠는가!

일찍이 한국 시화 자료를 보았는데 두 부분으로 나눌 수 있었다. 하나는 오로지 한국 사람 자신의 시를 위한 말이고, 또 하나는 중국 시를 논급한 것이다. 간혹 한중 양국의 시를 겸하여 논한 것이 있으나, 수량으로 말하면 중국시를 논한 것이 배가 된다. 이것은 대개 중국의 영향이 많았으므로 어쩔 수 없었던 것이다. 이로부터 중국 시화 연구의 석학들, 연변延邊의 임범송任範松 선생처럼 조선족 출신으로 이러한 책을 좋아함은 당연한 것이었다. 나아가서 남경南京의 장백위張伯偉 교수와 장사長沙의 채진초蔡鎭楚 교수와 상해의 유덕중劉德重 · 장인팽張寅彭 · 서지소徐志嘯 교수는 모두 이 책을 가지고 탐구하였으니 울연히 성황을 이루었다고 할 만하다.

홍콩 침회대학 교수인 광건행鄺健行 선생 역시 한국 시화를 탐구한지 여러 해가 되었다. 선생은《시문청화詩文清話》·《국당배어菊堂排語》에 대한 연구뿐만 아니라《청비록

淸脾錄》에 대한 분석에 이미 깊은 조예가 있다. 지금 다시 《한국시화총편》의 부족한 부분을 수정하고 편집하여 《한국시화중논중국시자료선수》라는 책으로 장차 이 책은 인쇄에 붙이려고 한다. 총 약 25만 자로 두 부분으로 나누어지는데, 한국 사람이 쓴 시화 본문 외에 광교수가 쓴 것으로 책의 맨 앞의 전언前言과 시화 매 편 앞의 서설敍說이 있다. 이러한 부분은 한국 시화를 연구하는 사람들의 간절한 바람에 부응한 것이자 장차 이 학문의 연구에 긴요한 안내가 될 것이다. 내 손에서 줄곧 조잡하였던 것이 이번 편집으로 빛이 생겼으니, 이것 역시 호가호위狐假虎威의 영광이라고 하겠다.

한국 시화 자료를 보면 매우 풍부하나 초본鈔本은 교감하지 않은 것이 많으므로, 초학자가 쉽게 판독할 수 없었다. 그러나 앞으로 만약 광건행 선생의 가르침을 얻어 이어나가며 수정 · 구두를 더한다면, 후학들의 다행스러움이 얼마나 더해지겠는가.

지금 이 책이 간행됨에 느낀 바의 한 부분을 간략히 이야기함은 하나는 선생의 노고에 대한 감사를 표하기 위함이고 또 하나는 후학자들에 대한 권면을 위해서이다.

2000년 9월

학산문고鶴山文庫에서

(박한규朴韓圭 역)

제1부 고려 때 이야기

《파한집(破閑集)》
《백운소설(白雲小說)》
《보한집(補閑集)》
《역옹패설(櫟翁稗說)》

1.《파한집破閑集》

이인로(李仁老, 1152~1220)[1]가 편찬한 것이다. 인로의 초명은 득옥得玉이고 자는 미수眉叟이며 호는 쌍명재雙明齋이다. 본관은 경원慶源이다.

《파한집》3권은 한국시화중에 최초의 작품이다. 이 책은 한국 고려시기 고종高宗 7년(1220)에 완성되었는데, 이것은 남송의 영종寧宗 가정嘉定 13년에 상당하며, 책 출판은 40년 뒤에 이루어졌다.《파한집》은 수필체제의 형식으로 잡담이나 사실을 기술하면서 시에 대하여 평론을 진행하였는데 주요하게 한국인 및 그들의 작품을 평론하였지만 중국시를 평론할 때 의견도 보통 정확하여 받아들일만한 것이었다. 총괄적으로 말하면 전체문장에서 평론의 특징은 한국 시인들의 작품과 중국시인들의 작품을 비교한 것에 중점을 두었으며, 의도는 중국을 본받아 쓴 글들에서 성취가 있는 한국 시인들을 표창하려는데 있으며, 이것은 중한시사의 비교연구에 도움이 된다.

[1] 혜홍시에 대한 평가

讀惠洪[2]《冷齋夜話》[3], 十七八皆其作也[4], 淸婉有出塵之想, 恨不得見本

1 | 이인로(李仁老) : 다음부터 작자의 생애와 이름과 호는 모두 조종업(趙鍾業)교수의 《中韓日詩話比較硏究》에 근거한다. 각책의 편찬 연대는 대체로《中韓日三國詩話年表》에 근거한 것이다. — 원주(原註)

2 | 혜홍(惠洪, 1071~1128) : 북송 때의 승려. 자는 각범(覺範)이고, 후에 개명하여 덕홍(德洪)이라 하였으며, 속성(俗姓)은 유(喩)이고, 균주(筠州) 신창(新昌) : 지금은 강서성에 속함) 사람이다. 시 · 서 · 화에 두루 능하였으며, 당시의 사대부들과 교유가 많아, 북송 승려 중에는 가장 훌륭한 시인으로 알려짐. 저술로는《석문문자선(石門文字禪)》·《천주금련(天廚禁臠)》·《냉재야화(冷齋夜話)》 등이 있다. 원문의『惠弘』은『惠洪』의 오자임. —《전송시(全宋詩)》(권 1327 작자소개 참조)

3 |《냉재야화(冷齋夜話)》: 10권. 시를 논한 내용이 10분의 8이고, 그 중에서도 송나라 철

集. 近有以《筠溪集》[5] 示之者, 大率多贈答篇, 玩味之, 皆不及前詩遠甚. 惠洪雖奇才, 亦未免瓦注.

혜홍惠洪의 《냉재야화冷齋夜話》를 읽어보니 10분의 7·8이 모두 그의 훌륭한 작품으로 맑고 유연하며 세속을 벗어난 생각이 있어 본인문집을 보지 못하는 것이 안타까웠다. 최근에 어떤 사람이 《균계집筠溪集》을 가지고 와서 나에게 보여주었는데 대부분이 주고받은 글이었으며, 잘 음미해보니 모두 앞 책의 시보다 훨씬 못하였다. 혜홍은 비록 기재이지만 훌륭하지 못한 작품이 없는 것은 아니었다.

[2] 두보·황정견시의 탁구법琢句法

琢句之法[6], 唯少陵[7]獨盡其妙. 如『日月籠中鳥, 乾坤水上萍』[8]·『十年

종(哲宗)의 원우(元祐)연간(1086~1093 : 왕안석 반대파가 득세한 시기)의 구법당에 속한 사람들(元祐黨人)의 시를 칭찬하며 인용한 시들이 10분의 8인데, 황정견(黃庭堅)에 관한 언급이 특히 많음. 《四庫全書總目》(권 156)참조.

4 | 십칠팔개기작야(十七八皆其作也) : 이 말은 사실과 다름. 위의 3)을 보라. 이인로가 본 책이 중국에서 통행된 것과 달랐는지도 모르겠음.

5 | 《균계집(筠溪集)》 : 혜홍의 문집 이름으로 보이나, 자세한 것은 미상. 그의 시문은 《석문문저선》(30권)에 수록되어 있다고 하며, 《전송시》에는 19권(권 1327~권 1346)이 수록되어 있음.

6 | 탁구지법(琢句之法) : 시구를 다듬는 방법. 《냉재야화·권6》 : 『당나라 스님들에게는 아름다운 구절이 많은데, 그들의 탁구법은 나타내고자 하는 뜻을 어떤 물건을 가지고 비유하고, 바로 그 사물을 지적하여 이야기하지 않으니 상외구(象外句)라고도 한다(唐僧多佳句, 其琢句法, 比物以意, 而不指言某物, 謂之象外句)』 이러한 것을 탁구(琢句)라고 함.

7 | 소릉(少陵) : 중국 성당시대의 시인인 두보(杜甫)는 자는 자미(子美)이고 호는 소릉(少陵)이다. 두보는 하남(河南)공현(鞏縣, 지금의 호북성에 속함)에서 태어났다. 일찍 장안 성남쪽의 소릉에 오래도록 거주하였으며, 성도(成都)의 절도사 엄무(嚴武)의 추천으로 절도참모, 검교공부원외랑(檢校工部員外郎)을 지냈다. 후세의 사람들은 그를 두소릉(杜少陵) 또는 두공부(杜工部)라고 부른다. – 네이버(www.naver.com), 百度(www.baidu.com)

8 | 일월농중조(日月籠中鳥) 두 구 : 두보가 지은 시 〈형주에서 이씨 댁 일곱째 어른 어사

岷山葛, 三霜楚戶砧』[9] 之類是已. 且人之才如器皿, 方圓不可以該備, 而天下奇觀異賞可以悅心目者甚夥. 苟能[10]才不逮意, 則譬如駑蹄臨燕越, 千里之途, 鞭策雖勤, 不可以致遠. 是以古之人雖有逸才, 不敢妄下手, 必加鍊琢之工, 然後足以垂光虹蜺, 輝映千古. 至若旬鍛季鍊, 朝吟夜諷, 撚

대부 면님께서 광주절도사로 부임해 가심에 송별하며(衡州送李大夫七丈勉赴廣州)〉의 한 구절.

斧鉞下青冥, 천자가 내리신 부월을 잡고 푸른 바다가로 내려가는데,
樓船過洞庭. 높은 배 잠간 동정호를 들렀다가 가시네.
北風隨爽氣, 북쪽에서 불어오는 바람은 상쾌한 기운 따르고,
南斗避文星. 남쪽의 우뚝한 별 자리에는 문인을 피해 임명했네.
日月籠中鳥, 내 신세는 해와 달 아래서 조롱속의 새와 같기도 하고,
乾坤水上萍. 하늘땅 사이에서 물위에 뜬 부평초와 같기도 하네.
王孫丈人行, 그대 훌륭하신 분 내 장인과 같은 항렬인데,
垂老見飄零. 내 늙은 모습으로 늘어져 정처 없이 떠도는 꼴만 보여드리네.

– 百度(www.baidu.com).

9 | 십년민산갈(十年岷山葛) : 두보는 사천성에 거주한 시간을 자술할 때 대략『十暑岷山(사천과 감숙성의 경계에 위치한 산)葛』라고 하였다. 이 10년 사이에 6년은 촉(蜀)에 있었고 3년은 파(巴, 춘추시대 나라이름, 지금의 사천성 동부)에 있었다. 엄격하게 말하면 두보가 말하는 10년은 대략적인 숫자로서 실제로는 거주한 시간은 8년 2개월이다. 이 시구는 두보가 쓴 〈질풍에 달리는 배안에 엎드려 생각을 72구로 적어, 호남지방의 친구들에게 올리노라(風疾, 舟中伏枕, 書懷三十六韻, 奉呈湖南親朋友)〉의 한 구절.

…… ……
牽裾驚魏帝, 옷깃 끌어 당겨 위나라 황제 놀라게 하고,
投閣爲劉歆, 관각(館閣)에 앉히니 유흠(劉歆)같이 되었네.
狂走終奚適, 미친 듯이 달아나나 끝내 어디로 갈 것인가?
微才謝所欽. 보잘 것 없는 재주 공경 받을 만한 일 멀리하였네.
吾安藜不糝, 나는 쌀낟 없는 명아주 죽에도 만족하나,
汝貴玉爲琛. 그대들은 옥으로 보물 삼는 것 귀하게 여기네.
烏几重重縛, 검은 염소 껍데기 안상(案床)은 겹겹이 기웠고,
鶉衣寸寸針. 너덜너덜한 옷은 마디마디 마다 바느질 하였네.
哀傷同庾信, 마음 아파함은 유신(庾信)과 같으나,
述作異陳琳. 글을 지음은 진림(陣琳)과는 다르네.
十年岷山葛, 십년여름동안 민산(岷山)에서 거친 갈옷만 입고 살았고,
三霜楚戶砧. 삼년 가을 동안 초(楚)지방의 다듬이 소리를 들었네.
叨陪錦帳坐, 쓸데없이 나 같은 하급관리 모시고 살다가,

鬚難安於一字, 彌年只賦於三篇. 手作敲推, 直犯京尹[11]; 吟成大瘦, 行過飯山[12]; 意盡西峰, 鍾撞半夜[13]; 如此不可縷擧. 及至蘇 · 黃, 則使事益精, 逸氣橫出, 琢句之妙, 可以與少陵幷駕.

문장을 다듬는 방법琢句之法은 소릉少陵만이 유독 그 묘함을 다 발휘했다. 예를 들면

日月籠中鳥, 내 신세는 해와 달 아래서 조롱속의 새와 같기도 하고,
乾坤水上萍 하늘과 땅 사이에서 물위에 뜬 부평초와 같기도 하네.
十年岷山葛, 십년 여름동안 민산岷山에서 갈포옷을 입고 살았고,

久放白頭吟. 오랜만에 흰 머리 한탄하는 시 늘어놓는 구나.
—《文淵閣 四庫全書電子版》 참조.

10 | 능(能) : 『능(能)』자가 더 보태졌다고 의심한다. — 원주(原註)

11 | 수작고퇴(手作敲推) 두 구 : 당나라 시인 가도(賈島)가 『새는 못 곁에 있는 나무에 잠자고, 중은 달 아래 문을 두드린다(鳥宿池邊樹, 僧敲月下門)』이라는 시구를 구상해 놓고, 『推』자를 쓸까 『敲』자를 쓸까를 생각하는데 타고 가던 나귀가 경윤(京尹, 한유)의 행차에 부딪치게 되었는데, 한유가 실정을 듣고서 『敲』자가 나을 것이라고 했다는 고사를 말함. —《파한집》, 유재영(柳在泳) 역주, 一志社, 1978. 참조.

12 | 음성대수(吟成大瘦) 두 구 : 당나라 맹계(孟棨)의 《본사시(本事詩)》 : 『반과산 앞에서 두보를 만나니 머리에는 삿갓 썼는데 날은 이미 점심때였네. 삼가 묻노니 어찌하여 이렇게 말라버렸는가? 오로지 지금까지 시 짓는데 너무 괴로웠기 때문일세(飯顆山前逢杜甫, 頭戴笠子日卓午. 借問何未太瘦生, 總爲從前作詩苦.』라고 한다. 반산은 당나라 장안 부근에 있는 산으로 전해지지만, 글자그대로의 뜻은 『밥풀로 뭉쳐놓은 산』이라는 의미로, 시를 짓다가 잘못되면 잘못된 부분을 밥풀로 종이를 바르고 다시 쓰고 한 것이 산같이 높이 솟았다는 비유로 사용됨. 이 시는 진위가 불분명하지만, 이백이 두보의 작시(作詩)의 고심과 더딤을 희롱하는 뜻을 나타내고 있음. —《漢語大詞典》 12권 503쪽 참조.

13 | 종당반야(鍾撞半夜) : 《역대시화(歷代詩話)》(권 51) : 『강인기의 《잡지(雜志)》에 이르기를 한 스님이 〈중추(中秋)〉라는 시를 짓는데 「오늘날 둥근 달 가득 찼으니, 가을 바야흐로 무르익음에 이르렀구나(此夜一輪滿, 至來秋方得)」라는 구절을 얻고, 다음 구절에 이르기를 「맑은 빛 어느 곳엔들 없으라(淸光何處無)」라고 적고는, 즐거움에 넘쳐 한밤중에 일어나서 절의 종을 두드리니 온 성의 사람들이 다 놀랐다……』 —《문연각사고전서전자판》

三霜楚戶砧　　삼년 가을 동안 초楚지방의 다듬이 소리를 들었네.

와 같은 유형이다. 또한 사람의 재능은 그릇과 같아서 사각과 원형을 모두 구비할 수 없지만, 천하의 기이한 경치는 서로 달라 눈과 마음을 즐겁게 하는 것이 아주 많다. 만약 재주가 뜻에 도달하지 못하면, 비유하자면 둔한 말이 연나라와 월나라에 이르려고 천리 길에 채찍을 부지런히 날려도, 멀리갈 수 없는 것과 같다.

그러므로 옛 사람들이 비록 빼어난 재능이 있다하더라도 함부로 문장을 짓지 않으며, 반드시 세심하게 자구를 다듬은 후에야 무지개와 같은 아름다운 빛을 드리워 천고에 길이 빛날 것이다. 아주 오랜 세월을 걸쳐 글귀를 다듬고 밤낮으로 읊고 외우며, 수염을 만지작거리며 한 자를 쓰는데도 애를 쓰면서, 1년이 걸려서야 훌륭한 글 몇 편밖에 써내지 못한다. 문장을 지을 때 고퇴敲推를 생각하며 골몰하다가 경조윤京兆尹(서울특별시장)의 수레에 부딪친 것이나, 읊조려 시를 지으며 고심하다보면 너무 마른 모습으로 반산飯山을 넘거나, 짧은 시구로라도 서산의 경치를 다 그릴 수 있고, 야밤에 종을 친 것 등등, 이와 같은 일들을 두루 다 들 수가 없다.

소동파와 황산곡에 이르러 용사用事에 더욱 정교하였으며, 뛰어난 기개가 흘러넘치니 절묘함이 가히 소릉과 견줄 수 있다고 하겠다.

[3] 두보 시는 독보적임

自雅缺風亡, 詩人皆推杜子美爲獨步. 豈唯立語精硬? 刮盡天地菁華而已. 雖在一飯未嘗忘君, 毅然忠義之節, 根於中而發於外, 句句無非稷契[14]口中流出, 讀之足以使儒夫有立志. 玲瓏其聲, 其質玉乎, 盖是也.

대아大雅와 소아小雅가 없어지고 국풍國風이 망한 뒤로부터 시인들은 모

14 | 직설(稷契) : 요순시대의 명신. 직[일명 棄]은 농사를 맡았고, 설은 교육을 맡아 다스렸음.

두 두자미를 독보적인 것으로 받아들이고 있다. 어찌 다만 사용한 말이 정교하고 꿋꿋하다고만 하겠는가? 천하의 정수를 받아들였다고 할 것이다. 비록 일찍이 끼니마다 임금을 잊은 적이 없었지만, 충성과 절의는 의연히 마음속에 뿌리박고 있어 바깥으로 내뿜음에, 구절마다 직설稷契의 입에서 흘러나오지 아니 한 것이 없으니, 그것을 읽으면 의지가 나약한 사람들로 하여금 충분히 뜻을 세울 수 있게 한다. 그 소리는 영롱하며, 그 바탕은 옥과 같다함이 대개 이렇기 때문이다.

[4] 소동파, 황산곡 등의 묘한 전고 사용

詩家作詩多使事, 謂之點鬼簿[15]；李商隱用事險僻, 號西崑體；此皆文章一病. 近者蘇・黃崛起, 雖追尙其法, 而造語益工, 了無斧鑿之痕, 可謂靑出於藍矣. 如東坡『見說騎鯨遊汗漫[16], 憶曾捫蝨[17]話悲辛』[18]・『永夜思家在何處, 殘年知汝遠來情』[19], 句法如造化生成, 讀之者莫知用何事. 山

15 | 점귀부(點鬼簿) : 죽은 사람의 이름을 적은 책. 전의되어 시문 속에 고인의 이름을 넣는 병폐를 말한다.

16 | 견설기경유한만(見說騎鯨遊汗漫) : 여기에 나오는 안기생(安期生)은 진한시기 전설 중의 신선이다. 사마천의《사기(史記)》에 안기생이 진시황에게 삼일 낮과 밤을 유세하였는데 그 계책이 채납되지 않았으며, 다만 금옥과 옥으로 만든 신을 하사받고 동햇가에 은거하여 살았다. 후에 항우가 군사를 일으켜 진나라를 반대하자 항우에게 계책을 올렸는데 또 채납되지 못하였다. 송나라 육유(陸游)가 〈장가행(長歌行)〉에서『일생을 안기생이 되지 않고 술에 취해 동해에 들어가 고래를 타겠다(人生不作安期生,醉入東海騎長鯨)』고 하였다. — 百度(www.baidu.com)

17 | 문슬(捫蝨) : 이를 더듬다. 진(晉)나라 왕맹(王猛, 325~375, 자는 경략(景略)이며 가난한 선비출신으로, 전진(前秦)의 재상을 지냈다)이 사람들 앞에서 거리낌 없이 옷의 이를 더듬으면서 당세의 일을 담론한 고사에 기대어 씀. — 百度(www.baidu.com)

18 | 견설기경유한만(見說騎鯨遊汗漫) 두 구 : 이 구절에서『見說』은『聞道』로 된 책도 있음. 전문은 다음과 같다. 〈왕유에 화답하다(和王斿二首) 2수〉 중 제1수

異時長怪謫仙人,　　시대와 다르게 늘 기이한 적선인,
舌有風雷筆有神.　　혀에는 폭풍우가 있고, 붓에는 정신이 있네.
聞道騎鯨游汗漫,　　듣건대 고래 타고 동해를 자유롭게 노닐었고,

谷[20]云：『語言少味無阿堵[21], 冰雪相看只此君』[22]·『眼看人情如格五[23], 心知外物等朝三』[24], 類多如此.

憶嘗捫蝨話悲辛. 일찍 이를 더듬은 이야기 생각하면 슬프고 괴롭네.
氣呑餘子無全目, 기개가 삼킨 나머지는 전체 면모가 없고,
詩到諸郎尙絶倫. 시가 여러 낭들에게 이르자 숭상하여 뛰어나네.
白髮故交空掩卷, 백발의 옛 친구 읽던 책을 헛되이 덮으며,
淚河東注問蒼旻. 눈물의 강은 동쪽으로 흘러 푸른 하늘에 물어보네.
—《蘇軾詩集》第四册 中國古典文學基本叢書 1290쪽 참조.

19 | 영야사가재하처(永夜思家在何處) 두 구 : 〈조카 안절이 먼 곳에서 와 밤에 앉아 세 수를 짓다(姪安節遠來, 夜坐, 三首)〉에 나오는 구절.
心衰面改瘦崢嶸, 마음이 쇠하고 모습이 변하여 메말랐고,
相見惟應識舊聲. 만나면 다만 옛 목소리로만 알 수 있다네.
永夜思家在何處, 기나긴 밤 집이 어디에 있는지 그리워하며,
殘年知汝遠來情. 만년에 멀리서 문안하러 온 너의 정을 알 수 있구나.
畏人默坐成癡鈍, 존경하는 사람 묵묵히 앉아 어리석고 둔한 사람 되었고.
問舊驚呼半死生. 옛일을 물으면 놀라 소리치며 절반 죽은 듯하네.
夢斷酒醒山雨絶, 꿈이 끊어지고 술에서 깨니 산비가 멎었고.
笑看飢鼠上燈檠. 웃으면서 굶주린 쥐가 등불걸이에 올라가는 것을 바라보네.
— 바로 위와 같은 책. 1094쪽. 『爾』는 『汝』로 되었음.
※원문에 인용된 구절은 한유의 〈종손 상에게 보이노라(示姪孫湘)〉의 『구름은 진령 산맥을 가로막았는데 우리 집은 어디메뇨?……네가 멀리서 나를 찾아온 것은 틀림없이 의미가 있을 것이라(雲嶺橫秦嶺家何在?……知汝遠來應有意)』에서 전고를 빌려온 것임.

20 | 산곡(山谷) : 황정견(黃庭堅, 1045~1105)의 호. 중국 송(宋)나라 시인·서예가. 자 노직(魯直), 강서(江西) 분녕(分寧) 출생. 북송(北宋) 말에서 남송(南宋) 초에 걸쳐 그의 시풍이 널리 유행하였으며 강서파(江西派)의 시조로 일컬어진다. 문집으로《예장황선생문집(豫章黃先生文集)》30권 등이 있다.

21 | 아도(阿堵) : 육조시기 구어로서 이(這), 이것(這個)이라는 말인데, 진(晉)나라 왕연(王衍)이 돈을 싫어하며 이렇게 불렀다고 함.《한어대사전》참조.

22 | 어언소미무아도(語言少味無阿堵) 두 구 : 〈장인께서 왕정중 셋째 아저씨께서 조칙을 받들어 남악 형산에 가서 기도를 드리고 돌아가는 길에 양양에 이르러 역마를 버리고 배를 타고 와서 만나주심을 기뻐한다는 시의 각운자를 사용하여(次韻外舅, 喜王正仲三丈, 奉詔禱南岳, 回至襄陽, 捨驛馬 就舟見過〉 세 수 중 제3수
語言少味無阿堵, 말씀은 건조하여 돈에 대한 이야기 없으나,
冰雪相看有此君. 빙설 같은 모습 바라보니 그분이 오셨구려.
燈火詩書如夢寐, 등불 아래 시서 읽던 일 꿈 속 같고,

시인들이 시를 지을 때 전고를 많이 사용하는데 이것을 점귀부點鬼簿라고 한다. 이상은은 전고사용이 후미지고 어려운데 서곤체西崑體라고 하며, 이러한 것을 모두 문장의 하나의 병폐로 친 요즈음 소동파와 황산곡이 우뚝하여 일어나서 그들의 풍조를 따르기는 하지만, 언어가 더욱 정교하여 조금도 어색한 흔적이 없으니, 푸른 물감이 쪽보다 더 푸르다고 할 수 있다. 예를 들면 동파의

見說騎鯨游汗漫, 　　듣건대 [安期生이] 고래 타고 동해를 자유롭게 노닐었고,

麒麟圖畫屬浮雲. 　　기린각에 초상화 걸리는 일 뜬구름 같이 되었네.
平章息女能爲婦, 　　댁의 따님과 혼인하여 부인으로 삼을 수 있었고,
歡喜兒曹解綴文. 　　우리 아희들 글 지을 줄 앎을 즐거워하네.
憂樂同科惟石友, 　　근심과 즐거움 함께 하니 금석 같은 벗님인데,
別離空復數朝曛. 　　떠나가신다니 며칠 아침 따뜻함이 헛되어지리.
—《산곡외집시주(山谷外集詩注)》(권2)
※정중(正仲)은 왕존(王存)의 자(字)인데, 황정견의 장인인 사경초(謝景初)의 매부로, 이 때 동지태상예원(同知太常禮院)으로 출장길에 들린 것임.

23 | 격오(格五) : 고대 바둑알을 가지고 하는 도박성 놀이의 일종. 조삼(朝三) : 조삼모사(朝三暮四)의 약칭. 간사한 꾀로 사람을 우롱하는 것을 이름. 춘추시대 송(宋)의 저공(狙公)이 기르는 원숭이에게 상수리를 아침 3개 저녁 4개 준다고 하니 원숭이가 성을 내고 그러면 아침에 4개 저녁에 3개 준다고 하자 원숭이들이 좋아 했다는 고사.
—《한어대사전》 참조.

24 | 안간인정여격오(眼看人情如格五) 두 구 : 〈되는대로 적어 중모에게 드림(漫書, 呈仲謀)〉
漫來從宦著青衫, 　　어쩌다가 벼슬하여 푸른 소매 걸쳤으나,
秣馬何嘗解轡銜. 　　말 먹이는데 어찌 일찍 고삐 잡는 법 알았으랴?
眼見人情如格五, 　　눈앞에 보이는 인정은 마치 바둑알 놓음과 같고,
心知外物等朝三. 　　마음으로 외물은 조삼모사와 같음을 아네.
經時道上衝風雨, 　　늘 길 위에서 비바람 맞고 있으니,
幾日樽前得笑談. 　　어느 날 술 바리 놓고서 환담할 수 있으랴?
賴有同僚慰羇旅, 　　그래도 동료 중에 나그네 길 위로해 주는 이 있으니,
不然吾已過江南. 　　그렇지 않았더라면 내 이미 강남땅을 지나갔으리.
—《산곡외집》(권13)
※안견(眼見) : 『眼看』으로 된 판본도 있음.

憶曾捫蝨話辛酸.	일찍 이를 더듬은 이야기를 생각하면 슬프고 괴롭다네.

라든가,

永夜思家在何處,	기나긴 밤 집이 어디에 있는지 그리워하며,
殘年知汝遠來情.	만년에 멀리서 문안하러 온 너의 정을 알 수 있구나.

라는 시구는, 구성방식이 마치도 창조하여 만들어 낸 것처럼 읽는 사람으로 하여금 어떤 사물을 비유로 썼는지 모르게 만든다. 산곡山谷이 이르기를

語言少味無阿堵,	말씀은 무미건조하여 돈에 대한 이야기 없으시나,
冰雪相看有此君.	빙설모습 바라보니 그분뿐이구려.

라든가,

眼看人情如格五,	눈으로 인정을 보면 바둑알 놀음과 같고,
心知外物等朝三.	마음으로 외부 사물은 조삼모사와 같음을 아네.

라고 한 것 등등이 대개 이와 같은 것이라 것이다.

【참고문헌】

《四庫全書總目提要》

이인로 저, 유재영(柳在泳) 역주,《파한집》, 一志社, 1978.

《蘇軾詩集》第四册, 中國古典文學基本叢書, 中華書局出版, 1992.

〈漢語大詞典〉, 羅竹風 主編, 漢語大詞典出版社. 2001.

【그 외 참고자료】

《文淵閣 四庫全書 電子版》

百度(www.baidu.com)

(朴京順)

2.《백운소설白雲小說》1

이규보(1168~1241)가 지었다. 규보는 초명이 인저仁氐라고 불렸으며, 자는 춘경春卿이고 호는 백운거사白雲居士이며, 시호諡號가 문순文順으로 본관이 황려黃驪이다.《백운소설》1권은 원본은 산일되고 다만 홍만종洪萬宗2의《시화총림詩話叢林》3에 모두 31조목만이 보일 뿐이다. 작자는 중국시를 논하는데, 때때로 개인의 생각을 제시할 수 있었다. 사령운謝靈運4의「池塘生春草

1 |《백운소설(白雲小說)》: 내용은 주로 시화(詩話)에 관한 것으로 대부분이《이상국집》21~23권과 후집(後集) 권11에 수록된 글과 중복되는데, 자구(字句) 출입과 문장 수정이 물론 많다. 중복된 것은 다음과 같다. 권20 잡저(雜著) 백운거사전(白雲居士傳), 권21 설서(說序) · 논시설(論詩說) · 칠현설(七賢說) · 오덕전극암시발미(吳德全戟巖詩跋尾), 권22 잡문(雜文) 당서불립최치원열전의(唐書不立崔致遠列傳議) · 논시중미지약언(論詩中微旨略言), 권23 기(記) 남행월일기(南行月日記), 후집(後集) 권11 잡의(雜議) 왕문공국시의(王文公菊詩議) · 이산보시의(李山甫詩議). — 한국고전번역원(www.itkc.or.kr)

2 | 홍만종(洪萬宗, 1643~1725) : 본관은 풍산(豊山)이며, 자는 우해(宇海)이고, 호는 현묵자(玄默子)로 장주(長洲) 문학지사로 자처하였으며, 정두경(鄭斗卿)이 문하에 출입하고 김득신(金得臣) · 홍만주(洪晩洲) 등과 친교를 맺었다. 문학평론집이라 할 수 있는《순오지(旬五志)》에서 국문학의 가치에 대해 논하였고, 정철(鄭澈)의 시가 등 대표적인 작품에 대해 평을 가했다. 정통적인 시문(詩文)에는 별로 힘을 기울이지 않은 반면, 시화(詩話)와 소설에 흥미를 가져 많은 책을 저술하였다. 저서는《순오지》외에 편저로《역대총목(歷代總目)》·《시화총림(詩話叢林)》·《소화시평(小華詩評)》·《해동이적(海東異蹟)》·《명엽지해(蓂葉志諧)》등이 있다.

3 |《시화총림(詩話叢林)》: 필사본 4권 4책이 있으며 서울대학교 도서관에 소장되어 있다. 역대의 시화를 모은 것으로, 권1에는 이규보의《백운소설(白雲小說)》, 이제현(李齊賢)의〈역옹패설(櫟翁稗說)〉, 등, 권2에는 심수경(沈守慶)의〈견한잡록(遣閒雜錄)〉, 권응인(權應仁)의〈송계만록(松溪漫錄)〉등, 권3에는 이수광(李睟光)의〈지봉유설(芝峰類說)〉, 유몽인(柳夢寅)의〈어우야담(於于野談)〉등을 수록하고, 부록에 증정(證正)이 들어 있다.

4 | 사령운(謝靈運, 385~433) : 본래는 진군(陳郡) 양하(陽夏), 즉 지금의 하남성(河南省) 태

(못 둑에 봄풀이 돋아난다)」5는 줄곧 훌륭한 문장이라 칭했는데, 이규보는 『未識佳處(나는 좋은 점을 모르겠다)』고 했으며, 서응徐凝6의 〈폭포시瀑布詩〉에 『한 줄기 푸른 산 빛을 갈라놓았다(一條界破青山色)』7는 것은 소동파蘇東坡로부터 혹평을 받았는데8, 이규보는 좋은 시라고 여겼으니, 약간의 견해를 엿볼 수 있다.

강현(太康縣)에서 태어났으나 후에 회계(會稽), 지금의 절강성(浙江省)으로 이주해 살았다. 동진(東晉) 때 강락공(康樂公) 봉작을 계승해, 사강락(射康樂)이라고도 불린다.

5 | 〈지상루에 올라 1수(登池上樓一首)〉

……………

初景革緖風, 봄볕이 지난겨울 바람을 씻어내고,
新陽改故陰, 새봄이 지난겨울을 대신하네.
池塘生春草. 못 둑에 봄풀이 돋아나고,
園柳變鳴禽, 정원 버드나무 새소리도 바뀌었네.
祁祁傷豳歌, 빈풍 노래에 애달파하고,
萋萋感楚吟, 초나라 곡조에 감회가 이네.
索居易永久, 홀로 거처하니 오래이기 쉬우나,
離羣難處心, 벗들과 떨어져 있으니 마음 붙이기 어렵네.

(후략……) — 원문 : 사고전서, 해석 : 《창랑시화》 엄우 · 곽소우 지음, 김해명 · 이우정 옮김. 2001. 소명출판

6 | 서응(徐凝, 813년 전후로 생존) : 중당(中唐)의 시인. 목주(睦州) 사람이다. 원화(元和 : 당 憲宗의 연호) 연간에 벼슬이 시랑(侍郎)에 이르렀다. 백거이 · 한유와 시우(詩友)였다. 시 한 권이 있다.

7 | 일조계파청산색(一條界破青山色) : 〈여산폭포(廬山瀑布)〉의 한 구절이다.

虛空落泉千仞直, 하늘에서 천길 높이로 물이 직하하니,
雷奔入江不暫息, 숨에 강으로 흘러들어 잠시도 쉬지 않는다.
今古長如白練飛, 고금의 긴 세월 끊임없이 흰 비단이 하늘을 나는 듯,
一條界破青山色, 폭포 한 줄기 푸른 산 빛을 갈라놓는구나.

〈여산폭포를 바라보며(望廬山瀑布)〉이백(李白)

日照香爐生紫烟, 햇살아래 향로봉 보라연기 오르고,
遙看瀑布掛前川, 멀리보이는 폭포는 냇물 걸어놓은 듯.
飛流直下三千尺, 삼천 길 아래로 날아 흐르는 물살은,
疑是銀河落九天, 하늘에서 떨어지는 은하수가 아닌가!

— 《봄날 친구를 그리며》 천년의 노래 당시산책 채심연 2004 한길사.

[1] 왕문공王文公의 시

余按《西淸詩話》[9] 載王文公[10]詩曰：『黃昏風雨暝園林, 殘菊飄零滿地金.』歐陽修見之曰：『凡百花皆落, 獨菊枝上黏枯耳, 何言落也?』文公大怒曰：『是不知《楚辭》云：「夕餐秋菊之落英.」[11] 歐陽修不學之過也.』余論之曰：『詩者, 興所見也. 余昔於大風疾雨中, 見黃花亦有飄零者. 文公詩旣云：黃昏風雨暝園林[12], 則以興所見拒歐公之言可也；强引《楚

8 | 소동파(蘇東坡)로부터 혹평 : 소동파가 싫어했다는 것은 이백의《여산폭포》와 비교해서

帝道銀河一派垂,　　천제가 은하수 한 줄기를 이곳에 보냈는데,
古來唯有謫仙調,　　예부터 이 폭포 읊은 분은 이백뿐,
飛流濺沫知多少,　　흘러내리는 물보라 얼마인지 모르지만,
不與徐凝洗惡詩,　　서응으로 하여 악시란 오명을 벗지 못하게 했으리.《東坡集》라고 한데서 비롯되었다. ─ 김성룡,《한국고전비평》, 역락 펴냄, 2004. 전관수,《漢詩語辭典》, 국학자료원, 2002.

9 |《서청시화(西淸詩話)》: 송(宋)의 채조(蔡絛)가 그의 문하생에게 부탁해 지음. ─《창랑시화》엄우 · 곽소우 지음, 김해명 · 이우정 옮김, 소명출판, 2001.

10 | 왕문공(王文公, 1021~1086) : 문공은 왕안석(王安石)의 시호. 북송(北宋) 정치가. 자는 개보(介甫), 호는 반산(半山). 강서성(江西省) 임천(臨川)무주(撫州) 출신. 형국공(荊國公)이 되었기 때문에 형공(荊公)이라고도 불린다. 그의 새로운 정책을 통틀어서 〈왕안석의 신법(新法)〉이라고 하는데, 북송 중기 이래의 재정적자를 해소하고 국력을 증강시키는 것이 목적이었다. 산문은 구양수(歐陽修)를 스승으로 삼아 당송팔대가(唐宋八大家)의 한 사람으로 꼽히게 되었고. 시도 높이 평가되었는데, 당시선집(唐詩選集)인《당백가시선(唐百家詩選)》20권 · 시문집《임천선생문집(臨川先生文集)》100권이 있다.

11 | 석찬추국지락영(朝飮木蘭之墜露兮) : 아래는 시의 전문이다.

朝飮木蘭之墜露兮,　　아침에는 목란에 구르는 이슬 마시고,
夕餐秋菊之落英,　　저녁에는 떨어진 가을 국화를 먹는다.
苟余情其信姱以練要兮,　　내 마음 진정 곱고 뛰어나기만 하면,
長顑頷亦何傷,　　오래도록 모습 초췌한들 무엇이 서러우랴.
攬木根以結茝兮,　　나무뿌리 묶고 구릿대 맺어,
貫薜荔之落蕊,　　벽려의 떨어진 꽃을 꿴다.
矯菌桂以紉蕙兮,　　균계를 바로잡고 혜초를 엮어,
索胡繩之纚纚,　　호승으로 엮은 어여쁜 꽃끈.

12 | 황혼풍우명원림(黃昏風雨暝園林) : 구양수가 가우(嘉祐) 연간에 왕안석의 시,『황혼의 비바람에 동산 숲이 어둡더니, 시든 국화 떨어지니 온 땅이 금빛일세.』라 한 것을

辭》, 則其曰 : 歐陽其何不見」, 此亦足矣 ; 乃反以不學目之, 一何偏歟? 修若未至博學洽聞者,《楚辭》豈幽經僻說而修不得見之耶? 余於介甫[13]不可以長者期之也.』

내가《서청시화西清詩話》를 살펴보니, 다음과 같은 말이 실려 있다.
왕 문공王文公의 시에,

黃昏風雨暝園林, 황혼의 비바람에 동산 숲이 어둡더니,
殘菊飄零滿地金, 시든 국화 떨어지니 온 땅이 금빛일세.

구양수歐陽脩가 이 시를 보고 말하기를『모든 꽃은 다 떨어지나 국화만은 가지 위에 말라붙어 있을 뿐인데, 어찌 떨어졌다고 말할 수 있겠는가?』하니, 문공文公은 크게 성내어 말하기를『이는 초사楚辭의「저녁에는 떨어진 가을 국화를 먹는다(夕餐秋菊之落英)」라는 말을 알지 못함이니, 구양수의 무식의 소치이다.』고 했다. 나는 다음과 같이 논한다.『시란 보는 것에서 흥을 일으켜 쓴 것이다. 내가 옛날 폭풍이 불고 폭우가 쏟아지는 가운데 노란 국화를 보았더니, 역시 떨어진 것이 있었다. 문공이 시에서 이미「황혼의 비바람에 동산 숲이 어둡다(黃昏風雨暝園林).」하였으니, 보는 것에서 흥을 일으켜 쓴 것이라고 하여 구양수의 말을 막았어야 옳았을 것이고, 굳이 초사를 끌어 들였으면 그는「구양歐陽 그는 어찌 이것을 보지 못했는가?」라고만

보고, 웃으며 말했다.『온갖 꽃이 다 져도 국화만은 가지 위에서 마를 뿐이다.』인하여 장난으로 말하기를,『가을꽃을 봄꽃 떨어짐에 견주어선 안 되나니, 시인에게 자세히 보라 알려 주노라.』고 하였다. 왕안석이 이 말을 듣더니,『그가 어찌《楚詞》에 나오는「저녁엔 가을 국화의 떨어진 꽃잎을 먹는다」를 모른단 말인가? 구양수의 무식의 소치이다』라고 하였다.(毆公嘉祐中, 見王荊公詩『黃昏風雨暝園林, 殘菊飄零滿地金』, 笑曰 :『百花盡落, 獨菊枝上枯耳』因戲曰 :『秋英不比春花落, 爲報詩人子細看』荊公聞之曰 :『是豈不知楚詞「夕餐秋菊之落英」, 毆陽九不學之過也』) —《초계어은총화(苕溪漁隱叢話)》前集 권 34 — (시적 표현의 논리적 관계, 鄭珉교수의 글에서 — (정민교수 블로그))

13 | 개보(介甫) : 왕안석의 자.

했어도 또한 족했을 것인데, 도리어 배우지 못했다고 지목하였으니, 어찌 그리도 편협하였을까? 구양수가 설사 박학다문한 지경에 이르지 못한 자라 하더라도 초사가 어찌 유경벽설幽經僻說이기에 구양수가 보지 못했겠는가? 나는 개보介甫를 장자長者로 기대할 수 없다.』

[2] 시 감상의 어려움

余昔讀梅聖俞[14]詩, 私心竊薄之, 未識古人所以號詩翁者. 及今閱之, 外若荼弱, 中含骨髓, 眞詩中之精雋也. 知梅詩, 然後可謂知詩者也. 但古人以謝靈運詩『池塘生春草』爲警策, 余未識佳處. 徐凝《瀑布》詩『一條界破青山色』, 則余擬其佳句, 然東坡以爲惡詩[15]. 由此觀之, 余輩之知詩, 其不及古人遠矣. 又陶潛詩恬然和靜, 如清廟[16]之瑟, 朱絃疏越[17], 一唱三歎. 余欲效其體, 終不得其彷彿, 尤可笑已.

14 | 매성유(梅聖俞, 1002~1060) : 송나라의 시인 매요신(梅堯臣)의 자. 호는 원릉(宛陵). 안휘성(安徽省) 선성(宣城) 출생. 친구 구양수(歐陽修)의 추천으로 중앙의 관리인 국자감직강(國子監直講: 대학교수)이 되었지만 소순흠(蘇舜欽) · 구양수 등과 같이 성당(盛唐)의 시를 본으로 하여 당시 유행하던 서곤체(西崑體)의 섬교(纖巧)한 폐풍을 일소하고, 새로운 송시(宋詩)의 개조(開祖)가 되었다. 저서에는 《완릉선생집(宛陵先生集)》, 《당재기(唐載記)》등이 있다.

15 | 연동파이위악시(然東坡以爲惡詩) : 위의 주 8) 참조.

16 | 청묘(清廟) : 맑고 깨끗한 종묘라는 뜻. 《시경 · 주송(詩經 · 周頌)》의 편명. 주나라의 선조인 문왕(文王)을 제사지내는 시가.

於穆清廟, 肅雍顯相,	아아! 아름다운 청묘에 공경스럽고 온화하고 덕 높은 대신들 모였네.
濟濟多士, 秉文之德,	수많은 선비들이 문왕의 덕을 받들어.
對越在天, 駿奔走在廟,	하늘에 계신 분 높이 모시며 급히 묘당을 뛰어다니고 있네.
不顯不承, 無射於人斯,	매우 밝게 돌봐주고 계시니 사람들은 싫증을 내지 않네.

— (《中國文學史》, 김학주, 이동향, 김영구, 방송대학출판부, 2000, p.49.

17 | 주현소월(朱弦疏越) : 《악기(樂記)》『종묘에서 제작하는 슬은 붉은 현에 구멍을 뚫어 한 번 소리를 내면 세 사람이 그 소리를 따라 부르게 하는데 감도는 소리가 있기 때문이다(清廟之瑟, 朱弦而疏越, 壹倡而三嘆, 有遺音者矣).』 소(疏)에 『월은 슬 아래 있는

나는 옛날 매성유梅聖兪의 시를 읽고 속으로 대수롭지 않게 여겨서, 옛날 사람들이 그를 시옹詩翁이라고 부르는 까닭을 알지 못했다. 그런데 지금 와서 읽어보니 겉으로는 약한 듯하나 속으로는 단단한 힘이 있어 참으로 시중에 우수한 것이었다. 매성유의 시를 안 연후라야 시를 아는 사람이라고 할 수 있다. 다만 옛사람들이 사령운謝靈運의 시에,

池塘生春草, 못 언덕에 봄풀이 돋아난다.

는 것에 놀란다고 하나, 나는 좋은 점을 모르겠다. 서응의 폭포시瀑布詩에,

一條界破青山色, 한 가닥이 푸른 산 빛을 갈라놓았다.

는 것은, 나는 매우 좋은 시구라고 생각되는데, 소동파蘇東坡는 악시惡詩라고 하였다. 이것으로 보면, 나 같은 자의 시를 알아봄이 옛날 사람에 훨씬 못 미치는 것이다. 또한 도잠陶潛의 시는 담연히 화평하고 고요하여 마치 청묘淸廟의 슬瑟은 줄이 붉고 구멍이 커서朱弦疏越 한 사람이 창唱하면 세 사람이 화답하는 것과 같다. 나는 그 체를 본받으려 하나 끝내 비슷하게도 할 수 없으니 더욱 가소로울 뿐이다.

[3] 시유구불의체詩有九不宜體

詩有九不宜體[18], 是余之所深思而自得之者也. 一篇內多用古人之名, 是載鬼盈車體也. 攘取古人之意, 善盜猶不可, 盜亦不善, 是拙盜易擒體

구멍이다. 소통하게 하여 소리를 더디게 하기 때문에 소월이라고 한다.(越謂瑟底孔也, 疏通之, 使聲遲, 故云:疏越.)』[《辭源》, 商務印書館, 1987]. 인신되어 소도류창(疏導流暢 : 막힌 곳을 시원하게 뚫다)으로 쓰인다.

18 | 시유구불의체(詩有九不宜體 : 한시를 짓는 데 피해야 할 9가지 체)
1. 재귀영거체(載鬼盈車體 : 귀신을 수레에다 가득 실은 문체)

也. 押强韻早根據, 是挽弓不勝體也. 不揆其才, 狎韻過差, 是飮酒過量體也. 好用險字, 使人易惑, 是設坑導盲體也. 語未順而勉引用之, 是强人從己體也. 多用常語, 是村父會談體也. 好犯丘軻[19], 是凌犯尊貴體也. 詞荒不删, 是莨莠滿田體也. 能免此不宜體格, 而後可與言詩矣.

시詩에는 아홉 가지의 불의체不宜體(마땅하지 않은 체)가 있으니, 이는 내가 깊이 생각해서 자득한 것이다. 한 편 안에 옛사람의 이름을 많이 쓰는 것은 바로 재귀영거체載鬼盈車體요, 옛사람의 뜻을 절취하는 것은, 좋은 것을 절취함도 오히려 불가한데 절취한 것 또한 좋지 못하다면 이것은 바로 졸도이금체拙盜易擒體다. 그리고 강운强韻을 근거 없이 내어 쓰는 것은 바로 만궁(노)불승체挽弩不勝體요, 그 재주를 가늠하지 못하고 운자를 지나치게 내는 것은 바로 음주과량체飮酒過量體요, 험자 쓰기를 좋아하여 사람으로 하여금 의혹되기 쉽도록 하는 것은 바로 설갱도맹체設坑導盲體요, 말이 순조롭지 못한데 그것을 쓰도록 힘쓰는 것은 바로 강인종기체强人從己體요, 통상 말을 많이 쓰는 것은 바로 촌부회담체村夫會談體요, 구가丘軻같은 것을 쓰기 좋아하는 것은 바로 능범존귀체凌犯尊貴體요, 거친 말을 깎아내지 않는 것은 바로 낭유만전체莨莠滿田體다. 이 불의체를 능히 면한 뒤에야 더불어 시를 말할 수 있다.

2. 졸도이금체(拙盜易擒體 : 서투른 도둑이 사로잡히기 쉬운 문체)
3. 만노불승체(挽弩不勝體 : 쇠뇌를 당기지만 그 쇠뇌를 이기지 못하는 문체)
4. 음주과량체(散酒過量體 : 술을 너무 많이 마신 문체)
5. 설갱도맹체(設坑導盲體 : 구덩이를 파 놓고 장님을 이끄는 문체)
6. 강인종기체(强人從己體 : 남을 강요해서 자기를 좇도록 하는 문체)
7. 촌부회담체(村夫會談體 : 촌사람이 이야기하는 식의 문체)
8. 능범존귀체(凌犯尊貴體 : 존귀한 이를 함부로 범하는 문체)
9. 낭유만전체(莨莠滿田體 : 강아지풀이 밭에 가득한 문체[밭에 난 강아지풀은 곡식에 해가 됨]). — 네이버(www.naver.com)『이완근 이학준의 희망의 문학』

19 | 구가(丘軻) : 구는 공자 이름이고 가는 맹자 이름이다.

[4] 어떻게 시를 짓는가?

夫詩以意爲主, 設意最難, 綴辭次之. 意亦以氣爲主, 由氣之優劣, 乃有深淺耳. 然氣本乎天, 不可學得, 故氣之劣者, 以雕文爲工, 未嘗以意爲先也. 蓋雕鏤其文, 丹靑其句, 信麗矣, 然中無含蓄深厚之意, 則初若可翫, 至再嚼則味已窮矣. 雖然自先押韻, 似若妨意, 則改之可也. 唯於和人之詩也, 若有險韻[20], 則先思韻之所安, 然後措意也. 句有難於對者, 沉吟良久想不能易得, 則卽割棄不惜, 宜也. 方其構思, 思若深僻則陷, 陷則著, 著則迷, 迷則有所執而不通也. 惟其出入往來, 變化自在, 而達於圓熟也. 或有以後句救前句之弊, 以一字助一句之安, 此不可不思也.

대저 시란 뜻으로 주를 삼는 것이니 설의設意가 가장 어렵고, 말을 꾸미는 것이 그 다음 어렵다. 뜻은 기운으로 주를 삼는 것이니, 기운의 우열로 말미암아 곧 깊고 얕음淺深이 있게 된다. 그러나 기운은 하늘에 근본한 것이니, 배워서 얻을 수 없으므로 기운이 약한 자는 문장을 수식하는 데 공을 들이고 뜻으로 우선을 삼지 않는다. 대개 문장을 다듬고 그 문구를 수식하면 그 글은 참으로 화려할 것이나, 속에 함축된 심후한 뜻이 없으면 처음에는 꽤 볼 만하지만, 재차 음미할 때에는 맛이 벌써 다한다. 먼저 낸 압운자가 뜻을 방해할 것 같으면 운자를 고쳐 내는 것이 옳다. 다만 다른 사람의 시에 화답할 경우에 만일 험운險韻이 있거든, 먼저 운자의 안치할 바를 생각한 다음에 뜻을 안배해야 한다. 시구 중에 대對를 맞추기가 어려운 것이 있으면, 한참 동안 깊이 음미沈吟해 보아서 쉽게 얻을 수 없거든 곧 그 시구는 아낌없이 버리는 것이 마땅하다. 시를 구상할 때에 깊이 생각에 치우치면 거기에 빠지게 되고, 빠지면 고착되고, 고착하면 미혹되고, 미혹되면 집착이 생겨나 통하지 못하게 된다. 오직 출입왕래 함에 있어 변화가 자유자재 해야 원만하게 된다. 혹은 뒷문구로 앞문구의 폐단을 구제하기도 하고, 한 글자로 한 문구의 안전함을 돕기도 하니, 이것은 생각하지 않으면 안 된다.

20 | 험운(險韻) : 漢詩를 지을 때 어려워서 잘 쓰이지 않는 글자.

[5] 파선시破船詩

詩話載李山甫[21] 〈覽漢史詩〉[22]曰 : 『王莽弄來曾半沒, 曹公將去便平沈.』 余意謂此佳句也. 有高英秀[23]者譏之曰 : 『是破船詩也.』[24] 余意凡詩言物之體, 有不言其體而直言其用者. 山甫之寓意, 殆必以『漢』爲之『船』, 而直言其用曰 : 『半沒』『平沈』. 若其時而山甫在, 而言曰 : 『汝以吾詩爲破船詩, 然也. 余以「漢」擬之「船」而言之也. 而善乎子之能知也.』則爲英秀者, 其何辭以答之耶? 詩語[25]亦以英秀爲惡喙薄徒, 則未必用其言也.

시화詩話(즉 《西淸詩話》)에 실린 이산보李山甫의 〈한나라 역사를 보고 읊

21 | 이산보(李山甫) : 함통(咸通 : 당나라 제17대 懿宗의 연호)시기 사람으로 과거에 몇 차례 떨어지다가, 진사가 되었으나 쫓겨나 위막부 내에서 고락을 같이 했다. 문장이 웅건하였으며, 시 한 권이 있다.

22 | 〈남한사시(覽漢史詩)〉: 시의 전문은 아래와 같다.

四百年間反覆尋, 4백년간 이랬다 저랬다 반복하니,
漢家興替好沾襟. 한나라의 흥망성쇠에 옷자락을 적시네.
每逢姦詐須挼手, 간사함 만날 때마다 손을 비벼야 했는데,
眞遇英雄始醒心. 참된 영웅 만나서야 비로소 깨닫네.
王莽弄來曾半破, 왕망이 장난치다 일찍이 반쯤 빠뜨렸더니,
曹公將去便平沈. 조공(조조)이 가져다가 통째로 가라앉혔다.
當時虛受君恩者, 그 때에 헛되이 임금의 은혜를 입은 자,
謾向靑編作鬼林. 공연히 시문만 지으며 숲의 귀신이 되었네.

《전당시 전자판》에는 이 시의 제목이 〈독(讀)한사〉로 되어있고 『몰(沒)』자가 『파(破)』로 되어있음. 또 어떤 판본에는 『진(眞)』자가 『직(直)』으로 되어있음. — 원문 : 《全唐詩卷643》, 번역 : 졸역.

23 | 고영수(高英秀) : 《서청시화》에서 고영수는 오와 월 사이의 사람이라고 했다(《西淸詩話》云 : 『高英秀者吳越間人』) — 《四庫全書 · 子部 · 說郛》 권1

24 | 시파선시야(是破船詩也) : 《서청시화》『고영수라는 자는 오월 사이에 살았는데 찬녕(贊寧)과 시우가 되었다. 입이 빨라서 남을 욕하기 좋아하고 농담을 잘하였다. 늘 미목이 잘생긴 사람을 보면 좋은 점 보다는 단점만 이야기하니, 뒷사람들이 그를 촉빠른 경박한 무리로 불렀다. 일찍이 명인들의 시의 결점을 꼬집어내어 조롱하니, 이산보의……를 파선시라고 하였다(高英秀者, 吳越間人, 與贊寧爲詩友, 口給好罵滑稽, 每見眉目有異者, 必噂短於甘, 後人號惡啄薄徒, 嘗譏名人詩病云 : 李山甫……破船詩).』

25 | 《시어(詩語)》: 『어』는 『話』로 여겨진다. — 원주(原註)

은 시(覽漢史詩)〉에서

王莽弄來曾半沒, 왕망이 장난치다 일찍이 반쯤 빠뜨렸더니,
曹公將去便平沈, 조공(조조)이 가져다가 통째로 가라앉혔다.

나는 이를 아름다운 구절이라 생각했는데, 고영수高英秀라는 자가 『파선시破船詩』라 꾸짖었다. 나는 생각건대, 무릇 시란 사물物의 체體를 말하기도 하고, 또는 그 체를 말하지 않고 바로 그 공용用을 말하는 것도 있다. 산보의 우의寓意는 필시 한漢 나라를 배로 여기고 바로 그 공용만을 말해 『半沒』『平沈』이라고 한 것이리라. 만일 그 당시에 산보가 있어서 말하기를,

『그대가 나의 시를 파선시라고 하는데, 그렇다. 내가 「한」 나라를 「배」에 비유하여 말하였는데, 그대가 능히 알아보다니 훌륭하도다!』라고 하였더라면, 영수 그는 어떤 말로 답변했겠는가?
《시화》에서 또한 영수를 함부로 지껄이는 경박한 무리로만 여겼다면 필시 그의 말을 쓰지 않았을 것이다.

【참고문헌】

엄우 지음 · 곽소우 주석, 《창랑시화》 김해명 · 이우정 옮김, 소명출판, 2001.
채심연, 천년의 노래 당시산책 《봄날 친구를 그리며》, 한길사, 2004.
김성룡, 《한국고전비평》, 역락, 2004.
전관수 지음, 《漢詩語辭典》, 국학자료원, 2002.
김학주 · 이동향 · 김영구, 《中國文學史》, 방송대학출판부, 2000.
지세화, 《이야기 중국문학사》, 일빛, 2002.
이이 편저, 기태완 역주, 《精言妙選》 '율곡이이의 중국시선', 보고사, 1999.

【그 외 참고자료】

《文淵閣 四庫全書 電子版》

한국고전번역원(www.itkc.or.kr)

〈시적 표현의 논리적 관계〉 鄭珉 블로그

百度(www.baidu.com)

(崔繼良)

3. 《보한집補閑集》1

최자(崔滋, 1188~1260)2가 지었다. 자滋의 자字는 수덕樹德이며, 초명初名은 종유宗 호號는 동산수東山叟, 시호諡號는 문청文淸으로, 본관이 해주海州이다. 《보한집》 3권은, 고려 고종 41년(1254)에 편찬되었으며, 이는 남송南宋의 이종理宗 보우寶祐 2년에 해당한다. 보한집의 《자서自序》에 말하기를 『학사學士 이인로李仁老가 간략하게 책을 편찬하여 명명하기를 《파한破閒》3이라 하였는데, 진양공晋陽公4이 그 책에 수록한 범위가 넓지 못하다고 여기어 나에게

1 | 《보한집》 : 고려 고종(高宗) 때에 최자(崔滋)가 엮은 시화 평론집(詩話 評論集)이다. 원명은 《속파한집(續破閒集)》으로 모두 3권이며, 서문에 이 책을 엮은 동기가 《파한》을 이어 보충하는 입장에서 쓴 것이라 밝혔다. 최자의 유일한 저서로 현존하는 《보한집》은 시화 평론 뿐 아니라, 근체시(近體詩), 사실(史實), 부도(浮屠 : 산스크리트어 buddha의 음역. 승려의 이야기), 부녀자의 설화 등이 수록되어, 고려 시대의 사회 사정 또한 많이 반영되어 있다.

2 | 최자(崔滋) : 강종 때 문과에 급제, 상주사록(尙州司錄)을 지냈다. 국자감학유(國子監學諭) 때 문재를 인정받아 문한(文翰)을 맡았으며, 급전도감녹사(給田都監錄事) 때는 민첩,근면하여 권신 최우(崔瑀)의 인정을 받았다. 고종 때 사간원 정언(正言)을 거쳐 상주목사(尙州牧使)가 되어 선정을 베풀고, 전중소감(殿中少監) · 보문각대제(寶文閣待制)와 충청도 · 전라도의 안찰사(按察使)를 지냈다. 이어 국자감 대사성(大司成), 지어사대사(知御史臺事) 등을 거쳐 수태사(守太師) · 문하시랑 동중서문하평장사(門下侍郎同中書門下平章事) · 판이부사(判吏部事)에 이르러 치사(致仕)했다. 시문에 뛰어나 문명을 크게 떨쳤는데, 특히 한국 문학평론 사상 이인로(李仁老)와 더불어 중요한 위치를 차지한다. 저서에 《최문충공가집(崔文忠公家集)》(10권) 《보한집(補閑集)》(3권) 《삼도부(三都賦)》 등이 있다. — 네이버(www.naver.com)

3 | 《파한(破閒)》 : 관련된 상세한 내용은 앞의 《파한집(破閒集)》을 참고.

4 | 진양공(晋陽公) : 고려 고종 때 최우(崔瑀, ?~1249)의 봉호(封號). 초명은 이(怡), 진강공(晋康公), 충헌(忠獻)의 아들. 충헌에 이어 고려 중기 무인의 무단정치를 철저하게 주도한 인물이다.

명하여 속보續補하게 하였다.』 여기에서 알 수 있듯이 《보한집》은 《파한집》을 이어서 편찬한 작품이다. 그래서 이 책의 비평방법은 《파한집》과 상통하며, 한국 시인의 시를 평가할 때에 중국 시인의 시와 서로 비교한 것이 많다. 예를 들면 이규보李奎報를 이백李白, 백거이白居易와 서로 비교하여 말하기를 『지금 문순공文順公[5]의 시를 보니, 비록 시에 나타난 기상과 운치가 빼어나고 월등한 점에 있어서는 이백과 비슷하지만, 도덕을 밝히고 풍자와 비유를 펼친 것은 대체로 백공白公과 일치한다.』하였다.

[1] 소동파의 시

予嘗謁文安公[6], 有一僧持《東坡集》質疑於公[7], 讀至『碧潭如見試, 白塔若相招』一聯[8], 公吟味再三, 曰 : 『古今詩集中, 罕見有如此新意.』

내가 일찍이 문안공文安公을 뵈었을 때, 어느 한 스님이 《동파집東坡集》을

5 | 문순공(文順公) : 이규보(李奎報)의 시호. 자세한 사항은 앞의 《백운소설(白雲小說)》에 소개된 내용을 참고.

6 | 문안공(文安公) : 유승단(兪升旦, 1168~1232)의 시호. 고려 중기의 문인으로, 초명은 원순(元淳)이며 본관은 인동(仁同)이다. 벼슬은 참지정사(參知政事)에 이르렀다. 문장을 잘 하여 〈한림별곡(翰林別曲)〉에 『원순의 문장, 이인로(李仁老)의 시』라고 일컬을 정도였다.

7 | 《동파집(東坡集)》 : 북송(北宋) 의 문학가 소식(蘇軾, 1037~1101)의 문집. 모두 110권으로, 명(明)의 정종시(程宗始)가 편찬하여 성화(成化) 4년(1468)에 완성되었다. 그의 문집에 보면 소동파는 시에 있어서 이백과 두보를 계승하였다.

8 | 이 시제는 〈남사(南寺)〉로서, 전문은 아래와 같다.

東去愁攀石,	동쪽으로 가려하니 돌을 끌어 잡고 올라가는 것이 근심스럽고,
西來怯渡橋.	서쪽으로 가려하니 다리를 건너기가 겁이 나네.
碧潭如見試,	짙푸른 못은 마치 내 용기를 시험해 보는 것 같고,
白塔若相招.	흰 탑이 마치 나를 부르는 것 같네.
野饋慚微薄,	들판의 음식물이 소박한 것에 마치 길들여지지 않아 부끄럽고,
村沽慰寂寥.	촌 술은 내 쓸쓸함을 위로해 주네.
路窮斤斧絶,	길이 끝나고 도끼 같은 연장도 끊어지고,
松桂得干霄.	소나무 수나무는 하늘까지 찌르고 있네.

가지고 와서, 공公에게 의문나는 곳을 물었는데, 읽어나가다가

碧潭如見試, 짙푸른 못은 마치 내 용기를 시험해 보는 것 같고,
白塔若相招 흰 탑이 마치 나를 부르는 것 같네.

라는 이 구절에 이르러, 문안공이 두세 번 음미하고 나서 말하기를 『고금의 시집 가운데 이와 같이 새로운 뜻이 있는 것은 보기 드물다.』하였다.

[2] 백거이 시의 여러 가지 장점

棄庵居士安淳之[9]……又作〈讀雅詩叙〉云 :『《詩》三百篇, 非必出於聖賢之口, 而仲尼皆錄爲萬世之經者, 豈非以美刺之言發其性情之眞, 而感動之切入人骨髓之深耶? 然則雖芻蕘賤隸, 苟其言中道, 聖人之所不敢捨; 況大賢君子之所作, 文義俱勝, 華實相副者, 獨不入於《雅》《頌》之列乎? 余近得《樂天集》[10] 閱之, 縱橫和裕而無鍛鍊之跡, 似近而遠, 旣華而實, 詩之六義備矣[11].』棄庵之言然. 白詩於風雅頌之義, 深淺異耳, 其關於教化一也.

杜牧自負文章俊逸[12], 譏樂天之詩厖雜淺陋, 當時貍德若視日者[13], 皆從

9 | 안순지(安淳之) : 1200년 전후로 생존. 본관이 경주(慶州)이다. 이름은 치민(置民). 순지는 그의 자(字). 호가 기암거사이다. 시 · 서 · 화에 능하였다.

10 | 《낙천집(樂天集)》: 당(唐)대 시인 백거이(白居易)의 시문집. 낙천은 백거이의 자(字)이다.

11 | 육의(六義) : 시를 짓는데 있어서의 여섯 가지 체(體)를 이름. 그 중에, 풍(風 : 風俗歌), 아(雅 : 賀宴歌), 송(頌 : 祭儀歌)은 시의 성질상 구분이고, 부(賦 : 서정이나 서사를 비유없이 쓴 것), 비(比 : 유사한 사물을 들어 서술하는 시체), 흥(興 : 먼저 노래하고자 하는 사물과 비슷한 다른 사물을 읊은 다음 노래하려고 생각하는 심정을 서술하는 시체)은 시의 표현법상의 구분임.

12 | 두목(杜牧, 803~853) : 만당(晩唐)시인. 경조(京兆) 사람. 호는 번천(樊川). 강직하고 절개 높은 학자로 생전에 스스로 자신의 묘지(墓誌)를 짓고, 자신이 지은 시문을 불태울 정도로 자신에게 충실한 인물. 시에 뛰어나 두보를 노두(老杜)라고 부르는 것에 대

而作謗, 譁然同辭 ; 故至於今詩人, 雖不及知古人所謂『白俗』之意者, 猶曰長慶雜說[14], 何足看也. 笑哉! 凡新學詩欲壯其氣力, 雖不讀可矣. 若搢紳先覺, 閒居覽閱, 樂天忘憂, 非白詩莫可. 古人以白公爲人才者, 蓋其辭和易, 言風俗, 敘物理, 甚的於人情也.

기암거사棄庵居士 안순지安淳之는 또 〈독아시서讀雅詩叙〉를 지어 말하기를 『《시詩》 三百篇은 반드시 성현의 입에서 나온 것은 아니지만, 중니(공자)께서 이것을 모두 기록해서 만세의 경서로 삼으셨으니 어찌 아름답게 풍자하는 말이 성정性情의 진실에서 발하여 그 감동의 절실함이 사람의 골수에 깊이 스며들지 않겠는가? 그러므로 비록 꼴 베는 농부나 천한 종의 미천한 말일지라도 진실로 그 말이 도리에 맞으면 성인도 감히 버릴 수 없는 것인데, 하물며 크게 어진 군자의 작품으로서 글과 뜻이 모두 갖추어 훌륭하고, 형식과 실질이 서로 부합되는 것은, 특히 《아雅》《송頌》의 계열에 넣지 않겠는가? 내가 근자에 《낙천집樂天集》을 얻어 읽어 보았는데 그 시문이 자유자재롭고 부드럽고 여유로우며, 단련한 흔적이 없으며, 가까운 듯 하면서도 멀고 화려하면서도 충실하여 시의 육의六義를 모두 갖추고 있었다.』라고 말했으니, 기암의 말이 그럴 듯하다.

백낙천의 시와 풍風, 아雅, 송頌의 그 뜻은 깊고 얕은 것에 있어 다를 뿐으로 교화敎化에 관해서는 한가지로 볼 수 있다.

두목杜牧은 스스로 자신의 문장이 걸출하게 뛰어남을 자부하여 백낙천의 시가 추솔하고 잡스럽고 얕고 더럽다고 조롱하니, 당시 살쾡이가 쥐 잡는

하여 소두(少杜)라고 불려 질 정도였음. 저서에는 《번천집(樊川集)》20권이 있다. ―《補閑集》, 朴性奎 譯, 啓明大學校 出版部, 1984, 178쪽.

13 | 이덕(貍德) : 살쾡이가 쥐 잡는 것 같은 약삭빠른 재주.

14 | 장경잡설(長慶雜說) : 장경체(長慶體)를 말함. 당나라 원진(元稹)과 백거이의 시는 그 시체(詩體)를 같이하고, 서로 창화(唱和)한 시가 많으므로 이들의 시체를 장경체라고 함. 장경은 당나라 목종(穆宗)의 연호로 이 때 그들의 활동이 현저하여 따온 명칭임. 이들의 장경체는 평이하고 현실적인 문제를 깊이 다루었다. ―《補閑集》, 朴性奎 譯, 啓明大學校 出版部, 1984, 178쪽.

것 같은 약삭빠른 재주를 태양처럼 쳐다보는 자들이 다 따라서 비방하여 왁자하게 떠들면서 그 말에 동조하였다. 그러므로 지금의 시인에 이르러 비록 옛사람이 『백낙천의 시가 속되다』고 말한 뜻을 미처 알지 못하는 자도 오히려 말하기를 장경잡설長慶雜說에 무엇이 볼 만한 것이 있는가라고 하니 이는 우스운 일이다!

무릇 새로 시를 배우는 자가 그 기력氣力을 장대하게 하고자 한다면 비록 (백낙천의) 시를 읽지 않아도 된다. 만약 벼슬아치나 선각자先覺者들이 한가롭게 살면서 책을 보며 천명天命을 즐기고 근심을 잊는데는 백낙천의 시가 아니면 될 수 없다. 옛사람들이 백공白公을 인재人材라고 한 것은 대개 그의 시문에 나타난 말이 온화하고 평이하며, 풍속을 말하고, 사물의 이치를 서술한 것이 인정人情에 매우 들어맞기 때문일 것이다.

[3] 이태백의 생각나는 대로 지은 시

閻東叟[15] 曰 :『詩率意立成者, 如李太白「柳色黃金嫩, 梨花白雪香[16]」, 婉麗精巧, 略無留思苦求者. 如潘公〈古鏡〉云[17] :「篆經千古澀, 影瀉一堂寒.」此精思極慮[18], 最爲辛苦.』以此觀之, 今世之爲警句者, 殆未免辛

15 | 염동수(閻東叟) : 고려문인, 자세한 것은 미상.

16 | 이 시의 시제는 〈궁중의 즐거움 (宮中行樂詞八首)〉으로 당 현종이 봄날을 즐기다가 술 취한 이백을 불러 짓게 하였다고 한다. 시의 일부분은 아래와 같다.

每出深宮裏,	매번 깊은 궁을 나와,
常隨步輦歸.	언제나 천자님 수레 따라 돌아온다네.
只愁歌舞散,	다만 근심하건데 가무가 파하여,
化作彩雲飛.	오색구름이 되어 날아가 버림을.
柳色黃金嫩,	버들 빛은 황금빛처럼 곱고,
梨花白雪香.	배꽃은 흰 눈처럼 향기롭네.
玉樓巢翡翠,	옥루에 비취새 깃들이고,
金殿鎖鴛鴦.	금으로 된 전각에는 원앙이 숨어있네.

번역 참고 – 완역《이태백 악부시》진옥경 역주 해설, 사람과 책, 1994.

17 | 반공(潘公) : 반문규(潘文奎)를 가리킴. 고려 문인. 자세한 생평은 알 수 없다.

18 | 극려(極慮) : 지극한 생각. 매우 깊이 생각 함.

苦之病也. 然庸才欲率意之成, 則其語俚雜. 俚雜之捷, 不如善琢之爲遲也. 善琢苟至於極慮, 恐見崔融借髓而死[19].

염동수閻東叟가 말하기를 『시를 생각나는 대로 그 자리에서 지은 것은 이태백의 시

柳色黃金嫩,　　버들 빛은 황금빛처럼 곱고,
梨花白雪香.　　배꽃은 흰 눈처럼 향기롭네.

라고 한 것과 같은 것이니, 이는 곱고 아름답고 정교하여 거의 머물러 생각했거나 애써 괴로이 구한 것이 아닐 것이다. 반공潘公이 〈옛 거울古鏡〉이라는 시에서,

篆經千古澀,　　전자篆字에 써놓은 경서經書의 내용은 영원토록 난삽하고,
影瀉一堂寒.　　거울에 반사되어 쏟아진 그 정경은 한 마루가 쓸쓸하네.

라고 한 것은 지나칠 정도로 생각하고 큰 신고辛苦 끝에 이루어진 것이다.』라고 했다. 이로써 보건데 지금 경구警句로 삼고 있는 것은 거의가 신고辛苦의 병폐을 면하지 못한 것일 것이다. 그러나 평범한 사람이 생각나는 대로 그 자리에서 시를 이루려하면 곧 그 말이 속되고 잡스럽게 되니, 속되고 잡스럽게 빨리 지은 것은 잘 다듬어서 천천히 이룬 것 만 못하다. 잘 다듬는 일이 구차하게 지극한 생각에 까지 이른다면 이는 최융崔融이 한 것처럼 남의 글을 빌어 와 애써 글을 짓다가 도리어 죽게 될까 두렵다.

19 | 최융(崔融) : 당(唐) 문절(文節) 사람. 자는 안성(安城). 벼슬은 국자사업(國子事業)에 오름. 문장에 능하여 당시의 이교(李嶠), 두심언(杜審言), 소미도(蘇味道)와 함께 문장사우(文章四友)라 일컬어졌음. 그가 만년에 무후 (武后)의 애책(哀册)을 쓰다가 사고신갈(思苦神竭)해서 죽었다고 한다. –《補閑集》, 朴性奎 譯, 啓明大學校 出版部, 1984. 202쪽.

[4] 시의 깊은 뜻

文安公常言 :『凡爲國朝制作, 引用故事, 於文則六經三史[20], 詩則《文選》[21] · 李[22] · 杜[23] · 韓[24] · 柳[25], 此外諸家文集, 不宜據引爲用.』 又曰 :『至妙之辭, 久而得味 ; 鄙近之作, 一見卽悅. 學者看書當熟讀之, 深思之, 期至於得意.』

文順公曰 :『曩初見《歐陽公集》[26], 愛其富 ; 再見, 得佳處 ; 至於三, 拱手歎服. 又見《梅聖兪集》[27], 心竊輕之, 未識古今所以號詩翁者. 及今見,

20 | 육경(六經) : 여섯 가지 경서인 시경(詩經), 서경(書經), 역경(易經), 예기(禮記), 춘추(春秋), 악경(樂經).
삼사(三史) : 중국의 대표적 세 가지 역사서. 사기(史記), 한서(漢書), 후한서(後漢書)이다.

21 | 《문선(文選)》 : 양(梁)나라 소통(蕭統, 昭明太子)이 진(秦) · 한(漢) 이후 제(齊) · 양의 대표적인 시문을 모아 엮은 책(30권). 130여 명의 작품과 무명작가의 고시(古詩) 및 고악부(古樂府)도 포함되어 있다. 문체별로 부(賦), 시(詩), 소(騷), 조(詔), 책(策), 표(表), 서(序), 논(論), 제문(祭文) 등 39종으로 나누어 수록되어 있고 시는 443수가 있다. 원래는 30권이었으나 당 이선(李善)이 주(注)를 더하여 매권을 2권으로 하여 지금에는 60권으로 전한다.

22 | 이(李) : 이태백집(李太白集), 당나라 이백(701~762)의 시문집. 모두 30권이며 부록 2권이 있다.

23 | 두(杜) : 두공부집(杜工部集), 당나라 두보(711~770)의 문집. 고시, 근체, 표(表), 부(賦), 기(記), 설(說), 찬(贊), 술(述), 책문(策問), 문(文), 장(狀), 비지(碑誌) 등으로 나누어 있으며, 모두 30권에 외집(外集) 10권으로 되어 있음. 공부(工部)는 두보가 검교공부원외랑(檢校工部員外郎)을 지냈기 때문에 붙여진 이름이다. 두보의 이력은 앞의 파한집(破閑集)의 주를 다시 참고.

24 | 한(韓) : 한창려집(韓昌黎集), 당나라 한유(768~824)의 시문집. 그의 문인 이한(李漢)이 편찬. 모두 40권.

25 | 유(柳) : 유하동집(柳河東集), 당나라 유종원(773~819)의 시문집. 모두 45권임. 그가 산서성의 황하 동쪽 사람이기 때문에 그의 별칭을 유하동이라고 하였다. 또 유주(柳州)자사를 지냈기 때문에 유유주라고도 함.

26 | 《구양공집(歐陽公集)》 : 송나라 구양수(1007~1072)의 시문집. 모두 50권이다.

27 | 《매성유집(梅聖兪集)》 : 송나라 시인 매요신(梅堯臣, 1002~1060)의 시문집인 완릉집(宛陵集)을 가리킴. 모두 60권으로 완릉은 매요신의 자(字)로서 그가 기거하였던 지명이기도 하다. 매요신의 생평은 앞의 《백운소설(白雲小說)》의 주를 다시 참고.

外若苶弱, 中含骨鯁, 眞詩中之精雋也[28]. 知梅詩, 然後可謂詩者也.』

又曰 : 『古人評詩之意, 老而漸詳味, 無不得於我心者, 唯謝公「池塘生春草」, 未識佳處.』[29] 公之所云猶若是, 識者爲誰歟? 今有臆論者曰 : 『此句出語天然, 發生春意初茸新綠之想, 依然五字之間也.』或曰 : 『春光漲暖, 物像菁華, 和裕之辭, 自然流出, 是所取者也.』此意豈公不識處耶? 必有賽不得之意與氣存乎其間 ; 不然, 言之者過矣.

문안공(文安公 : 유승단)이 항상 말하기를 『무릇 우리나라 사람이 글을 지을 때는 고사故事를 인용함에 있어서 문장에는 육경六經과 삼사三史이고, 시에는 《문선文選》·《이태백집李太白集》·《두공부집杜工部集》·《한창려집韓昌黎集》·《유하동집柳河東集》등이다. 이외 여러 시가詩家의 문집이 있으나 이런 것에 의거해서 고사를 인용해서는 안 된다.』라고 했다. 또 이르기를 『지극히 묘한 말은 오랫동안 음미하여야만 그 묘미를 얻을 수 있으며 비루하고 천근한 작품은 한 번 보아 곧 즐거워하게 된다. 학자는 글을 읽음에 반드시 숙독熟讀하여 깊이 생각하고 그 속의 뜻을 얻고자 함에 있는 것이다.』라고 했다.

문순공(文順公 : 이규보)이 말하기를 『지난번에 내가 처음 《구양공집歐陽公集》을 보았을 때는 그 말의 풍부함을 사랑하게 됐고, 두 번째 보고는 글 가운데의 아름다운 곳을 얻었으며, 세 번째에는 두 손을 모아 쥐고 탄복했다. 또《매성유집梅聖兪集》을 보고 마음속으로는 은근히 가볍게 여겨 고금에 그를 시옹詩翁이라 일컫는 까닭을 몰랐더니 지금에 그의 시를 다시 보니 겉보기에는 나른하고 약한 듯 하나 그 가운데에는 뼈가 들어 있어서 진정 시 가운데서 가장 정교하고 뛰어나니 매성유의 시를 안 뒤에야 시를 안다고 할 만 하다.』라고 했다.

28 | 정준(精雋) : 시문을 짓는 재주가 매우 빼어남.

29 | 사공(謝公) : 남조(南朝)나라의 사령운(謝靈運, 385~433)을 가리킴. 서화와 문장에 매우 능했음. 강락공(康樂公)의 작위를 받았으므로 세상에서 사강락(謝康樂)이라 한다. 자세한 생평과 여기 인용된 시구는《백운소설(白雲小說)》주 4)와 5) 참조.

또 말하기를 『옛 사람이 시를 평해 놓은 뜻을 내가 늙어갈수록 점점 자세히 음미하여 내 마음속에 그 묘미를 얻지 못하는 것이 없었으나 오직 사공謝公의 「연못가에 봄풀이 돋아나다(池塘生春草).」라는 시구 가운데서 좋은 곳을 알지 못하겠다.』라고 했다. 공의 말이 오히려 이와 같으니 이를 알 자가 누구이겠는가? 지금에 자기혼자 만의 억측으로 논하는 자가 있어 이르기를『이 시구에 나타난 말이 천연天然스러우며 저절로 생기는 봄뜻과 처음으로 뾰족이 내미는 신록에 대한 시상詩想이 그대로 다섯 자 안에 담겨 있다.』라고 했다.

또 어떤 사람은 말하기를 『봄빛이 흘러 넘쳐 따스하고, 물상物像이 순수하고 아름다워 온화하고 부드러운 말이 자연적으로 흘러나오는 것이니, 이것을 취한 것이다.』라고 했다. 이러한 뜻을 어찌 공이 몰랐겠는가? 반드시 그 시 속에는 이상하게도 얻지 못할 뜻과 기운이 그 사이에 서려 있을 것이다. 그렇지 않으면 그 시에 대하여 언급한 자들의 잘못일 것이다.

[5] 《보한집》 하권에 수록된 시

有一好事集七字聯評之, 第其上下. 屬予曰 : 『彼雄深奇妙[30], 古雅宏遠之句[31], 必反覆詳閱, 久而得味, 故學者不悅, 如工部詩之類也. 今所集若干聯, 皆一見卽悅之語, 可以資《補閒》, 君其錄於後篇.』 觀其所評, 皆不法古人, 新以臆論之, 尙有可取.

어느 일을 벌이기를 좋아하는 사람이 있어 7자七字로 된 시련詩聯을 모아 평하고 그것을 상하上下로 차례를 만들어 나에게 주며 말하기를 『저 웅심雄深하고 기묘奇妙하며, 고아古雅하고 굉원宏遠한 시구는 반드시 반복하여 자세히 읽고 오랜 뒤에라야 그 맛을 얻을 수 있을 것입니다. 그러므로 학자들이 두공부杜工部 시 같은 의미 깊은 시는 좋아하지 않습니다. 지금 모은 약간의

30 | 웅심(雄深) : 시문의 짜임새가 크고, 아취가 깊음.
31 | 고아(古雅) : 시문의 옛스런 멋이 있음.
굉원(宏遠) : 시문의 범위가 넓고 멀리 까지 뻗음.

시련詩聯은 모두가 한번 보아서 곧 좋아할 말들로써 한가로움을 메우는데 도울 수 있으니, 그대가 이 시구들을 후편後篇에 실어 주셨으면 합니다.』라고 했다. 그가 시평詩評한 것을 보니 모두가 옛사람을 본뜨지 아니하고 새롭게 자신의 억측臆測으로서 이를 논하였지만 오히려 취할 만한 점이 있다.

[6] 두시와 고려시의 경절구(警絶句)

古今警絶句不多, 如草堂〈江上〉云[32]:『功業頻看鏡[33], 行藏獨倚樓[34].』〈悶〉云[35]:『卷簾唯白水, 隱几亦靑山.』陳補闕云[36]:『杜子美詩雖五字,

32 | 〈강 옆에서(江上)〉: 이 시의 전문은 아래와 같다.

江上日多雨, 강 옆에는 날마다 비가 많이 내리는데,
蕭蕭荊楚秋. 쓸쓸하게 형초 지방의 가을이 되었구나.
高風下木葉, 힘찬 바람은 나뭇잎을 내려오고,
永夜攬貂裘. 밤새도록 털옷을 당겨 덮고 있네.
功業頻看鏡, 거울을 자주 보니 아무런 공도 세우지 못했고,
行藏獨倚樓. 홀로 누대에 기대니 나아갈까 물러날까 망설여지네.
時危思報主, 시절이 위태로운 것을 황제님께 보고 드리고 싶으나,
衰謝不能休. 쇠하여 보고 하는 것도 그만두는 것을 그칠 수가 없네.

두보의 시 원문에는 『功業』이 아니라, 『勳業』라 되어있음.

번역참고 －《杜詩選譯》, 趙容萬 譯, 高麗大學校 出版部, 1986, 229쪽.

※초당(草堂): 두보의 이칭. 두보가 만년에 성도(成都)의 만리교(萬里橋) 서쪽과 완화(浣花)의 계곡 두 곳에 초당을 지어서 살았기 때문에 이르는 이름임.

33 | 공업(功業): 이 구절의 뜻은 아무런 공도 세우지 못함을 말함.

34 | 행장(行藏): 세상에 나아가서 도(道)를 행하고 물러나서는 은인자중(隱忍自重)함을 이름. 《논어 · 술이(述而)》편에 『나를 임용해 주면 도를 행하고, 나를 버리면 숨는다.(用之則行, 舍之則藏)』라 하였다.

35 | 〈답답함(悶)〉: 이 시의 전문은 아래와 같다.

瘴癘浮三蜀, 풍토병은 삼촉 땅을 떠돌고,
風雲暗百蠻. 바람과 구름은 백만 지방을 어둡게 하네.
卷簾唯白水, 발을 걷어 보아도 오직 흰 물 뿐이요,
隱几亦靑山. 안상(案床)에 기대어도 청산만 보이네.
猿捷長難見, 원숭이는 재발라서 늘 똑똑히 보기가 힘들고,
鷗輕故不還. 갈매기는 가볍기 때문에 돌아오지 않네.

氣呑象外.』殆謂此等句也. 然白水之聯, 用『唯』『亦』二字爲妙 ; 欲味其妙, 當悶中咀嚼.

崔壯元基靜〈四時詞〉云[37] : 『侵雪還萱草[38], 占霜有麥花.』白拈草堂語. 吳先生世才〈自叙〉云[39] : 『丘壑孤忠赤, 才名兩鬢華.』暗竊草堂格. 皇祖初入金闕[40], 奉使江南, 留題曰 : 『雲霄茅下讒連茹, 原隰蓬間忽斷根.』詩人以爲與杜子美『日月籠中鳥, 乾坤水上萍』[41], 其琢句精工相似. 或云此等句格, 琢爲五字則絶妙, 七言則未工.

眉叟《破閒》云 : 『古今琢句之法, 唯杜少陵得之, 如「日月籠中……」[42]』句, 吟味果然啖蔗. 陳補闕云 : 『「三年旅枕庭闈月, 萬里征衣草樹風.」未若草堂「三年笛裏關山月[43], 萬國兵前草木風」[44] 語峭意深[45].

無錢從滯客, 돈이 없으니 지체하는 손님을 따르고,
有鏡巧催顔. 재촉하는 얼굴을 교묘하게 들여다보네.

36 | 진보궐(陳補闕) : 고려 문인 진화(陳澕)를 가리킴. 1200년 전후에 생존. 보궐은 고려 때 중서문하서성(中書門下西省)에 소속했던 정 6품 벼슬이었다. 호는 매호(梅湖)이며, 시에 뛰어나 당시의 문호인 이규보와 비견될 정도로 이름을 떨쳤음. 벼슬은 지공주사(知公州事)에 이르렀고, 저서에 《매호유고(梅湖遺稿)》가 전한다. — 《補閑集》. 朴性奎 譯, 啓明大學校 出版部, 1984. 43쪽.

37 | 최기정(崔基靜, ?~1180) : 고려 문신. 자세한 생평은 알려진 바 없다.

38 | 훤초(萱草) : 원추리, 망우초(忘憂草)라고도 함. 난과에 속하는 다년초로 여름에 꽃줄기가 우뚝 나와 백향과 비슷함.

39 | 오세재(吳世才) : 고려문인, 본관은 고창(高敞). 죽림고회(竹林高會)의 일원으로 문명(文名)을 날리다가 만년 동경(東京)으로 내려가 불행히 일생을 마치니 후배인 이규보가 사시(私諡)하기를 현장선생(玄靜先生)이라 하였다.

40 | 황조(皇祖) : 돌아가신 할아버지. 즉, 최자의 조부인 최인윤(崔仁允)을 가리킨다.
금관(金闕) : 대궐, 조정의 미칭(美稱), 이 말의 유래는 한(漢)의 궁궐에는 금마문(金馬門)이 있는데 그것을 금문(金門)이라 줄여서 불렀고, 다시 금관으로 변하여 대궐의 뜻으로 쓰였음. 금규(金閨)라고도 한다.

41 | 일월농중조(日月籠中鳥) 두 구 : 이 시제는 〈형주에서 일곱 째 어른 면이 광주로 부임해감을 송별하며 (衡州送李大夫七丈勉, 赴廣州)〉로, 전문은 앞부분의 《파한집(破閑集)》을 참고.

42 | 탁구지법(琢句之法) ~ 일월농중(日月籠中) : 앞의 《파한집》의 주 6)~8)을 보라.

43 | 관산월(關山月) : 한(漢)의 악부인 횡취곡(橫吹曲 : 말 위에서 연주하는 노래)에 속하는 한 악곡으로 이것은 이별의 상심, 전쟁의 계속을 주제로 함. 관산이라는 말은 관문

李史館允甫[46]生平生嗜杜詩, 時時吟賞『干戈送老儒』[47] 一句, 曰 : 『此語天然遒緊[48], 凡才固不得道.』 宋翰林昌[49]問 『工部 「九江春草外, 三峽暮帆前.[50]」 辭易意滑, 儻可及道.』 史館笑曰 : 『其語意豁遠, 固非汝曹所

(關門)이나 요새에 있는 산이라는 뜻이나, 여기서는 고향을 의미할 수도 있다.

44 | 삼년적리관산월(三年笛裏關山月) 두 구 : 이 시의 시제는 〈병마를 씻어 (洗兵馬)〉이다. 이 시의 일부분은 아래와 같다. 건원(乾元) 2년(759)에 낙양(洛陽)에서 지은 시로서, 전쟁의 형세가 매우 좋아 일거에 승리하기를 기원하는 시이다.

京師皆騎汗血馬, 장안(長安)의 병사들 모두 천리마를 탄 것을 보니,
回紇喂肉葡萄宮. 회흘 원병(援兵)들에게 포도궁에서 고기를 먹이고 있네.
已喜皇威清海岱, 이미 천자의 위엄 동북 해안 일대에 떨침이 즐겁고,
常思仙仗過崆峒. 늘 황제님 공동산(崆峒山)을 지나 돌아오실 것을 생각하네.
三年笛裏關山月, 삼년을 불어온 피리 소리 속에 그 땅 고향에도 달이 떠있을 것이나,
萬國兵前草木風. 만국의 병사들 앞에는 초목에도 승전할 바람 일겠네.
成王功大心轉小, 성왕님 이미 공이 커나 마음에 주의를 하시고,
郭相謀深古來少. 곽재상 심모원려는 만고에 드무네.

45 | 초(峭) : 접근하기 어려울 정도로 가파르고 뾰족함.

46 | 이윤보(李允甫) : 생졸연대 미상, 고려 중기의 문인. 한림원의 3품관으로 사관을 겸직하였으며 학식이 높았다고 하나 문집은 전하지 않음.

47 | 간과송노유(干戈送老儒) : 이 시의 시제는 〈배가 강릉 남포를 나옴에, 정소윤에게 삼가 부치다.(舟出江陵南浦, 奉寄鄭少尹)〉이며, 이 시의 일부분은 아래와 같다.

更欲投何處, 다시 어느 곳에 던지려고 하는가,
飄然去此都. 표연히 이 도시를 떠나노라.
形骸元土木, 내 모습은 본래 나무, 흙과 같이 되었고,
舟楫復江湖. 배의 노는 다시 강호로 들어가는 구나.
社稷纏妖氣, 종묘사직에는 요망스런 기운이 얽혀있고,
干戈送老儒. 전쟁이 늙은 선비를 떠나보내게 하네.
百年同棄物, 나의 일생은 버려진 물건과 같이 되었고,
萬國盡窮途. 온 나라의 길이 다 막혔더라.
※강릉(江陵)은 지금의 무한(武漢)이다.

48 | 주긴(遒緊) : 시문이 굳세고 긴박함(단단함).

49 | 송창(宋昌) : 미상.

50 | 구강춘초외(九江春草外) 두 구 : 이 시의 시제는 〈나그네 (遊子)〉이다. 아래는 전문이다.

巴蜀愁誰語, 파촉(巴蜀)에서의 슬픔을 누구에게 이야기 할 수 있을까,
吳門興杳然. 오(吳)나라 성문에 놀러 가고 싶지만 흥이 막연하네.
九江春草外, 구강은 봄풀 밖이고,
三峽暮帆前. 삼협은 해질녘 돛대 앞이네.

識. 如「古墻猶竹色, 虛閣自松聲」[51], 此工部尋常語體, 古今幾人學杜體而莫能髣髴 ; 唯雪堂[52]「欹枕落花餘幾片, 閉門新竹自千竿」[53], 其語格淸緊則同, 遣意閒雅過之, 蓋有「欹枕」「閉門」之語耳.』

厭就成都卜, 나는 엄평군(嚴平君) 같이 성도에서 몰래 매복(賣卜)하기도 싫고,
休爲吏部眠. 이부랑(吏部郞)이 술을 마시고 잔 것처럼 되기도 싫구나.
蓬萊如可到, 바닷속 봉래산은 어떻게 이를 수 있는지,
復白問群仙. 다시 신선들에게 물어보려하네.

※나그네는 두보 자기 자신을 가리킨다.

※구강(九江)은 동정호(洞庭湖)의 옛 이름으로, 원(沅), 점(漸), 원(元), 진(辰), 서(漵), 유(酉), 예(澧), 자(資), 상(湘)의 아홉 강이 흘러들어감.

※삼협(三峽)은 촉(蜀)땅의 세 협곡, 즉 무협(巫峽) · 구당협(瞿塘峽) · 서릉협(西陵峽)을 가리킨다.

※이부면(吏部眠)은 필탁(畢卓)이 이부랑(吏部郞)이었을 때 인가의 술을 몰래 훔쳐 마시고 잔 고사를 말함.

번역 참고 – 《杜詩選譯》, 趙容萬 譯, 高麗大學校 出版部, 1986, 192쪽.

51 | 고장유죽색(古墻猶竹色) 두 구 : 이 시의 시제는 〈등왕의 정자(滕王亭子)〉의 둘째 수이다. 그 전문은 아래와 같다.

寂寞春山路, 적막한 봄날의 산길은,
君王不復行. 군왕이 다시 오르지 못할 것이네.
古墻猶竹色, 오래된 담장은 오히려 대나무 빛이고,
虛閣自松聲. 텅빈 누각에는 솔바람소리 절로 이네.
鳥雀荒村暮, 저녁때 황폐한 마을에는 새소리만 들리고,
雲霞過客情. 구름과 노을에는 나그네의 심정이 깃들어 있네.
尙思歌吹入, 지금도 노래 소리가 들리는 듯 하고,
千騎把霓旌. 수 많은 기병들이 색색이 깃발을 날리는 듯 하네.

※등왕(滕王)은 고조(高祖)의 22번째 아들이다.

번역 출처 – 《杜詩選譯》, 趙容萬 譯, 高麗大學校 出版部, 1986, 193쪽.

52 | 설당(雪堂) : 소식(蘇軾)의 당호(堂號)로서, 호북성(湖北省) 황강현(黃岡縣) 동쪽에 있음.

53 | 의침락화여기편(欹枕落花餘幾片) 두 구 : 이 시의 시제는 〈혜산의 승려 혜표에게 드리다(贈惠山僧惠表)〉이며, 전문은 아래와 같다.

行遍天涯意未闌, 천애를 두루 돌아다닌 뜻은 아직도 막히지 않았고,
將心到處遣人安. 마음을 가지고서 이르는 곳에 사람들을 편안하게 해 줄수 있네.
山中老宿依然在, 산 속의 오랜 거처는 의연히 있고,
案上楞嚴已不看. 책상위의 능엄경은 이미 펼쳐보지 않았네.
欹枕落花餘幾片, 베개에 기대니 지는 꽃 몇 잎이나 남았나,

史館嘗與李翰林(文順公)宿安和寺[54], 留詩, 翰林曰 : 『廢興餘老木, 今古獨寒流.』[55] 史館曰 : 『改「獨」爲「尙」, 則草堂句也.』〈歸正寺壁〉題云 : 『晨鐘雲外濕, 午梵日邊乾.』此奪工部『晨鐘雲外濕, 勝地石堂煙』[56] 句

閉門新竹自千竿. 문을 닫으니 새로 난 대나무는 절로 천간의 숲을 이루네.
客來茶罷空無有, 손님이 와서 차를 마신 것 외에는 아무것도 없으나,
盧橘楊梅尙帶酸. 노귤과 양매는 아직도 신맛을 지니고 있네.
— 해석 참조 :《蘇東坡詩集》卷十八. 鈴木虎雄註解. 誠進社(日本). 1978. 164쪽.

54 | 안화사(安和寺) : 개성 송악산에 있던 절 이름.

55 | 폐흥여노목(廢興餘老木) 두 구 : 이 연구는《동국이상국집(東國李相國集)》제 11권에 실려 있다, 시제는 〈유월 일일 안화사(安和寺)를 유람하였는데 심방문(尋芳門)으로부터 환벽정(環碧亭)에 오르니 의종(毅宗)이 놀던 곳이라 슬픈 느낌이 있어 밤에 당선로(幢禪老)의 방장(方丈, 사방 1장(丈)이 되는 방으로 곧 사원(寺院)의 주지(住持)가 거처하는 방.)에서 자면서 일백 사십 글자를 쓰다. (六月一日, 遊安和寺, 自尋芳門登環碧亭, 悵然有感, 夜宿幢禪老方丈, 書一百四十字)〉로 모두 14련 가운데 제 5연이다. 시의 일부분은 아래와 같다.

畫簷欹縟翮, 그림 처마는 채색 날개를 펼친 듯,
苔石臥蒼虯. 이끼 낀 돌은 푸른 용이 누운 듯하네.
園鹿遊臺榭, 동산의 사슴들 대사 아래서 놀고,
巖僧記冕旒. 산 속의 중 임금님 거둥 기억하네.
廢興餘老木, 망하고 홍한 것은 늙은 나무에 남아 있고,
今古獨寒流. 예나 지금이나 유독 차가운 물 흐르네.
往事憑誰問, 지난 일 뉘에게 물어볼거나,
幽懷只自愁. 그윽한 회포 스스로 시름할 뿐이네.
— 한국고전번역원(www.itkc.or.kr)

56 | 신종운외습(晨鐘雲外濕) 두 구 : 시제는 〈배가 기주 운안현(雲安縣)의 성곽으로 내려가서 자는데, 비가 습하여 강기슭에 오를 수 없어, 왕십이판관과 이별을 하네.(船下夔州郭宿, 雨濕不得上岸, 別王十二判官)〉로 시의 전문은 아래와 같다.

依沙宿舸船, 모래에 의지하고 배에서 잠을 자니,
石瀨月娟娟. 돌 위의 여울물 일고 달이 곱고 아리땁구나.
風起春燈亂, 바람이 일어 봄날의 등을 어지럽히고,
江鳴夜雨懸. 강이 울어 저녁 비를 매달게 하네.
晨鐘雲外濕, 새벽종은 구름 밖에서 젖고,
勝地石堂烟. 좋은 경치는 석당을 연기 자욱하게 하네.
柔櫓輕鷗外, 부드러운 노는 가벼운 갈매기 밖에 있고,
含凄覺汝賢. 쓸쓸함을 머금고 그대가 현명함을 일깨워주네.
— 해석 참조 :《杜甫全詩集》제 3권, 鈴木虎雄註解, 誠進社(日本), 1978, 308쪽.

也. 於晨鐘言濕, 可警 ; 於梵言乾, 疏矣 ; 但對觸切耳. 『石堂煙』句, 是氣呑之類也.

《補閒》只載本朝詩, 然言詩不及杜, 如言儒不及夫子, 故編末略及之. 凡詩琢鍊如工部, 妙則妙矣, 彼手生者, 欲琢彌苦, 而拙澀愈甚, 虛雕肝賢而已 ; 豈若各隨才局, 吐出天然, 無礱錯之痕? 今之事鍛鍊者, 皆師貞肅公[57]. 李眉叟曰 : 『章句之法不外是, 如使古人見之, 安知不謂生拙也?』

고금을 통해서 사람이 놀랄만하고 뛰어난 시구는 많지 않다. 초당草堂의 〈강 곁에서(江上)〉에 이르기를

功業頻看鏡, 　거울을 자주 보니 아무런 공도 세우지 못했고,
行藏獨倚樓. 　홀로 누대에 기대어 나아갈까 물러설까를 망설이네.

라 했고, 〈답답함(悶)〉에 이르기를

卷簾唯白水, 　발簾을 걷어보아도 오직 새하얀 물 뿐이요,
隱几亦靑山. 　안상(几.案床)에 기대어도 또한 청산이네.

라 하였다. 진보궐陳補闕이 말하기를 『두자미杜子美의 시는 비록 오언시라도 기운이 형상 밖의 것을 삼킬 만하다.』 이는 아마도 이러한 시구들을 두고 말한 것이리라. 그러나 백수白水의 연구는 『유唯』와 『역亦』 두 자가 묘하게 이루어졌는데 그 묘함을 맛보려면 마땅히 답답한 가운데에 처해서 씹어봐야 할 것이다.

장원壯元 최기정崔基靜이 〈사시사四時詞〉에 이르기를

57 | 정숙공(貞肅公) : 김인경(金仁鏡, ?~1235)의 시호. 본관은 경주(慶州). 고려 문신. 초명은 양경(良鏡). 벼슬은 중서시랑평장사(中書侍郎平章事)에 이르고 고종 22년에 졸(卒)하였다.

侵雪還萱草,　눈을 무릅쓰고 도리어 원추리(훤초)가 돋아나고,
占霜有麥花.　서리를 점치며 보리꽃이 피어나네.

라고 했는데, 이 시는 초당草堂의 시어詩語를 그대로 따왔다.

오세재吳世才선생이 《자서自叙》에서 이르기를

丘壑孤忠赤,　언덕과 골짜기에 파묻혀 살아도 외로운 충정忠情은 붉게 변함이 없고,
才名兩鬢華.　재주와 명성에 두 귀밑머리 반백이 되었네.

라고 했는데, 이것은 초당草堂시의 풍격을 몰래 표절한 것이다. 내 조부님께서 처음 궁궐에 들어가 강남江南에 사신使臣갔다가 남긴 시에 이르기를

雲霄茅下纔連茹,　구름 낀 하늘 띠풀 아래에 겨우 꼭두서니 연이어 있고,
原隰蓬間忽斷根.　질펀한 저지대에 쑥대 집 지붕 사이로 문득 뿌리 끊겼네.

라 하였다. 시인들이 이 시를 두자미가

日月籠中鳥,　해와 달 아래서 새장 속의 새와 같고,
乾坤水上萍.　하늘과 땅 안에서 물위에 떠있는 부평초와 같네.

라고 한 것과 비교하여 시구를 탁련琢鍊함이 정밀하고 교묘한 점에 있어서 서로 비슷하다고 하였다. 혹자는 말하기를 『이러한 시구의 격식을 다듬어서 다섯 자로 했으면 절묘했을 것인데 칠언七言으로 했기 때문에 공교롭지 못하다.』하였다.

미수眉叟가 《파한집》에서 이르기를 『고금에 있어서 시구를 다듬는 법은 오직 두소릉杜少陵이 그것을 터득하였으니 일월롱중日月籠中과 같은 시구에서 살필 수 있다.』라고 했는데, 이러한 시구들을 음미해 보니 과연 사탕수

수를 씹는 것 같다. 진보궐의 시에 이르기를

三年旅枕庭闈月, 삼년을 떠도는 나그네 배게 머리엔 고향집 뜰 안의 달빛이 비추이고,
萬里征衣草樹風. 만 리 길 떠도는 나그네 옷자락엔 초목이 바람에 쓰러지네.

라 한 것은 초당이

三年笛裏關山月, 삼 년을 불어온 피리 소리 속에 그 땅 고향에도 달이 떠있을 것이나,
萬國兵前草木風. 만국의 병사들 앞에는 초목에도 승전할 바람 일겠네.

라고 한 시구의 말이 뾰족하고 뜻이 깊은 것만 못하다.

사관史館 이윤보李允甫는 평생 두보의 시를 좋아하여 때때로 『전쟁이 늙은 선비를 떠나보내게 하네(干戈送老儒).』라는 한 시구를 음미하며 상찬賞讚하여 말하기를 『이 어귀는 말이 천연스러우면서도 굳세고 긴박하여, 범상한 재주를 가진 사람이 진실로 이끌어 낼 수 없는 것이다.』라 했다. 한림翰林 송창宋昌이 묻기를 『공부工部의 시에

九江春草外, 구강九江은 봄풀 밖이고
三峽暮帆前. 삼협三峽은 해질녘 돛대 앞이네.

라고 한 것은 말이 평이하고 뜻이 매끄러우니, 혹시 그렇게 말할 수 있겠습니까?』라고 하니, 사관史館이 웃으면서 말하기를 『그 시의 말과 뜻이 활달豁達하고 심원하니 진실로 자네들이 알 수 있는 바가 아니네, 그의 시에 이르기를

古墻猶竹色, 오래된 담장은 오히려 대나무 빛이고,

虛閣自松聲.　　텅 빈 누각에는 솔바람소리 절로 이네.

라고 하였는데, 이것은 공부工部의 평범한 어체語體네. 고금에 걸쳐서 몇 사람이 두보의 시를 배웠으나 두보의 시에 비슷하게도 이룬 사람이 없었으나, 오직 설당雪堂의

欹枕落花餘幾片,　　베개에 기대니 지는 꽃 몇 잎이나 남았나,
閉門新竹自千竿.　　문을 닫으니 새로 난 대나무는 절로 천간의 숲을 이루네.

라고 한 것은 그 말과 풍격이 맑고 긴요해서 두보의 시와 한가지로 칠 수 있으며, 한가롭고 고상한 뜻을 나타낸 것은 두보의 시에 보다 낫다고 하겠네. 대개 「베개에 기댄다欹枕.」라는 말과 「문을 닫는다閉門」라는 말이 있기 때문일 따름이라네.』라 하였다.

사관史館이 일찍이 이한림李翰林, 文順公과 더불어 안화사安和寺에서 자면서 시를 남겼는데, 한림이 이르기를

廢興餘老木,　　망하고 흥한 것은 늙은 나무에 남아 있고,
今古獨寒流.　　예나 지금이나 유독 차가운 물 흐르네.

라고 했는데, 사관이 말하기를 『「독獨」자를 「상尙」자로 고치면 곧 초당草堂의 시구와 같다.』라 했다. 〈귀정사의 벽歸正寺壁〉이라는 시에 이르기를

晨鐘雲外濕,　　새벽종은 구름 밖에서 젖고,
午梵日邊乾.　　한낮의 범패梵唄소리 햇살 가에서 마르네.

라고 했다. 이 시는 두보의

晨鐘雲外濕,　　새벽종은 구름 밖에서 젖고,

勝地石堂煙.　　좋은 경치는 석당石堂을 연기 자욱하게 하네.

라고 한 시구를 빼앗아 온 것이다. 새벽종이 젖었다고 말한 것은 놀랄 만한 착상이나, 범패 소리가 마른다라고 말한 것은 소원疏遠한 느낌을 주는 표현으로 이는 다만 대구對句에 저촉되기 때문일 따름이다.「석당에 연기 자욱하다石堂煙.」는 시구는 기운이 형상 밖의 것을 삼킨 시라고 하겠다.

《보한집》은 다만 본조本朝 고려의 시만을 싣고자 했다. 그러나 시를 말함에 있어서 두보를 언급하지 않은 것은 유학을 말하면서 공자를 이야기 하지 않는 것과 같으므로 이 글의 끝에 간략하게 언급했다. 무릇 시를 다듬고 연마함에 있어서 두보와 같이 한다면, 묘하기는 곧 묘하게 된다. 그러나 솜씨가 서투른 자가 시를 다듬고자 하여 수고를 하면 할수록 오히려 졸렬하고 난삽하게 되며 그것이 더욱 심하면 헛되이 애만 태울 따름이다. 그러니 어찌 각자 자신의 재주에 따라 천연스럽게 뱉어내어 갈고 줄질한 흔적이 없는 것과 같으리오? 지금 시를 다듬고 수식하는 일을 일삼는 사람들을 모두 정숙공貞肅公을 스승으로 삼고 있다. 이미수李眉叟가 말하기를『문장을 짓는 법도 이에서 벗어나지 않으니 옛 사람으로 하여금 이를 보게 한다면, 생소하며 졸렬하다고 말하지 않을는지 어찌 알겠는가?』라고 했다.

[7] 승가(僧家)의 시격(詩格)

尹直講于一曰[58] :『僧家詩格有三 : 語涉經論偈頌體[59], 謂之豆湯痕[60] ; 好作生酸語, 謂之捨水滴(僧家飯訖, 洗鉢水名捨水) ; 立語寒枯[61], 謂之蔬笋氣[62].』

58 | 직강(直講) 윤우일(尹于一) : 직강은 성균관(成均館)의 벼슬 이름. 윤우일은 고려 중기의 문인으로 자세한 사실은 알 수가 없고,《보한집(補閑集)》에 의하면 조문발(趙文拔, ?~1227)등과 동시대 사람으로 같은 과거에 합격했다 함.

59 | 게송체(偈頌體) : 경론 가운데 구절, 글로써 부처님의 공덕을 찬미하거나 교리를 기록한 것이니, 게송체는 그러한 문체를 말한다. 이 글은 글자 수와 글귀의 수가 규정이 있어『三字』내지『八字』등을『一句』로 하고『四句』를『一偈頌』이라 함.

직강直講 윤우일尹于一이 말하기를 『승가僧家의 시격詩格에는 세 가지가 있다. 말이 경론經論을 섭렵한 게송체偈頌體 시격을 두탕흔豆湯痕이라 하고, 생경生硬하고 까다로운 말로 짓기 좋아하는 시격을 사수적捨水滴(승려들이 식사를 마친 뒤에 발우鉢盂를 씻는 물을 사수捨水라 한다)이라 하며, 말을 메마르고 윤기 없게 이루는 시격을 소순기蔬笋氣라고 한다.』

【참고문헌】

洪震杓 외 譯,《韓國의 思想 大全集》, 同和出版公社, 1972.

朱金城 校注,《李白詩校注》上海古籍出版社, 1980.

柳在泳 譯,《補閒集》, 圓光大學校 出版部, 1981.

李相寶 譯,《韓國 名著 大全集》, 大洋書籍, 1972.

朴性奎 譯,《補閒集》, 啓明大學校 出版部, 1984.

김경수 · 김성룡 著,《韓國 古典 批評》, 中央大學校 出版部, 1995.

류성준 著,《中國 唐詩 硏究》, 國學資料院, 1994.

趙容萬 譯,《杜詩選譯》, 高麗大學校 出版部, 1986.

安旗 主編,《李白全集 編年注釋》, 巴蜀書籍, 1990.

鈴木虎雄註解,《杜甫全詩集》, 誠進社(日本), 1978.

진옥경 역주 해설,《완역 이태백 악부시》, 사람과 책, 1994.

【그 외 참고자료】

한국고전번역원(www.itkc.or.kr)

百度(www.baidu.com)

(李明珍)

60 | 두탕흔(豆湯痕) : 팥죽이 묻은 흔적.

61 | 한고(寒枯) : 시문이 겨울에 메마른 나무처럼 싸늘하고 윤기가 없으며 메마름.

62 | 소순기(蔬笋氣) : 절에서 먹는 채소 위주의 식사 기분. 나물기.

4.《역옹패설櫟翁稗說》

이제현(李齊賢 : 1287~1367)이 지었다. 제현의 자는 중사仲思이며, 초명初名은 지공之公, 호는 익재益齋, 역옹櫟翁이며, 본관은 경주慶州이다. 일찍이 중국으로 들어가 많은 이름난 유학자들과 교류하였고, 가는 곳마다 모두 시를 지었다.

《역옹패설》은 네 권으로,[1] 앞의 두 권은 경사經史를 논한 것이 다수를 차지하고, 뒤의 두 권은 시를 많이 논하였다. 이 책은 중국 원 순제元 順帝 지정 2년에 해당하는 고려 충혜왕忠惠王 3년(1342년)에 완성되었고,[2] 중국 원 순제 23년에 해당하는 고려 공민왕恭愍王 12년(1363년)에 처음 발간되었다.[3]

[1]『치差』자로 된 압운자

皇慶初[4], 德陵在輦下[5], 有獻詩者用『支』韻押『差』字, 文士爭和進, 皆

1 | 《역옹패설(櫟翁稗說)》: 고려 말기 문신 이제현이 지은 시화 · 잡록집. 원본은 전해지지 않으며, 1814년(순조14) 후손들에 의하여 간행된 《익재난고(益齋亂藁)》에 수록된 것이 전해진다. 체제는 전집 · 후집으로 이루어졌으며 각 집은 다시 1 · 2권으로 되어 있다. 전집에는 지은이의 서문이 있고, 권1에 17조, 권2에 43조의 역사 · 인물 일화 · 골계(滑稽) 등이 있으며, 후집에는 지은이의 서문과 권1에 28조, 권2에 25조의 시화와 세태담(世態談)이 있다. 이 책의 주요 내용은 다음과 같다. ① 고려가 원(元)나라로부터 치욕을 당한 것에 대해 반성하는 한 방법으로 부당한 사대주의에 저항하고 있다. ② 정통성, 즉 민심의 기반이 없는 위조(僞朝)에서의 영화로운 생활을 비판하고 있다. ③ 무신정권의 전횡을 폭로하고 그 폐단을 고발하고 있다. ④ 고려 말기 문학론을 살펴볼 수 있는 좋은 자료가 들어 있다는 등이다. ─ 네이버(www.naver.com)

2 | 원 순제(元 順帝) : 원 명종의 장자로, 원나라 마지막 황제. (1333~1368).
충혜왕(忠惠王) : 고려 제28대 왕. (재위 1330~1332, 복위 1339~1344).

3 | 공민왕(恭愍王) : 고려 제31대 왕. (1351~1374).

押『參差』[6]. 唯二人獨異, 一云『差差』, 用韓公『鋒刃白差差』也[7]. 一云『玉差』, 謂宋玉・景差也[8]. 世所行宋本押韻書[9], 上平支韻『差』字下注云:『景差, 人名.』故取以爲證. 李學士顗曰[10]:『宋本押韻疏略, 不足據也.』

4 | 황경(皇慶) : 원나라 인종(仁宗)의 연호. 고려 충선왕(沖宣王) 4년이 황경 초년(1312년)이다.

5 | 덕릉(德陵) : 충선왕(고려 제 26대). 원나라 황실과 친분이 두터워 후에 심양왕(瀋陽王)에 책봉되었다. 죽은 뒤 덕릉에 묻히었다.
재연하(在輦下) : 황제가 타는 가마 아래에서라는 뜻이다. 여기에서는 황제의 곁에 있을 때라는 의미로 보인다.

6 | 참치(參差) : 길이가 들쭉날쭉하여 가지런하지 않은 모양을 나타내는 의태어. 치치(差差), 또는 치지(差池)도 같은 뜻임. 이 경우에는『差』자의 발음이『치』로서『지』와 압운이 됨.

7 | 한공(韓公) : 한유(韓愈)를 가리킨다.
〈장도사를 보내며(送張道士)〉: 일부(8구)만 인용한다.

大匠無棄材,　큰 장인은 재목을 버리는 것이 없고,
尋尺各有施.　길고 짧은 나무 각 각 용도 있게 쓰네.
況當營都邑,　하물며 도읍을 짓는데,
杞梓用不疑.　기・재 나무 의심하지 않고 다 쓴다네.
張侯嵩高來,　장씨 어른께서 산 높은 곳에서 내려오시니,
面有熊豹姿.　얼굴에 곰과 표범 같은 모습을 띠고 있네.
開口論利害,　입을 열어 이해를 논하니,
劍鋒白差差.　칼날의 흰 빛이 시퍼렇고도 시퍼렇구나.

8 | 송옥・경차(宋玉・景差) : 굴원과 더불어 중국 초나라의 문인. 《초사(楚辭)》에 이들의 작품이 실려 있다. 景差의『差』자의 발음을『치』라고 한 것도 있고,『다』라고 한 것도 있다고 여기서 말하고 있음.

9 | 송본압운서(宋本押韻書) : 송나라에서 출간된 압운체계를 설명한 책. 구체적으로 어떤 제목의 책인지 미상. 송나라 때 대표적인 압운서로는《예부운략(禮部韻略)》이 전하고 있는데, 거기의 지운(支韻)에는『치(差)』자 항목에『경치』는 인명인데,『瑳』자로도 쓴다. 또 지(支), 개(皆), 마(麻), 괘(卦), 과(過), 마(禡), 6운이 더 들어간다(景差, 人名, 亦作瑳. 又支皆麻卦過禡六韻增入). 전자판《사고전서》의《증수호주예부운략》(권2)라고 되어 있으니, 이『差』자의 발음이『치』,『채』,『차』,『최』등등으로 났음을 알 수 있다.

10 | 개(顗) : 이개(李顗). 상세히 알려진 바는 없으나, 고려 원종(元宗) 14년 10월에 진사가 되어, 후에 동번(東蕃)이 작란하자 당시 좌승헌이었던 그가 병마부사(兵馬副使)가 되어 공을 세웠으며, 후에 태자빈객(太子賓客)과 좌산기상시(左散騎常侍)라는 벼슬을 지냈다고 한다. ―《역주 고려사》역문, 1책, 415쪽 (정인지 저. 동아대학출판사 1982년.) 참조.

後見《前漢 · 古今人表》[11], 景差作徒何反[12].

황경 초년에 충선왕이 황제의 곁에 있을 때, 헌시하는 자가 있었는데, 지운支韻을 써서 「치」자를 압운하니, 문사들이 다투어 화답하여 올리는데, 모두 『참치』라는 뜻으로 압운하였다. 유독 두 사람만이 독특하게 달랐는데, 한사람은 『치치』라 하였으니, 한공의 『봉인백치치(칼날의 희기가 시퍼렇고도 시퍼렇다.)』라고 한 것을 쓴 것이었다. 또 한사람은 『옥차』라고 하였으니, 송옥과 경차를 말한 것이다. 세상에 유행하는 송본 압운서의 상평 지支 자운에 『치差』자 아래 주에 이르기를 『경치는 사람 이름이다.』하였으므로 이를 취하여 입증을 한 것이다.

학사 이개가 말하기를 『송본 압운서는 엉성하고 간략해서 근거로 삼기에 부족하다.』고 하였다. 후에 《전한서 · 고금인표》를 보니, 경차의 차差를 '도徒' 자와 하何자의 반절이라고 하여 경다로 읽었다.

[2] 아미산峨眉山과 〈장한가〉의 오류

延祐丙辰[13], 予奉使祠峨眉山[14], 道趙魏周秦之地, 抵岐山之南, 踰大散

11 | 〈고금인표(古今人表)〉 : 반고(班固)의 《한서(漢書)》 고금인표를 말한다. 한서는 단대사(斷代史)적인 책이라, 고금(태고부터 진)의 인물들을 열거하는 것은 한서의 체례와 맞지 않는다는 비평도 있으나, 한서 안의 《지리지(地理志)》. 《예문지(藝文志)》와 더불어 한서의 가치 있는 부분 중의 하나라는 호평도 받는다. 중화서국 표점본 《한서》에는 『景瑳, 안사고의 주석에는 瑳의 음은 子자와 何자의 반절이니, 곧 景差이다(景瑳, 師古曰 : 瑳音, 子何反, 卽景瑳也)』라고 되어 있어, 여기의 『徒何反』과는 다르게 표시되어 있음. 권문해의 《대동운부군옥(大東韻府群玉)의 支운의 差자 항목에는 이 《역옹패설》의 항목이 그대로 인용되어 있는데, 역시 『徒何反』으로 표시되어 있음. — 네이버(www.naver.com)

12 | 도하반(徒何反) : 徒자 발음의 자음과 何자 발음의 모음을 결합하여 '다'로 발음하라는 표시인데, 이렇게 2자 발음 앞뒤부분을 결합하여 발음을 표시하는 방법을 반절법(反切法)이라고 함.

13 | 연우병진(延祐丙辰) : 연우는 원나라 인종(仁宗)때의 연호이며, 연우병진년은 고려 충숙왕(忠肅王) 3년(1316년)이다.

關, 過褒城驛, 登棧道, 入劍門, 以至成都. 又舟行七日, 方到所謂峨眉山者. 因記李謫仙〈蜀道難〉[15]『西當太白有鳥道, 可以橫絶峨眉巓』之句. 太白在咸陽西南, 峨眉則在成都東北, 可謂懸隔. 然而自咸陽數千里至成都, 或東或西, 不一其行. 又自成都東行, 北轉六百餘里, 然後至峨眉. 雖山川道路之迂, 度其勢, 二山不甚相遠. 人跡固不相及, 鳥道則可以橫絶云耳. 白樂天〈長恨歌〉云 :『黃塵散漫風蕭索, 雲棧縈紆登劍閣. 峨眉山下少人行, 旌旗無光日色薄.』[16] 此言明皇幸成都時所歷也. 如其所云, 峨眉當在劍門成都之間, 而今乃不然. 後得《詩話總龜》[17], 見古人已有此論, 蓋樂天未嘗到蜀中也.

14 | 아미산(峨眉山) : 중국 사천성 서쪽에 있는 산으로, 절강성의 보타산. 안휘성의 구화산. 산서성의 오대산과 함께 중국 불교 4대 명산의 하나이다. 이제현의 이 때 여행하면서 지은 시에 관하여서는 지영재 저《서정록(西征錄)을 찾아서》라는 책에 상세하게 번역 · 해설되어 있음.

15 | 〈촉으로 가는 길 험난하구나. (蜀道難)〉 : 이백이 지은 촉도의 험난함을 읊은 칠언을 기조로 하나 장단구를 섞은 장시이다. 일부만 인용한다.

蜀道之難難於上青天.　촉으로 가는 길 험난하여 푸른 하늘 오르는 것보다 어렵네.
蠶叢及魚鳧, 開國何茫然.　잠총과 어부, 나라 연 것 얼마나 까마득한가?
爾來四萬八千歲,　그로부터 4만 8천년을,
始與秦塞通人煙.　진나라 변방 인가의 연기와 통하지 않았네.
西當太白有鳥道,　서로는 태백산 쪽으로 새나 다닐 만한 길 있어,
可以橫絶峨眉巓.　아미산 꼭대기 가로지를 수 있네.
地崩山摧壯士死,　땅 무너지고 산 꺾여 장사들 죽으니,
然後天梯石棧方鉤連.　그 뒤로 구름사다리와 돌 잔도 고리처럼 이어 놓았다네.

─《고문진보》전집, 이장우 · 우재호 · 장세후 역, 을유문화사, 2001. 452쪽에서 인용.

16 | 〈긴한탄(長恨歌)〉 : 백거이가 지은 장시(長詩)로 당 명황(唐明皇) 현종(玄宗)이 양귀비를 너무 사랑하다가 나라까지 패망하게 되는 내용을 그린 작품.

君王掩面救不得,　임금께선 얼굴 가린 채 구할 수 없어,
回看血淚相和流.　머리 돌리고 피와 눈물 함께 줄줄 흘렸네.
黃埃散漫風蕭索,　누런 먼지 어수선하게 흩어지고 바람 소리 쓸쓸한데,
雲棧縈紆登劍閣.　구름까지 솟은 잔도로 구불구불 검산에 올랐네.
峨嵋山下少人行,　아미산 아래엔 사람들 거의 다니지 않고,
旌旗無光日色薄.　깃발은 빛을 잃고 해마저 저물어 갔다네.
蜀江水碧蜀山青,　촉강 물 짙푸르고 촉산도 파랗건만,

[2]

연우 병진년에 내가 중국 황제의 명을 받든 사신이 되어 아미산으로 제사를 지내러 갔는데, 길이 조(하북성 일대) · 위(산서성 일대) · 주(하남성 일대) · 진(섬서성 일대)의 땅을 거쳐 기산의 남쪽에 다다랐고, 대산관을 넘고 포성역을 잠깐 들르고 잔도를 올라 검문을 들어가서 성도에 이르렀다. 또 배를 타고 칠 일을 가서야 비로소 이른바 아미산 이라는 곳에 도착하였다. 이 때문에 이태백의 〈촉도난〉

西當太白有鳥道,	서로는 태백산 쪽으로 새나 다닐 만한 길 있어,
可以橫絶峨眉巓.	아미산 꼭대기 가로지를 수 있네.

라는 시구가 기억이 났다. 태백산은 함양의 서남쪽에 있고, 아미산은 성도 동북쪽에 있어서 현격히 떨어진 거리라 말할 수 있다. 그러나 함양에서 수천 리를 가야 성도에 이르는 것이며, 그 길도 동쪽으로 가기도하고 서쪽으로 가기도하여 일정하지 않았다. 또한 성도에서부터 동쪽으로 가다가 북쪽으로 방향을 바꿔 육백 여리를 간 뒤에 아미산에 이르렀다. 비록 산천과 도로는 우회하고 있지만 그 지세를 헤아려 보면 두 산이 그다지 서로 먼 것은 아니었다. 사람의 발길로는 정말 오르지 못하겠지만, 새가 나르는 길이라면 가로질러 건널 수 있으리라는 말이다.

백락천의 〈장한가〉에 이르기를

聖主朝朝暮暮情. 성군께선 아침이면 아침, 저녁이면 저녁마다 그리워했다네.
─《고문진보》 전집, 이장우 · 우재호 · 장세후 역, 을유문화사, 2001, 591쪽에서 인용.

17 | 《시화총구(詩話總龜)》 : 송나라의 완열(阮閱)이 1123년에 편집한 시화집으로, 전집 48권 · 후집50권으로 되어있다. 원명(原名)은 《시총(詩總)》이다. 각 시화는 사항에 따라 전집은 45문(門), 후집은 61문으로 나뉘어 각 각 100종의 책을 수록하고 있다. 당시는 왕안석의 신법당이 부활되면서 소동파. 황정견 등의 구법당에 대한 압박이 심해졌기 때문에, 구법당에 속한 제가들의 시화는 기재하지 않고 있다 ─《사고전서 전자판》, 集部九, 詩文評類, 詩話總龜提要)에서 인용.

黃埃散漫風蕭索,	누런 먼지 어수선하게 흩어지고 바람 소리 쓸쓸한데,
雲棧縈紆登劍閣.	구름까지 솟은 잔도로 구불구불 검산에 올랐네.
峨嵋山下少人行,	아미산 아래엔 사람들 거의 다니지 않고,
旌旗無光日色薄.	깃발은 빛을 잃고 해마저 저물어 갔다네.

라고 하였다. 이것은 당 명황이 성도에 다다랐을 때의 광경을 나타낸 것이다. 만약 그가 말한 바와 같다면 아미산은 마땅히 검문과 성도 사이에 있어야 할 것인데, 이제 와서 보니 그렇지 않았다. 후에 《시화총구》라는 책을 얻어서 보니 예전 사람의 이에 대한 논란이 있었으니, 아마 낙천은 일찍이 촉중에 가본 적이 없었던 것 같다.

[3] 자작 〈측천릉測天陵〉 춘추필법을 논함

至治癸亥[18], 予將如臨洮, 道過乾州, 唐武后墓在皇華驛西北[19], 俗謂之阿婆陵[20]. 予留詩一篇[21], 其序云 : 『歐陽永叔列武后〈唐紀〉之中[22], 蓋襲

18 | 지치(至治) : 계해 원 영종(英宗)의 연호.
계해(癸亥) : 계해는 지치 3년을 가리킨다. 고려 충숙왕(忠肅王) 10년(1323) 이었다.

19 | 당 무후(唐武后) : 고종(高宗)의 황후로 측천무후(測天武后)라 불리워진다. 고종이 죽자 자기의 두 아들을 차례로 세웠으나 마음에 들지 않자 폐위시키고 정권을 마음대로 휘둘렀다. 국호를 주(周)라고 고치고 요직을 친족들에게 주었다고 한다.
– 네이버(www.naver.com)

20 | 아파릉(阿婆陵) : 당 고종과 무후가 합장된 능묘의 공식 명칭은 건릉(乾陵)이지만, 측천릉(測天陵), 고파릉(姑婆陵)이라고도 부른다. 건릉은 섬서성 건현(乾縣) 건릉향(乾陵鄕) 석마도촌(石馬道村)에 있다.
– 《서정록을 찾아서》 지영재 저, 푸른역사, 2003년, 367쪽에서 인용.

21 | 여류시일편(予留詩一篇) : 5언 고시인 〈측천무후 능(測天陵)〉, 여러 개의 입성 운을 쓴 다운통운(多韻通韻)이라는 어려운 압운 기법으로 쓴 시이다. 시는 모두 19련 190자이며, 시 앞에 169자의 서문, 뒤에 51자의 후기가 있다. 익재는 무후의 집권을 부당한 것으로 평가하였는데, 건릉에 이르러 그러한 감정을 이 시에 표현하였다.
– 《서정록을 찾아서》 지영재 저, 푸른역사, 2003년, 366쪽에서 인용.

22 | 당기(唐紀) : 구양수가 주관하여 편찬한 《신당서(新唐書)》의 〈본기(本紀)〉를 뜻한다.

遷?固之誤而益失之[23]. 呂氏雖制天下, 猶名嬰兒, 以示有漢. 若武后則抑李崇武, 革唐稱周, 立宗社, 定年號, 凶逆至矣, 當擧正之以示萬世, 而反尊之乎? 謂之〈唐紀〉而書周年可乎? 或曰 :「紀事者必表年以首事, 所以使條綱不紊也. 如子之說, 中宗旣廢之後[24], 將闕其年而不書, 天下之事將安所繫乎?」曰 :「魯昭公爲季氏逐居乾侯[25],《春秋》未嘗不書昭公之年 ; 房陵之廢[26], 與此奚異? 作史而不法《春秋》[27], 吾不知其可也.」』

其詩略曰 :『歐公信名儒, 筆削未免失. 那將周餘分, 黷我唐日月.』[28] 後閱晦菴〈感遇〉詩『如何歐陽子, 秉筆迷至公』之一篇[29], 拊卷自嘆. 孰謂

23 | 천 · 고지오(遷 · 固之誤) : 사마천이 항우를《사기》〈본기〉에 넣은 것과, 반고가 여후를《한서》〈고후본기(高后本紀)〉에 넣은 것을 가리킨다.

24 | 중종(中宗) : 당 고종황제의 장자. 무후의 친자로서 황위에 올랐으나 폐위되었음.

25 | 노 소공(魯 昭公) : 기원전 541~510 재위하였고 계씨에게 축출당하여 진나라 땅 건후에 머물다가 고국에 돌아오지 못하고 죽었다. 그러나《춘추》에는 소공 28년부터 32년까지 그 연호를 그냥 썼다.
계씨(季氏) : 노 나라의 실권을 쥐게 된 계씨(季氏)는 4대째 정권을 휘둘렀는데, 그 대는 계무자(季武子)로부터 시작되어 계도자(季悼子), 계평자(季平子), 계환자(季桓子)로 이어졌다. – 네이버(www.naver.com)

26 | 방릉지폐(房陵之廢) : 중종이 제위한지 54일 만에 그의 어머니 무측천에 의해 폐위되어 호북성의 방릉에 유배되었던 것을 가리킨다.

27 | 춘추(春秋) : 춘추필법을 뜻한다. 역사를 공정한 태도로 준엄하게 비판하는 기술방식으로,《춘추》의 문장처럼 한 자 한 자를 가려 씀으로써 칭찬하거나 비판하는 필법을 말한다. – 네이버(www.naver.com)

28 | 〈측천무후 능(測天陵)〉 : 이제현. 시의 일부분을 인용한다.

歐公信名儒,	구공은 진실로 이름난 선비이건만,
筆削未免失.	기록할 것과 깎아야 할 것의 그르침을 면치 못하였도다.
那將周餘分,	어찌 측천무후의 주나라의 찌꺼기를 가져다가,
黷我唐日月.	우리 당나라의 일월을 더럽혔단 말인가.
區區女媧石,	구구한 여와 돌 한 조각으로써,
豈補青天缺.	어찌 하늘 뚫린 구멍을 때우랴.
擬作擿瑕編,	오류를 꼬집는 글 그를 따라서 지어보았지만,
才疎愧王勃.	재주 모자라 왕발에게 부끄럽구나.

–《서정록을 찾아서》지영재 저, 푸른역사, 2003년. 366쪽에서[몇 자 수정하여] 인용.

29 | 회암(晦菴) : 주희(朱熹)의 호.

後生陋學, 其議論有不謬於朱子耶? (范氏[30] 《唐鑑》亦有此論, 見之不覺一笑, 自悔其少作也[31].)

지치 계해년에 내가 임조에 가려 함에 도중에 건주(섬서성 건현)를 지나자 당 무후의 묘가 황화역 서북쪽에 있었는데, 세속에서 이를 아파릉이라 불렀다. 내가 시 한편을 남겼는데 그 서문에 이르기를 : 『구양영숙(구양수)이 무후를 당기 속에 넣어둔 것은 대체로 사마천 · 반고의 잘못을 답습하여 더욱 실수를 저지른 것이다. 여씨는 비록 천하를 통제하였으나 오히려 어린 아이를 황제라는 이름으로 내세워 한나라가 있음을 표시하였다. 무후는 당나

〈감우(感遇)〉 : 주희가 진자앙(陳子昂)의 〈감우〉시를 모방하여 쓴 시로 〈재거감흥(齋居興) 원제목이며, 모두 20수이다.
〈七〉 : 일곱 번째 시 중 일부분만 인용한다.
如何歐陽子, 어찌하여 구양자는,
秉筆迷至公. 붓을 잡고 지극히 공평한 것을 어지럽게 하였는가?
唐經亂周紀, 당경을 주기로 어지럽힌,
凡例孰此容. 범례를 누가 이에 용납하겠나.
侃侃范太史, 강직하고도 강직한 범태사,
受說伊川翁. 이천옹의 말 받아들였네.
春秋二三策, 《춘추》의 두세 쪽 말,
萬古開群蒙. 만고에 뭇 어리석음 열어주었네.

30 | 범씨(范氏) : 송나라의 범조우(范祖禹, 1041~1098)를 가리킨다. 범씨의 자는 순부(淳夫)이며, 호는 화양선생(華陽先生)이다. 23세에 진사가 되자 사마광(司馬光)이 《자치통감(資治通鑑)》을 저술하는 데 참여하여, 주로 당나라 부분의 서술을 맡아서 오랫동안 도왔고, 그것을 바탕으로 하여 《당감(唐鑑)》(24)권을 저술하였다. 문집 《태사집(太史集)》(51권) · 《당감》이 특히 학자들에게 존중되어 『당감공(唐鑑公)』이란 별칭을 얻었다. 이 《당감》에도 측천무후의 연호를 별도로 표시하지 않고 있음.

31 | 자회기소작(自悔其少作) : 익재가 위의 〈측천릉〉시를 쓴 것은 36세 때(1323)인데, 『후일에……글을 보고(後閱)』한 것을 보면, 이 《역옹패설》의 기록은 만년에 이 책을 지을 때 추가한 것임. 이 구절의 뜻은 자기가 젊을 때 위의 시를 지을 당시에는 주자나 범조우 같은 사람들이, 벌써 자기가 측천무후에 대하여 지니고 있었던 견해와 같은 생각을 지니고 있었다는 사실도 모르고, 이 시를 지은 것이 후회스럽다는 말임. 《역옹패설》 필사본에는 『벌써……』로 시작되는 괄호부분이 주석같이 잔 글자[小註雙行] 로 적혀 있음.

라 왕통을 이은 이씨를 억누르고 자신의 성인 무씨를 높이었고, 당나라를 주나라라 고쳐 일컬었으며, 종묘사직을 새로 세우고 연호를 정하였으니, 그 흉악하고 반역됨이 더할 나위가 없다. 마땅히 잘못을 들어 바로잡고 만세에 드러내 보여야 하겠거늘 도리어 이를 높인다 말인가? 당서의 본기라고 이르면서 주나라의 연호를 쓰는 것이 옳단 말인가? 어떤 이가 말하기를 「일을 기록하는 데는 반드시 연대를 먼저 표시하고 다음에 일의 내용을 기록하는데 이것은 조강을 문란하지 않게 하기 위함이다. 그대의 설명에 따른다면 중종이 이미 폐위된 후에는 그 연호가 없으니 천하의 일을 장차 어디에 매어 기록하겠는가?」라 하니, 내가 대답하기를 : 「노나라 소공은 계씨에게 쫓겨 건후에 가서 지냈으나, 《춘추》에 소공의 연호를 쓰지 않은 때가 없었다 ; 방릉의 폐위가 이것과 무엇이 다르단 말인가? 역사를 기술함에 춘추필법을 본받지 아니하면 나는 그것이 옳은 것인지를 모르겠다.」』고 하였다.

그 시를 대략 말한다면

歐公信名儒, 구공은 진실로 이름난 선비이건만,
筆削未免失. 기록할 것과 깎아야 할 것의 그르침을 면치 못하였도다.
那將周餘分, 어찌 측천무후의 주나라의 찌꺼기를 가져다가,
黷我唐日月. 우리 당나라의 일월을 더럽혔단 말인가.

라고 되어있다. 후일에 회암의 〈감우〉시에

如何歐陽子, 어찌하여 구양자는,
秉筆迷至公? 붓을 잡고 지극히 공평한 것을 어지럽게 하였는가?

하고 한 편의 글을 보고, 나는 책을 치며 스스로 탄식하였다. 누가 후생의 누陋한 학문으로 그 의론함이 주자에게 있어서 다르지 아니하리라고 생각하였는가? (범씨의 《당감》에도 이와 같은 의론이 있음을 보았는데, 그것을 보자 나도 모르는 사이에 웃음이 나왔고 내 스스로 그 글을 젊을 때 지은 것을 뉘우쳤다.)

[4] 옛 사람들이 지은 시의 언외언言外言

古人之詩, 目前寫景, 意在言外, 言可盡而味不盡. 若陶彭澤『採菊東籬下, 悠然見南山』[32]·陳簡齊『開門知有雨, 老樹半身濕』之類是也[33]. 予獨愛『池塘生春草』[34], 以爲有不傳之妙. 昔嘗客於餘杭[35], 人有種蘭盆中

32 | 채국동리하(採菊東籬下) 두 구 : 〈술을 마시고, 다섯 번째 시(飮酒其五)〉시의 일부이며 아래는 전문이다.

結廬在人境, 사람 사는 마을에 오두막집 엮었어도,
而無車馬喧. 수레와 말들 오가는 시끄러운 소리 들리지 않네.
問君何能爾, 그대에게 묻노니 어찌하여 그럴 수가 있는가?
心遠地自偏. 마음이 멀리 있으니 땅조차 절로 외지다네.
採菊東籬下, 동쪽 울타리 아래서 국화를 따고 있노라니,
悠然見南山. 유유히 남산이 눈에 들어오네.
山氣日夕佳, 산 경치 해질녘이라 아름답고
飛鳥相與還. 날아다니던 새들 짝지어 돌아가네.
此中有眞意, 이 가운데 참 뜻이 있으되,
欲辨已忘言. 밝혀보려니 어느새 말을 잊네.

33 | 진간재(陳簡齋, 1090~1138) : 남송의 진여의(陳與義)의 호. 난세에 강남 각지를 방랑한 체험이 유사한 두보를 특히 좋아했으며, 주로 탄식의 사(詞)를 많이 지었다. 강서시파(江西詩派) 삼종(三宗)의 한 사람. 저서에 《간재시집(30권)》·《무주사(無住詞)》(1권) 등이 있다.

〈한가한 날 일찍 일어나(休日早起)〉 : 시의 일부분만 인용한다.

曨曨窗影來, 어슴푸레 창 그림자 드리우니,
稍稍禽聲集. 조금씩 날짐승 소리 모여드네.
開門知有雨, 문을 여니 비가 왔음을 알겠네,
老樹半身濕. 늙은 나무 반신이 젖어있으니.
劇談了無味, 농담조차 하나도 재미없고,
遠游非所急. 먼 여행도 급하지 않네.
蒲團着身寬, 부들방석 몸에 넉넉하니,
安取萬戶邑. 어찌 만호 읍의 영주 자리를 취하리?

34 | 지당생춘초(池塘生春草) : 사혜련(謝惠連)의 형 사령운(謝靈運)이 하루 종일 시를 구상하다가 잠이 들었는데 꿈속에서 사혜련이 나타나 『지당생춘초』라는 구절을 알려주었다고 한다. 이들에 관하여는 아래의 주를 참조하라. 이 구절은 〈못 가의 누각에 올라(登池上樓)〉의 일부분이다. (이 시에 관해서는 앞의 《백운소설(白雲小說)》 주 5) 참조.)

35 | 여항(餘杭) : 항주(杭州)를 가리킨다. 이제현은 32세 때, 항주만에 있는 중국불교 4대

以相惠者, 置之几案之上. 方其應對賓客, 酬酢事物, 未覺其有香焉. 夜久靜坐, 明月在牖, 國香觸乎鼻觀[36], 淸遠可愛, 而不可形於言也. 予欣然獨語曰 : 『靈運「春草」之句也.』[37]

옛 사람의 시는 눈앞의 경치를 묘사하였어도 뜻은 말 밖에 있어서, 말은 끝이 나지만 의미는 다할 수가 없다. 예를 들면 도팽택(도연명)의

採菊東籬下, 동쪽 울타리 아래서 국화를 따고 있노라니,
悠然見南山. 유유히 남산이 눈에 들어오네.

고 한 것과 진간재의

開門知有雨, 문을 여니 비가 왔음을 알겠네,
老樹半身濕. 늙은 나무 반신이 젖어있으니.

라고 한 시가 그러한 것이다. 나는 유독

池塘生春草. 연못에 봄풀이 돋아 있다.

는 시구를 사랑하고, 거기엔 말로 전할 수 없는 묘한 것이 있다고 생각한다.

예전에 한번 항주에서 나그네 노릇을 하였을 때, 난초를 분에 심어서 보내온 사람이 있어, 책상위에 놓아두었다. 한참 손님을 응대하고 세상 만물

명산의 하나인 보타산(普陀山)으로 참배하러 가는 충선왕을 수행하였음.

36 | 국향(國香) : 난초꽃을 가리키며, 온 나라에 제일가는 향기라는 의미 또한 있다.

37 | 영운(靈運) : 원문에는 「혜련」으로 잘못 기재되어 있음. — 원주(原註)
혜련(397~?)은 남조 송의 시인이다. 10세 때부터 시를 잘 지어 그의 형 영운이 그를 만나 시를 지으면 좋은 구가 얻어졌다고 전해진다. (혜련에 대해서는 앞의 《백운소설(白雲小說)》 주 4) 참조.)

에 대해 느긋하게 대화를 나누는 동안에는 그 난초가 향기로운 줄을 깨닫지 못하였다. 밤이 깊어 고요히 앉았노라면 달은 창밖에 돌아 있고 그 향기가 코를 찌르는 듯하여 맑고 그윽한 향기를 사랑할 만하고 말로써 표현할 수 없음을 느꼈다. 내가 즐거워 홀로 이르기를 『영운의 「봄풀」 시구로구나』라고 하였다.

[5] 두보 시구의 절묘함

杜少陵有『地偏江動蜀, 天遠樹浮秦』之句[38]. 予曾游秦・蜀. 蜀地西高東卑, 江水出岷山, 經成都南, 東走三峽, 波光山影, 蕩搖上下. 秦中千里, 地平如掌, 由長安城南以望, 三面綠樹童童, 其下野色接天, 若浮在巨浸然. 方知此句少陵爲秦・蜀傳神, 而妙處正在阿堵中也.

『四更山吐月, 殘夜水明樓. 塵匣元開鏡, 風簾自上鉤』[39]. 崔拙翁瀣言[40]

38 | 두소릉(杜小陵) : 《파한집(破閒集)》 주 7) 참조.

〈엄중승께서 지으신 서성에서 저녁 경치를 조망하다는 시 20구에 화답하여 드리다(奉和嚴中 丞西城晩眺十韻)〉일부분.

旂尾蛟龍會, 　큰 깃발 꼬리에서는 교룡들이 만나고,
樓頭燕雀馴. 　성곽 머리에서는 제비와 참새조차 길들고 있습니다.
地平江動蜀, 　땅이 편소하니 강은 온 촉땅[성도] 을 움직이고,
天闊樹浮秦. 　하늘이 확 열려 나무가 진땅[서안] 까지에 떠 있습니다.
帝念深分閫, 　천자님 그리는 마음은 성곽문 안에서 깊고,
軍須遠算緡. 　군수(軍需)업무는 엽전꾸러미만 세는 것을 멀리 하십니다.
花羅封蛺蝶, 　[천자님이 보내신] 좋은 비단은 호랑나비 무늬로 봉하였고,
瑞錦送麒麟. 　상서로운 기운어린 비단 기린무늬를 넣어 보내셨습니다.

-《두보전시집》 제2권, 일본도서출판사, 486쪽에서 참조.

※엄중승(嚴中丞) : 두보가 안록산의 난을 피하여 성도에 와서 살고 있을 때, 그곳의 절도사로서 두보의 후원자, 중승은 어사중승이라는 벼슬의 약칭인데, 엄무가 절도사로 있으면서 중앙정부로부터 받은 일종의 명예직.

39 | 사경산토월(四更山吐月) 네 구 : 〈달(月)〉

四更山吐月, 　사경에 산이 달을 토하니,
殘夜水明樓. 　새벽녘 물은 누각을 비춘다.
塵匣元開鏡, 　먼지 앉은 갑이 크게 거울을 여니,

:『人謂後二句皆言月, 非也. 塵匣元開鏡, 以言水明樓耳. 如〈夔府詠懷〉詩「峽束蒼江起, 巖排古樹圓[41]. 拂雲埋楚氣, 朝海蹴吳天」, 拂雲言古樹, 朝海言蒼江, 亦詩家一格也.』[42]〈戲題韋偃畫松〉詩[43], 未見有戲之之語. 姑蘇[44]朱德潤[45]妙於丹青, 謂予言『凡畫松柏, 作輪囷礧砢則差易, 而昂霄

風簾自上鉤. 　바람에 날리는 발이 저절로 갈고리에 오르네.
兔應疑鶴髮, 　달 토끼는 학의 깃털을 의심스럽다 하고,
蟾亦戀貂裘. 　달 두꺼비는 또 담비 가죽 옷으로 변하게 하였네.
斟酌姮娥寡, 　짐작컨대 항아는 외로우리라,
天寒奈九秋. 　날 추운 늦은 가을을 어찌 할거나. 위의 도서 제3권, 614쪽에서 참조.
토응의학발, 섬역련초구(兔應疑鶴髮, 蟾亦戀貂裘) : 달 속에 산다는 토끼와 두꺼비는 달을 가리키기도 한다. 달빛이 자신의 백발을 학의 깃털처럼 보이게 하고, 누추한 옷 또한 가죽옷으로 보이게 한다는 의미이다.

40 | 최해(崔瀣) : 고려 충숙왕 때 학자(1287~1340). 자는 언명부(彦明父)이며 호는 졸옹(拙翁)이다. 어려서부터 영민하여 9세부터 시를 지었다한다. 후에 검교성균대사성(檢校成均大司成)이라는 벼슬에 이르렀다. 술을 좋아하였고, 호탕하였으며, 함부로 말을 하여 크게 쓰이지는 못했다. 저서에 《귀감(龜鑑)》, 《졸고천백(拙藁千百)》 등이 있다. －《역주 고려사》역문 3책 322쪽, 7책 53쪽, 9책, 284쪽 (정인지 저. 동아대학출판사 1982년.) 참조.

41 | 〈기부영회(夔府詠懷)〉 : 위에 인용된 것이 시의 전문이다.

42 | 최졸옹(崔拙翁)의 말 : 원 출전 미상.

43 | 〈희제위언화송(戲題韋偃畫松)〉 : 〈위언이 한 쌍의 소나무 그림을 그림에 장난삼아 짓다(戲韋偃爲雙松圖歌).〉화가 위언의 자가 누울 언(偃)자이기 때문에 화법을 자에 풍자하여 조롱한 시이다. 아래는 시의 일부분이다.
厖眉皓首無住著, 　흰털 섞인 눈썹 흰 머리 집착함이 없다네.
偏袒右肩露雙脚, 　오른 어깨 한 쪽 벗고 두 발 드러내었는데,
葉裏松子僧前落. 　잎 속의 솔방울 중 앞에 떨어졌네.
韋侯韋侯數相見. 　위후여 위후여 자주 서로 만났다네.
我有一匹好東絹, 　나에게 좋은 동견 한 필이 있는데,
重之不減錦繡段. 　중하게 여기기를 수놓은 비단 못지않도다.
已令拂拭光凌亂, 　이미 털고 닦아서 빛 섞여 어지러우니,
請公放筆爲直幹. 　청 하건데 그대는 붓을 놓아 곧은 줄기를 그려보오.
－《고문진보》 전집, 을유문화사, 2001, 565쪽에서 인용.

44 | 고소(姑蘇) : 중국 강소성(江蘇省) 소주(蘇州).

45 | 주덕윤(朱德潤, 1294~1365) : 자는 택민(澤民), 원나라 때의 화가로 산수화를 잘 그렸으며, 만권당(萬卷堂)에 출입하면서 익재와 교유가 있었다. 지영재, 《서정록을 찾아서》, p.235 참조.

聳壑之狀最爲難工. 此詩後四句「我有一匹好東絹, 重之不減錦繡段. 己令拂拭光凌亂, 請君放筆爲直幹」乃所以戱偃也.』

두소릉의 시에

地偏江動蜀, 땅이 편소하니 강은 온 촉땅[성도] 을 움직이고,
天遠樹浮秦. 하늘이 확 열려 나무가 진땅[서안] 까지에 떠 있습니다.

라는 시구가 있다. 나는 전에 진땅[섬서] 와 촉땅[사천] 을 유람한 적이 있다. 촉의 땅은 서쪽이 높고 동쪽이 낮아서 강물이 민산에서 나와 성도를 지나 남동쪽으로 삼협까지 달려가는데, 물결의 광채와 산 그림자가 위 아래로 흔들리고 움직인다. 진중의 천리 땅은 평탄하기 손바닥 같아서 장안성의 남쪽에서 바라보면 삼면의 푸른 나무들이 둥실둥실하고, 아래는 들빛이 하늘에 닿아서 큰 바다에 떠 있는 것 같았다. 그제 서야 나는 이 시구는 두소릉이 진과 촉을 위하여 그 정신을 그린 것임을 알 수 있었는데 그 절묘한 곳은 바로 이 가운데 있는 것이다.

四更山吐月, 사경에 산이 달을 토하니,
殘夜水明樓. 새벽녘 물은 누각을 비춘다.
塵匣元開鏡, 먼지 앉은 갑이 크게 거울을 여니,
風簾自上鉤. 바람에 날리는 발이 저절로 갈고리에 오르네.

졸옹 최해가 말하기를 : 『사람들이 뒤의 두 구는 다 달을 말한 것이라 하지만 그렇지 않다. 먼지 앉은 갑이 크게 거울을 열었다는 것은 물이 다락을 밝혀 주는 정경을 말한 것이다. 이것은 〈기부영회〉시에

峽束蒼江起, 산협은 푸른 강을 묶어서 일어났고,
巖排古樹圓. 바위는 고목 사이에서 둥그네.
拂雲埋楚氣, 구름을 떨치어 초나라 기운을 묻었고,

朝海蹴吳天.　　바다에 조회하여 오나라의 하늘을 차버리네.

라고 한 글귀에서 구름을 떨친다고 한 것은 고목을 말한 것이고, 바다에 조회한다고 한 것은 푸른 강을 말한 것이니, 이 또한 시가의 한 격조인 것이다.』라고 하였다.

〈위언이 소나무를 그림에 장난삼아 쓰다.〉라는 시에서 조롱하는 말을 찾아볼 수 없었다. 고소의 주덕윤이 그림에 뛰어났는데, 그가 나에게 말하기를 : 『대체로 소나무 · 잣나무를 그릴 때에 나무를 둥글게 뭉치고, 꺾여 떨어지는 듯하게 그리는 것은 비교적 쉽지만, 하늘 높이 구렁에서 치솟는 형상을 그리기가 가장 어렵다. 이 시의 후반의 네 구를 보면,

我有一匹好東絹,　　나에게 좋은 동견 한 필이 있는데,
重之不減錦繡段.　　중하게 여기기를 수놓은 비단 못지않도다.
已令拂拭光凌亂,　　이미 털고 닦아서 빛 섞여 어지러우니,
請君放筆爲直幹.　　청 하건데 그대는 붓을 놓아 곧은 줄기를 그려 보오.

라고 하였다. 이것이 바로 언을 조롱한 것이다.』라고 하였다.

[6] 설문우의 〈청평사〉론

薛司成文遇言[46] : 『李太白 〈淸平詞〉[47] : 「一枝仙艶露凝香, 雲雨巫山枉

46 | 설문우(薛文遇) : 상세히 알려진 바는 없으나, 의관 설경성(薛景成)의 아들로 고려 광종(光宗) 7년에 봉책사(封册使)를 지냈으며, 후에 성균대사성(成均大司成)을 지냈다고 한다. ─ 《역주 고려사》 역문 1책 84쪽, 8책 221쪽, 10책 177쪽(정인지 저, 동아대학출판사 1982년.) 참조.

47 | 〈청평사(淸平詞)〉 : 악부(樂府)에 청조(淸調)와 평조(平調). 슬조(瑟調), 초조(楚調)가 있는데, 이백은 청조와 평조 두 가락에 맞추어 세 수의 시를 썼다. 이를 청평조 3장(淸平調三章)이라 한다. 이 시는 모두 양귀비를 찬송하여 읊은 시로서 의미가 연속되는 연작(連作)이다. ─ 네이버(www.naver.com)

斷腸[48]. 且問漢宮誰得似, 可憐飛燕倚新妝[49].」倚者, 賴也. 謂趙后專寵漢宮, 只賴脂粉耳. 可憐者, 嘲之之辭也.』

사성 설문우가 말하기를 : 『이태백의 〈청평사〉에

一枝仙艶露凝香,	한 가지 아리따운 꽃이 이슬에 향기를 엉기게 하였고,
雲雨巫山枉斷腸.	무산 운우의 꿈은 헛되이 애간장 태우는구나.
且問漢宮誰得似,	또 묻노니 한나라 궁중에 누가 이 같을 것이냐,
可憐飛燕倚新妝.	가련하다, 비연은 새 화장에만 의지하였으니.

라고 한 것이 있다. 새 화장에 의지한다는 것은 의뢰한다는 말이다. 조후가 한궁에서 은총을 독차지한 것은 오로지 연지와 분에 의지하였다는 말이며, 가련하다고 한 말은 조롱하는 말이다』라고 하였다.

[7] 유우석의 〈금릉회고〉

劉賓客[50] 〈金陵懷古〉云 : 『潮滿冶城渚, 月斜征虜亭. 蔡州新草綠, 幕府

위에서 인용된 시는 〈청평사(淸平詞)〉 3수 중 두 번째 시이다. 3수 모두 이백의 작품이 아닐 것이라는 설도 있음.

48 | 운우무산(雲雨巫山) : 초의 양왕(襄王)이 고당(高唐) 이라는 곳에 갔다가 낮잠을 잤는데 꿈에 무산에 산다는 여인을 만나 사랑하는 꿈을 꾸었다. 작별할 때 그 여인이 말하기를 : 『저는 무산에 있사오니 아침에는 구름이 되고, 저녁에는 비가 되는 항상 양대(兩臺) 밑에 있습니다.』고 하였다. 여기서 유래된 말로 남녀의 사랑을 뜻한다. －《고전국역총서》 한국고전번역원(www.itkc.or.kr)에서 인용.

49 | 비연(飛燕) : 조비연(趙飛燕) : 한나라 성양후 임(臨)의 딸이다. 처음 춤을 배우는데 몸이 가볍기가 제비 같았으므로 비연이라 하였다고 한다. 성제(成帝)때에 궁중에 들어가 은총을 독점하였는데, 성제가 후사 없이 갑자기 죽고 애제(哀帝)도 죽은 뒤에 폐하여 서인(庶人)으로 강등하매 자살하였다. 이 구절의 뜻은 조비연이 궁중에 들어가서 인심을 얻지 못하고 오직 자신의 미모만 가꾸다가 죽음을 당한 것이 불쌍하다는 것임.

舊煙青[51]. 興廢由人事, 山川空地形. 後庭花一曲[52], 哀怨不堪聽.』此所謂四人探驪[53], 夢得得珠者耶?[54] (詩話[55]以『王濬樓船下益州』一篇爲夢得得珠者[56].)

50 | 유빈객(劉賓客) : 유우석(劉禹錫)을 가리킨다. 자는 몽득(夢得)이며 팽성인(彭城人)으로, 당 정원(貞元) 9년(793)에 진사·박학굉사과(博學宏詞科)에 급제하였다. 태자빈객 벼슬을 지내 빈객이라 불리워지며, 시정(時政)을 풍자한 시를 많이 지었다. 시문집으로 《유몽득문집(劉夢得文集)》 30권·《외집(外集)》 10권이 있다. — 《고문진보》 전집, 을유문화사, 2001, 750쪽에서 인용.

〈금릉회고(金陵懷古)〉 : 남경의 옛일을 회고한다는 뜻인데 위에 인용된 것이 시의 전문이다.

51 | 야성(冶城) : 춘추시대 오나라의 임금 부차(夫差)가 야금한 곳이라 하여 붙여진 이름. 지금 남경시의 조천궁(朝天宮) 일대에 있었음.

※정로정(征虜亭) : 동진의 정로장군 사안(謝安)이 세웠음. 남경의 현무호(玄武湖) 북쪽에 있었음.

※찰주(察州) : 다른 판본에는 『蔡洲』로 되어 있음. 채주는 일명 방주(方洲), 남경 근처 양자강 한가운데 있는데, 동진 때 소준(蘇峻)이 반란하여 금릉을 침입하였을 때 도간(陶侃)이 출병하여 여기서 막음.

※막부(幕府) : 산 이름. 동진 때 승상 왕도(王導)가 여기서 막부를 설치한 데서 유래. 지금 남경의 동북쪽 양자강 가에 있음. — 이상 모두 유성준(兪聖濬) 편저 《유우석시선》, 서울 민미디어, 2001, p.65에서 인용.

52 | 후정화(後庭花) : 진 후주(陳後主) 때의 가곡명(歌曲名)으로, 후주가 연회를 베풀 적에 귀인(貴人)·여학사(女學士)·압객(狎客) 등으로 하여금 시를 짓게 하여, 그 중 가장 잘 된 것을 뽑아 악곡(樂曲)을 붙이고 아름다운 여인을 선발, 이를 노래 부르고 춤추게 하면서 즐겼는데 그 중 한 곡이 바로 이 후정화이다. 옥수후정화(玉樹後庭花). 《진서(陳書)황후전(皇后傳)》에 나온다. — 《고전국역총서》 한국고전번역원(www.itkc.or.kr)에서 인용.

53 | 사인탐려(四人探驪) : 네 사람이 여의주를 찾는다는 의미로, 《감계록(鑑誡錄)》이란 책에 이르기를 원미지(元微之 : 원진)·유몽득(劉夢得 : 유우석)·위초객(韋楚客) 이 세 사람이 백거이 사는 곳을 찾아가, 남조의 흥폐사에 관해 논하여 각 각 금릉(지금의 남경)회고시를 짓기로 하였는데, 몽득이 제일 먼저 시를 읊자 백거이가 몽득이 먼저 구슬을 얻어 버렸다고 하니, 나머지 세 사람은 시 읊기를 그만두었다고 한다. — 사고전서전자판. 《집부·시문평류》《죽장시화(竹莊詩話)》 권14에서 인용.

54 | 득주(得珠) : 쉽게 지을 수 없는 아주 잘 된 글을 말한다. 《장자》〈열어구(列禦寇)〉에 『쑥대로 발을 엮어 파는 가난한 사람이 있었는데 그 아들이 못 속에 들어가 천금의 값이 있는 구슬[珠] 을 가지고 나오자, 아들에게 「이 구슬은 용의 턱 밑에 있는 것인데

유빈객은 〈금릉회고〉에서

潮滿冶城渚,　　파도는 야성의 물가에 가득 차고,
月斜征虜亭.　　달은 정로정에 기울었네.
察州新草綠,　　채주엔 새 풀이 푸르고,
幕府舊煙青.　　막부산에는 예처럼 연기가 푸르구나.
興廢由人事,　　흥하고 망하는 일은 사람에 달렸으되,
山川空地形.　　산천은 텅 비어 지형뿐이로다.

네가 이를 얻은 것은 용이 졸았기 때문이리라. 용을 잘못 건드려 깨웠다면 너는 살아서 돌아올 수 없었을 것이다.」하였다.』 한 데서 온 말로, 여기서는 위에 서술한 몽득의 시가 구슬에 해당하는 좋은글 이라는 뜻으로 쓰였다. ─《고전국역총서》 한국고전번역원(www.itkc.or.kr)에서 인용.

55 | 시화(詩話) : 바로 앞의 주 46)에 나온《죽장시화》를 말하는데, 거기서는 바로 아래 인용되는 7언시를 가지고, 유우석이 『구슬을 얻은 것』으로 이야기하고 있음. 여기 괄호 이하 부분은 필사본 원서에서는 소주쌍행(小註雙行 : 잔 글자 두 줄로 된 주석)으로 되어 있음. 아마 위에서 한 이야기가 잘못되었음으로 후일에 본인이 수정한 것으로 보임.

56 | 왕준누선하익주(王濬樓船下益州) : 〈서새산에서 옛일을 생각하며(西塞山懷古)〉시의 한 구절이다. 시의 전문은 아래와 같다.

王濬樓船下益州,　　왕준이 누선을 타고 익주로 내려와,
金陵王氣黯然收.　　금릉 땅에 임금의 기운 암연히 거두었구나.
千尋鐵鎖沈江底,　　팔천 척 쇠가 사라져 강바닥에 가라앉고,
一片降幡出石頭.　　한 조각 항복의 깃발이 석두에 나오네.
人世幾回傷往事,　　인간 세상에 몇 번을 지난 일로 애태우나,
山形依舊枕寒流.　　산형은 옛과 다름없이 차가운 물 기운 베고 있네.
今逢四海爲家日,　　오늘 사해가 집이 되는 날은 맞으니,
故壘蕭蕭蘆荻秋.　　옛 성은 억새풀 쓸쓸한 가을이구나.

─ 사고전서전자판.《집부 · 별집류 · 한지오대(漢至五代) · 유빈객문집(劉賓客文集)》 권24에서 인용.

※왕준 : 진(晉) 나라 홍농(弘農) 사람으로 익주자사(益州刺史)를 지냈으며, 오(吳)나라를 치기 위하여 누선(樓船)을 제조, 드디어 오왕(吳王) 손호(孫皓)를 사로잡고 오나라를 멸하였다.《진서(晉書)》(권24)에 기록이 보인다. 이 시에 관한 상세한 주석은 역시 유성준의 위의 책, p.77 참조 요망.

後庭花一曲,　　후정화 한 곡조 소리는,

哀怨不堪聽.　　애절하여 차마 들을 수 없구나.

라고 하였다. 이것이 이른바 네 사람이 검은 용을 찾는데 몽득이 여의주를 얻었다는 것일까?

(시화에 『왕준이 이층 누각 배타고 익주로 내려간다.』라는 시 한편을 몽득이 구슬을 얻은 것이라 하였다.)

[8] 유우석의 〈금릉오제〉

夢得 〈金陵五題〉[57] : 『山圍故國周遭在, 潮打空城寂寞回. 淮水東邊舊時月, 夜深還過女墻來.』[58] 『朱雀橋邊野草花, 烏衣巷口夕陽斜. 舊時王謝堂前燕, 飛入尋常百姓家』[59]. 『生公說法鬼神聽, 身後空堂夜不扃[60]. 猊坐

57 | 〈금릉오제(金陵五題)〉 : 남경의 고적을 읊은 5수의 오언절구, 〈석두성(石頭城)〉 · 〈오의항(烏衣巷)〉 · 〈생공강당(生公講堂)〉 · 〈대성(臺城)〉 · 〈강령택(江令宅)〉.

58 | 산위고국주조재(山圍故國周遭在) 네 구 : 금릉오제 중의 〈석두성〉시의 전문이다. 금릉오제 시 중에서 가장 유명하다. 석두성은 남경시의 청량산(淸涼山)에 있는 성으로 초나라 때는 금릉성(金陵城), 진(秦)나라 때는 말릉(秣陵), 삼국시대 오나라에 와서 이렇게 불렀음. 뒷날 육조시대 때는 금릉이 도읍이 되자 군사상 요충지가 되었으며, 지금은 다시 복원되어 관광요지가 되고 있음.

59 | 주작교변야초화(朱雀橋邊野草花) 네 구 : 금릉오제 중의 〈오의항〉시의 전문이다. 오의항은 검은 옷을 입고 다니는 골목이라는 뜻인데, 삼국시대 오나라 때 군인들이 검정 옷을 입고, 진회하(秦淮河) 남쪽에 있던 이 거리에 군영을 치고 살았기 때문에 붙여진 이름. 그 뒤 동진 때에는 왕씨와 사씨 같은 귀족들이 여기에 살았기 때문에, 여기서는 귀족가(貴族街)라는 뜻임.

※왕사(王謝) : 남조의 귀족 가운데 왕씨와 사씨를 가리킨다.

※오의(烏衣) : 당시의 귀족들은 검은 옷을 입었다. 여기에서 시의 제목이 나오게 되었다.

60 | 생공(生公, 335~434) : 양(梁)나라의 승려인 축도생(竺道生), 본성은 위(魏), 이름은 도생(道生), 소주의 호구사(虎口寺)에서 설법을 할 때 사람들은 모두 믿지 않았으나, 돌은 고개를 끄덕였다는 전설이 있음.

寂寥塵漠漠[61], 一方明月可中庭』[62]. 三篇皆佳作也. 白樂天獨愛『潮打空城寂寞回』[63], 掉頭苦吟曰 : 『吾知後之詞人, 不復措辭矣.』東坡嘗書第三篇, 人問何不道『明月滿中庭』, 坡笑而不答[64]. 古人於詩所取者如此.

몽득의 〈금릉오제〉란 시에 :

山圍故國周遭在, 　산이 옛 고읍을 에워싼 가운데 성곽은 남아 있고,
潮打空城寂寞回. 　파도는 빈 성을 치고 적막이 감도네.
淮水東邊舊時月, 　회수 동쪽의 옛 달은,
夜深還過女墻來. 　밤이 깊자 여전히 성 담장을 넘어오는 구나.

朱雀橋邊野草花, 　주작교 가에 들풀이 꽃을 피우고,
烏衣巷口夕陽斜. 　오의항 어구에는 석양이 기우는데.

61 | 예좌(猊座) : 부처님이 앉은 자리, 사좌좌(獅子座)라고도 함. 여기서는 생공이 앉는 자리.

62 | 생공설법귀신청(生公說法鬼神聽) 네 구 : 금릉오제 중의 〈생공강당〉시의 전문이다.

63 | 조타공성(潮打空城) : 유우석 자신이 쓴 〈금릉오제〉의 서문에 나오는 말 : 『내가 이시를 지은 뒤에 우인 백락천이 고개를 흔들며 괴롭게 읊조리고 오랫동안 감상을 하더니, 〈석두시〉에 관하여 이르기를 「조타공성적만회」 이 구절은, 후세의 시인들이 다시는 이보다 더한 글을 짓지 못할 줄 안다고 하였다.』

64 | 명월만중정(明月滿中庭) 두 구 : 이 구절에 관한 이야기는 여러 가지 시화에 모두 황산곡(黃山谷 : 황정견)에 관련된 것으로 보임. 《홍구보시화(洪駒父詩話)》 : 『황산곡이 여산의 어떤 절에 가서 여러 스님들과 화로를 둘러싸고 앉아서 〈생공강당〉시를 이야기하였는데, 말구의 「일방명월가중정」에 이르자 한 스님이 말을 끊고서 말하기를 어찌 「일방명월만중정」이라고 하지 않습니까? 하니 산곡이[대구를 하지 않고] 웃으면서 가버렸다.』 여기서 『가중정(可中庭)』이라고 하면 생공스님의 후광이 지금 겨우 이 뜰에 조금 비출 수 있다는 뜻이지만, 『만중정(滿中庭)』이라고 하면 그 후광이 아직도 이 뜰에 가득하다는 뜻인데, 원저자인 유우석은 스님이 살았을 때는 이 정원 안에 설법을 들으려는 사람들이 가득하였지만, 그가 가고 없는 이 정원은 쓸쓸하기 짝이 없다는 것을 강조하고 있기 때문에 『가중정(可中庭)』으로 보는 것이 시적인 의미로는 더 알맞다고 황산곡이 보았으므로 시를 모르는 스님과는 더 이야기할 가치가 없어, 웃고 떠났다는 것임.

舊時王謝堂前燕,	옛 왕씨 사씨의 집 앞을 날던 제비는,
飛入尋常百姓家.	일반 백성의 집으로 날아드네.
生公說法鬼神聽,	생공이 불법을 말할 때 귀신도 와서 듣더니,
身後空堂夜不扃.	죽은 뒤에 빈 당에 밤에도 문을 아니 닫네.
猊坐寂寥塵漠漠,	예좌도 적적하고 티끌세상도 막막한데,
一方明月可中庭.	한 편의 밝은 달만 중정에 어울린다.

라고 한 세편은 모두 가작이다.

백낙천은 유독 『파도는 빈 성을 치고 적막이 감돈다.』라고 한 것을 사랑하여, 머리를 흔들며 고심하여 읊다가 말하기를 『나는 후세의 시인들이 다시는 이보다 더한 글을 더하지 못할 줄로 안다.』고 하였다.

동파가 일찍이 제3편을 쓰니, 어떤 이가 묻기를 『어째서 「밝은 달이 중정에 가득하다」라고 하지 않았습니까?』라고 하니, 동파가 웃으며 대답하지 않았다고 한다. 옛 사람들이 시에서 취택하는 것이 이와 같았다.

[9] 《송현집》에 실린 왕안석의 시

荊公詩[65], 童蒙輩所習《宋賢集》中十許首[66], 皆妙絶, 如 : 『日西階影轉梧桐, 簾捲青山簟半空. 南澗夕陽煙自起, 西山漠漠有無中.』[67] 『東江木落

65 | 형공(荊公) : 《백운소설(白雲小說)》주 10) 참조. 집구(集句 : 옛 사람들이 지은 글귀를 모아 새로 만든 시)에 능해서 자신이 지은 시보다 더 낫다는 평을 받는다.

66 | 《송현집(宋賢集)》: 고려시대에 사용된 송나라 사람의 시들을 모은 동몽서이다.

67 | 일서계영전오동(日西階影轉梧桐) 네 구 : 네 구는 한 수의 시가 아니라 두 수의 시가 섞여있다.

〈일서(日西)〉

日西階影轉梧桐,	해가 서쪽으로 기우니 섬돌 그림자에 오동나무 옮겨지고,
簾捲青山簟半空.	주렴을 걷으니 청산에는 삿자리가 반이 비었네.
金鴨火銷沈水冷,	향로불은 꺼져 차가운 물에 가라앉고,
悠悠殘夢鳥聲中.	아득히 아직 꾸지 않은 꿈이 새소리 속에 있네.

水分洪, 睡鴨殘蘆掩靄中. 歸去北人多憶此, 每家圖書上屛風』[68]. 『水光山氣碧浮浮. 落日將還又小留. 從此定應長入夢, 夢中還與古人遊』[69]. 『金爐香盡漏聲殘, 剪剪輕風陣陣寒. 春色惱人眠不得, 月移花影上欄干』[70]. 『落帆江口月黃昏, 小店無燈欲閉門. 半出岸沙楓欲死, 繫舟唯有去年痕』[71]. 『我與丹靑兩幻身, 世間流轉會成塵. 但知此物非他物, 莫問今人猶昔人』[72]. 『垂陽一徑紫苔封, 人語蕭蕭院落中. 唯有杏花如喚客, 倚墻斜日數枝紅』[73]. 『溪水淸漣樹老蒼, 行穿溪水踏春陽. 溪深樹密無人處, 只有幽花渡水香』[74]. 一字一句, 如明珠走盤, 苑轉可愛.

형공의 시로서, 아이들이 배우는 《송현집》에 있는 십여 수는 모두 절묘하다. 예로 :

〈동강(東江)〉

東江木落水分洪,	동강에 나무 떨어져 물이 넓게 갈리어지고,
伐盡黃芦洲渚空.	다 베어진 누런 갈대 강 모두 비었네.
南澗夕陽煙自起,	남쪽 산골짝 석양에 연기가 저절로 일어나고,
西山漠漠有無中.	서산이 아득하여 있는 듯 없는 듯하구나.

68 | 동강목락수분홍(東江木落水分洪) 네 구 : 이 시의 첫 구절은 위의 시 〈동강〉의 첫 구절이며 다음 3구는 〈물가의 모래(汀沙)〉의 구절이다.

汀沙雪漫水溶溶,	물가 모래의 눈은 힘차게 흘러가길 기다리고,
睡鴨殘芦晻靄中.	조는 오리와 시든 갈대 아지랑이 속에 가려 있네.
歸去北人多憶此,	북쪽 사람들 돌아가서도 이 경치를 많이 기억하여,
每家圖畵有屛風.	집집마다 그림을 그려 병풍에 올렸네.

69 | 수광산기벽부부(水光山氣碧浮浮) 네 구 : 〈항주의 망호루에서 돌아오면서 말 위에서 지어 옥여와 낙도에게 드림(杭州望湖樓回馬上作, 呈玉汝樂道)〉 시의 전문이다.

70 | 금로향진누성잔(金爐香盡漏聲殘) 네 구 : 왕안석의 〈봄 밤(春夜)〉 시의 전문이다.

71 | 낙범강구월황혼(落帆江口月黃昏) 네 구 : 〈강녕의 협구(江寧夾口)〉 3수 중 제3수의 전문이다.

72 | 아여단청양환신(我與丹青兩幻身) 네 구 : 〈나의 초상화를 보고 적음(眞贊)〉 시의 전문이다.

73 | 수양일경자태봉(垂陽一經紫笞封) 네 구 : 〈행화(杏花)〉 시의 전문이다.

74 | 계수청련수노창(溪水淸連樹老蒼)네 구 : 〈산의 시내 곁에서(天童山溪上)〉 시의 전문이다.

日西階影轉梧桐,	해가 서쪽으로 기우니 섬돌 그림자 오동나무에 옮겨지고,
簾捲青山簟半空.	주렴을 걷으니 청산에는 삿자리가 반이 비었네,
南澗夕陽煙自起,	남쪽 산골짝 석양에 연기가 저절로 일어나고,
西山漠漠有無中.	서산이 아득하여 있는 듯 없는 듯하구나.

東江木落水分洪,	동강에 나뭇잎 떨어지고 물만 질펀하게 갈리어 졌는데,
睡鴨殘蘆掩靄中.	조는 오리와 시든 갈대 아지랑이 속에 가려 있네.
歸去北人多憶此,	북쪽 사람들 돌아가서도 이 경치를 많이 기억하여,
每家圖畫上屛風.	집집마다 그림을 그려 병풍에 올렸네.

水光山氣碧浮浮.	물빛과 산 기운 푸르름이 떠 있는데,
落日將還又小留.	지는 해에 돌아가려다 또 잠시 머무르네.
從此定應長入夢,	이제부터 이 경치가 길게 꿈에 들어올 것인데,
夢中還與古人遊.	꿈속에서 또 옛 친구와 함께 놀리라.

金爐香盡漏聲殘,	금향로에 향이 다하고 물시계 소리 가냘픈데,
剪剪輕風陣陣寒.	솔솔 불어오는 가벼운 바람에 오싹오싹 춥구나.
春色惱人眠不得,	봄 경치가 사람을 괴롭혀 잠 못 이루나,
月移花影上欄干.	달빛이 꽃 그림자 옮겨 난간에 오르네.

落帆江口月黃昏,	강어귀에서 돛을 내리니 달은 황혼일세,
小店無燈欲閉門.	작은 주막에 등잔도 없어 문을 닫으려 하네.
半出岸沙楓欲死,	반쯤 나온 모래 언덕에 단풍나무 시들려 하나,
繫舟唯有去年痕.	지난해에 배 매었던 흔적만이 남아 있네.

我與丹青兩幻身,	나 자신이나 이 그림이나 둘 다 환영幻影에 불과하니,
世間流轉會成塵.	세간에 떠돌아다니다 마침내 티끌이 되겠네.

但知此物非他物,	단지 이 물건이 다른 물건 아님을 알 뿐이나,
莫問今人猶昔人.	지금 이 사람의 모습이 옛날 내 모습과 같냐고는 묻지마오.

垂楊一徑紫苔封,	버들 늘어진 사이 길엔 붉은 이끼 덮여 있고,
人語蕭蕭院落中.	사람의 말소리 정원 한쪽 구석에서 쓸쓸하구나.
唯有杏花如喚客,	오직 한 그루 살구꽃이 있어 나그네를 부르는 듯,
倚墻斜日數枝紅.	담에 기대어 두어 가지 석양에 붉어 있네.

溪水淸漣樹老蒼,	시냇물은 맑고 잔잔하며 나무는 늙어서 푸른데,
行穿溪水踏春陽.	가면서 시냇물을 지나 봄볕을 밟았네.
溪深樹密無人處,	시내는 깊고 나무 빽빽하여 사람 없는 곳에,
只有幽花渡水香.	다만 그윽한 꽃이 있어 물 건너 향기 보내네.

한 글자 한 구절이 모두 밝은 구슬이 소반위에서 도르르 구르는 것 같아서 살짝 돌리는 표현은 가히 사랑스럽다.

[10] 동파의 시 한 수와 졸옹

東坡〈戲題李公擇白石山房〉詩云[75]:『偶尋流水上崔嵬, 五老蒼顔一笑開. 若見謫仙煩寄語, 匡山頭白早歸來.』[76] 若謂坡煩五老寄語於李, 失之

75 | 희제이공택(戲題李公擇):《문연각사고전서전자판》본《소시보주(蘇詩補註)》(권23)에는 이 시의 제목이〈이공택의 백석산방에 쓰다.(書李公擇白石山房)〉임. 인용된 것이 시의 전문이다.
※이공택 : 소동파의 친구인 이상(李常)을 가리킨다. 이상은 16세 때 여산 오로봉(五老峰)밑의 백석암이라는 절에서 공부를 하였는데, 과거에 급제한 뒤 조정에 나가서 벼슬하느라 한 번도 다시 이 암자에 되돌아오지 못하면서도 늘 좋은 책이 생기면 이 암자로 보내어 무릇 장서가 9천권에 이르렀다고 함.

76 | 광산(匡山) : 여산을 광려산(匡廬山)이라고도 함.

矣. 昔以問崔拙翁, 翁三復下句, 擬議未對, 予喝之曰 : 『高著眼.』[77] 翁便會, 相與大噱.

동파의 〈이공택의 백석산방을 제목으로 장난삼아 지음〉 시에 :

偶尋流水上崔嵬, 우연히 흐르는 물을 찾다가 높은 곳에 올랐더니,
五老蒼顔一笑開. 오로봉의 흰 얼굴 한결같이 웃으며 열리네.
若見謫仙煩寄語, 만약 내 적선을 보게 되면 자주 말 띄워 보리라,
匡山頭白早歸來. 광산[오로봉]의 머리가 희었으니 일찍이 돌아오라고.

하였다. 만약 동파가 오로봉에게 번거롭게 하여 이씨(이상)에게 말을 전하라 하였다고 풀이하면 틀린다. 전에 이것으로 최졸옹에게 물으니 옹이 세 번이나 아래 구를 읽어보고 생각하며 대답하지 못하므로, 내가 꾸짖으며 『높게 착안하시오.』하니, 옹이 곧 깨닫고 서로 크게 웃었다.

[11] 진간재와 소동파 구법의 공교함

陳簡齋 〈贈相師〉 云[78] : 『鼠目向來吾自了, 龜腸從與世相違. 醉來却欲

※오로(五老) : 오로봉(五老峰). 여산 동북쪽에 있는 오로봉이 마치 다섯 늙은이가 나열하여 있는 것과 같다고 하여 이렇게 부름.
※창안(蒼顔) : 창백하게 보이는 얼굴. 여기서 창(蒼)은 푸르면서도 흰빛을 띤 빛임.
※적선(謫仙) : 이 땅으로 귀양 온 신선이라는 뜻으로 당나라 이백을 말하는데 이백이 여기서 독서를 하여 머리가 희어졌다 한다. 이 시구 안에서는 이백과 이상이 성이 같고, 또 여산에서 공부한 이야기도 비슷하므로, 이상 대신 이백을 비유적으로 썼음.

77 | 고착안(高著眼) : 안목을 좀 더 높이라는 뜻. 여기서는 상상력을 좀 더 발휘하라는 뜻.

78 | 증상사(贈相師) : 〈관상 잘 보는 초연스님 여산으로 돌아가심을 송별하며(送善相僧超然歸廬山)〉

九疊峰前遠法師, 아홉 겹 봉우리 앞으로 법사는 멀리 가시는구나,
長安塵染坐禪衣. 장안의 속된 먼지 좌선 옷을 더럽혔네.
十年依舊双瞳碧, 십년 동안 여전히 두 눈 푸르고,

師問, 黃葉漫山錫杖飛.』 句法之工如此. 東坡云 : 『火色上騰雖有數, 急流勇退豈無人.』[79] 又豪宕可人.

진간재(진여의)가 〈선상스님께 드림〉이라는 시에서 말하기를

鼠目向來吾自了,　　쥐 눈인가 전부터 내가 짐작하였지만,
龜腸從與世相違.　　거북창자 처음부터 세상과 어긋나셨네.
醉來却欲煩公說,　　취한 김에 다시 선생에게 번거롭게 물으려하는데.

萬里今持一笑歸.　　만 리 길에 지금 웃음 띠고 돌아가시네.
鼠目向來吾自了,　　쥐 눈인가 전부터 내가 짐작하였지만,
龜腸從與世相違.　　거북창자 처음부터 세상과 어긋나셨네.
酒酣更欲煩公說,　　취한 김에 다시 선생에게 번거롭게 물으려하는데.
黃葉漫山錫杖飛.　　누런 잎 가득한 산에 석장스님의 지팡이 나는 듯 올라가네.
—《문연각사고전서전자판》의 〈간재집〉
※서목(鼠目) : 소견이 작다는 뜻. 쥐의 눈은 작으면서도 밖으로 툭 불거져 나와 있어 흡사 탐욕스러워하는 모양이므로 전하여 이렇게 비유한다.
※구장(龜腸) : 마음이 세상과 잘 조화되지 못한다는 뜻. 옛날 사람들은 거북은 아무것도 먹지 않고 공기만 마시고 산다고 생각하였음.

79 | 〈관상 잘 보는 정걸님께 드림(贈善相程傑)〉 : 시의 전문이다.
心傳異學不謀身.　　심법은 이단의 학문에 있어 자신을 도모하지 않고,
自要淸時閱搢紳.　　스스로 태평성세의 사대부들 관상을 읽으려하였지.
火色上騰雖有數,　　화색이 위로 오르는 것이 비록 운수에 있다고 하지만,
急流勇退豈無人.　　급한 흐름 속에서 어찌 용감하게 물러나는 사람 없겠는가.
書中苦覓原非訣,　　책 속에서 고생하며 찾는 것은 원래 잘못된 비법이었고,
醉裏微言却近眞.　　취중에 한 은밀한 말이 오히려 진실에 가깝다네.
我似樂天君記取,　　내 관상 백락천 비슷하다고 하신 말씀 그대는 기억하시는가?
華顚賞遍洛陽春.　　『희끗희끗한 머리에 낙양의 봄을 두루 감상하고 다니셨던 그 분과 똑같다』고 하신.
—《소동파전시집》 권4, 570쪽 (일본도서출판사)에서 인용.
※정걸(程傑) : 어떤 사람인지 구체적인 것은 미상.
※화색상등(火色上騰) : 불길이 빨리 타오르듯 하는 일이 빨리 성취되지만 오래 지탱할 수 없다는 뜻.
※급류용퇴(急流勇退) : 급류 중에서도 부귀를 누리다가 빨리 물러나니 좋다는 뜻.

黃葉漫山錫杖飛. 누런 잎 가득한 산에 석장스님의 지팡이 나는 듯 올라가네.

하였다. 구법의 공교함이 이와 같다. 동파가 시에:

火色上騰雖有數, 화색이 위로 오르는 것이 비록 운수에 있다고 하지만,
急流勇退豈無人. 급한 흐름 속에서 어찌 용감하게 물러나는 사람 없겠는가?

라고 하였다. 또한 호탕하여 마음에 든다.

[12] 영사시詠史詩와 활롱어活弄語

古人多有詠史之作, 若易曉而易壓, 則直述其事而無新意者也. 常愛杜牧〈赤壁〉云[80]:『折戟沈沙半未鎖, 試將磨洗認前朝. 東風不惜周郎便[81], 銅雀春深鎖二喬.』[82]〈烏江亭〉[83] 云:『勝敗兵家事未期, 包羞忍恥是男兒. 江東子弟多才俊, 卷土重來未可知.』〈雲蒙澤〉云[84]:『日旗龍旆想悠

80 | 두목(杜牧):《보한집(補閒集)》 주 12) 참조.
※〈적벽(赤壁)〉: 두목. 시의 전문이다.
※적벽: 지금의 호북성 무한의 서남쪽 포절 땅에 속한 양자강의 남쪽 벼랑 쯤 이었을 것으로 추정된다.

81 | 주랑(周郞): 주유(周瑜, 175~210)를 가리킨다. 오(吳) 나라의 명장으로, 촉의 제갈공명과 함께 적벽대전에서 위군(魏軍)을 대파한 것으로 유명하다.

82 | 이교(二喬): 대교(大喬)와 소교(小喬). 삼국시대 오나라의 대신 교현(喬玄)의 두 딸로 절세미인. 대교는 오왕 손책(孫策)에게, 소교는 주유(周瑜)에게 시집갔다.
※동작(銅雀): 조조가 도읍하였던 업성(鄴城)에 세운 누대(樓臺). 그 꼭대기에 구리새를 올려 놓았음.

83 | 〈오강의 정자(烏江亭)〉: 위 본문의 내용이 시의 전문(全文)이다.
※오강정: 오강은 항우가 패전하고 마지막으로 쫓겨갈 때, 이 강만 넘으면 안전할 수 있었으나, 끝내 오기를 포기한 곳임. 이 정자는 그 사실을 기념하여 지은 것임.

揚, 一索功高縛楚王. 直使飄然五湖去, 未如終始郭汾陽[85].』〈桃花夫人廟〉云[86]:『細腰宮裏露桃新[87], 脈脈無言度幾春. 畢竟息亡緣底事? 可憐金谷墮樓人.』[88] 唐彦謙〈仲山〉云[89]:『千古孤墳寄薛蘿, 沛中鄉里漢山河. 長陵亦是閒丘隴, 此日誰知與仲多.』張安道〈歌風臺〉云[90]:『落魄劉郎作帝歸[91], 樽前慷慨大風詩[92]. 韓彭葅醢蕭何縶[93], 更欲多求猛士爲.』

84 | 〈운몽택(雲夢澤)〉: 위 본문의 내용이 시의 전문이다.
※운몽택 : 한고조가 그의 공신으로 초왕이 된 한신(韓信)을 붙들던 곳이다. 한신은 유능한 야전사령관으로서 자기의 능력만 믿고 몇 차례나 명령을 듣지 않고 행동하였고 내란에 동조하다가 초왕(楚王)이 됨.

85 | 곽분양(郭汾陽) : 당나라 화주(華州) 사람. 이름은 자의(子儀), 시호는 충무(忠武). 숙종(肅宗)때 안사(安史)의 난을 평정한 공으로 분양왕(汾陽王)으로 봉해지고 20여 년 동안 시국을 안정시켰음.
※오호거(五湖去) : 안휘성 화현(和縣)에 있음. 춘추시대 월나라 때의 공신 범려(范蠡)가 월왕 구천(句踐)을 도와 오왕 부차(夫差)를 쳐서 이긴 뒤에, 오호에 배를 띄우고 종적을 감춘 것을 칭송하는 말.

86 | 〈도화부인묘(桃花夫人廟)〉: 두목. 위 본문의 내용이 시의 전문이다.
※도화부인(桃花夫人) : 춘추시대 식후(息侯)의 부인. 식위(息嬀). 또는 식부인(息夫人)이라고도 함. 절세미인으로 초 문왕이 식을 멸망시키고 자기의 아내로 삼았다고 한다.

87 | 세요궁(細腰宮) : 초나라 궁중에는 허리 가는 미인이 많았다고 한다.

88 | 금곡(金谷) : 진(晉)나라 석숭(石崇 : 전설적인 거부로 원래는 소금장수 였다고 한다. 왕개와 재물 경쟁을 한 것으로 유명하다.)이 금곡에 세운 동산. 거기에 청량대(淸凉臺)가 있다. 석숭에게는 아름다운 첩[綠珠] 이 있었는데, 손수(孫秀)가 녹주를 요구하니 허락하지 않았다. 손수가 조서를 위조하여 석숭을 붙잡아가니 녹주가 누각에서 떨어져 자살하였다.

89 | 당언겸(唐彦謙) : 당나라 말기의 시인. 자는 무업(茂業), 호는 녹문선생(鹿門先生). 박학하며 기예(技藝)에 두루 통하고 더욱이 시를 잘 썼다. 문집 《녹문선생집》(3권) · 《전당시》(권671~672)에 시가 수록되어 있음.
〈중산(仲山)〉: 한고조 유방의 형 중이 은거하였던 곳. 위 본문이 시의 전문이다.

90 | 장안도(張安道) : 남송 때 사람. 본명은 장방평(張方平)으로, 왕안석의 신법(新法)을 반대했다. 《낙전집(樂全集)》이 있다.
〈가풍대(歌風臺)〉: 한 고조가 천하를 차지하고 고향에 돌아와 대풍시(大風詩)를 노래한 곳에 후인이 대(臺)를 세워 대풍시를 세기고 기념한 곳. 시의 전문이다. 이 시의 마지막에 나오는 『위(爲)』자는 의문조사로 사용되었음.

91 | 유랑(劉郞) : 유방(劉邦)을 말한다.

92 | 〈대풍시〉: 한고조 유방은 숙적 항우(項羽)를 타도하고, 통일국가를 실현시킨 그는 득

劉貢父 〈塞上〉 云[94] : 『自古邊功緣底事, 多因嬖倖欲封侯. 不如直與黃金印, 惜取沙場萬髑髏.』 王介甫 〈張良〉 詩云[95] : 『漢業存亡俯仰中, 留侯於此每從容. 固陵始議韓彭地, 複道方圖雍齒封.』[96] 〈韓信〉[97] 詩云 : 『貧賤

의의 절정에서 고향인 패(沛)로 개선하여, 그 곳 사람들을 모아 대연회를 개최하였다. 연회가 무르익었을 때, 그는 스스로 악기를 들고 즉흥시를 읊었고, 다시 120명의 젊은이들에게 합창을 시키고 자기는 춤을 추었다. 구(句) 중간에 『혜(兮)』라는, 리듬을 맞추는 글자를 넣은 3구 23자의 짧은 시이나 왕자(王者)로서의 웅대한 기상이 잘 나타나 있다.

〈대풍가(大風歌)〉 유방(劉邦)

大風起兮雲飛揚. 큰 바람 몰아침이여 구름 날아오르는 도다.
威加海內兮歸故鄕. 위엄을 천하에 떨침이여 고향에 돌아왔도다.
安得猛士兮守四方. 어찌하면 용사 얻어 천하 지킬 수 있을까?

－《고문진보》 전집, 이장우 · 우재호 · 장세후 옮김, 을유문화사, 2001, 469쪽에서 인용.

93 | 한팽(韓彭) : 한신(韓信)과 팽월(彭越). 유방이 항우와 싸우기 위하여 고릉(固陵 : 하남 회양현 서북쪽)에서 만나기로 약속하였으나, 약속을 지키지 않자 책사 장량(張良)의 건의를 받아들여 그들에게 전쟁에 이기면 천하의 땅을 나누어 가지자고 제안한 뒤에야 동조하였음. 그 뒤에도 마음속으로 유방을 제거하고 스스로 황제가 되고자 하는 욕심을 품고 있다가 둘 다 죽음을 당하였음. 다음에 나오는 왕안석의 〈장량〉 참조 요망.

※저해(菹醢) : 죽여 살을 도려내어 젓을 담는 혹독한 형벌.

※소하(蕭何) : 유방의 보급담당 참모로서 재상이 되었으나, 유방이 그가 너무나 유능하여 자기가 전쟁터에 나가서 장안을 비운 사이에 스스로 황제 자리를 빼앗지 않을까 의심하자, 그런 의심을 피하기 위하여 백성들의 땅을 빼앗는 흠집을 스스로 만들었다가 잡혀서 감옥에간 일이 있음.

94 | 유공보(劉貢父) : 송나라 때 사람. 본명은 유반(劉攽)으로 왕안석의 신법을 반대하고 사마광(司馬光)과 더불어 《자치통감(資治通鑑)》을 지었다.

〈새상(塞上)〉 : 요새위에서란 뜻. 위의 본문이 시의 전문이다.

95 | 왕개보(王介甫, 1021~1086) : 《백운소설(白雲小說)》 주 10) 참조.

〈장량(張良)〉 : 왕개보는 장량이라는 시를 두 편 지었다. 본문의 것이 그 중 한편이며, 시의 전문이다.

※장량(?~기원전 168) : 자는 자방(子房)이며, 한고조 유방의 공신으로 유후(留侯)에 봉해졌으나, 권세를 누리지 않고 물러났음. 선견지명이 있는 책사(策士)로 유명하다.

96 | 옹치(雍齒) : 한 나라 때 패(沛) 땅 사람. 한 고조를 따라 다니다 배반했으며, 다시 돌아와 전공을 세웠다. 고조는 늘 불쾌하게 여겼다. 그러나 고조가 낙양의 남궁(南宮)의 복도에서 장량의 헌책(獻策)에 좇아 제일 먼저 옹치를 십방후(十邦侯)에 봉하자,

侵陵富貴驕, 功名無復在芻蕘. 將軍北面師降虜, 此事人間久寂寥.』禪家所謂活弄語也.[98]

옛사람들이 역사를 노래한 작품이 많이 있는데, 만약 그 시가 쉽게 깨달아 지고, 쉽게 싫어지는 것이라면 그것은 역사상의 사실을 직설적으로 진술하여서 새로운 뜻이 없는 것이다. 내가 두목의 시를 늘 사랑했는데, 그가 쓴 〈적벽시〉에는

折戟沈沙半未鎖,	부러진 창 모래에 묻혔는데 반은 삭지 않았네,
試將磨洗認前朝.	시험 삼아 가져다가 갈고 씻어보니 옛 시대의 것임 알겠구나.

여러 장수들이 옹치도 봉후하였으니, 우리는 근심할 것 없다 라고 하였다 한다.
– 네이버(www.naver.com)

97 | 〈한신(韓信)〉 : 왕안석이 지은 한신 이라는 제목의 시는 두 수인데, 그 중 한 수 이며, 시의 전문이다.
※추요(芻蕘) : 풀베고 나무하는 사람. 초야에 묻혀있는 사람.
※북면(北面) : 신하가 임금을 대할 때, 남쪽에 앉아서 북쪽에 앉은 임금을 우러러 봄. 여기서는 존경한다는 표시로 사용함.
※사강로(師降虜) : 항복한 포로를 스승으로 삼다. 한신이 조(趙) 나라를 정복하고는 그 나라에서 잡혀온 광무군(廣武君) 이좌거(李左車)를 스승의 자리에 앉게 하고서는 병법에 관하여물었는데, 이 시에서는 이 점은 한신의 장점으로 보았음.

98 | 활롱어(活弄語) : 선가에는 염농(拈弄). 염출법(拈出法) 이라는 것이 있는데, 이는 인연(因緣). 화두(話頭). 법요(法要). 기타 고인의 견해 등에 대하여 자신들의 의사를 마음대로 진술하며 논평하고 새로운 의미, 살아있는 의미를 도출해 내는 것을 뜻한다. 이 염농. 염출법의 요점은 고정된 사실로만 존재하는 사구(死句)를 생명력 있는 활구(活句)로 전용(轉用)하는데 있다. 이 염농. 염출법의 일종이 익재가 언급한 활농어 라고 생각된다. 익재는 이러한 활농어를 영사시(詠史詩)의 신의(新意)를 말하는 데 원용하고 있는데, 익재가 《역옹패설(櫟翁稗說)》에서 언급한 활농어는 표면적으로는 전고를 반용(反用)하는 것과 유사하지만, 이는 표현 기교로서의 미적 가치를 나타내는 데에만 쓰인 용어가 아니다. 그것은 그의 현실에 대한 비판적 주체적 의식에 입각한 기초 인식의 갱신이라는 의미를 갖는 신의의 다른 표현이라고 할 수 있다. – 〈선가의 활롱어에 대하여〉, 김성규, 한성어문학 7권, (1988년 1월)에서 발췌.

東風不惜周郎便, 동풍이 주랑에게 편리한 것 빌려주지 않았다면,
銅雀春深鎖二喬. 동작대에 봄 깊은데 이교가 감금되었으리.

하였고, 〈오강정〉에서는

勝敗兵家事未期, 이기고 지는 것은 병가로서 기약하기 어려운 것,
包羞忍恥是男兒. 부끄러움을 쌓아두고 부끄러움을 참아야 그것이 사나이라.
江東子弟多才俊, 강동의 젊은이들 중에 재주 뛰어난 사람 많으니,
卷土重來未可知. 세력을 회복하여 다시 석권할는지도 알 수 없었으리.

라 하였으며, 〈운몽택〉에서는

日旗龍旆想悠揚, 해 그리고 용 그린 기 생각하면 유유히 날렸으리,
一索功高縛楚王. 한 개의 포승으로 공도 높게 초왕을 묶었구나.
直使飄然五湖去, 설사 곧바로 범여처럼 표연히 오호로 갔더라도,
未如終始郭汾陽. 끝내 곽분양만은 같이 명예롭지는 못하였으리.

하였다. 〈도화부인묘〉에서는

細腰宮裏露桃新, 세요궁 안에 이슬 젖은 복사꽃 새로 피었는데,
脈脈無言度幾春. 맥맥하게 말없이 몇 봄을 보냈던고,
畢竟息亡緣底事? 필경은 식국이 망한 것 무슨 일로였던가?
可憐金谷墮樓人. 가련타, 금곡의 다락에서 떨어진 사람이여.

하고 읊었으며, 당언겸의 〈중산〉에는

千古孤墳寄薛蘿, 천고의 외로운 무덤 벽라에 얽혀있는데,
沛中鄉里漢山河. 패 땅이 고향이요 한나라의 산천이라.

長陵亦是閒丘隴, 고조의 장릉 역시 빈 언덕이 되었으니,
此日誰知與仲多? 누가 중보다 낫다고 할 수 있으리오?

라 하였다. 장안도의 〈가풍대〉에서는

落魄劉郎作帝歸, 파락호이던 유랑이 황제가 되어 돌아와,
樽前慷慨大風詩. 술잔 앞에서 강개하여 〈대풍시〉를 불렀다하네.
韓彭葅醢蕭何縶, 한신과 팽월 죽어 젓 담겨지고 소하는 포박 당하였는데,
更欲多求猛士爲? 또다시 맹사를 많이 구하고 싶다고?

라 하였고, 유공보의 〈요새 위에서〉에서는

自古邊功緣底事, 자고로 변방에서 전쟁 일으켜 공을 세우려함은 무슨 일인지?
多因嬖倖欲封侯. 흔히 은총 받던 신하가 공후백작公侯伯爵에 봉해지기를 원해서라네.
不如直與黃金印, 그냥 그들에게 황금도장 만들어 주는 것만 같지 못한 것,
惜取沙場萬髑髏. 아깝게도 모래밭에다 수만 개의 해골만 만들었구나.

하였다. 또 왕안석의 〈장량〉에서는

漢業存亡俯仰中, 한나라 왕업의 존망이 그의 움직임 하나에 달려 있었는데,
留侯於此每從容. 유휴는 이런 때에도 언제나 조용하게 행동하였네.
固陵始議韓彭地, 고릉에서 처음으로 한신과 팽월에게 땅을 떼어줄 것을 의논하였고,
複道方圖雍齒封. 낙양 궁전의 복도에서는 옹치의 봉후를 헌책 하였도다.

하였고, 〈한신〉에서는

貧賤侵陵富貴驕,	빈천할 때는 업신여김을 당하였지만 부귀할 때는 교만하니,
功名無復在芻蕘.	그의 부귀공명은 다시 풀 베고 나무하는 자로 남아 있지 못하게 하였구나.
將軍北面師降虜,	장군으로서 북면하여 항복한 포로를 스승으로 삼았으니,
此事人間久寂寥.	그런 일 인간 세상에는 오래도록 드물었다오.

하였다. 위의 시들은 선가에서 말하는 소위 활롱어活弄語라는 것이다.

【참고문헌】

권오돈 역,《한국의 사상대전집》5, 동화출판공사, 1972년.

이상보 역,《한국명저대전집》, 대양서적, 1978년.

남만성 역,《역옹패설》, 을유문화사, 1971년.

지영재 저,《서정록을 찾아서》, 푸른역사, 2003년.

김학주 역,《당시선》, 명문당, 2003년.

《宋詩大觀》, 商務印書館 上海辭書出版社, 1988년.

《中學古詩文辭典》, 黑龍江教育出版社, 1988년.

정인지 저,《역주 고려사》, 동아대학출판부, 1982년.

이장우 · 우재호 · 장세후 역,《고문진보》, 을유문화사, 2001년.

《중국명시감상》, 명문당, 2005년.

【참고논문】

김성규, 〈선가의 활농어에 대해〉, 한성어문학지 제7권, 1988년.

김성규, 〈신의와 활농어〉, 반교어문학회지 제1권, 1988년.

유영표, 〈왕안석 시가문학연구〉, 법인문화사, 1993년.

【그 외 참고자료】

《文淵閣 四庫全書 電子版》

한국고전번역원(www.itkc.or.kr)

百度(www.baidu.com)

(李惠英)

제2부

조선 전기의 이야기

《청구풍아(靑丘風雅)》
《동인시화(東人詩話)》
《필원잡기(筆苑雜記)》
《용재총화(慵齋叢話)》
《추강냉화(秋江冷話)》
《소문쇄록(謏聞瑣錄)》
《용천담적기(龍泉談寂記)》
《체의성삼자주해(體意聲三字注解)》
《송계만록(松溪漫錄)》
《학산초담(鶴山樵談)》
《월정만필(月汀漫筆)》
《오산설림(五山說林)》

5. 《청구풍아青丘風雅》1

김종직(金宗直, 1431~1492)이 지었다. 자는 계온季昷이고, 호는 점필제佔畢齊이며, 본관은 선산善山이다.

이 책은 7권으로 이루어져 있고, 편찬연대는 대략 조선 성종成宗 3년(1473)이며 명 헌종憲宗 성화成化 8년에 해당한다. 본서는 시선집으로 시화서가 아니다. 그러나 그중에서 시작詩作이나 주석을 한 부분은 일정한 시론 가치가 있다. 5권의 이색李穡이 지은 〈두시를 읽고(讀杜詩)〉에서 『고금의 절창을 누가 이을 수 있으리, 남긴 좋은 향기와 맛 후인들이 빌리네(古今絶唱誰能繼, 剩馥殘膏丐後人)』라고 한 것과 같은 것은 곧 두보에 대한 평가까지 연관된 것이다.

〈두시를 읽고(讀杜詩)〉

이색李穡2

錦里先生豈是貧3, 桑麻杜曲又回春4(杜詩：『杜曲幸有桑麻田.』5.

1 | 《청구풍아(青丘風雅)》: 『청구(青丘)』는 우리나라를 가리키는 이칭(異稱)의 하나이고, '풍아(風雅)' 는 시를 뜻하는 말이다. 곧 《청구풍아》는 우리 민족이 남긴 한시 작품이란 뜻이다. 이 책은 한시 작품이 찬란하게 빛을 발하기 시작한 신라 말기[최치원] 부터 조선 초기[성간(成侃)] 에 이르기까지의 126명의 시인들이 남긴 한시 518수를 7권 1책으로 엮었다.

2 | 이색(李穡, 1328~1396) : 고려 후기의 문신 · 학자. 본관은 한산(韓山). 자는 영숙(穎叔), 호는 목은(牧隱). 원나라 조정에서 급제하여 한림원(翰林院)에 등용되었다. 공민왕이 크게 공경하고 정중히 대하여 동방 사대부들의 영수로 여겼고, 문하시중이 되었으며 한산군(韓山君)에 봉해졌. 조선왕조에 들어와서는 벼슬을 사양하였으나, 죽자 조정에서는 문정(文靖)이라는 시호를 내렸다.

鉤簾丸藥身無病(杜詩 :『鉤簾宿鷺起, 丸藥流鶯囀』6, 書紙敲針意更眞(杜詩 :『老妻畵紙爲棋局, 稚子敲針作釣鉤』7. 偶直離亂增節義, 肯因衰

3 | 금리선생(錦里先生) : 두보가 금관성(錦官城)에 살면서 스스로를 금리 선생이라고 하였다. 금관성은 지금의 사천성(四川省) 성도(成都) 남쪽에 있다.

4 | 두곡(杜曲) : 두보가 살았던 곳, 이곳에서의 생활이 힘들어 직접 농사일까지 하게 되었기에 스스로를 두릉포의(杜陵布衣) · 두릉야로(杜陵野老)라 칭했다. 지금의 섬서성(陜西省) 서안시(西安市) 동남쪽에 있다.

5 | 두곡행유상마전(杜曲幸有桑麻田) : 〈곡강3장 · 매장 5구(曲江三章 · 章五句)〉의 제3장에 나옴. 이 시는 두보가 천보 11년 현종에게 부를 헌상하였으나 별다른 결과가 없게 되자, 자신의 우울한 심정을 피력한 것이다. 『곡강(曲江)』은 연못 이름으로, 장안현 동남쪽에 있다.

自斷此生休問天, 스스로 이 인생을 살아가려니와 하늘에 묻는 짓 그만두련다.
杜曲幸有桑麻田. 두곡에 다행스레 뽕과 삼 심은 밭 있어.
故將移住南山邊, 짐짓 장차 남산 부근으로 옮겨 살리니,
短衣匹馬隨李廣. 짧은 옷과 필마로 이광을 따르며,
看射猛虎終殘年. 맹호를 쏘는 것 보면서 여생을 마치리라.

―《두보 초기시 역해》, 이영주 외, 솔, 1999. p.359에서 인용.

6 | 구렴숙노기(鉤簾宿鷺起) 두 구 : 〈물가누각에 아침 개이자 운안에 계신 엄현령님께 편지를 보냄(水閣朝霽, 奉簡雲安嚴明府)〉.

東城抱春岑, 동쪽 성은 봄 언덕을 껴안고,
江閣鄰石面. 강가의 누각은 산의 바위와 이웃하고 있네.
崔嵬晨雲白, 가파른 돌산에 새벽구름 맑게 피어나고,
朝日射芳甸. 아침햇살은 꽃핀 들녘을 비추네.
雨檻臥花叢, 비오는 난간은 꽃 속에 누웠고,
風牀展書卷. 바람 부는 침상에서 책을 펴보네.
鉤簾宿鷺起, 주렴을 걷으니 잠자던 해오라기 일어나고,
丸藥流鶯囀. 환약을 빚으니 앵무새가 지저귀네.
呼婢取酒壺, 노비에게 술병 가져오라 부르고,
續兒誦文選. 아이에게 계속해서 문선을 암송하라하네.
晚交嚴明府, 늦게나마 사또님을 사귀었으니,
矧此數相見. 정말 여기에서 자주 만날 수 있기를.

―《杜甫全詩集》, 鈴木虎雄 註解, 日本圖書, p.283~284에서 인용.

7 | 노처화지위기국(老妻畵紙爲棋局) 두 구 : 〈강촌(江村)〉. 이 시는 두보가 49세 때 지은 시로 오랜 떠돌이 생활을 끝내고 안주할 수 있는 터전을 마련한데 대한 기쁨과 한적한 초당의 삶을 표현하였다.

清江一曲抱村流, 맑은 강 한 굽이가 마을을 안고 흐르는데,

老損精神. 古今絶唱誰能繼, 賸馥殘膏丐後人(宋祁《贊》云 : 『殘膏賸馥, 沾丐後人多矣.』8

금리선생이 어찌 가난하랴, 뽕밭과 삼밭이 있는 두곡에 또 봄이 돌아왔네.(두시 :

杜曲幸有桑麻田. 두곡에 다행스레 뽕과 삼 심은 밭 있어.)

발 걷고 환약을 빚으니 몸에 병 없고(두시 :

長河江村事事幽. 긴 여름 강촌에 일마다 한가롭다.
自去自來堂上燕, 절로 가며 절로 오는 것은 집 위의 제비요,
相親相近水中鷗. 서로 친하고 가까이 하는 것은 물 위의 갈매기라.
老妻畵紙爲棋局, 늙은 아내는 종이에 그려 장기판 만들고,
稚子鼓針作釣鉤. 어린아이는 바늘을 두드려 낚시 바늘 만드네.
多病所須唯藥物, 많은 병에 필요한 것은 오직 약물이니.
微軀此外更何求? 하찮은 몸이 이 밖에 다시 무엇을 구하리오?
— 《杜詩와 杜詩諺解》 李賢熙, 신구문화사, 1997, p.34~35에서 인용.

8 | 잔고승복(殘膏賸馥) 두 구 : 북송의 문호 구양수(歐陽脩)가 주편(主編)한 《신당서(新唐書)》의 〈문예열전(文藝列傳)〉의 두보 전기 밑에 붙은 찬(贊 : 찬미하는 말)에 나오는 내용 : 이 《신당서》의 열전 부분은 단명전학사(端明殿學士) 송기(宋祁)가 집필하였음. 개원연간에 이르러 점차 아정함으로써 다듬어 졌다. 그러나 화려함을 의지하는 자는 질박함에 반하고, 아름다움을 좋아하는 자는 웅장함에는 어긋난다. 사람들은 한 가지의 기풍만을 얻어도 모두들 자랑할 만한 바가 되어 스스로 이름을 알리려고 하였다. 두보에 이르면 당당대해를 포용하고, 천태만상으로 변화가 풍부하며, 고금을 겸비하고 있어 다른 사람들은 부족했지만 두보는 남음이 있었으며, 자신이 남긴 맛과 향기 후인이 빌린 바가 많았다. 그렇기 때문에 원진은 이르길 『《시경》의 시인 이후에 두보만한 사람이 없었다』라고 하였다. 두보는 또한 시사를 잘 서술하였고, 성률도 매우 정밀하고 심오하여 천 마디의 말에 이르러도 조금도 느슨해지지 않아 세상 사람들이 『시의 역사(詩史)』라 칭하였다(逮開元年間, 稍裁以雅正, 然恃華者質反, 好麗者壯違, 人得一槩, 皆自名所長. 至甫, 渾涵汪茫, 千彙萬狀, 兼古今而有之, 它人不足, 甫乃厭餘, 殘膏賸馥, 霑丐後人多矣. 故元稹謂 : 『詩人以來, 未有如子美者.』 甫又善陳時事, 律切精深, 至千言不少, 世號 『詩史』). — 번역은 《당대문인열전》, 이장우, 우재호 주편, 중문출판사, 2004, p.188 참조.

鉤簾宿鷺起,　　주렴을 걷으니 잠자는 해오라기 일어나고,
丸藥流鶯囀.　　환약을 빚으니 앵무새가 지저귀네.)

書紙敲鍼意更眞.　　바둑판 그리고 낚싯대 만드니 마음 더욱 천진하네.

(두시 :

老妻畵紙爲棋局,　　늙은 처는 종이에 그려 장기판 만들고,
稚子敲針作釣鉤.　　어린아이는 바늘을 두드려 낚시 바늘 만드네.)

偶直離亂增節義,　　우연히 난리를 만나 절의를 더할망정,
肯因衰老損精神.　　어찌 노쇠하다해서 정신이 약해지리오.

古今絶唱誰能繼,　　고금의 절창 누가 이을 수 있으리,
賸馥殘膏丐後人.　　남긴 맛과 향기 후인들이 빌리네.

송기宋祁《찬贊》에 이르기를 :

殘膏賸馥,　　남긴 맛과 향기
沾丐後人多矣.　　후인들에게 전해주네

라 하였다.)

【참고문헌】

羅竹風 主編,《漢語大詞典》, 한어대사전출판사, 2001.
金宗直 撰,《譯註 靑丘風雅》, 李昌熙 譯, 도서출판 다운샘, 2002.
李鍾燦 譯註,《韓國漢詩大觀》, 이회, 2001.
李賢熙,《杜詩와 杜詩諺解》, 신구문화사, 1997.

鈴木虎雄 註解,《杜甫全詩集》, 日本圖書.

이영주 외 4인,《두보 초기시 역해》, 솔출판사, 1999.

金達鎭 譯解,《唐詩全書》, 민음사, 1987.

李賢熙,《杜詩와 杜詩諺解》, 신구문화사, 1997.

車柱環,《中國文學의 饗宴》, 서울대출판부, 1996.

【그 외 참고자료】

《文淵閣 四庫全書 電子版》

네이버(www.naver.com)

百度(www.baidu.com)

(石文珠)

6. 《동인시화東人詩話》[1]

서거정(徐居正, 1420~1492)이 지었다. 서거정의 자는 강중剛仲이고, 호는 사가정四佳亭, 시호는 문충文忠, 본관은 대구大邱이다.

《동인시화》는 두 권으로, 조선 성종成宗 5년(1474)에 지어지고, 명 헌종憲宗 성화成化 10년에 해당된다. 이 책은 순수하게 시를 논한 것으로, 한국에서 처음으로『시화』라는 제목으로 지은 책이다. 또한 이 책은 단지 한국 작가와 작품을 논하였으므로『동인東人』이라 한다. 비록 이렇다할지라도 서거정이 한국인 작품을 논할 때, 어떤 때는 작가와 중국 시가의 관계를 언급하였다. 예를 들면 이인로[2]의 시를『저절로 한유의 시법을 터득함이 있네(自然有韓法)』라고 칭찬하는데, 이것이 바로 뚜렷한 예이다. 이 책은 한국시화사에서 숭고한 위치를 차지하는데, 최국화崔國華[3]의 〈후서後序〉에 칭하기

1 | 《동인시화(東人詩話)》: 조선 문신·학자 서거정(徐居正)이 1474년에 지은 시 비평서로 내용은 신라의 최치원(崔致遠)·박인범(朴仁範) 고려의 이규보(李奎報)·최해(崔瀣)·이제현(李齊賢)·이숭인(李崇仁)·이인로(李仁老)·정지상(鄭知常)과 조선 초기의 권근(權近)·최항(崔恒)·변계량(卞季良) 등의 시화 143편을 중심으로 논했다. 최초의 순수 시비평서로 문학사적 가치가 크다. 2권 2책.

2 | 이인로(李仁老, 1152~1220): 고려 후기 문인. 자는 미수(眉叟). 호는 쌍명재(雙明齋). 본관은 인천(仁川). 그의 문학세계는 선명한 회화성을 통하여 탈속의 경지를 모색했으며, 문은 한유의 고문을 따랐고 시는 소식을 숭상했다. 최초의 시화집인《파한집(破閒集)》을 저술하여 한국문학사에 본격적인 비평문학의 길을 열었다.

3 | 최국화(崔國華, 1433~1480): 조선 초기의 문신. 이름은 숙정(淑精). 본관은 양천(陽川). 자는 국화(國華), 호는 소요재(逍遙齋)·사숙재(私淑齋). 1477년 예문관직제학·춘추관편수관이 되어 이듬해 찬진된《동문선(東文選)》의 편집에 참여하고, 같은 해 통정대부에 오르면서 여주목사로 파견되었다. 일세의 명현이었다는 평판과 높은 시격(詩格)이 있다는 평을 들었다. 저서로는 1813년(순조13)에 간행된《소요재집(逍遙齋集)》2권이 있다.

를 『시화가 있은 후에 이렇게 정교한 것은 없었다(自有詩話以來, 未有如此精切者也)』하였는데 이것으로 충분히 증명할 수 있다.

[1] 과장된 표현

陳司諫澕[4]『雨餘庭院簇莓笞, 人靜柴扉晝不開. 碧砌落花深一寸, 東風吹去又吹來』[5]. 砭者曰 : 『落花稱深一寸, 似畔於理.』 予曰 : 『趙退菴[6]詩曰 : 「蒲色青青柳色深, 今年寒食去年心. 醉來不記關河夢, 路上飛花一膝深.」 其曰 「一膝」, 則更深於一尺矣. 况太白詩 「燕山雪花大如席」[7], 又曰 「白髮三千丈」[8], 蘇子瞻[9] 「大繭如甕盎」[10], 是不可以辭害意, 但當意會

4 | 진화(陳澕) : 생존 연대 미상. 고려시대 문장가로 본관은 여양(驪陽), 호는 매호(梅湖). 어렸을 때부터 글재주가 뛰어나 명종(明宗)이 소상팔경(瀟湘八景) 시를 짓게 하자 장편을 지어 왕을 찬탄케 하였다고 한다. 1200년(신종3) 문과에 급제, 한림원(翰林院)에 들어가 우사간(右司諫) 지제고(知制誥)를 거쳐 공주지사(公州知事)를 지냈다. 시에 능하고 사어(詞語)가 청려(淸麗)하고 묘경(妙境)에 달하여, 이규보(李奎報)와 함께 문명을 날렸다. 저서에는《매호유고(梅湖遺稿)》가 전한다.

5 | 시제는 〈춘만(春晩)〉으로 칠언절구임.

6 | 조퇴암(趙退菴) : 미상.

7 | 연산설화대여석(燕山雪花大如席) : 시제는 〈북풍행(北風行)〉. 북쪽 지방의 추운 날씨에 고생하는 병사들의 생활을 노래한 것. 〈잡곡가사(雜曲歌辭)〉 중의 하나.

燭龍棲寒門,	촉룡이 한문에 들었으니,
光曜猶旦開.	훤하기가 동트는 듯하여라.
日月照之何不及此,	해와 달이 어이 여기를 비치지 않나,
唯有北風號怒天上來.	북풍만이 노호하며 하늘에서 불어오노라.
燕山雪花大如席,	연산의 눈송이는 방석만한데,
片片吹落軒轅臺.	펄펄 날리어 헌원대에 떨어지누나.
幽州思婦十二月,	유주 섣달에 임 그리는 여인네는,
停歌罷笑叉蛾摧.	노래 잊고 웃음 잃고 아미를 찌푸렸다.

— 진옥경 역주해설,《완역 이태백 악부시》, 사람과 책, 1998.

8 | 백발삼천장(白髮三千丈) : 시제는 〈추포가(秋浦歌)〉. 이 시는 모두 17수로 이루어져 있다. 추포는 이백이 귀향 가 있던 지명이며, 만년에 귀향에서 풀려난 이백이 추포[安徽省 내] 에 와서 거울을 보고 이미 늙어 버린 자기 모습에 놀라 탄식하는 노래이다. 여기에 인용된 시구는 15번째 수에 나온다. 「白髮三千丈」이란 표현은 중국 문학의 과장적

爾.』近得《甘露集》11, 乃宋僧詩也. 其詩云 :『綠楊深院春晝永, 碧砌落花深一寸.』與陳句無一字異, 古之人亦有是語矣.

사간司諫 진화陳澕의 시에,

雨餘庭院簇莓苔, 비온 뒤 정원에 이끼 무성하고,
人靜柴扉晝不開. 인적 고요하여 사립문은 한낮에도 닫힌 채네.
碧砌落花深一寸, 푸른 이끼 낀 섬돌에는 낙화가 한 치 높이나 쌓였고,

표현으로 널리 인용되는 문구인데 요즈음에는 '과장된 것을 비웃는 말'로 흔히 쓰이고 있다.

白髮三千丈, 흰 머리 삼천 장이나 긴 것은,
緣愁似箇長. 마음의 근심 때문에 길었겠지.
不知明鏡裏, 거울 속 저 모습을 모르겠네,
何處得秋霜. 어디서 가을 서리 같은 흰 머리 얻었는가.

9 | 소자첨(蘇子瞻) : 이름은 식(軾), 자첨은 그의 자. 동파는 그의 자호(自號). 미주(眉州) 미산(眉山) 사람. 순(洵)의 아들. 문학사상에 있어서 복고를 주장했으나 자유를 숭상한 정열적인 시인이었고, 허다한 고통과 비상(悲傷) 속에서도 왕안석의 비정(秕政)에 저항했던 달인이었다. 중국 문학에서 그의 문학이 차지하는 위치는 매우 크다. 저서로는《동파집(東坡集)》115권 ·《어초한화(漁樵閒話)》등이 있다.

10 | 대견여옹앙(大繭如甕盎) : 시제는 〈조령안이 가진 최백이 그린 폭이 세 장이나 되는 그림(趙令晏崔白大圖幅徑三丈)〉아래에 첫부분만 인용한다.

扶桑大繭如甕盎, 부상에 큰 누에고치가 옹기만한데,
天女織綃雲漢上. 하늘의 여인들이 은하수위에서 실을 짜네.
往來不遣鳳銜梭, 왔다 갔다 함에 봉황으로 하여금 북 물고 다니게 하지 않는데,
誰能鼓臂投三丈. 누가 능히 팔에 힘을 주어 삼장이나 던질 수 있는가?

11 |《감로집(甘露集)》: 혜홍(惠洪, 1071~1128)이 지었다. 자는 각범(覺範), 균주 신창(筠州 新昌 : 지금의 江西省 宜豐縣) 사람이다. 강서(江西)의 석문사(石門寺)에 있을 때, 학덕과 문필이 널리 알려져『석문사 문필 혜홍각범』이라고 불렸다. 스스로는 적음존자(寂音尊者)라고 하였다. 그의 생애는 참으로 파란만장하였는데, 구법당에 속하는 문인 사대부들과 교유가 많았기 때문에, 그들의 부침에 따라서 투옥과 유배라는 굴욕적인 사건이 되풀이 되었다. 현존하는 그의 문학관계 저서로는시화집인《냉재야화(冷齋夜話)》문집인《석문문자선(石門文字禪)》(30권)등이 있다.앞의《파한집》의[1] 혜홍 시에 대한 평가를 보라.《감로집》(9권)은 그의 시집이라고 하나 지금 전하지 않음.

東風吹去又吹來.　　봄바람은 불어 갔다 불어오기 자주 하네.

라고 하였다. 평자들이 『'낙화가 한 치 높이나 쌓였다' 고 한 것은 실제의 이치에 맞지 않는다.』라고 하였다. 내가 말하길, 『조퇴암趙退菴의 시에,

蒲色青青柳色深.　　부들 빛 푸르디푸르고 버들 빛 짙어 가는데,
今年寒食去年心.　　올해의 한식을 맞는 마음은 작년과 같다네.
醉來不記關河夢,　　취해 관하(關河)의 꿈 기억할 수 없노니,
路上飛花一膝深.　　길 위에 날리는 꽃은 무릎까지 쌓였네.

라고 하였다. 여기에서 「일슬一膝」이라고 한 것은 또한 한 자보다 깊은 것이다.

더욱이 이태백李太白이 지은 시에, 「연산燕山의 눈송이는 방석 만하다네.」라고 하였고, 또 「백발이 삼천 길이나 되네.」라고 하였다. 소자첨蘇子瞻이 지은 시에 「큰 누에고치가 옹기만하네.」라고 하였으니, 과장된 말로써 시에서 나타내고자 하는 뜻을 그릇 쳐서는 안 되며, 다만 시의詩意를 적절하게 나타내는데 힘써야 할 것이다.』

요사이 《감로집甘露集》을 보았는데, 이는 송나라 스님의 시집이다. 그 시집에

綠楊深院春晝永,　　푸른 버들 깊은 정원에 봄 낮이 긴데,
碧砌落花深一寸.　　푸른 이끼 낀 섬돌에는 떨어진 꽃 한 치나 쌓였네.

라고 하였으니, 진화의 시구와 한 자도 다르지 않다. 옛사람 또한 이러한 말을 썼던 것이다.

[2] 이규보의 압운법

或問李文順三百韻詩重押二『施』字二『祇』字[12], 有何所祖乎? 予曰 :

『杜甫〈八仙歌〉13「知章騎馬似乘船」·「天子呼來不上船」, 重押二「船」字 ;「眼花落井水底眠」,「長安市上酒家眠」, 重押二「眠」字 ;「汝陽三斗

12 | 『施』字二『祇』字 : 시제는 〈동작 오세문이 고원의 여러 학사에게 드린 300구의 시에 차운하다(次韻吳東閣 世文呈誥院諸學士三百韻詩〉. 《동국이상국집》 권5에서 『施』와 『祇』가 두 번 쓰인 구절은 다음과 같다.

吾道寧終否, 오도가 어찌 이대로 없어질소냐,
斯文安復施. 사문이 다시 일어나려는 바일세.
景行高山仰, 훌륭한 도(道)는 높은 산처럼 우러러보고,
長材大廈施. 좋은 재목은 으레 큰 집에 쓰는 거라오.
威聲加絶寒, 위세는 먼 변방에 퍼지고,
忠臣賢靈祇. 충성은 귀신도 인정하였네.
磑磑芳已積, 외외히 제물이 이미 괴어지고,
鬻鬻意逾祇. 육육히 정성이 더욱 지극하였네.
— 한국고전번역원(www.itkc.or.kr)

13 | 〈팔선가(八仙歌)〉 : 여기서 팔선(八仙)은 이백 · 하지장(賀知章) · 이적지(李適之) · 여양왕진(汝陽王璡) · 최종지(崔宗之) · 소진(蘇晉) · 장욱(張旭) · 초수(焦遂) 등을 말한다. 이 시 제목은 〈음중팔선가(飮中八仙歌)〉로 7언 고시이다.

知章騎馬似乘船, 하지장은 술에 취하여 말 탄 것이 배탄 것처럼 기우뚱거리다가,
眼花落井水底眠. 눈이 아찔하여 우물에 빠지면 그대로 물속에서 자고 있네.
汝陽三斗始朝天, 여양왕은 술 서 말을 먹고야 조정에 나아가는데,
道逢麯車口流涎, 길에서 누룩 실은 수레 보면 침 줄줄 흘리면서,
恨不多封向酒泉. 주천 고을로 옮겨 봉해지지 못하는 것을 한하네.
左相日興費萬錢, 좌상은 날마다 술값이 만전이나 되는데,
飮如長鯨吸百川, 술 마시는 것이 마치 큰 고래가 여러 냇물을 삼키듯,
銜杯樂聖稱世賢. 잔을 들고 성인을 즐거워하니 현인이라 칭한다네.
宗之瀟灑美少年, 최종지는 깨끗하고 아름다운 소년인데,
擧觴白眼望靑天, 잔 들고 백안으로 하늘을 바라보니,
皎如玉樹臨風前. 깨끗하기가 마치 옥수가 바람 앞에 있는 듯하네.
蘇晋長齋繡佛前, 소진은 한동안 수불(繡佛 : 수놓아 만든 부처)앞에서 재계하다가,
醉中往往愛逃禪. 술에 취하여 참선하다가 도망치기를 좋아하네.
李白一斗詩百篇, 이백은 술 한 말에 시 백편을 짓고는,
長安市上酒家眠. 장안의 시장 주막에서 자고 있네.
天子呼來不上船, 천자가 오라고 불러도 배를 타지 않으면서,
自稱臣是酒中仙. 스스로 '신은 술 속의 신선이다' 칭하네.
張旭三杯草聖傳, 장욱은 술 석 잔을 먹고 초성을 전하네.
脫帽露頂王公前, 왕공 앞에서도 모자를 벗어 이마를 내놓고는,

始朝天」·「擧觴白眼望青天」, 重押二「天」字14 ;「皎如玉樹臨風前」·「脫帽露頂王公前」·「蘇晉長齋繡佛前」, 三押「前」字. 又蘇子瞻〈送王公著〉15 詩「忽憶釣臺歸洗耳」, 又曰「亦念人生行樂耳」, 自註曰 :「二耳字義不同, 故得重押.」予謂一韻重押. 蘇·杜尙然. 非但蘇·杜, 魏晉諸集中多有之, 獨何怪於李乎?』

어떤 사람이 묻기를, 이규보의 삼백 운 시에 『시施』자와 『기祇』자를 두 번

揮毫落紙如雲烟. 붓을 들어 종이에 쓰는데 구름인 듯 내인 듯하네.
焦遂五斗方卓然, 초수는 술 다섯 말을 먹어야 바야흐로 얼근해져서,
高談雄辯驚四筵. 고상한 말과 웅변으로 자리 온통 놀라게 하네.
— 한국고전번역원(www.itkc.or.kr)

14 | 중압이 「천」자重(押二「天」字) : 이 다섯 글자는 원문에는 없지만, 문장의 뜻에 의거 보충하는 것이 마땅하다. — 원주(原註)

15 | 〈송왕공저(送王公箸)〉 : 《소동파전시집(蘇東坡全詩集)》에는 시제가 〈강공저가 길주 지사로 부임하여 가심에 송별하다(送江公箸知吉州)〉로 되어 있어 서거정이 시 제목을 잘못 안 것 같다. 강저(江箸)는 동파와 같은 북송(北宋)의 관료로 절강성(浙江省)의 후한 때 유명한 은사 엄자릉(嚴子陵)이 은거했던, 엄주(嚴州)의 동려현(桐廬縣: 지금 항주시의 일부) 사람이다. 시 전문은 다음과 같다.

三吳行盡千山水, 세 오나라 지역의 모든 산과 강을 다 가 보았으나,
猶道桐廬更淸美. 그래도 동려현이 더욱 맑고 아름답다고 말하네.
豈惟濁世隱狂奴, 어찌 오직 난세에 숨어산 미치광이 은사 엄자릉 만이겠는가?
時平亦出佳公子. 태평성대에도 그대와 같이 훌륭한 사람 나왔구나.
初冠惠文讀城旦, 처음에는 법관의 관 쓰고 아침에 성 쌓는 죄수를 다루더니,
晚入奉常陪劍履. 늦어서야 봉상시에 박사로 들어와서 칼 찬 채 임금님 모셨네.
方將華省起彈冠, 바야흐로 장차 요직에 들어가서 갓의 머리를 털 때가 되었는데,
忽憶釣臺歸洗耳. 홀연히 낚시터에서 귀를 씻고 은퇴했던 분 생각하는가?
未應良木棄大匠, 아직도 좋은 나무가 큰 목수에게 버림받았다고는 할 수 없고,
要使名駒試千里. 더욱 그대 같은 명마로 하여금 천리 길을 시험해 보고자 하네.
奉親官舍當有擇, 부모님 모실 수 있는 관사를 마땅히 택해야 하는데,
得郡江南差可喜. 강남에서 고을살이하는 게 좀 더 즐거우리라.
白粲連檣一萬艘, 흰 쌀은 일만 척이나 돛을 이었고,
紅妝執樂三千指. 붉은 화장한 악공들 삼백 명이나 들끓으리.
簿書期會得餘閒, 문서를 기한에 모아서 보고하고 한가함이 생기시거든,
亦念人生行樂耳. 또한 인생의 행락만을 생각해 보소서.
—《소동파전시집(蘇東坡全詩集)》 4권

거듭 압운한 것이 어디 근거하는 데가 있습니까? 라고 하자, 나는 다음과 같이 대답하였다. 『두보의 〈팔선가八仙歌〉시에

知章騎馬似乘船. 하지장賀知章이 말을 탄 모습이 배에 오른 것 같네.
天子呼來不上船. 천자가 오라고 불러도 배에 오르지 못하네.

라고 하여, 같은 제목의 시에서 「선船」자를 두 번 압운하였고,

眼花落井水底眠. 눈앞이 어질어질하여 술 취해 우물에 빠져 우물 바닥에서 잠들었네.
長安市上酒家眠, 장안 저자거리의 주막집에서도 잠들었네.

라고 하여 또한 같은 시 속에서 「면眠」자를 두 번 압운하였으며,

擧觴白眼望青天. 술잔 든 채 흘긴 눈으로 푸른 하늘 바라보네.
汝陽三斗始朝天. 여양汝陽은 서 말의 술을 마시고서야 천자께 조회했네.

라고 하여 역시 「천天」자를 두 번 압운하였고,

皎如玉樹臨風前. 희게 빛나는 옥수玉樹는 바람 맞고 서 있네.
脫帽露頂王公前. 모자 벗어 이마를 드러낸 채 왕공 앞에 나서네.
蘇晉長齋繡佛前. 소진蘇晉은 수놓은 부처 앞에 길게 재계 드리네.

라고 하여 또한 「전前」자를 세 번이나 압운하였다. 소자첨의 〈송왕공저送王公著〉시에

忽憶釣臺歸洗耳. 문득 조대釣臺로 돌아와 귀 씻은 일 생각하네.

라고 하였고, 또 읊기를

亦念人生行樂耳.　　또한 인생행락만을 생각 하소서.

라고 하고는, 스스로 주를 달기를 : 「이 두 개의 이耳자는 그 의미가 다르다. 그러므로 거듭 압운한 것이다.」라고 하였다. 내가 생각하기에 운자 하나로 거듭 압운한 것은 소식과 두보도 오히려 그랬으며, 비단 소식과 두보만이 아니라 위魏·진晋 때 나온 여러 시집들 가운데에도 그러한 경우를 많이 볼 수 있다. 그러니 유독 이규보에게서만 무엇이 이상하단 말인가?』

[3] 양귀비 묘사

古人詠明皇貴妃事者多. 嘗愛韓子蒼[16]詩 : 『尙覓君王一回顧, 金鞍欲上故遲遲.』[17] 張祐[18]詩 : 『桃花院靜無人見, 閒把寧王玉笛吹.』今觀李文順〈開元天寶[19]四十二詠〉, 隨事諷詠, 抑揚頓挫, 沉深痛快, 雖置之唐宋作者, 亦無愧焉. 其賦〈剪髮〉云 : 『勅還外第妃何恨, 一朶烏雲足市權.』[20]

16 | 한자창(韓子蒼, 1080~1135) : 한구(韓駒). 촉(蜀) 선정감(仙井監 : 지금의 四川省 仁壽) 사람이다. 어려서 소철에게서 학문을 배웠고, 소식의 학문을 따랐다는 이유로 벼슬이 폄적되기도 하였다. 중서사인(中書舍人)이 되었다가 남송에 들어와서 지강주(知江州)가 되었다. 《능양집(陵陽集)》 4권이 전해진다.

17 | 상멱군왕일회고(尙覓君王一回顧) 두 구 : 시제는 〈당 현종이 말 탄 그림을 제목으로 삼아(題明皇上馬圖)〉.

翠華欲幸長生殿,　　장생전 화려한 물총새 깃발 든 황제님의 행차,
立馬樓前待貴妃.　　말을 누각 앞에 세워놓고 귀비를 기다리네.
尙覓君王一回顧,　　그래도 임금님이 한번 뒤돌아보시기를 바래서,
金鞍欲上故遲遲.　　금안장에 오르는 모습 짐짓 더디기만 하네.

18 | 장우(張祐) : 중국 만당(晩唐)때 시인. 자는 승길(承吉). 남양(南陽) 사람. 저서는 시집1권이 전한다.

19 | 개원천보(開元天寶) : 개원(712~741)·천보(742~756)는 당나라 현종의 연호.

20 | 내환외제비하한(勅還外第妃何恨) 두 구 : 〈개원천보영사시(開元天寶詠史詩)〉 42수 가운데 27째 수. 시제 〈전발(剪髮)〉.

愛極飜生拂意間,　　너무도 깊은 애정 역정으로 바뀌어,
故將侵語屢振干.　　짐짓 싫은 말로 자주 비위를 건드렸지.
勅還外第妃何恨?　　칙명 받고 돌아온 귀비 뭐가 섭섭하랴?

其賦〈玉笛〉云：『竊向寧王[21]非細事，可憐君意未終移.』[22] 雖韓・張老膝，不得不屈. 予嘗讀羅隱[23]詩：『佛屋山頭野草春，貴妃輕骨此爲塵. 從來絶色終難得，不破中原不是人.』[24] 語雖工，非仁人君子之言. 文順賦〈辟寒犀〉[25] 云：『羅綺香薰暖似春，君王猶愛辟寒珍. 人間臘[26]雪盈三尺，白屋那無凍死民.』[27] 豈不有關於治敎乎?

一朶烏雲足市懽. 칠흑 같은 머리털 환심 사고도 남았네.
– 한국고전번역원(www.itkc.or.kr)
이 시의 서(序)에 보면 양귀비가 늘 왕의 비위에 거슬리는 말을 하므로 왕이 노하여 고력사(高力士)로 하여금 수레에 태워 궁궐 밖 사가(私家)로 보내게 했다. 귀비가 자기를 데리고 온 고력사에게 삼단같이 검은 머리를 베어 주며 "다른 진귀한 물건은 다 임금께서 주신 것이니 드릴 게 없고, 다만 이 머리카락만은 부모에게서 받은 것이니, 소첩의 연모하는 마음으로 바친다." 고 하였다. 그 머리털을 받은 현종이 감격하여 눈물을 흘리며 바로 역사에게 명하여 귀비를 데려오게 했다고 한다.

21 | 영왕(寧王) : 당 예종(睿宗)의 장자이고 현종의 형으로 처음에 황태자로 봉해졌다가 뒤에 영(寧)땅의 왕으로 봉해졌다.

22 | 절향녕왕비세사(竊向寧王非細事) 두 구 : 〈개원천보영사시(開元天寶詠史詩)〉 42수 가운데 11째 수. 시제는 〈양귀비가 옥피리를 불다(陽妃吹玉笛)〉.
春風深院沒人知, 봄바람 부는 그윽한 도원에 아무도 아는 이 없으니,
皓腕閒將玉笛吹. 하얀 팔 걷어 올리고 한가로이 옥적을 부누나.
竊向寧王非細事, 몰래 영왕에게 접근함이 심상한 짓 아니거늘,
可憐君意未終移. 애달프구나! 임금님의 뜻 끝내 변함없음이.
– 한국고전번역원(www.itkc.or.kr)
이 시의 서(序)에 '양귀비가 영왕의 옥적를 몰래 훔쳐서 불다가 임금에게 쫓겨났지만 그녀를 잊지 못하는 임금이 그녀를 다시 불렀다.' 라고 기록하고 있다.

23 | 나은(羅隱, 833~905) : 당나라 말기의 시인. 자는 소간(昭諫), 본명은 횡(橫). 여항(餘杭) 사람. 자신의 재주를 지나치게 과신하였으므로 사람들의 미움을 받아 열 번이나 과거에 응시했으나 급제하지 못했다.

24 | 불옥산두야초춘(佛屋山頭野草春) 네 구 : 시제는 〈마외파(馬嵬坡)〉. 마외파는 당 현종(唐玄宗)이 안록산(安祿山)의 반란으로 촉(蜀)땅으로 피난해 가다가 군사들의 강청(强請)으로 양귀비를 사사(賜死)한 곳. –《全唐詩》羅隱 3

25 | 벽한서(辟寒犀) : 한기(寒氣)를 없애 주는 나무 이름.

26 | 납(臘) : 납일(臘日). 동지(冬至) 뒤의 셋째 술일(戌日). 이날에는 사당[廟祠]에 제사를 지낸다.

27 | 〈개원천보영사시(開元天寶詠史詩)〉 42수 가운데 6째 수. 시제는 〈벽한서(辟寒犀)〉이 시의 서(序)에 보면, 『교지국(交趾國 : 지금의 통킹・하노이 지방)에서 벽한서 한 그

옛사람들이 당나라 명황明皇 : 玄宗과 양귀비楊貴妃와의 일을 시로 많이 읊었다. 나는 한자창韓子蒼의 시

尙覓君王一回顧. 그래도 임금님이 한 번 더 뒤돌아보시기를 바라서,
金鞍欲上故遲遲. 금 안장에 오르는 모습 짐짓 더디고 더디네.

장우張祐의 시

桃花院靜無人見, 도화원 고요하여 인적이 드무니
閒把寧王玉笛吹. 영왕寧王 한가로이 옥피리 부네.

등의 시구를 일찍이 좋아하였다. 지금 이규보의 시 〈개원천보의 일을 읊음 42수(開元天寶四十二詠)〉를 보니 일마다 풍자하여 읊었는데, 그 기세가 눌렸다 올라갔다가 갑자기 꺾여들고, 깊이 잠겼다가 콱 터져 나오기도 하니, 비록 당?송 시인들의 작품 속에 함께 놓아도 또한 부끄럽지 않겠다. 그 가운데 〈전발剪髮〉이라는 시에,

勑還外第妃何恨. 칙명 받고 궁 밖 집에 돌아온 귀비 무얼 한탄했겠는가?
一朶烏雲足市懽. 검은 머리 임금님의 환심 사고도 남았네.

라고 한 구절과, 또 그의 시 〈옥적玉笛〉의

竊向寧王非細事, 몰래 영왕寧王을 향한 것 작은 일 아니거늘
可憐君意未終移. 애달프구나! 임금님의 뜻 끝내 변함이 없음이.

라고 한 시구들에 있어서는 비록 한자창, 장우와 같은 시인들도 무릎을 꿇

루를 사신 편에 보내왔는데, 그 나무에서 퍼지는 따뜻한 기운이 사람에게 미치니 왕이 매우 기뻐하여 그 사신에게 상을 내렸다』고 하였다.

지 않을 수 없을 것이다. 내가 일찍이 나은羅隱의

佛屋山頭野草春, 불옥산 머리의 들풀은 봄빛 자랑하는데,
貴妃輕骨此爲塵. 귀비의 가벼운 뼈 여기에 먼지 되었네.
從來絶色終難得, 그 후로 절세미인 끝내 얻기 어려웠으니,
不破中原不是人. 중원을 다 기울이지 않는다면 이런 사람 얻을 수 없으리.

라는 시를 읽었는데, 말이 비록 공교로우나 어진 군자의 말은 아니다.

문순공文順公의 〈벽한서辟寒犀〉에는

羅綺香薰暖似春. 궁중의 고운 비단의 향긋한 기운 봄날처럼 따스한데,
君王猶愛辟寒珍. 임금은 오히려 벽한서를 사랑하셨네.
人間臘雪盈三尺, 바깥세상에는 납일의 눈이 세 자 깊이로 쌓였느니,
白屋那無凍死民. 눈 덮인 집에 어찌 얼어 죽는 백성 없었으리.

라고 했으니, 이것이 어찌 치교治敎에 관련됨이 없겠는가?

[4] 명나라 사신 고윤의 경솔함

歲丁丑, 高太常閏[28]奉使來, 題〈太平舘樓〉[29]古風一篇, 自批曰 :『精深

28 | 고윤(高閏) : 중국 명나라의 문신으로 태상시박사(太常寺博士)를 지냄. 세종 3년에 명나라 명종황제의 재등극을 알리기 위하여 사신으로 왔는데, 경박하고 탐욕스럽기로 악명이 높았음. 《조선왕조실록》에 다음과 같은 내용이 보인다. 『고윤(高閏)은 행탁(行橐 : 여행가방)을 다 털어서 진상(進上)하고 답사(答賜)를 많이 받으려고 하였는데, 도감(都監)에서 아뢰어 곧 세포(細布)를 후하게 보내 주니, 고윤이 기뻐하여 칭찬과 감사를 그치지 않았다.』

29 | 〈태평관루(太平舘樓)〉 : 《황화집(皇華集)》(권3)에 〈하루 누각에 올라 이원외가 지은 옛 시를 보았는데, 흰 머리를 한스러워한다고 한 것은 흡사 외물에만 빠진 것 같다……(一日登樓, 見李員外舊題, 以白頭爲恨, 似溺於物……)〉라는 고체 시 한 수가 보

雅健, 極盡豪華之態.』又賦〈却鞍馬〉詩曰:『漢文旣是輕千里[30], 祖逖無心著一鞭[31].』自批曰:『老健.』予觀〈太平樓〉詩, 浮靡輕纖;漢文却馬, 非人臣所當用;是何等語而高之自批若是乎? 予薄其爲人也. 但劉賓客禹錫[32]〈平淮〉詩;『城中啞啞晨鷄鳴, 城中鼓角聲和平.』[33] 自批曰:『爲盡

임. 태평관은 명나라 사신을 맞이하여 접대하던 곳으로 남대문 안에 있었음. 고윤의 이 시는 국역《신증동국여지승람》(권3, 한성부, 태평관)에 전문이 번역되어 있는데, 몇 구절만 인용함.

凌晨獨上朝鮮樓　　새벽에 홀로 조선루(朝鮮樓)에 오르니,
樓前景物何悠悠　　누대 앞 경치 어찌 그리 유유한가.
手招黃鶴久不至　　손으로 황학(黃鶴)을 불러도 오래토록 오지 않고,
層簷疊間風颼颼　　여러 층의 처마, 겹겹이 포개진 집에 바람만 솔솔[颼颼] 부누나.
…………
繁絃急管鬧終日　　높고 낮은 풍악 소리 종일토록 들리니,
千金散盡不求盧　　천금을 다 흩으면서 갑오(놀음) 빼기 안 구하네.
回頭却羨漢江水　　머리 돌리면 저기 저 한강물 부럽기도 하니,
滔滔直與滄溟通　　도도하게 흘러가서 넓은 바다와 통한다네.
昨日曾乘綵舟去　　어제는 놀잇배 타고 놀았는데,
輕帆穩掛烟波中　　가벼운 돛 조용히 연파(煙波) 중에 걸려 있었네.
…………

30 | 한문기시경천리(漢文旣是輕千里) : 한(漢)나라 문제(文帝)에게 어떤 사람이 천리마를 헌상하였는데, 한문제가 말하기를, 『나의 행차 앞에는 난여(鸞輿)가 있고, 뒤에는 수레가 즐비한데, 나 혼자 천리마를 타고 어디로 가겠는고?』라고 하여 물리쳤다는 고사가 있다. 이 시의 전문(全文)은《황화집(皇華集)》에도 수록되어 있지 않으며 딴 자료에도 보이지 않음.

31 | 조적(祖逖) : 진(晋)나라 범양(范陽) 사람. 자는 사치(士稚)이다. 동진(東晋)때 비분강개의 절의를 가진 장군으로 중원의 고토회복을 맹세했으나 내란 때문에 뜻을 이루지 못하고 죽었음. 조적은 젊을 때 역시 장군인 유곤(劉琨)과 함께 사주주부(司州主簿) 벼슬을 같이 하였으며, 평생 동안 서로 앞으로 나아가기를 권면하였는데 유곤이 조적보다 전공을 늦게 세울까 항상 두려워하며 분발 하였다고 함. 여기서 조생편(祖生鞭)이라는 고사가 생겨남.

32 | 유우석(劉禹錫, 772~842) :《역옹패설(櫟翁稗說)》 주 50) 참조.

33 | 성중아아신계명(城中啞啞晨鷄鳴) 두 구 : 이 시구는 인용이 잘못된 듯하다.《유빈객문집(劉賓客文集)》 25권의 〈채주를 평정함. 3수(平蔡州三首)〉 가운데 셋째 수의 시를 보면,

汝南晨鷄喔喔鳴,　　여남에 새벽닭 꼬꼬댁 꼬꼬댁 울 때에,

李愬[34]之美.』又云：『始知元和[35]十四載, 四海重見升平年.』[36] 自批云：『爲盡憲宗之美.』劉詩固好, 至於自批, 亦未免詩人輕率之病, 况不及劉而自批乎!

정축년(丁丑, 세조 3, 1457)에 중국 태상박사太常博士 고윤高閏이 봉명사신奉命使臣으로 와서[서울의] 〈태평관太平館〉누각을 두고 고풍古風 한 수를 짓고는 그 시를 스스로 비평하면서 『정심精深하고 아건雅健하며 그 호화로운 모습을 온전히 다 하였다.』라고 하였다. 또 〈[우리나라에서 준] 안장한 말을 물리친다却鞍馬〉라는 시제의 시를 지었는데 그 시에,

漢文旣是輕千里, 　한나라 문제 이미 천리마를 가볍게 여기고,
祖逖無心著一鞭. 　조적은 채찍 들 마음 조금도 없다네.

라고 하고, 그 시를 스스로 비평하면서 『노건老健하다.』고 하였다. 내가 〈태

城頭鼓角音和平. 　성 꼭대기의 북과 피리는 소리가 평화롭구나.
路傍老人憶舊事, 　길옆에 노인들은 옛날을 되새기며,
相與感激皆涕零. 　함께 감격하여 모두들 눈물을 떨구누나.

老人收泣前致辭, 　한 노인 눈물 거두며 앞에 나와서 치사하기를,
官軍入城人不知. 　『관군이 성에 들어와도 사람들은 알지 못했습니다.』한다.
忽驚元和十二載, 　어느 새 놀랍구나! 원화12년에야,
重見天寶承平時. 　다시금 천보 때의 평화로운 시절을 보게 되었음이.

— 이병한외 22인 공저,《중국시와 시인》(당대편), 1998. 라고 하였는데, 여기에서 보면 서거정이 첫 연의 시구를 잘못 인용하고 있음을 알 수 있다.《동인시화(東人詩話)》에서 보면 같은 시 안에서 『城中』이라는 말을 이어서 쓴 것이 시법에 맞지 않기 때문에 더욱 그러한 추측을 가능케 한다.

34 | 이소(李愬) : 중국 당나라 헌종 때의 장군. 자는 원직(元直). 채주의 군벌 오원제(吳元濟)를 토벌할 때 선봉장이 되어 야간에 기습작전을 감행하여 회서(淮西)를 평정하는데 큰 공을 세웠다.

35 | 원화(元和) : 중국 당나라 헌종(憲宗)의 연호(806~820).

36 | 이 시구 역시 앞의 경우와 마찬가지로 〈채주를 평정함. 3수〉의 둘째 수의 마지막 연을 잘못 인용한 것으로 추측된다. 주 33) 참조.

평루太平樓〉시를 보니, 실속이 없고 화려하기만 하며 가볍고 나약하였다. 한문제가 천리마를 마다한 말은 신하로서 의당 써서는 안 될 것인데, 여기 쓸 말이 도대체 어떤 말인데 고윤이 이처럼 스스로를 [황제와 같이] 높여 놓고, 스스로 평하기를 이처럼 한다는 것인가? 나는 그의 사람됨이 경박하다고 생각한다.

그리고 빈객賓客 유우석劉禹錫은 〈회서를 평정함(平淮)〉시에서

城中啞啞晨鷄鳴, 　성안에 꼬끼오 새벽 닭 울 때,
城中鼓角聲和平. 　성 안의 북과 뿔피리 소리 평화로워라.

라고 하였는데, 그 시를 스스로 비평하면서 『이소李愬의 훌륭함을 표현한 것이다.』라고 하였다.

始知元和十四載, 　어느새 놀랍구나! 원화元和 14년에야,
四海重見升平年. 　온 세상이 다시 태평세월을 만났음을..

이라고 하고, 그 시를 스스로 비평하면서 『헌종憲宗의 선정을 모두 표현하였다』고 하였다. 유우석의 시가 진실로 훌륭한데도, 스스로 비평하는 경우에 역시 시인의 경솔한 병폐를 벗지는 못했다. 하물며 유우석에 미치지 못하는 사람이 자기 시를 두고 스스로 비평하는 경우에서랴!

[5] 시를 짓는 일보다 시를 아는 것이 어려운 것

作詩非難, 而知詩爲尤難. 李文順嘗評古人詩, 以梅聖兪爲不佳, 『池塘生春草』[37] 爲非警語, 而徐凝[38] 〈瀑布〉[39] 詩爲妙. 然東坡稱徐爲惡, 歐陽

37 | 지당생춘초(池塘生春草) : 남조(南朝)의 문인인 사령운(謝靈運, 385~433)의 시. 시제는 〈못 곁의 누각에 올라서(登池上樓詩)〉.
衾枕昧節候, 　이불 덮어쓰고 사느라 절후 몰랐더니,

子以梅爲工.『春草』之句, 古今絶唱 ; 而李之評品如是, 知詩豈不爲難乎? 文順〈沙平院〉[40] 詩 :『朝日初昇宿霧收, 促鞭行到漢江頭. 天王不返憑誰問, 沙鳥閒飛水自流.』趙石澗選入《三韓龜鑑》[41], 批曰 :『天王不返, 未知指言何事.』然尙取之何耶? 以今考之, 漢江無天王不復等事, 雖用《左傳》語, 亦不好.

시를 짓는 일은 어려운 일이 아니라 시를 아는 것이 더욱 어려운 것이다. 문순공文順公 이규보李奎報가 일찍이 옛 사람의 시를 평함에 매성유梅聖兪의 시를 아름답지 못하고,『연못에 봄풀이 돋아나네.』라고 한 것은 경발驚發한 표현이 아니라고 한 반면, 서응徐凝의 〈폭포瀑布〉시는 묘하다고 했다. 그러

褰開暫窺臨. 치켜 열고 잠시 밖을 내다보았네.
傾耳聆波瀾, 귀 기울여 물결 소리 듣고,
擧目眺嶇嶔. 눈 들어 험한 산세 바라다보네.
初更革緖風, 첫봄 햇살에 남은 겨울바람 없어졌고,
新陽改故陰. 새 볕에 옛 음산함이 고쳐졌네.
池塘生春草, 못 둑에는 봄풀이 돋아났고,
園柳變鳴禽. 정원 버들에는 우는 새소리 달라졌네.

38 | 서응(徐凝) :《백운소설(白雲小說)》 주 6) 참조.

39 | 〈폭포(瀑布)〉: 원제는 〈여산폭포(廬山瀑布)〉.
虛空落泉千仞直, 허공에서 샘이 떨어지니 높고 곧으며,
雷奔入江不暫息. 천둥소리처럼 재빠르게 멈춤 없이 강으로 들어가네.
今古長如白練飛, 지금이나 예나 이처럼 오래도록 익숙하게 날아,
一條界破靑山色. 줄기가 푸른 산의 빛을 경계 지어 갈라놓네.

40 | 〈사평원(沙平院)〉: 이규보 문집인《동국이상국집(東國李相國集)》에는 시제가 〈강결에서 배를 기다리다(江上待舟)〉로 되어 있다. 시 전문임. 천왕은 천자를 말하는데 여기서는 주 소왕(周昭王)을 가리킨다. 소왕이 남쪽 지방을 순수(巡狩)하다가 한수(漢水)를 건너게 되었는데, 뱃사공이 미워하여 아교로 풀칠하여 만든 배에 태우니 중류(中流)에 이르러 배가 그만 파선되고 말았다. 이 때문에 소왕은 영영 돌아오지 못했는데, 그 후 제 환공(齊桓公)이 제후를 거느리고 초(楚)를 공격하면서 이것을 추궁하자 초에서는『하수에 물어보라.(問諸河濱)』하여 책임을 회피하였다. ―《史記 · 周本紀》注 正義,《左傳 · 僖公 四年》

41 |《삼한귀감(三韓龜鑑)》: 조운흘(趙云仡)이 편한《삼한시귀감(三韓詩龜鑑)》을 말한다. 신라 · 고려의 유명한 시를 인명별 · 어수별(語數別)로 분류했다. 3권 1책.

나 소동파蘇東坡는 서응徐凝의 시를 악시惡詩라고 하였고, 구양수歐陽修는 매성유의 시를 공교롭다고 하였으며, 『지당생춘초池塘生春草』라는 시구를 고금의 절창이라고 하였다. 그래서 이규보의 품평이 이 같으니, 시를 아는 것이 어찌 어렵지 않겠는가? 이규보의 〈사평원沙平院〉시에,

朝日初昇宿霧收, 아침 해가 막 떠올라 묵은 안개 걷히는데,
促鞭行到漢江頭. 가는 말 재촉하여 한강 가에 이르렀네.
天王不返憑誰問, 천왕天王이 돌아오지 않으니 누구에게 물으랴,
沙鳥閒飛水自流. 물새 한가로이 날고 물 절로 흐르네.

라고 하였다. 석간石澗 조운흘趙云仡은 이 시를 《삼한귀감三韓龜鑑》에 뽑아 넣고는, 『천왕이 돌아오지 않는다.』고 한 것은 무슨 일을 가리키는 말인지 알 수 없다고 비판하였는데, 그런데도 그 시를 취한 것은 무엇 때문인가? 지금 상고컨대 한강에 천왕이 없으니 돌아오지 않네(漢江無天王不復)등의 일은 비록 《좌전左傳》에 있는 말을 쓴 것이지만 좋다고는 할 수 없다.

[6] 입성으로 통운한 것에 대한 시비

予嘗與春坊諸學士論入聲通押是非, 或曰 : 『少陵, 詩聖也. 平生未嘗通押, 如 〈早發射洪縣〉[42] 詩, 終篇用緝韻.』 予曰 : 『子於杜詩未熟, 如 〈戲

42 | 〈조발사홍현(早發射洪縣)〉 : 원제는 〈아침에 사홍현 남쪽을 떠나서 길 위에서 지음(早發射洪縣南道中作)〉. 마지막 시구에서 『泣』은 곧 입성 집(緝)운에 해당된다.

汀洲稍疏散, 정주는 자못 한산한데,
風景開怏悒. 풍경은 울적함을 여는구나.
空慰所尙懷, 부질없이 오히려 생각하던 바를 위로하고자 하나,
終非曩游集. 끝내 앞서 모여 놀던 때와는 다르네.
衰顔偶一破, 쇠퇴는 얼굴 우연히 한 번 깨고자 하나,
胜事難屢挹. 좋은 일 자주 얻어 잡기는 어렵구나.
茫然阮籍途, 완적이 다니던 길 망연하니,
更洒揚朱泣. 다시 양주의 눈물 흘리누나.

呈元十二〉[43] 詩「末」字韻, 傍用五韻；〈南池〉[44]「谷」字韻, 傍用四韻；〈客堂〉[45]「蜀」字韻, 傍用三韻; 老杜何嘗不通押乎? 至如昌黎則傍出六七

43 | 〈희정원십이(戲呈元十二)〉: 여러 가지 《두보집》에는 모두 『元二十一』로 되어 있음. 이 시의 원제목은 〈7월 3일 정오 뒤에로는 비교적 열기가 물러나더니, 저녁이 되자 조금 시원하여져 잘 잤다. 시를 지으며 젊을 때 즐거웠던 일을 논하여, 장난삼아 원씨댁 스물한번째 모장님께 올림(〈七月三日亭午已後, 校熱退, 晩加小凉, 穩睡有詩, 因論壯年樂事, 戲呈元二十一曹長〉임

今茲商用事, 지금 가을 기운이 기세를 부리려하니,
餘熱亦已末. 남은 열기 벌써 끝났네.
衰年旅炎方, 늙은 나이에 더운 곳에 여행하나,
生意從此活. 살 맛 이제부터 생겨나네.
…… ……
吾子得神仙, 그대는 신선술 얻으려 하나,
本是池中物. 본래 이 못의 용이셨지.
賤夫美一睡, 보잘것없는 나 한잠 듦을 좋게 여겨,
煩促嬰詞筆. 번거롭게 바삐 글 짓는 붓 잡았네.

이 시는 44구로 22개 각운자를 사용하고 있는데, 갈(曷), 물(物), 월(月), 힐(黠), 설(屑)자 운을 통용하고 있음. 말(末)자는 갈(曷)자 운에 속함

44 | 〈남지(南池)〉: 이 시는 전부 32구로 옥(屋), 옥(沃), 맥(陌), 직(職)은 맥(陌)자 운을 통용하였다. 곡(谷)자는 옥(屋)자 운에 속함.

峥嵘巴閬間, 가파른 파 땅과 낭 땅 사이,
所向盡山谷. 향하는 곳은 모두 산골짜기뿐일세.
安知有蒼池, 어찌 푸른 못 있어,
万頃浸坤軸. 만경창파에 땅의 한 축이 잠겼을 줄 알았으리,
呀然閬城南, 놀랍구나! 남주성 남쪽이,
枕帶巴江腹. 파강의 허리를 베고 누웠다니?
菱荷入异縣, 마름과 연 무더기 다른 현에까지 들어가고,
粳稻共比屋. 메벼는 모두 집같이 쌓였구나!

45 | 〈객당(客堂)〉: 대력(大曆) 원년(766) 운안(雲安)에 있을 때 지은 작품이다. 이시는 44구로, 옥(屋)·옥(沃)·각(覺), 맥(陌), 석(錫)·직(織)자 운을 사용하였음. 촉(蜀)자는 옥(沃)자 운에 속함. [원문의 『방용삼운(旁用三韻)』] 의 『三』은 『六』의 착오로 보임.

憶昨離少城, 지난날 소성을 떠날 때를 기억해 보니,
而今異楚蜀. 지금의 초와 촉 땅 과는 다르구나.
捨舟復深山, 배를 버리고 다시 깊은 산으로 들어가니,
窅窕一林麓. 깊숙이 한 수풀이 있네.
栖泊雲安縣, 운안현에 머물러 사는데,

韻, 乍離乍合, 縱橫泛溢, 如 〈此日足可惜〉[46] 一篇是已. 東坡 〈贈陳季常〉[47] 詩韻, 傍用六韻. 子何怪於通押乎?』 或者乃屈. 然歷觀古人入聲通押者, 百中之一二, 祇足見其才窘耳, 夫已多乎哉?

내가 전에 세자시강원의 여러 학사들과 입성入聲으로 통운通韻한 것에 대해 시비를 논한 적이 있었다. 어떤 사람이 『두보杜甫는 시성詩聖으로 평생 통운자通韻字로 압운한 적이 없으니 〈사홍현이 일찍 떠나다〉 같은 시의 경우 한편이 끝날 때까지 「집緝」 운을 썼다.』고 말하기에 내가 다음과 같이

消中內相毒. 　소갈병이 안에서 괴롭히네.
舊疾甘載來, 　오래된 병에도 여기 왔음이 다행이니,
衰年得無足. 　늘그막에 이러면 족하지 않은가?

46 | 〈차일족가석(此日足可惜)〉 : 원제는 〈이 날을 슬퍼할 만하구나. 장적에게 줌(此日足可惜, 贈張籍)〉. 이 시는 140구나 되는 장편시인데, 그 절반은 양(陽)자 운을 사용하고, 경(庚) · 청(青) · 동(東) · 동(冬) · 강(江)운을 아울러 사용하기도 하였음.
此日足可惜, 　이 날은 슬퍼할 만하니,
此酒不足嘗. 　이 술을 맛볼 수도 없구나.
舍酒去相語, 　술을 버리고 가서 서로 이야기 하니,
共分一日光. 　함께 하루의 시간을 다하게 되었네.
念昔未知子, 　옛날 그대를 알지 못할 때를 생각해 보니,
孟君自南方. 　맹군이 남쪽으로부터 있었지.
自矜有所得, 　스스로 얻은바 많다고 자랑하는데,
言子有文章. 　그대가 문장에 능하다고 말하였네.

47 | 〈증진계상(贈陳季常)〉 : 원제는 《소동파시집(蘇東坡詩集)》권23에는 제목이 〈기정(岐亭)〉으로 되어있음. 이 시는 진조(陳慥 : 자는 季常)라는 친구에게 지어준 것임. 이 시는 26구로 된 시 5수로 되었는데, 각 수 마다 입성인 집(緝) · 직(職) · 흡(洽) · 석(錫) · 맥(陌) · 설(屑)자 운으로 된 각운자로 사용하고 있음.
昨日雲陰重, 　어제는 구름 음침하게 무겁더니,
東風融雪汁. 　동풍이 눈 개비를 녹였구나.
遠林草木暗, 　먼 숲에 초목이 어두워지고,
近舍煙火溼. 　가까운 집은 안개도 축축하구나.
下有隱君子, 　그 아래 군자 숨어 있는데,
嘯歌方自得. 　휘파람 불며 바야흐로 스스로 만족하네.
知我犯寒來, 　내가 추위 무릅쓰고 올 줄 알고,
呼酒意頗急. 　술 부를 생각 자못 급하구나.

말하였다. 『그대는 두보의 시에 미숙하구려. 〈장난삼아 열 두 째 분께 드린다(戲呈元十二)〉시에는 「말末」자 운에 통운을 다섯 운이나 썼고, 〈남지南池〉에서는 「곡谷」자 운에 통운으로 네 개 운이나 썼으나, 〈객당客堂〉에서는 「촉蜀」자운에 통운으로 세 개 운이나 썼으니, 두보가 어찌 일찍이 압운에 능통하지 않았겠소? 창려昌黎 한유韓愈의 시에 있어서는 한 시에서 6, 7개의 통운자를 쓰는 등 종횡무진으로 자유자재로이 두루 썼다오. 이를테면 〈차일족가석此日足可惜〉시가 이러한 것이오. 소동파의 〈증계상贈季常〉시에서도 통운으로 여섯 개의 운을 썼는데, 그대는 왜 통운자로 압운하는 것을 괴이하게 여긴단 말이오?』라고 하니 그 사람이 그제야 굴복하였다. 그러나 옛사람들이 입성으로 통압한 것을 두루 살펴보면 백에 한두 개일 뿐이고, 오직 그 재주들이 군색함을 나타낼 뿐이니, 많다고야 할 수 있겠는가?

[7] 왕창령王昌齡과 고조기高兆基의 규정시 비교

唐詩 : 『幽閨少婦不知愁, 春日凝妝上小樓. 忽見陌頭楊柳色, 悔教夫壻覓封侯.』[48] 古今以爲絶唱. 曾見高平章兆基[49] 〈寄遠〉 詩 : 『錦字[50]裁成寄玉關[51], 勸君珍重好加餐. 封侯自是男兒事, 不斬樓蘭[52]未擬還.』[53] 唐詩

48 | 유규소부부지수(幽閨少婦不知愁) 네 구 : 당나라의 시인 왕창령(王昌齡)이 쓴 〈규원시(閨怨詩)〉전문. 규(閨)는부녀자가 거처하는 곳. 그러므로 규원은 남편 혹은 사랑하는 사람과의 이별을 원망하는 부녀자의 한을 읊은 것임.

49 | 고조기(高兆基, ?~1157) : 고려 인종 때의 대신. 호는 계림(鷄林). 오언시에 뛰어났다.

50 | 금자(錦字) : 전진(前秦) 때 두도(竇滔)의 아내 소씨(蘇氏)가 회문시(迴文詩)를 비단에 수놓아 남편에게 준 것에서 유래된 말로 부인이 남편을 그리는 편지를 가리키는 말로 사용된다.

51 | 옥관(玉關) : 옥문관(玉門關). 중국 감숙성(甘肅省) 돈황(燉煌) 부근에 있던 서역(西域)으로 통하는 관문으로 장안에서 3,600리나 된다. 여기서는 먼 변방의 뜻으로 전쟁터의 의미로 쓰였다.

52 | 누란(樓蘭) : 서역(西域)의 국명(國名). 한 무제(漢武帝)가 대완국(大宛國)과 통하려 하는데, 누란국이 가로막아 한(漢) 나라 사절(使節)을 공격하였으며, 소제(昭帝) 때에 부개자(傅介子)를 보내어 누란왕을 쳐 죽였다. 중간본에는 『樓闌』으로 되어 있다.

雖好, 不過形容念夫之深, 愛夫之篤, 情意狎昵之私耳. 高詩句法不及唐詩遠甚, 然先之以思念之深, 信書之勤 ; 繼之以征戍之愼, 飮食之謹 ; 卒勉之以功名事業之盛 ; 無一語及乎燕昵之私, 隱然有國風之遺意. 詩可以工拙論乎哉?

당시唐詩에

幽閨少婦不知愁,　　규방의 어린 색시 시름을 모르고,
春日凝妝上小樓.　　봄날 단장하고 작은 누각에 올랐네.
忽見陌頭楊柳色,　　문득 길가에 휘늘어진 버들 빛 보고는,
悔教夫壻覓封侯.　　남편을 벼슬 찾으러 보낸 것 후회하네.

라고 했는데, 고금에 이 시를 절창이라고 하였다. 일찍이 평장사平章事 고조기高兆基의 〈멀리 띄우노라〉시를 본 적이 있는데 그 시에,

錦字裁成寄玉關,　　비단에 글자 새겨 옥관玉關에 부치노니,
勸君珍重好加餐.　　임이여, 자중하여 음식 소홀히 마소서.
封侯自是男兒事,　　나라 위해 공명 세움은 남아 대장부의 일이니,
不斬樓蘭未擬還.　　누란을 베지 않고는 돌아올 생각 않으시겠지요.

라고 하였다. 당시唐詩는 비록 좋지만 지아비를 심히 그리워하고 사랑하는 사사로운 마음을 형용한 것에 지나지 않을 따름이다. 고조기의 시의 구법句法은 당시에 크게 미치지 못하나 지아비를 심히 그리워하는 마음으로 시의 서두를 뗀 뒤, 이어서 수자리 일을 신중히 하고 마시고 먹는 일을 소홀히 하지 말 것을 바라고, 마지막으로 공명과 사업을 성대히 이룰 것을 권면하였다. 한마디도 남녀간의 사사로운 정을 나타내는 말은 하지 않았으니

53 | 금자재성기옥(錦字裁成寄玉) 네 구 : 시제 〈기원(寄遠)〉 시 전문.

은연중에《시경詩經 · 국풍國風》의 남은 뜻을 지니고 있다. 시를 어찌 표현 기교의 공교로움과 서툼만으로 논할 수 있겠는가?

[8] 경물묘사 시

太白〈潯陽感秋〉詩 :『何處聞秋聲, 蕭蕭北窓竹.』[54] 東坡〈漱玉亭〉詩 :『高巖下赤日, 深谷來悲風.』[55] 能寫卽境語.

이백의〈심양에서 가을을 느끼다〉읊은 시에

何處聞秋聲, 어디에서 가을 소리 들여오는가,
蕭蕭北窓竹. 북창의 스산한 대나무 소리로세.

54 | 하처문추성(何處聞秋聲) 두 구 : 시제는〈심양의 자극궁에서 가을에 느낌이 있어 지음(潯陽紫極宮感秋作)〉

何處聞秋聲, 어디에서 가을소리 들려오는가,
蕭蕭北窓竹. 북창의 스산한 대나무 소리로세.
廻薄萬古心, 가벼이 돌아오니 오랜 세월의 마음이라,
攬之不盈掬. 그것을 손에 쥐나 가득 차지 않네.
靜坐觀衆妙, 조용히 앉으니 모두들 묘하고,
浩然媚幽獨. 호연하지만 아름다움이 외롭네.
白雲南山來, 흰 구름이 남쪽 산에 이르니,
就我簷下宿. 곧 나는 처마 아래로 나아가네. — 역주

55 | 고암하적일(高嵓下赤日) 두 구 : 시제는〈개선 선원의 수옥정(開先漱玉亭)〉개선선원은 여산(廬山)에 있는데 남당(南堂)의 중주(中主) 이경(李璟)이 지었다고도 함.

高巖下赤日, 높은 바위에서는 붉은 해 내려가고,
深谷來悲風. 깊은 골짜기에는 슬픈 바람 불어오네.
擘開青玉峽, 청옥의 협곡을 쪼개놓으니,
飛出兩白龍. 두 마리 흰 용이 날아올랐네.
亂沫散霜雪, 어지러운 포말은 서리와 눈 같이 흩어지고,
古潭搖清空. 옛 못은 맑은 허공을 움직이네.
餘流滑無聲, 그 여류는 두 골짜기로 소리 없이 미끄러져,
快瀉雙石硔. 빠르게 쏟아지네. — 역주

라고 하였고, 소식의 〈수옥정漱玉亭〉을 두고 읊은 시에,

高巖下赤日, 　높은 바위 아래로 석양 저물어 가고,
深谷來悲風. 　깊은 골짜기에 가을바람 불어오네.

라고 하였으니, 경물에 직면하여서 잘 묘사해낸 시구들이다.

[9] 나라를 다스리는 시

趙文忠公浚[56]相業經綸, 若不經意於詩, 爲詩橫放傑出, 有大人君子之氣象. 〈題安州[57]百祥樓〉 詩 :『薩水湯湯漾碧虛, 隋兵百萬化爲魚. 至今留得漁樵話, 未滿征夫一哂餘.』[58] 盖有譏隋・唐之意, 造語奇特. 大明奉使祝孟獻[59]次韻曰 :『隋兵再擧豈成虛, 此地應爲涸轍魚. 不見當時唐李薛, 直揮征節到扶餘.』[60] 盖反趙意, 有抑東方之氣象.

56 | 조준(趙浚, 1346~1405) : 자는 명중(明仲), 호는 우재(吁齋)・송당(松堂), 시호는 문충(文忠)이다. 평양사람으로 여말 선초의 문인재상. 우왕(禑王) 즉위년(1374) 문과에 급제, 강릉도 안렴사(江陵道按廉使)로 나가 선정(善政)을 베풀어 이민(吏民)의 존경을 받았다. 뒤에 최영(崔瑩)의 휘하에서 체찰사(體察使)로서 여러 차례 왜구를 격퇴하여 공신이 되었다. 정도전(鄭道傳)과 함께 이성계를 추대하여 조선)이 개국되자・개국공신 1등으로 평양백(平壤伯)에 봉하여졌다. 문하우시중(門下右侍中)을 거쳐 오도도통사(五道都統使)로 병권을 장악하였고, 정종(定宗) 2년(1400) 방원을 왕으로 옹립한 뒤 좌의정을 거쳐 영의정부사에 오르고 평양부원군(平壤府院君)에 진봉되었다. 《경제육전(經濟六典)》을 편찬하였다. 문집《송당집(松堂集)》이 있다.

57 | 안주(安州) : 평안남도 서북쪽, 청천강(淸川江 : 옛날의 살수) 남안(南岸)에 위치한 지금의 안주군. 명승고적으로 백상루(百祥樓)가 있다.

58 | 살수탕탕양벽허(薩水湯湯漾碧虛) 네 구 : 시제는 〈안주회고(安州懷古)〉. 고구려가 수나라를 크게 이겼던 살수대첩을 읊고 있다. 시 전문.

59 | 축맹헌(祝孟獻) : 조선 태종 1년(1401)에 태복시(太僕寺) 좌소경(左少卿)으로 우리나라에 사신 왔음.

60 | 수병재거기성허(隋兵再擧豈成虛) 네 구 : 이・설(李・薛)은 당나라 장수 이세적(李世勣)과 설인귀(薛仁貴). 645년 4월에 고구려를 공격하였다.

문충공文忠公 조준趙浚은 정승으로 나라를 다스리느라 시에 마음을 두지 못한 것 같으나, 그의 시는 자유분방하고 걸출하여 대인군자大人君子의 기상이 있다. 〈안주 백상루에 쓰다〉라는 시에,

薩水湯湯漾碧虛,	살수는 넓어 푸른 허공에 출렁출렁,
隋兵百萬化爲魚.	백만의 수나라 군사 물고기 밥이 되었네.
至今留得漁樵話,	지금도 어부와 나무꾼의 이야기로만 남아 있어,
未滿征夫一哂餘.	길손의 한 웃음거리에도 차지 않는다네.

라고 하였다. 대개 수·당隋唐을 기록하는 뜻이 있는 것으로 말을 만든 것이 매우 뛰어나다. 대명봉사大明奉使 축맹헌祝孟獻이 이에 차운하여,

隋兵再擧豈成虛,	수나라 군사의 재차 거병한 일 어찌 헛일 되었나,
此地應爲涸轍魚.	이 땅은 응당 위태로운 고기 신세였다네.
不見當時唐李薛,	알지 못하는지 당시에 당나라 이李·설薛이,
直揮征節到扶餘.	군사를 지휘하여 부여에 이르렀던 일을.

라고 했다. 이것은 조준 시의 뜻에 반대되는 것으로 우리나라의 기상을 억누르려는 것이다.

[10] 여성들의 시

古之閨秀如蔡琰[61]·班婕好[62]·薛濤[63]之輩, 其詞藻工麗, 可與文士頡

61 | 채염(蔡琰) : 후한의 대학자인 채옹(蔡邕)의 딸, 위진 남북조 시기 대표적인 여류문인으로 자가 문희여서 채문희(蔡文姬)라고도 함. 동탁의 난 때 흉노족에게 납치되어 남흉노 좌천왕에게 시집가 거기서 12년 동안 아들 둘을 낳았다. 채옹과 절친한 사이였던 조조가 채옹의 후사가 없음을 안타깝게 여겨 많은 돈을 지불하고 채염을 다시 고향으로 돌아올 수 있게 해주었다고 한다. 음률에 뛰어나 유명한 〈호가십팔박(胡笳十八拍)〉을 남겼다.

頏. 崇寧[64]間, 娼家周氏〈贈夫婿陳筑〉詩 : 『夢和殘月過樓西, 月過樓西夢已迷. 喚起一聲腸斷處, 落花枝上鷓鴣啼.』[65] 又〈春晴〉詩 : 『瞥然飛過誰家燕, 驀地飛來甚處花. 深院日長無箇事, 一瓶春水自煎茶.』[66] 其辭氣婉順, 眞女子之詩也.

옛날 여인들 가운데 중국의 채염蔡琰 · 반첩여班婕好 · 설도薛濤 같은 이들은 그 시문의 문채가 공교롭고 아름다워 문사들과 겨룰 만 하였다. 숭녕崇寧 연간에 창기 출신인 주씨의 〈남편인 진축에게 주다〉라는 시에,

夢和殘月過樓西,	꿈은 조각달 좇아 누 서쪽을 지나더니,
月過樓西夢已迷.	달빛 누 서쪽을 지나자 꿈 이미 혼미해지네.
喚起一聲腸斷處,	애끊는 한 소리로 나를 불러 깨우는 것은,
落花枝上鷓鴣啼.	꽃 진 가지 위의 자고새 울음이라네.

라고 하였고, 또 〈춘청春晴〉이라는 시에서,

62 | 반첩여(班婕好) : 첩여는 여자의 관직 이름. 반황(班況)의 딸로 어려서부터 재색을 겸비하였다. 한(漢)나라 성제(成帝) 때 첩여가 되어 황제의 총애를 받았으나, 조비연(趙飛燕)에게 황제의 사랑을 빼앗기고 버림받게 되자, 태후(太后)가 기거하는 장신궁(長信宮)에서 일할 수 있기를 청하여 이곳에 거하며 〈원망하는 노래(怨歌行)〉 · 〈흰 비단을 다듬이질 하며(擣素賦)〉 · 〈스스로를 한탄하며(自悼賦)〉를 지었다고 전한다. 그러나 이 중 〈도소부〉같은 작품은 《문선》에도 수록되어 있지 않은 우아한 변려문체인 것으로 보아서 후세 사람들이 조작한 것이 아닌가 의심하는 사람도 있다.

63 | 설도(薛濤) : 당나라 장안의 명기(名妓). 자는 홍도(洪度). 원진(元稹) · 백거이(白居易) · 두목(杜牧) 등과 시를 창화할 정도로 시문에 뛰어나 여교서(女校書)라고 했다. 그의 작품 중에 〈송하소전(松下小箋)〉은 유명하다.

64 | 숭녕(崇寧) : 송나라 휘종(徽宗)의 연호(1102~1106).

65 | 몽화진월과수서(夢和殘月過樓西) 네 구 : 《사고전서(四庫全書) · 집부(集部) · 총집류(總集類) · 송예포집(宋藝圃集) 권22》.

66 | 별연비과수가연(瞥然飛過誰家燕) : 《사고전서(四庫全書) · 집부(集部) · 시문평류(詩文評類) · 어은총화(漁隱叢話) 전집(前集) 권60》.

瞥然飛過誰家燕, 눈 깜짝할 사이 지나가는 것은 뉘 집 제비이며,
驀地飛來甚處花. 홀연히 날아온 꽃은 어디에서 왔는가?
深院日長無箇事, 긴긴 해 고요한 집엔 한가롭기 이를 데 없노니,
一瓶春水自煎茶. 봄물로 달이는 차 주전자 절로 끓고 있네.

라고 하였으니, 그 말과 기세가 부드럽고 온화해서 진실로 여성이 지은 시라고 할 수 있다.

【참고문헌】

서거정 편찬 · 박성규 역주,《동인시화》, 집문당, 1998.

김찬순 역,《동인시화》, 한국문화사, 1966.

진옥경 역주해설,《완역 이태백 악부시》, 사람과 책, 1998.

이병한외 22인 공저,《중국시와 시인 (당대편)》, 사람과 책, 1998.

岩垂憲德 · 久保天隨 · 釋淸潭 共註解,《蘇東坡全詩集》, 東京 : 日本圖書, 1978.

鈴木虎雄 註解,《杜甫全詩集》, 東京 : 日本圖書, 1978.

(李惠英)

7. 《필원잡기筆苑雜記》1

서거정徐居正2이 지었다. 이 책은 조선 성종成宗 17년(1486)에 지어졌는데, 명나라 헌종憲宗 성화成化 22년에 해당 한다. 경사經史 · 시문詩文 · 소설 등을 섞어서 논한 것으로 《역옹패설櫟翁稗說》과 그 성격이 비슷하다. 시를 논한 것은 다만 17조목뿐이다.

[1] 최치원에 관하여

唐學士顧雲3 〈送崔致遠還鄕〉4 詩, 有『十二乘舟渡海來, 文章感動中華

1 | 《필원잡기(筆苑雜記)》: 조선 전기의 학자 서거정(徐居正)이 지은 한문 수필집. 필사본 2권 2책이다. 그 내용은 조선의 예로부터 전하는 일사(逸事)와 한담(閒談) 중에서 후세에 전할 만한 것을 추려 모아 엮은 것으로 사실과 부합하지 않는 내용도 있으나, 여러 가지 참고가 될 자료가 많은 패관문학서(稗官文學書)로서 귀중한 문헌이다.

2 | 서거정(徐居正, 1420~1488) : 본관 달성(達城), 자 강중(剛中), 호 사가정(四佳亭), 시호 문충(文忠)이다. 세종 26년(1444) 식년문과에 급제하여 45년간 여섯 왕을 섬겼다. 문장과 글씨에 능하여 《경국대전(經國大典)》·《동국통감(東國通鑑)》·《동국여지승람(東國輿地勝覽)》편찬에 참여했으며, 또 왕명을 받고 《향약집성방(鄕藥集成方)》을 국역(國譯)했다. 성리학(性理學)을 비롯, 천문 · 지리 · 의약 등에 정통했다. 명나라 사신에게 최고의 접반사로 여겨졌던 인물 중 하나이다. 《동인시화(東人詩話)》와 《동문선(東文選)》을 지었고 한문학을 대성시켰다. 시호는 문충(文忠)이다.

3 | 고운(顧雲) : 당나라 사람. 함통(咸通) 15년에 급제하여 고변(高駢 : 당나라 때의 사람. 황소(黃巢)의 난을 진압)의 막하(幕下)에서 회남종사(淮南從事)가 되었는데 이 시절 최치원과 교류가 있었던 것으로 보인다. 뒤에는 두문분출하고 저술에 전념하여 《상우록(尙友錄)》 18권 등의 많은 저서를 남겼다.

4 | 〈송최치원환향(送崔致遠還鄕)〉 : 최치원이 당나라에서 유학할 때에 친하게 지냈던 문인 고운이 그를 떠나보내며 지은 시

我聞海上三金鼇,	내 들으니 동해 바다에 세 마리 금자라가 있고,
金鼇頭戴山高高.	금자라 머리에는 높은 산을 이고 있다네.

國』之語, 又有贈言者曰 :『巫峽重峯之歲, 絲入中華 ; 銀河列宿之年, 錦還東土.』[5] 蓋十二而入唐, 二十八而東還也. 東還之後, 其遭遇設施未有所考. 或云時適世亂, 隱於伽倻山海印寺, 與緇流[6]遊燕. 公所築瀛洲等三山[7]紅流洞鳳下石書巖遺跡, 至今宛然. 不知所終, 世稱仙去[8]. 按唐僖宗十二年乙巳, 新羅憲康王十一年, 致遠自唐捧帝詔還. 越十年甲寅, 眞聖王

山之上兮 珠宮貝闕黃金殿, 산 위에는 구슬궁궐에 황금의 궁전이 있고,
山之下兮 千里萬里之洪濤. 산 밑에는 천만리의 큰 물결이 있다네.
傍邊一點鷄林碧, 그 곁의 한 점 계림이 푸르른데,
鼇山孕秀生奇特. 금오산 정기가 기특한 사람을 낳았구나.
十二乘舟渡海來, 열두 살에 배를 타고 바다를 건너,
文章感動中華國. 그 문장이 중화 사람들을 감동 시켰네.
十八橫行戰詞苑, 열여덟 살에 사원에서 재주를 겨루어,
一箭射破金門策. 단번에 금문 과거에 뽑혔었구려.

— 이재호 옮김,《삼국사기》 권46, 열전, 제6

※사원(詞苑) : 문사들이 시문을 지어 우열을 다투던 곳.

※금문(金門) : 금마문(金馬門)의 준말. 궁전의 문을 가리킨다. 한나라 때 미앙궁(未央宮)앞에 구리로 만든 말이 있었는데 여기서 유래한 말이다.

5 | 무협중봉지세(巫峽重峯之歲) 네 구 : 고운이 최치원과의 이별에 임하여 남긴 말. 중국의 무협(巫峽)이란 곳은 지세가 험하기로 유명한데 그 중에서도 12봉우리가 유명하다. 「巫峽重峯之歲」란 무협의 여러 봉우리의 숫자와 같은 나이, 즉 12세를 말한다. 그리고 하늘에는 28개의 별자리가 있다고 하는데 그러므로 「銀河列宿之年」은 하늘의 별자리 숫자와 같은 나이, 즉 28세가 된다.

6 | 치류(緇流) : 치(緇)란 승려의 옷 빛깔이 검은 것을 가리키며, 그래서 승려들을 치류(緇流)혹은 치도(緇徒)라고 한다.

7 | 삼산(三山) : 중국 전설에 나오는 봉래산(蓬萊山) · 방장산(方丈山) · 영주산(瀛洲山)의 삼산의 세 신산(神山). 한국에서도 이를 본떠 금강산을 봉래산 지리산을 방장산 한라산을 영주산으로 불러 이 산들을 한국의 삼신산으로 일컬었다고 한다.

8 | 부지소종(不知所終) 두 구 : 최치원은 신라 진성여왕(眞聖女王) 때 난국을 바로잡기 위해 시무 10여 조항을 올렸으나 귀족들의 반대로 시행되지 못하자 그 뒤 벼슬에서 물러나 유람 생활을 하다 가야산에서 생을 마쳤다고 하나 자세한 것은 알려지지 않았다. 아래의 시는 홍류동 어느 바위에 그가 남겼다는 시로 친필 여부에 대한 논란이 분분하다.

狂賁疊石吼重巒, 미친 듯 겹친 돌 때리어 첩첩한 산 울리니,
人語難分咫尺間. 지척간의 말소리조차 분간키 어려울레.
常恐是非聲到耳, 시비소리 들릴까 저어하노니,
故敎流水盡籠山. 흐르는 물 시켜 온 산을 감쌌네.

八年, 致遠進時務十餘條9, 王嘉納之, 時後百濟甄萱據完山叛已三年矣. 越二十五年戊寅, 高麗太祖王建立. 越十年丁亥, 甄萱入新羅弑王. 則致遠年方七十, 不至衰耗. 而其出處無所考, 可疑也.

당 나라 학사 고운이 지은 〈최치원이 고향에 돌아감을 송별하다〉라는 시에

十二乘舟渡海來, 열두 살에 배를 타고 바다를 건너와서,
文章感動中華國. 문장으로 중화 사람들을 감동 시켰네.

라고 한 것이 있고, 또 그가 이별에 임하여 주었다는 말에

巫峽重峯之歲, 무산 협곡 열두 봉우리 나이에 베옷입고,
絲入中華, 외로이 중화에 들어왔다.
銀河列宿之年, 저 은하수 스물여덟 별자리 나이 되어
錦還東土. 비단옷 걸치고 고향으로 돌아가네.

라고 하였으니, 이는 12살에 당에 들어갔다가 28세에 동쪽 나라로 돌아왔다는 것이다. 동으로 돌아온 뒤의 이력과 행적은 상고할 바가 없다. 혹은 말하기를 『그때 마침 세상이 어지러워서 가야산 해인사에 숨어 중들과 한가롭게 놀았다.』고 하였다. 공이 쌓은 영주瀛洲 등 삼산三山과 홍류동 봉하석紅流洞鳳下石에 그가 쓴 유적이 지금도 완연하나, 그의 세상을 마친 곳을 알지 못하겠으며, 세상에서는 신선이 되어 떠나갔다고 한다.

내가 살펴보건대 당 희종 12년 을사년은 신라 헌강왕 11년으로, 최치원이 당 나라에서 황제의 조서를 받들고 돌아왔고, 10년이 지난 갑인년 진성

9 | 시무10여조(時務十餘條) : 원문이 전해 지지 않아 구체적인 내용은 알 수 없으나, 단지 당시의 시대 상황과 최치원의 사상을 고려하여 볼 때 진골 중심의 골품제 타파 · 전제 왕권 강화책 · 호족 억압책 · 인사 행정 개혁안 · 조세 제도 개혁안 등이 포함 되었을 것으로 추측할 뿐이다.

왕 8년에 시무 10여 조항을 올렸는데 왕이 가상하게 여겨 받아들였다. 이때는 후백제의 견훤이 완산에 웅거하여 반란을 일으킨 지가 이미 3년이 되는 해이다. 25년을 지나서 무인년에 고려 태조 왕건이 나라를 세웠고, 또 10년을 지나 정해년에 견훤이 신라에 들어가서 임금을 시해하였는데, 최치원의 나이 그때 70이 되었지만 크게 노쇠하지 않았을 것으로 생각되는데, 그 벼슬한 것과 물러난 것에 대해 상고할 바가 없으니, 의심할 만한 일이다.

[2] 조선에 온 명나라 사신들

中朝使臣, 前後來者皆文章節義之士. 自陸顒[10] · 端木孝思[11] · 祝孟獻[12]以下皆可數. 自居正所及見, 世宗末年倪侍講謙[13] · 司馬給事恂[14]偕來. 倪通而和, 馬簡而正. 才名馬不及倪, 操行倪不及馬. 陳吏部鈍[15], 李司正寬[16]繼來. 陳之節行仰若山斗 ; 李則風儀雋朗, 處事在陳範圍之內, 不露

10 | 육옹(陸顒) : 명나라 사신[이하 (明)으로 표기]. 예부 주사(禮部主事)로 태종 1년에 대종(代宗)의 조서를 받들고 조선으로 왔다. 조서의 내용은 자신이 황제에 등극하였을 때 조선에서 사신을 보내어 조상하고 하례한 것에 대해 바로 회답하지 못하였는데 다시 자신에 생일에 사신을 보낸 것에 대해 회답 한다는 것이다.

11 | 단목효사(端木孝思) : (明) 병부주사(兵部主事). 태종 2년.

12 | 축맹헌(祝孟獻) : (明) 태종 2년에 육옹이 조선의 기생 위생(委生)과 한 약속을 지키기 위해 황제에게 1만 필의 말 무역을 허락받고 다시 사신으로 올 때 함께 왔다. 《조선왕조실록》에는 그를 순수하고 검소하여 지킴이 있었다고 평하고 있다.

13 | 시강예겸(侍講倪謙) : (明) 한림시강(翰林侍講). 세종 32년에 명나라 영종(英宗)의 황제 등극을 알리기 위해 조선에 왔다. 정인지 신숙주 성삼문 등과 수창했고(《경오황화집(庚午皇華集)》 1권 참조.) 그들의 학식과 인품에 탄복하였다고 전해지며 신숙주, 정인지와는 의형제를 맺었다. 시강(侍講) : 지난날 왕이나 세자 앞에서 경서(經書)를 강의하던 일, 또는 그 사람.

14 | 사마순(司馬恂) : 예겸의 부사(副使)로 함께 온 사신. 명나라 절강성 산음현(山陰縣) 사람. 자(字)는 순여(恂如). 정통(正統) 9년에 형과급사중(刑科給事中)이 되었으며, 헌종(憲宗) 때는 국자제주(國子祭酒)를 지냈다. —《중국역대인명대사전(中國歷代人名大辭典)》 참조.

15 | 진둔(陳鈍) : (明) 이부낭중(吏部郎中). 단종 즉위년에 대종(代宗)의 아들 견제(見濟)를 책봉(册封)하여 황태자로 삼는다는 조서를 받들고 조선에 왔다.

圭角, 亦可人也. 後有陳侍講鑑[17] · 高太常閏[18]. 陳之文章亞於倪, 而操行則同. 高之文章不及於陳, 而操行則愈下.

初陳 · 高二使渡鴨綠江, 國家遣宣慰使[19]遺節衣, 不受. 高作 〈送衣不受〉詩, 語甚倨傲. 其作 〈成均館記〉, 有『天理未嘗泯滅』之語, 詩亦有『豺獺報本』[20] 之辭. 及 〈跋陽村應制〉 詩[21]則曰 :『到朝鮮, 恨無物足以駭人觀聽.』其傲視東方, 甚矣. 〈題太平館樓〉[22] 詩, 自批曰 :『極盡豪華之氣, 一以淸高爲主.』〈成均館唱酬〉 詩板尾自筆大書曰 :『詩不成者四人, 後當足之.』蓋譏我國宰相有不成詩者也. 嘗書眞草[23]數帖曰 :『羲之之字, 千金難得, 學者宜寶藏之.』其輕薄至此. 時居正執事於館下, 每見高作, 勃然變色, 手裂擲地, 同列皆笑. 一日高倩承文院博士郭義卿書 〈行錄〉, 僕竊見之, 首書 〈思親詞〉 一首, 次書 〈送衣不受〉詩, 次書 〈却妓〉詩, 次書 〈謁宣聖廟〉詩, 其餘覽物興懷之作, 皆諱不書. 僕曰 :『此虜將還中國,

16 | 이관(李寬) : 행인사 사정(行人司司正). 진둔과 함께 온 사신.

17 | 진감(陳鑑) : 명나라 소주(蘇州) 장주현(長洲縣) 사람. 정통(正統) 13년에 한림학사(翰林學士)를 지냈고, 국자좨주(國子祭酒)까지 지냈다. 명나라 천순(天順) 1년인 1457년(세조 3) 명나라 영종(英宗)의 복위(復位)를 알리는 조사(詔使)로 조선에 왔다. 이때의 접반사는 박원형(朴元亨)이었으며, 이때 주고받은 시는 《정축황화집(丁丑皇華集)》에 수록되어 있다.

18 | 고윤(高閏) : 《동인시화(東人詩話)》 주 28) 참조.

19 | 선위사(宣慰使) : 조선시대에 입조(入朝)하는 중국의 사신(使臣)을 영접하기 위해 임시로 둔 관직. 개국 초 명나라 사신을 영접하면서부터 두어 2품관 또는 정3품 당상관(堂上官) 이상인 자로 임명하였는데, 성종 34년(1601)에 『선위(宣慰)』는 사신을 존경하는 뜻이 아니라 하여 영위사(迎慰使)로 개칭하였다.

20 | 시달보본(豺獺報本) : 즉 조선이 자신들의 근본이 되는 중국을 섬길 줄 안다는 뜻.

21 | 〈발양촌응제(跋陽村應制)〉 : 양촌선생 응제시의 발문. 양촌(陽村)은 권근(權近, 1352~1409)의 별호. 응제시(應制詩)는 임금의 명령에 따라 지은 시문. 〈양촌응제시(陽村應制詩)〉는 명태조(明太祖)가 직접 지어 권근에게 하사한 〈태조고황제어제시삼수(太祖高皇帝御製詩三首)〉와 권근이 명태조의 명에 의해 지은 응제시(應制詩) 24수를 모아 그의 조카인 권람(權擥)이 주석을 더하여 단책(單册)으로 출간한 것. 책의 마지막 부분에는 조선에 온 중국 사신의 발문(跋文)이 기록되어 있다.

22 | 〈제태평관루(題太平館樓)〉 : 앞의 《동인시화(東人詩話)》 주 29) 참조.

23 | 진초(眞草) : 왕희지(王羲之)의 초서(草書)체.

以此爲釣名之資, 人之無狀至此哉!』一日殿下賜鞍馬, 僕語同列曰 :『鞍馬非橐中之物, 此輩必却之. 如却之, 高必作詩, 卿等第觀之.』俄而高作〈却鞍馬〉詩曰 :『漢文旣是輕千里, 祖逖無心著一鞭.』同列大笑. 僕大怒曰 :『豈朝鮮寡弱, 無一人分別是非歟, 狙詐如是[24]!』將行也, 殿下賜好劍, 閏作詩謝之. 《皇華集》[25] 旣成, 閏初見喜倒, 讀至〈謝劍〉詩, 憤然失色, 其飾詐失使臣體如是. 陳給事嘉猷[26]寬平正大, 觀其氣象, 知其爲大人君子 ; 文章亦平淡. 張給事寧[27], 其文章可伯仲於陳, 而言行頗有强作處, 然亦君子人也. 金舍人湜[28]工於七言四韻[29], 筆法畫格亦高妙, 但節行掃地.

24 | 시비여, 저사여시(是非歟, 狙詐如是) : 《筆苑雜記》 卷之二에 『是非.敢詐如是』로 나온다. — 한국고전번역원(www.itkc.or.kr).

25 | 《황화집(皇華集)》 : 명나라에서 파견한 사신과 우리나라의 원접관(遠接官)이 수창한 시와 그들의 문장을 수록한 시문집. 원래 「황화(皇華)」란 시경(詩經) 소아장(小雅章)의 「황황자화(皇皇者華)」란 시구로, 그 뜻이 임금이 사신을 보냄에 있어 그 마음가짐과 경계할 바를 일러둔 것인데, 그 시의 뜻을 기려서 제목으로 정한 것이다. 개별적으로 간행된 각 시대의 《황화집》을 영조 49년(1773)에 모아 한 질로 출판하였다. 50권 25책.

26 | 진가유(陳嘉猷) : 자는 군막君漠, 호는 헌가(獻可). 평령(平岭) 사람이다. 7살 때부터 시를 지어서 신동으로 불렸다. 소흥(紹興) 24년(1154)에 한림좌춘방(翰林左春坊)이 되고, 예부상서(禮部尚書)까지 이르렀다. 형과급사중(刑科給事中)으로 세조 5년에 조선의 왕이 외인(外人)과 더불어 교통(交通)에 대한 문책을 하는 영종(英宗)의 칙서(勅書)를 받들고 왔다. 이 때 원접사는 박원형이었다. 이때 지은 시문은 《기묘황화집(己卯皇華集)》에 수록되어있다.

27 | 장녕(張寧) : 명나라의 이름난 간관(諫官). 절강(浙江)해염(海鹽) 사람. 자는 정지(靖之), 호는 방주(方洲). 예과급사중(禮科給事中)으로 명나라 천순(天順)4년인 1460년(세조6년) 칙유사(勅諭使)로 조선에 왔다. 이때 원접사는 박원형이었다. 이 때 지은 시문은 《경진황화집(庚辰皇華集)》에 수록되어 있다. 《명사(明史)》 권180에 열전이 있음.

28 | 김식(金湜) : 자는 본청(本淸)이고, 호는 후목거사(朽木居士), 또는 태수생(太瘦生)이라고도 함. 생졸년이 상세하지 않다. 은현(鄞縣 : 지금의 浙江省 寧波) 사람. 중사사인(中書舍人), 태복시승(太僕寺丞)이 되었다. 고대 서법에 숙달하여 전(篆) · 예(隶) · 행(行) · 초(草)에서 한(漢) · 진(晋)의 풍격을 많이 가지고 있었다. 세조 10년 명나라 사신으로 헌종(憲宗)의 등극을 알리러 조사(詔使)로 조선에 왔다. 이때의 원접사는 박원형이었고, 이때 지은 시는 《갑신황화집(甲申皇華集)》에 수록되어 있다.

張御史城有溫雅氣象, 而無奇節. 姜行人浩[30]有大寬之量, 而少文行. 祁戶部順[31]篤實有節行, 文詞亦純正, 其陳·張兩給事之儔乎! 張行人瑾[32]文章操行不及祁, 而在其範圍之內耳.(按他史, 郭義卿作辛義卿, 而國朝榜目亦有辛無郭, 恐此是誤. 義卿寧越人, 官僉樞.)

명나라 사신으로 전후에 온 자는 모두 문장과 절의節義가 뛰어난 인물이었으니, 육옹陸顒·단목효사端木孝思·축맹헌祝孟獻 등은 모두 헤아릴 만하다. 내가 직접 본 바로는, 세종 말년에 시강 예겸과 급사給事 사마순司馬恂이 같이 왔었다. 예겸은 널리 통달하고 융화融和하였으며, 사마순은 성실하고 정직하였는데, 재명才名은 사마씨가 예씨에 미치지 못하였고, 조행은 예씨가 사마씨에 미치지 못하였다. 그 뒤에 이부吏部 진둔陳鈍과 사정司正 이관李寬이 잇달아 왔는데, 진씨의 높은 기절氣節과 품위는 태산과 북두北斗처럼 우러러보였고, 이씨는 풍채와 의표儀表가 준수하였다. 일을 처리하는 것은 진씨의 범위를 벗어나지 못하였으나, 모를 드러내지 않았으니, 역시 훌륭한 인물이었다. 뒤에 시강 진감과 태상 고윤이 있었는데, 진씨의 문장은 예겸에 버금하였으나 조행은 같았고, 고씨는 문장도 진씨를 따르지 못하거니와 조행은 더욱 떨어졌었다.

처음에 진·고씨 두 사신이 압록강을 건넜는데, 국가에서 선위사를 보내

29 | 칠언사운(七言四韻) : 7자로 된 율시를 말한 것으로 율시는 흔히 8구(句)로 한 구 건너 한 번씩 각운자를 달기 때문에 4운이라고 함.

30 | 강호(姜浩) : 성종 1년에 성종을 조선의 왕으로 봉한다는 명나라 헌종(憲宗)의 조서를 받들고 조선에 왔다.

31 | 기순(祁順, 1434~1497) : 명나라 광동 동완(東莞) 사람. 자는 치화(致和), 호는 손천(巽川). 명나라 성화(成化) 12년인 1476년(성종 7년) 중국 황태자(皇太子)의 책립(册立)을 알리는 조사(詔使)로 조선에 왔다. 이때의 원접사는 서거정이었고, 이때 주고받은 시는 《병신황화집(丙申皇華集)》에 수록되어 있다. 『祁』는 『祈』로도 쓸 경우가 있다.

32 | 장근(張瑾) : (明) 행인사좌사부(行人司左司副). 기순의 부사(副使)로 조선에 왔다. 행인(行人) : 조근(朝覲 : 조회 때 신하가 왕을 알현하는 것)과 빙문(聘問 : 국가와 국가간에 사신을 보내 방문하는 것)의 일을 맡아 보는 일.

어 계절에 맞는 옷을 증정하였으나 이들은 받지 않았다. 고윤은 〈보내온 옷을 받지 않았다〉라는 시를 지었는데, 그 내용이 매우 오만하였다. 그가 지은 〈성균관기〉에는 『하늘의 이치가 일찍이 없어지지 않았다.』라고 한 것이 있고, 또한 『승냥이와 수달도 조상(근본)에 제사지낼 줄 안다.』는 말이 있다. 양촌의 〈발양촌응제〉에 이르기를 『조선에 와보니 족히 아무 것도 사람의 이목을 놀라게 할 만한 것이 없음이 한스럽다.』라고 하였으니, 그가 동방을 경멸함이 심하다 하겠다. 〈제태평관루〉시를 스스로 비평하여 이르기를, 『호화로운 기운을 다하였으나 한결같이 청고淸高를 근본으로 삼았다』고 하였고, 〈성균관창수〉시에 자필로 크게 쓰기를 『시를 잘 짓지 못한 네 사람은 뒤에 마땅히 보충해야 한다.』고 하였으니, 이것은 대개 우리나라의 재상宰相 중에 시를 짓지 못한 자가 있음을 기롱한 것이다. 일찍이 진초 두 서너 서첩을 쓰고 말하기를 『희지의 글씨와 똑같아 천금을 가지고도 얻기 어려운 것이니, 배우는 자는 마땅히 보배롭게 간직해야 할 것이다.』라고 하였으니 그의 경박함이 이 정도였다. 이때 내가 사신 접대하는 객관 아래에서 일을 보고 있었는데 매양 고윤의 작품을 볼 때마다 노기가 솟아올라 안색이 변하였으며, 혹 손으로 찢어 땅에 던지기도 하였는데 동료들이 모두 웃었다.

하루는 고씨가 승문원 박사 곽의경의 부탁을 받아서 그의 〈행록〉을 썼는데, 내가 가만히 엿보니, 제일 먼저 〈어버이를 생각하는 글〉 한 수를 쓰고, 다음에 〈보낸 옷을 받지 않다〉라는 시를 쓰고, 다음에는 〈기생을 물리쳤다〉라는 시를 쓰고, 그 다음에 〈사당에서 공자를 알현하다〉라는 시를 쓰고는 그 나머지 경물을 관람하고 감회를 읊은 따위의 글은 모두 숨기고 쓰지 않았다. 나는 말했다. 『이 녀석이 장차 중국에 돌아가면 이로써 이름을 낚을 자료로 삼을 것이니 사람의 형편없음이 이 지경이란 말인가!』

어느 날 임금이 말과 안장을 준 일이 있었는데, 내가 동료들에게 말하기를 『말안장은 전대 속에 넣을 물건이 아니니, 이 무리들이 필연코 물리칠 것이다. 만일 물리친다면 고씨가 반드시 시를 지어 자랑할 것이니 자네들은 다만 보고 있으라.』라고 하였더니 얼마 되지 않아 고씨가 〈말안장을 물리치다〉라는 시를 지어 이르기를

漢文旣是輕千里,　　한 나라의 문제가 이미 천리마를 가볍게 여겼고,
祖逖無心著一鞭.　　조적은 말 채찍질 할 마음이 없네.

라고 하니, 동료들이 크게 웃었다. 나는 크게 노하여 말했다. 『어찌 조선이 약소하다 한들 한 사람도 시비를 분별할 자가 없다고 여겨 이처럼 몰래 속인단 말인가!』

그들이 떠나려 할 때 임금이 좋은 칼을 기증하니, 고윤은 시를 지어 사례하였다. 《황화집》이 이미 완성되어 나오자 고윤이 보고 처음에는 기뻐 쓰러질 듯하더니, 읽어 내려가다가 〈칼의 기증을 치사하다〉라는 시에 이르러 노기 띤 안색으로 놀라고 당황하니, 그의 가식과 사신의 체통을 잃음이 이와 같았다.

급사 진가유는 너그럽고 정대하여 그 기상만 보아도 대인군자임을 알 수 있고, 문장 또한 화평하고 담담하였으며 급사 장녕은 그 문장은 가히 진가유와 비슷하다 하겠으나 언어와 행동에 있어 자못 억지로 하는 곳이 있었다. 그러나 역시 군자에 속하는 사람이었다.

사인 김식은 칠언사운을 잘하였고, 필법과 화격도 역시 높고 정묘하였으나 절개는 전혀 없었다. 장성은 온화하고 아담한 기상은 있으나 남다른 장점이 없었고, 행인 강호는 관대한 도량은 있으나 학문과 예의가 적었으며, 호부 기순은 독실하고 절개가 있고 문장도 순정하였으니 진가유와 장녕 두 급사와 필적할 것이다.

행인 장근은 문장과 품행이 기순 보다는 못하나 중국 사신들의 평균 수준 안에는 든다.(다른 역사에 의하면 곽의경이 지었다는 것은 신의경이며, 《국조방목》에도 『신』은 있고 『곽』은 없으니, 아마 이것은 잘못이다. 의경은 본관이 영월이며, 첨지중추부사 벼슬을 했다.)

[3] 조선 관반들에 대한 명나라 사신들의 평가

近得見《遼海篇》33, 乃翰林侍講倪謙奉使我邦所作, 附以我國諸賢酬酢贈別之作, 如僕之不才, 姓名亦在其中. 布政司參議盧雍序之曰 : 『初, 侍講到朝鮮, 其國擇文學之臣以爲館伴, 公假顔色俯就之. 其人有操筆面肆矜眩者, 公乃發舒其奇, 思如湧泉, 信筆立就, 殊不經意, 而辭旨超逸, 睥睨驅馭, 旁若無人. 擧國始皆駭愕, 歎仰無已.』云云. 今考其詩館伴, 則鄭文成公麟趾[34]也, 面肆矜眩, 豈公所爲耶?

翰林侍講吳節跋之曰 : 『曁公至國, 其國廣擇素能詩文者以司館伴, 先生才思敏捷, 若水湧山出, 肆筆揮灑, 頃刻而就, 國人咸聚首稱歎, 斂縮不敢出所長. 惟鄭麟趾 · 申叔舟[35] · 成三問[36]三人, 稍知警策, 間能屬和, 先生亦屢加奬進也.』云云. 惜乎盧, 吳二子之尊崇侍講, 而屈抑我東賢者太甚. 今讀侍講《遼海全編》, 只是平平之詩文耳, 未見有洞盪發越 · 奇偉橫絶之辭. 如侍講〈雪霽登樓賦〉[37] 雖佳, 而申文忠公叔舟次韻賦辭[38], 文從

33 | 《요해편(遼海篇)》: 예겸과 조선의 관반사들과 수창한 시를 담은 시집. 정인지(鄭麟趾), 성삼문(成三問)의 시도 포함 되어 있다.

34 | 정인지(鄭麟趾) : 본관은 하동(河東)이다. 자는 백저(伯雎), 호는 학역재(學易齋), 시호는 문성(文成)이다. 태종 11년(1411)에 생원이 되고, 1414년 식년문과에 장원급제한 뒤 세종의 신임을 받아 예조와 이조의 정랑(正郎)을 거쳐 집현전학사(集賢殿學士)가 되었다. 성삼문(成三問) · 신숙주(申叔舟) 등과 함께 훈민정음 창제에 참여하였고, 안지(安止) 등과 함께《용비어천가》를 지었으며, 천문 · 역법(曆法) · 아악 등에 관한 책을 많이 편찬하였다. 문집에《학역재집(學易齋集)》이 있고, 편저로《고려사(高麗史)》·《역대역법(歷代曆法)》·《역대병요(歷代兵要)》·《자치통감훈의(資治通鑑訓義)》등이 있다.

35 | 신숙주(申叔舟) : 본관은 고령(高靈)이다. 자 범옹(泛翁), 호 보한재(保閒齋) · 희현당(希賢堂), 시호는 문충(文忠)이다. 세종 21년(1439)에 친시문과(親試文科)에 급제, 전농시직장(典農寺直長) · 집현전(集賢殿) 부수찬을 역임하였다. 뛰어난 학식과 문재(文才)로서 6대 왕을 섬겼고, 세종 때는 왕의 총애를 가장 많이 받은 학자였으나 수양대군의 왕위찬탈(王位簒奪)에 가담한 점에서 후세에 비난을 받았다. 저서에는《보한재집(保閒齋集)》·《북정록(北征錄)》·《해동제국기(海東諸國記)》·《사성통고(四聲通攷)》등이 있다.

36 | 성삼문(成三問) : 본관 창녕(昌寧)이다. 자 근보(謹甫) · 눌옹(訥翁), 호 매죽헌(梅竹軒), 시호는 충문(忠文)이다. 사육신의 한 사람으로 세종 20년(1438)에 생원(生員)으로 식년문과(式年文科)에 급제하여 집현전 학사 · 수찬 등을 역임했다. 문집에《성근보집(成謹甫集)》이 있다.

37 | 〈눈 개자 누각에 오르다(雪霽登樓賦)〉: 예겸은 처음 조선에 왔을 때 대수롭지 않게 시를 지어서 조선의 학자들에게 조롱을 받았으나 이후로 그의 시문은 빛을 발하기

字順, 翩翩有楚聲39, 亦可以伯仲侍講矣, 何可易之哉? 盧 · 吳二子之言實非公論也.

시작하였고 〈설제등루부〉에 이르러서는 사람들로 하여금 스스로 무릎을 꿇게 하였다고 전해진다.

維聖皇之御極, 이에 우리 황제께서 지극히 높은 자리에 등극하시니,
頒正朔於八荒. 바른 정령(政令) 온 세상에 반포하셨네.
眷東藩之有國, 동쪽 제후국에 어떤 나라를 돌아보니,
限衣帶以相望. 의대수(衣帶水)의 제한을 받음으로 보고만 있을 뿐이네.
羌盡忠而盡禮, 굳세게 충성을 다하고도 예를 다하여,
時來享而來王. 때에 맞추어 공물을 바치고 내왕하나니.
宜優異以加賚, 특이하게 구는 행동을 좋게 보아 특별히 포상하여,
錫九重之詔章. 구중궁궐에서 나온 훌륭한 글을 내려주시네.
爰命詞臣, 이에 사신에게 명하여,
皇華遣行. 황화의 길로 파견하네.
……
先生顧余焉笑曰, 선생[사마순] 이 나를 둘러보며 웃으며 하는 말이,
子解斯景之可賞. 그대 이 경치를 감상할 줄 아네.
當求斯雪之所自, 이 눈이 어디서 오는지 마땅히 추구하여,
亶豐年之休徵. 풍년이 오는 좋은 징조를 알아야 하리.

－《명나라 사신은 조선을 어떻게 보았는가》신태영 저, 다운샘, p.246.

38 | 신문충공숙주차운부(申文忠公叔舟次韻賦) : 〈예겸의 〈설제등루부〉의 각운자에 맞추어(次倪謙雪霽登樓賦)〉.

翰林先生, 한림 선생은,
學究天人, 학문은 하늘과 사람의 이치를 끝까지 파고,
胸呑四荒. 온 사방 사람들의 마음을 포용하셨네.
冰霜雅操, 우아한 지조는 얼음과 서리 같고,
圭璋令望. 아름다운 명망은 값진 구슬 같네.
卻紛華而味道, 분분하고 화려함을 물리치고서 도를 음미하며,
斥偏霸而談王. 패도를 배척하고 왕도를 말하시네.
承新命於九重, 궁궐에서 새 칙명을 받잡고,
歷薊遼以周章. 계수와 요동을 지나 행차하셨네.
至下國而駐節兮, 아래 나라에 이르러 부절(符節)을 멈추심이여!
拜後塵於趨走之行. 뒤따라가면서 앞서신 수레에 절하네.
日:或淸而或濁兮, 더러 세상이 맑으면 나아가고, 탁하면 물러나겠다고 말씀하시나,
顧將不遺於滄浪. 다만 장차 창랑수에 자취를 남겨 두지는 않으시리.

－《동문선(東文選)》 제 3권.

근래에 《요해편》을 얻어 보니, 한림 시강 예겸이 우리나라로 사명을 받들고 왔을 때 지은 것으로서, 우리나라 접반사[40]들이 수창한 시와 증별시가 뒤에 붙었는데, 나같이 재주 없는 사람의 성명도 그 가운데 있었다. 포정사 참의 노옹이 서문을 쓰기를, 『처음에 예 시강이 조선에 이르니, 그 나라에서 문학에 능한 신하들을 선택하여 관반으로 삼았었다. 예겸이 얼굴빛을 바꾸어 굽히고 나아가니, 그 사람(정인지)이 붓을 잡고 글을 쓰면서 얼굴에 극히 자부하는 빛이 있었으므로, 공은 마침내 기이한 문장을 지어 재능을 마음껏 발휘하였다. 시상이 샘솟듯 하여 붓 가는 대로 순식간에 지어놓았고, 별달리 마음을 쓰지 않아도 그 말과 뜻이 뛰어나고 빼어나, 좌중을 내려 보고 휘두르기를 곁에 사람이 없는 것같이 하니, 일국의 사람들이 비로소 모두 경악하여 찬미하고 존경하여 마지않았다.』하였다. 지금 그 당시 관반을 살펴보면 문성공文成公 정인지인데, 자랑하고 자부한 것이 어찌 고의 행동 이었겠는가?

한림 시강 오절이 발문을 쓰기를, 『공이 그 나라에 갔을 때 그 나라에서 평소 시문에 능한 자를 널리 선택하여 관반을 맡게 하였다. 선생의 재주와 의사가 물이 솟고 산이 나오는 것같이 민첩하여 붓 가는 대로 휘둘러 순식간에 글을 이루었다. 그 나라 사람들이 혹 머리를 모아 칭찬하고 탄복하였으나 위축되어 감히 잘하는 바를 내놓지 못하였는데, 오직 정인지와 신숙주 성삼문 등 3명이 약간 재치 있는 소리를 할 줄 알아 능히 간혹 화답하여 이어가니, 선생 또한 여러번 추켜올려 시를 올리도록 권장하였다.』라고 하였다.

애석하다. 노옹과 오절 두 사람이 예 시강만을 높이고, 우리 동국 여러분

39 | 초성(楚聲) : 초사(楚辭)와 같은 말. 전국 시대 말년에 초(楚) 나라 지방에서 일어난 문학은 비애(悲哀)와 정신(淸新)한 것을 주로 하였는데 이는 그때까지 없었던 새로운 문학이었다.

40 | 접반사(接伴使) : 사신을 맞이하러 갈 때는 원접사(遠接使)라 하고 전송하러 갈 때는 이름만 고쳐서 반송사(伴送使)라 했으며, 원접사와 반송사를 그냥 『관반(館伴)』이라고 부르기도 했다. 원접사와 반송사는 같은 사람이 맡는 것을 원칙으로 했다. －《명나라 사신은 조선을 어떻게 보았는가》 p.24

을 억누름이 너무 심하다. 이제 예 시강의 《요해전편》을 읽어보니, 다만 평평한 시문뿐이요, 크게 뛰어나거나 기이하고 위대한 말이 있는 것을 보지 못하겠다. 예 시강의 〈설제등루부〉 같은 것은 비록 아름답긴 하나, 신문충공이 차운한 사부 역시 문리가 순하고 구성이 알맞아서 초성과 같은 운치가 있으니, 역시 시강과 백중이라 할 만할 것이다. 어찌 쉽게 말하리오. 노옹과 오절 두 사람의 말은 실로 공정한 논평이 아니다.

【참고문헌】

김익현 · 임창재 역, 《국역 대동야승》 1, 민족문화추진회.

김부식 저 · 이재호 옮김, 《삼국사기》, 제46권, 솔, 2000.

홍만종 저, 허권수 · 윤호진 역, 《역주 시화총림(상)》, 까치, 1993.

정구복 저, 《새로 읽는 삼국사기》, 동방미디어, 2000.

신태영 저, 《명나라 사신은 조선을 어떻게 보았는가》, 다운샘, 2005.

국역 조선왕조실록, 서울시스템.

(石文珠)

8. 《용재총화慵齋叢話》[1]

성현(成俔, 1439~1504)이 지었다. 성현의 자는 경숙磬叔이고 호는 용재慵齋이며, 시호는 문대(文戴)이고 본관은 창녕(昌寧)이다. 일찍 조선사신으로 중국에 갔었다. 《용재총화》 10권에는 몇 편의 시를 논평한 문장이 기록되어 있다. 이 책은 조선 성종成宗 16년(1485)에 완성되었으며, 명나라 헌종憲宗 성화成化 21년에 상당하다. 책에서 주요하게 한국작가와 작품에 대하여 논술하였지만 그 중 몇 단락은 명나라 조정 사신(소위 『천사天使』)들의 시가창작과 활동에 대하여 기록하였는데 자료가 아주 귀중하다.

[1] 시를 잘 지은 중국 사신들

天使[2]到我國者, 皆中華名士也. 景泰初年[3], 侍講[4]倪謙[5] · 給事中[6]司馬

1 | 《용재총화(慵齋叢話)》: 조선 전기의 문신 · 학자인 성현(成俔)의 수필집. 활자본. 3권 3책. 1525년 (中宗 20)에 경주에서 간행. 그 뒤 1909년 조선고서간행회에서 간행한 《대동야승(大東野乘)》에 책록되어 널리 알려졌다. 내용은 문담(文談) · 시화(詩話) · 서화(書畵)에 대한 이야기와 인물평(人物評) · 사화(史話) · 실력담(實歷談) 등을 모아 엮은 것으로, 문장이 아름다운 조선시대 수필문학의 백미편(白眉篇)이다. 전편이 《대동야승》에 실려 있고, 시화(詩話) 부분은 《시화총림(詩話叢林)》에도 들어 있다. 1934년 계유출판사(癸酉出版社)에서 간행한 《조선야사전집(朝鮮野史全集)》에 한글로 토를 달아 실었다. 1964년 고려대학 민족문화연구소에서 국역하여 《파한집(破閑集)》과 합본(合本)으로 간행한 바 있다. 고려에서 조선 성종(成宗)대에 이르기까지 형성 · 변화된 민간 풍속이나 문물제도 · 문화 · 역사 · 종교 · 예술 등 문화발전을 다루고 있어 민속학이나 구비문학(口碑文學: 말로 된 문학을 의미하며, 기록문학과 대비되는 말) 연구의 자료로서 중요하다.

2 | 천사(天使): 중국 사신(使臣)을 말한다.

3 | 경태(景泰): 중국 명나라 대종(代宗) 때의 연호(年號). 1450~1456년까지. 경태 초년은 1450년(세종 32)을 말한다.

詢[7]到國, 不喜作詩. 謙雖能詩, 初於路上, 不留意於題詠. 至謁聖[8]之日, 謙有詩云 :『濟濟靑襟分左右, 森森翠柏列成行.』是時集賢[9]儒士全盛[10]見詩, 哂之曰 :『眞迂腐教官[11]所作, 可袒一肩而制之.』及遊漢江, 作詩云 :『纔登傑構縱奇觀, 又棹樓船泛碧湍. 錦纜徐牽緣翠壁, 玉壺頻送隔雕欄, 江山千古不改色, 賓主一時能盡歡. 遙想月明人去後, 白鷗飛占鏡光寒.』[12]

4 | 시강(侍講) : 한대(漢代)에 이런 호칭이 있었고, 위명제(魏明帝)때 관직이름으로 사용. 당(唐)대부터 시강학사(侍講學士)를 설치하였는데 직무는 문사(文史)를 담론하는 임금의 고문으로 자문에 대비하고 있었다. 대비하고 있었다. 송(宋)대에서도 계속 설치되어 있었지만 시강(侍講)이나 시독(侍讀)은 상임이 없고, 모두 다른 관직의 문학자들이 겸임하였다. 원(元) · 명(明) · 청(淸) 시기는 한림원(翰林院)에 속하였다.

5 | 예겸(倪謙, 1415~1479) :《필원잡기(筆苑雜記)》 주 13) 참조.

6 | 급사중(給事中) : 관직명. 진한(秦漢)시기는 후(侯) · 장군(將軍) · 알자(謁者)등의 가관(加官)으로 임금의 좌우에서 시중들며 고문(顧問)이 되어 대답할 것에 대비하였으며, 정사에 참의하면서 궁전에서 일을 맡아 보았기 때문에 불러진 것이다. 수당(隋唐)이후에는 문하성(門下省)의 요직으로 정령(政令)의 잘못을 바로잡을 권리를 장악하고 있었다. 원(元)이후부터 문하성을 폐하고 급사중을 설치하였다. 명(明)대에 이르러서는 급사중을 이(吏) · 호(戶) · 예(禮) · 병(兵) · 형(刑) · 공(工) 6과(科)로 나누어 설치하여 시종(侍從)들의 간언을 장악하였고, 6부(六部)의 부정된 것이나 잘못된 것을 조사하며, 조서를 제정할 때 법에 맞지 않는 것을 바로잡는 권리가 있었다. 청(淸)대에 이르러서는 도찰원(都察院)에 예속되었으며, 어사(御史)와 함께 간관(諫官)이라 하였으며 또 급간(給諫)이라 불렀다. 생략해서 급사라고 불렀다.

7 | 사마순(司馬詢) :《필원잡기(筆苑雜記)》 주 14) 참조.『詢』은『恂』의 오자임.

8 | 알성(謁聖) : 조선 때, 임금이 성균관(成均館) 문묘(文廟)의 공자(孔子) 신위에 참배함. 여기서는 중국사신과 함께 참배할 때를 말함.

9 | 집현(集賢) : 집현전(集賢殿)은 고려 이래로 조선 초기에 걸쳐 궁중에 설치한 학문 연구기관. 경연(經筵)과 서연(書筵)을 맡아보면서 학문을 연구하였음. 세종(世宗)이 즉위하자 집현전을 확대하여 실제의 연구 기관으로 개편하였다(1420). 그 직제는 겸관(兼官)으로 영전사(領殿事 : 정1품) 2명, 대제학(大提學 : 정2품) 2명, 제학(提學 : 종2품) 2명을 두었으나 실제로 직무를 집행한 것은 녹관(祿官)인 전임직이었다. 그 인원은 처음에 10명이었으나 점차 증원되어 36년(세종 18) 20명으로 확정되었다.

10 | 전성(全盛) : 자세한 이력 미상.

11 | 교관(教官) : 조선시대 동몽교관(童蒙教官 : 조선 전기에 어린이를 교육하기 위해 각 군(郡) · 현(縣)에 둔 관직. 조선시대 각 지방의 군 · 현에 설치하여 아동교육을 담당하던 관원으로 종9품직) · 내시교관(內侍教官 : 궁중에서 임금의 시중을 들거나 숙직 따위의 일을 맡아본 거세한 남자들을 가르치던 관원)의 약칭.

又作〈雪霽登樓賦〉[13], 揮毫灑墨, 愈出愈奇, 儒士見之不覺屈膝 ; 館伴[14]鄭文成[15]不能敵. 世宗命申泛翁[16]·成謹甫[17]往與之遊, 仍質漢韻. 侍講愛二士, 約爲兄弟, 相與酬唱不輟. 竣事還, 抆淚而別.

世祖朝, 翰林[18]陳鑑[19]到國. 翰林見畵蓮, 作詩云 : 『雙雙屬玉似相親, 出水紅蓮更逼眞. 名播頌聲[20]緣有客, 愛從周[21]後豈無人. 遠觀自可祛煩暑, 並立何曾染俗塵. 料得丹靑知此意, 絶勝鵝鴨惱比鄰.』[22] 朴延城[23]爲館伴,

12 | 재등걸구종기관(纔登傑構縱奇觀) 네 구 : 예겸이 쓴 시로 시제는 〈한강에서 봄에 배를 띄우다(漢江春泛)〉이다. 《황화집(皇華集)》 1, 41쪽 참조.

13 | 〈설제등루부(雪霽登樓賦)〉: 《필원잡기(筆苑雜記)》 주 37) 참조.

14 | 관반(館伴) : 관반사(館伴使)를 말하는데 고려(高麗) 때 서울에 묵고 있던 외국 사신을 접대하기 위해, 태평관(太平館)이나 동평관(東平館)에 임시로 임명한 정3품(正三品) 관원. 접반사라고도 함.

15 | 정문성(鄭文成) : 《필원잡기》 주 34) 참조.

16 | 신숙주(申叔舟, 1417~1475) : 《필원잡기》 주 35) 참조.

17 | 성근보(成謹甫) : 《필원잡기》 주 36) 참조.

18 | 한림(翰林) : 여기서는 중국의 한림으로, 한림원(翰林院)에 소속된 관리를 말함. 한림원은 당대(唐代) 초기에 설치되어 국사편수(國史編修)·경서진강(經書進講)·조칙(詔勅) 작성·황제 자문 등의 역할을 담당한 관아. 명청시대에는 진사(進士) 중에서 선발하였으며, 청대에 장원학사(掌院學士)·시강학사(侍講學士)·시강(侍講)·수찬(修撰)·편수(編修)·검토·서길사(庶吉士) 등의 관리를 두었음. 한림원은 명대 과거시험을 통하여 인재를 모으는 장소이며 또한 명대 고위층 정치인물을 배출하는 장소였다.

19 | 진감(陳鑑) : 《필원잡기(筆苑雜記)》 주 17) 참조.

20 | 명파송성(名播頌聲) : 《시경》 주송(周頌)에 〈진로(振鷺)〉라는 편명이 있다. 진로는 『떼지어 나는 백로』라는 뜻이다. 그 시의 내용에 「저기 서쪽 못가에 백로가 떼지어 나의 손님 이에 이르니 그 모습 또한 백로 같구나.(振鷺于飛, 于彼西雝, 我客戾至, 亦有斯容.)」라는 말이 있다. 여기에서는 그것을 인용한 것이다.

21 | 주(周) : 주돈이(周敦頤, 1017~1073)를 말한다. 중국 송(宋)나라의 유학자. 호는 염계(濂溪).

22 | 쌍쌍속옥사상친(雙雙屬玉似相親) 8구 : 진감이 쓴 시로 시제는 〈진기하게 어울리는 교훈(希和教)〉이다. 이에 박원형이 차운하여 그 다음의 시를 지었다. 《황화집》 1, 128~129쪽 참조.

23 | 박연성(朴延城, 1411~1469) : 연성은 조선 초기의 문신 박원형(朴元亨)의 봉호. 본관 죽산(竹山), 자 지구(之衢), 호 만절당(晩節堂), 시호 문헌(文憲)이다. 세조 때 정난공신의 호를 받아 호조·형조·이조·예조의 판서를 거쳐 우찬성을 거쳐 연성군(延城君)이 되었다가 좌의정에 이르렀고, 1468년 예종이 즉위하자 연성부원군(延城府院

次韻[24]云：『水鄉花鳥邈難親, 筆下移來巧奪眞. 菡萏初開如欲語, 鷺鷥閒立不驚人. 淤泥淨色還無染, 冰雪高標逈脫塵. 玉署[25]儒仙看不厭, 淸儀馨德與相鄰.』從事[26]李胤保[27]之所作也. 又作〈喜晴賦〉[28], 金文良[29]卽依韻次之, 翰林大加称賞, 曰：『東方文士, 與中華無異矣.』其後, 陳給事中嘉猷[30]到國, 謁箕子[31]廟, 作詩云：『炮烙[32]煙飛王氣衰, 佯狂[33]心事有琴知.

君)에 봉해지고, 이어 영의정에 올랐다.

24 | 차운(次韻) : 화답하는 시에서 남이 지은 시의 운자를 따서 시를 짓는 것.

25 | 옥서(玉署) : 홍문관(弘文館)을 가리킨다. 조선 때, 삼사(三司 : 조선시대에 임금에게 직언하던 세 관아로서 사헌부(司憲府), 사간원(司諫院), 홍문관을 말함)의 하나. 궁중(宮中)의 경서(經書), 사적, 문서, 따위를 관리하고 임금의 자문(諮問)에 응하였음.

26 | 종사(從事) : 관명. 한(漢)대 이후 삼공(三公 : 중국 주(周) 나라 및 원(元) · 명(明) · 청(淸) 나라의 태사(太師), 태부(太傅), 태보(太保)의 세 관명) 및 주(州) · 군(郡) 장관(長官)들은 모두 자신들의 하급관리들을 흔히 '종사' 라고 불렀다.

27 | 이윤보(李胤保) : 이승소(李承召, 1422~1484), 조선 전기의 문신, 본관은 양성(陽城), 자는 윤보(胤保), 호는 삼탄(三灘). 양성군(陽城君)에 봉해지기도 했음. 저서에《삼탄집》이 있다. 시호는 문간(文簡)이다.

28 | 〈희청부(喜晴賦)〉: 진감이 먼저 이 시제로 지음.《황화집》1, 100쪽 참조. 김수온이 이에 차운하여 지음. 국역《동문선(東文選)》10집 원문은 758~760쪽, 역본은 31~39쪽을 참조할 것.

29 | 김문량(金文良) : 김수온(金守溫, 1410~1481)이다. 조선 전기의 학자 · 문신. 본관은 영동(永同). 호는 괴애(乖崖) · 식우(拭疣). 자 문량(文良), 시호 문평(文平). 불교에 조예가 깊어 임금을 도와 불경의 국역과 간행에도 공이 컸다.

30 | 진가유(陳嘉猷) :《필원잡기(筆苑雜記)》주 26) 참조.

31 | 기자(箕子, ?~?) : 이름은 서여(胥餘) · 수유(須臾). 은(殷)나라의 현인(賢人)으로 주(周)나라의 무왕(武王)이 은나라를 빼앗자, 기원전 1122년 동쪽으로 도망하여 조선에 들어와 기자조선을 건국하고, 팔조금법(八條禁法)을 가르쳤다 한다. 후에 한나라 무제(武帝)에 의해 조선왕에 봉해졌다고 하나, 이러한 동래설(東來說)은 중국의 사료(史料)에도 각기 사실이 서로 모순되고 시대가 맞지 않아 부정되고 있다. 1102년에 비로소 건립되었다는 〈기자묘중수기적비(箕子墓重脩記蹟碑)〉의 내용은 사료로 보아, 당시의 사대사상에서 생긴 조작된 설로 여겨진다. 지금은 기자조선 마지막 왕인 준왕(準王)의 성(姓)이 청주한씨(淸州韓氏)임을 예로 들어 기자조선은 한씨 조선으로서 우리나라 사람이 세운 부족국가라고 주장하는 학설이 유력하다.

32 | 포락(炮烙) : 불에 굽는 형벌. 주(紂 : 중국 고대 殷왕조 최후의 왕)가 창안 시행하였다는 잔인한 형벌. 즉 구리 기둥에 기름을 칠한 뒤에 이글이글 타는 숯불 위에 높이 가로 외나무다리처럼 걸쳐놓고 죄인을 그 위로 건너가게 한다. 그리하여 불속에 떨어

言垂千載存洪範[34], 人到三韓謁舊祠.』[35] 爲人美容姿, 鬚髥如畵, 信乎人與才兩美也.

其後, 給事中張寧[36]以我國擅殺野人[37]事來問, 〈平壤舟中〉[38] 詩云 : 『平壤孤城發曉裝, 畵船簫鼓麗春陽. 鳥邊雲盡靑山出, 渡口潮通碧海長. 共喜皇恩同大地, 不知身世是他鄕. 淸樽且莫頻相勸, 四牡東風路渺茫.』遊漢江, 作詩十首, 其一曰 : 『東國有高樓, 樓前漢水流. 光搖靑雀舫[39], 影落白鷗洲[40]. 望遠天疑盡, 凌虛地欲浮. 入窗風日好, 下榻更淹留.』[41] 餘九首

져 죽게 되는 형벌이다. 이러한 혹형(酷刑)을 쓴 뒤에 주가 망했다함.

33 | 양광(佯狂) : 거짓 미침. 주(紂)가 황음무도(荒淫無道)하고 포악잔인하니, 기자(箕子)가 간하였으나 듣지 않으니 드디어 거짓 미치광이가 되어서 도피해 숨어버렸다고 한다.

34 | 홍범(洪範) : 서경 주서(周書)의 편명. 상고시대 우(禹)가 요순(堯舜)이래의 사상을 정리하여 집성한 정치와 도덕의 기본적 법칙인바, 기자(箕子)가 추연(推衍)하여서 주(周)나라 무왕(武王)에게 전수하였다고 한다. 홍범은 천지의 대법(大法)이라는 뜻이다.

35 | 포락연비왕기쇠(炮烙煙飛王氣衰) 네 구 : 진가유가 쓴 시로 시제는 〈기자묘를 알현하다(謁箕子廟)〉이다. 《황화집》 1, 227쪽 참조.

36 | 장녕(張寧) : 《필원잡기(筆苑雜記)》 주 27) 참조.

37 | 천살야인(擅殺野人) : 야인은 압록강과 두만강 이북(以北) 연안(沿岸)에 살던 여진족을 조선 왕조 이후에 일컫는 말. 태종(太宗, 1401~1418) 10년부터 선조(宣祖, 1552~1608) 38년까지 180년 동안 야인은 조선변경에 모두 131번 침입하였고, 조선은 13번 정벌하였다. 이런 과정에 야인들은 때로는 명나라 조정에 청원해서 조선에 요구사항을 제기하기도 하였다. 조선의 4번째 정벌은 세조 6년(1460)에 진행되었다. 이번 정벌은 사전에 명나라 조정에 알리었다. 총지휘를 맡은 신숙주(申叔舟)는 회령(會寧) 부근의 여진 추장(酋長) 90여명을 전부 참살하고 각 군에 명하여 길을 나누어 진군케 하였다. 싸움결과 여진인 430여급 참살되었다. — 《朝鮮時代 北方 關係史攷》 (2) 〈王朝實錄에 나타난 李朝前期의 野人〉, 劉鳳榮, 605~682쪽 참조.

38 | 〈평양의 배에서(平壤舟中)〉 : 장녕이 쓴 시로 시제는 〈평양의 배에서〉가 아니고 〈대동강 건너다(渡大同江)〉이다. 《황화집》 1, 236쪽 참조.

39 | 청작방(靑雀舫) : 배 이름. 청작은 물새의 이름이니 익(鷁)이라는 새다. 풍파에 잘 견디어냄으로 뱃머리에 이 새의 모양을 그리는 일이 있는데 이 배를 『익수(鷁首)』라고도 한다.

40 | 백로주(白鷺洲) : 본래는 백로주라는 물가의 고유명사이다. 그러나 여기서는 흰 갈매기가 서식하는 물가라는 뜻으로 쓰고 있다.

41 | 장녕이 쓴 시로 시제는 〈한강의 망루를 오르다(登漢江樓)〉이다. 《황화집》 1, 246쪽 참조.

亦佳. 又作〈豫讓論〉[42], 論古人所不言之事. 大抵詩文皆飄飄然有凌雲出塵之思, 非他俗子所可彷彿也.

其後太僕丞[43]金湜[44]·中書舍人[45]張城[46]到國. 金湜善詩, 尤長於律 ; 筆法臻妙, 畵竹入神. 人有求畵者, 以左右手揮灑與之. 又畵一簇呈於世祖, 世祖令畵士移描加彩, 又令文士作詩, 言奪胎換骨[47]之意. 請宴之日, 掛諸壁間, 太僕初見不識, 熟視大笑曰 :『此大王顚倒豪傑處也.』天使詩曰 :『新試東藩[48]雪苧袍, 夜深騎鶴過江皐. 玉簫聲透青天月, 吹落丹山白鳳毛.』[49] 申高靈詩云 :『天上儒仙蜀襭袍, 筆端清興寄林皐. 青丘[50]正值千嶺運[51], 玉葉瓊枝化翠毛.』[52] 金乖崖詩云 :『十載春風染舊袍, 貞姿會見雪

42 | 〈예양을 논함(豫讓論)〉: 장녕이 지은 시제. 《황화집》 1, 285쪽 참조. 예양은 중국 전국시대의 진(晋)나라 사람. 지백(智伯)을 섬겨 총애를 받았는데, 조양자(趙襄子)가 지백을 쳐서 멸망시키자, 예양은 지백의 원수를 갚기 위해 옻칠을 하여 문둥이가 되고 숯을 삼켜 벙어리가 되어 변장하고 들어가 조양자를 죽이려고 하였으나 사전에 발각되어 자살하였다.

43 | 태복(太僕) : 중국 역대왕조 중앙 정부 9개 관청의 대신에 대한 직명의 한 가지. 청(淸)에 와서 폐지되었다.

44 | 김식(金湜) : 《필원잡기(筆苑雜記)》 주 28) 참조.

45 | 중서사인(中書舍人) : 수당(隋唐)시기 중서성(中書省)의 속관. 황제의 명령을 포고하는 제칙방(制勅房)과 황제에게 올라오는 문서를 관리하는 고칙방(誥勅房)에서 근무했다. 명청(明淸)시기 중서성을 폐지하고 내각에 중서사인을 설치하여 원고를 쓰고 필사하는 일을 장악하였다.

46 | 장성(張城) : 김식의 부사(副使). 『城』은 『珹』의 오자.

47 | 탈태환골(奪胎換骨) : ① 속인(俗人)의 생태를 벗어나서 신선이 된다는 뜻. ② 옛사람 혹은 남의 시나 그림 등을 그 취의(趣意)에 그대로 따르면서 어귀(語句)나 구성(構成)만을 바꾸어 자기의 것으로 하는 일. 여기 김사신의 시는 신선이 된다는 뜻으로 쓰고 있는 것 같다.

48 | 동번(東藩) : 동쪽나라. 우리나라를 일컬음.

49 | 신시동번설저포(新試東藩雪苧袍) 네 구 : 김식이 쓴 시로 시제는 〈대나무를 그리다(畵竹)〉이다. 《황화집》 1, 374쪽 참조.

50 | 청구(青丘) : 중국에서 우리나라를 이르던 말.

51 | 천령운(千嶺運) : 중국의 황화는 대략 천년에 한 번씩 맑아지는데 황하가 맑아지면 성인이 난다고 한다. 여기에서는 우리나라가 착한 임금을 만났다는 뜻으로 쓴 것이다.

52 | 천상유선촉힐포(天上儒仙蜀襭袍) 네 구 : 신숙주가 쓴 시. 《황화집》 1, 375쪽 참조.

霜皐. 誰教白質還靑骨, 變化中山[53]一穎毛.』[54] 李文簡詩云：『霜雪臞姿拔翠袍, 籜龍風雨變江皐. 歲寒結得枝頭實, 棲集丹山五彩毛.』[55] 徐達城詩云：『此君奇節可同袍, 玉立亭亭萬丈皐. 龍騰變化應多術, 一夜雷風換骨毛.』[56] 金福昌[57]詩云：『苦節何曾換故袍, 枉教堅白[58]辨湘皐. 晴窗披得鵝溪繭[59], 依舊靑靑頰上毛.』[60]

其後戶部郎中祁順[61]·與行人[62]張瑾[63]一時而來. 戶部純謹和易, 善賦詩, 上待之甚厚. 戶部慕上儀采, 曰：『眞天人也.』盧宣城[64]·徐達城爲館伴, 余與洪兼善[65]·李次公[66]爲從事官[67], 以備不虞. 達城曰：『天使雖善

53 | 중산(中山) : 붓을 만드는 토끼털의 명산지.

54 | 십재춘풍염구포(十載春風染舊袍) 네 구 : 김수온이 쓴 시. 《황화집》 1, 377쪽 참조.

55 | 상설구자발취포(霜雪臞姿拔翠袍) 네 구 : 이승소가 쓴 시. 위와 같음.

56 | 차군기절가동포(此君奇節可同袍) 네 구 : 서거정이 쓴 시. 위와 같음.

57 | 김복창(金福昌) : 김수녕(金壽寧, 1436~1473), 조선전기의 문신, 학자, 본관 안동, 자 이수(頤叟), 호 소양당(素養堂), 시호 문도(文悼).

58 | 견백(堅白) : 견백동이(堅白同異)에서 나온 말. ① 중국(中國) 전국 시대의 공손용(公孫龍)이 내어 건 일종의 궤변(詭辯). 이를테면, 단단하고 흰 돌은 눈으로 보아서는 그것이 흰 것을 알 수 있으나 단단한지는 모르며, 손으로 만져 보았을 때에는 그것이 단단한 것인 줄 알 수 있을 뿐 빛깔은 흰지 모르므로, 단단하고 흰 돌은 동일한 물건이 아니라고 설명하는 것. 견백론. 견석백마(堅石白馬). ② (뜻이 바뀌어) 궤변(詭辯).

59 | 아계견(鵝溪繭) : 견본의 이름. 견본(絹本)은 서화(書畵)에 쓰기 위한 비단천. 또는 비단천에 그리거나 쓴 서화(書畵).

60 | 고절하증환고포(苦節何曾換故袍) 네 구 : 김수녕이 쓴 시. 《황화집》 1, 378쪽 참조.

61 | 기순(祁順, 1434~1497) : 《필원잡기(筆苑雜記)》 주 31) 참조.

62 | 행인(行人) : 조근(朝覲)과 빙문(聘問)의 일을 맡아 보는 일.

63 | 장근(張瑾) : 기순의 부사(副使)로 조선에 왔다.

64 | 노선성(盧宣城, 1427~1498) : 조선 문신, 학자. 노사신(盧思愼) 자는 자반(子胖), 호는 보진재(葆眞齋), 천은당(天隱堂), 본관은 교하(交河), 시호는 문광(文匡). 선성부원군(宣城府院君).

65 | 홍겸선(洪兼善) : 홍귀달(洪貴達, 1438~1504), 조선의 문신, 자는 겸선, 호는 허백당(虛白堂), 함허정(涵虛亭), 본관은 부계(缶溪), 시호는 문광(文匡). 저서로는 《허백당문집(虛白堂文集)》이 있다.

66 | 이차공(李次公) : 이숙함(李淑瑊), 조선의 문신. 자는 차공이고 호는 몽암(夢菴), 양원(楊原), 본관은 연안(延安), 시호은 문장(文莊).

67 | 종사관(從事官) : 조선시대의 임시 문관직.

作詩, 皆是宿構, 不如我先作詩以希賡韻, 則彼必大窘矣.』遊漢江之日, 登濟川亭, 達城出呈詩數首曰 :『丈人逸韻, 僕未能酬. 今綴蕪詞, 仰希高和.』戶部微笑一覽, 卽拔筆寫下, 文不加點, 如『百濟地形臨水盡, 五臺泉脈自天來』[68] 之句,『倚罷高樓不盡情, 又攜春色泛空明. 人從竹葉杯中醉, 舟向楊花渡口橫』[69] 之句. 又作〈江之水辭〉[70]. 乘舟順流而下, 至於蠶嶺, 不曾輟詠. 達城瞻落, 岸帽長吟而已. 金文良舌呿不收, 曰 :『近來我不針炙, 詩思枯涸, 故如此受苦耳.』不能措一辭, 人皆笑之.

중국 사신으로 우리나라에 온 사람들은 모두 중국의 명사들이다. 경태 초년에 시강 예겸과 급사중 사마순이 우리나라에 왔는데 시 짓기를 좋아하지 않았다. 예겸은 비록 시를 잘 짓기는 하였으나 처음에는 여행 도중에 시를

68 | 백제지형임수진(百濟地形臨水盡) 두 구 : 기순이 지은 시로 시제는 〈한강 망루에 올라 의정 서거정의 뛰어난 작품에 차운하다(登漢江樓, 次議政徐君佳作)〉이다. 전문은 다음과 같다. -《황화집》2, 22쪽 참조.

樓前風捲白雲開, 망루 앞에 바람이 휩쓸더니 흰 구름이 흩어지고,
坐看羣山紫翠堆. 앉아서 보니 뭇 산들은 자줏빛 비취색 쌓여 있네.
百濟地形臨水盡, 백제의 지형은 물에 임하여 다하였고,
五臺泉脈自天來. 오대산의 샘물줄기는 하늘에서 내려온다.
題詩愧乏崔郎句, 시를 쓰니 최랑의 구절이 부끄럽고 부족하여,
對酒難辭太白杯. 술을 마주하고 태백잔과 작별하기 어렵다네.
花鳥滿前春景好, 앞에는 온통 꽃과 새여서 봄날의 경치가 아름답고,
不妨談笑更遲徊. 담소하면서 더욱 늦게 까지 노닐어도 무방하다네.

69 | 의파고루불진정(倚罷高樓不盡情) : 기순이 지은 시로 시제는 〈일률(一律)〉이다.《황화집》2, 35쪽 참조.

倚罷高樓不盡情, 높은 누각에 기대었으나 정을 다하지 못해,
又攜春色泛空明. 다시 봄빛을 끌어 맑고 훤한 강에 배를 띄운다.
人從竹葉杯中醉, 사람은 잔속의 죽엽주에 취하고,
舟向楊花渡口橫. 배는 양화도 어귀로 가로 질러가네.
東海微茫孤島沒, 동해가 희미하여 외로운 섬이 사라지고,
南山蒼翠淡雲生. 청록색 남산에서 어렴풋하게 구름이 솟아나네.
從前會得江湖樂, 옛날에 만나서 누렸던 세상사를 즐기던 낙은
今日襟懷百倍淸. 오늘날 그리움에 백배나 맑고 깨끗하구나.

70 | 〈강물에서의 아름다운 문사(江之水辭)〉: 기순이 쓴 문장.《황화집》1, 455쪽 참조.

짓고 읊는데 유의하지 않았다. 알성하던 날에 이르러 예겸이 시를 짓기를

濟濟青襟分左右, 많은 선비들은 좌우에 나누어 섰고,
森森翠柏列成行. 울창한 푸른 잣나무는 줄을 지어 서있네.

라고 하였다. 당시 집현전 유사 전성이 이 시를 보고 비웃어 말하기를 『정말 시대에 뒤떨어진 교관의 작품이구나. 한쪽 어깨만 걷어 올리고도 이를 누를 수 있다.』라고 하였다. 그리고 한강漢江을 노닐 때 (예겸이) 이런 시를 지었다.

纔登傑構縱奇觀, 훌륭한 누각에 올라 기이한 경치를 마음껏 바라보고,
又棹樓船泛碧湍. 또 높다란 배를 노 저어 푸른 여울에 띄우네.
錦纜徐牽緣翠壁, 비단 닻줄 천천히 당겨 푸른 절벽 따라가니,
玉壺頻送隔雕欄, 옥호의 술을 자주 권하는 동안 조각한 난간 멀어져 가네.

江山千古不改色, 강산은 천고에 그 빛이 변하지 않고,
賓主一時能盡歡. 주객은 한동안 즐거움을 다하네.
遙想月明人去後, 달은 밝은데 사람이 떠나간 훗날을 생각하니,
白鷗飛占鏡光寒. 거울 같은 찬 강물은 날아예는 흰 갈매기만 차지하겠네.

또 〈설제등루부〉를 지었는데 붓을 휘두르면 휘두를수록 더욱 뛰어나니 선비들이 이것을 보고 저도 모르게 무릎을 꿇게 되었으며, 관반 정문성도 대적하지 못하였다. 세종이 신범옹 · 성근보에게 가서 함께 놀면서 한운을 거듭 질문하라고 명하였다. 예겸이 두 선비를 사랑하여 형제의 언약을 맺고 서로 시를 주고받으며 그치지 않았다. 일을 마치고 돌아갈 때에는 눈물을 닦으며 이별하였다. 세조 때에 한림 진감이 우리나라에 왔다. 진감이 그려놓은 연꽃그림을 보고 이런 시를 지었다.

雙雙屬玉似相親, 쌍쌍의 백로는 서로 친한 것 같고,
出水紅蓮更逼眞. 물 위에 나온 붉은 연꽃은 진짜 같구나.
名播頌聲緣有客, 이름이 널리 퍼져 칭찬받는 것은 객이 있기 때문이니,
愛從周後豈無人. 연꽃을 사랑하는 이가 주렴계 뒤에는 어찌 없겠는가.
遠觀自可祛煩暑, 멀리서 바라보아도 번거로운 더위가 절로 가셔지고,
並立何曾染俗塵. 나란히 서 있어도 언제 속세의 티끌에 물들었던가.
料得丹靑知此意, 그림만 보고도 이런 뜻 생각해 알 수 있으니,
絶勝鵝鴨惱比鄰. 거위와 오리가 이웃을 괴롭히는 것보다 훨씬 낫구나.

박연성이 관반이 되었는데, 이 시를 차운하여 이런 시를 지었다.

水鄕花鳥邈難親, 수향水鄕의 꽃과 새 멀어서 친하기 어려운데,
筆下移來巧奪眞. 붓 끝에 옮겨 오니 교묘하게 참모습 빼앗았구나.
菡萏初開如欲語, 갓 피어오르는 연꽃은 말이라도 할 듯하고,
鷺鷥閒立不驚人. 백로는 한가히 서서 사람을 두려워하지 않네.
淤泥淨色還無染, 흙탕물속에서 자랐으나 여전히 깨끗하여 물들지 않고,
冰雪高標逈脫塵. 빙설 같은 고상한 자태는 멀리 세속을 벗어났구나.
玉署儒仙看不厭, 옥서에 노는 신선이 보기를 싫어하지 않으니,
淸儀馨德與相鄰. 맑은 몸매와 아름다운 덕德이 연꽃과 이웃하였네.

그 그림은 종사 이윤보의 작품이다. 진감이 또 〈희청부〉를 지었는데 김문량이 즉시 그 운에 따라 차운하니, 한림이 크게 칭찬하여 말하기를 『동방의 문사들은 중국과 다를 바 없다.』고 하였다.

그 뒤에 급사중 진가유가 우리나라에 왔다. 기자묘를 알현하고 이런 시를 지었다.

炮烙煙飛王氣衰, 포락의 연기가 날리더니 왕기가 쇠하고,
佯狂心事有琴知. 미친 체 하는 심사를 거문고만이 알아주리.
言垂千載存洪範, 천고에 전하는 말은 홍범洪範에 남아 있고,

人到三韓謁舊祠.　　삼한三韓에 온 사람이 옛 사당을 참배하네.

그 사람됨이 용모가 아름답고 수염은 그림과 같아서 인물과 재주가 모두 아름답다는 말이 믿을 만하다. 그 뒤에 급사중 장녕이 우리나라가 야인을 함부로 죽인 일로 문책하러 왔을 때 〈평양주중〉이라는 시는 이러하였다.

平壤孤城發曉裝,　　외로운 평양성을 새벽에 짐을 꾸려 떠나가니,
畵船簫鼓麗春陽.　　채색한 배 퉁소소리 북소리에 봄볕이 아름답구나.
鳥邊云:盡靑山出,　　새 날아가고 구름이 닿는 곳에 청산이 솟아 있고,
渡口潮通碧海長.　　나루터에 조수가 밀려오니 푸른 바다 아득하구나.
共喜皇恩同大地,　　황제의 은혜를 함께 누리는 온 세상에서,
不知身世是他鄕.　　이 몸이 타향에 있음을 깨닫지 못하누나.
淸樽且莫頻相勸,　　맑은 술잔 그렇게 자주 권하지 말라.
四牡東風路渺茫.　　봄바람에 사두마차 갈 길이 아득하다.

또 한강에서 놀면서 시 열 수를 지었는데 그 중 한수는 이러하다.

東國有高樓,　　동쪽 나라에 높은 누각이 있으니,
樓前漢水流.　　누각 앞엔 한강이 흐르네.
光搖靑雀舫,　　빛은 청작배를 흔들고,
影落白鷗洲.　　그림자는 백구의 물가에 비쳐지네.
望遠天疑盡,　　멀리 바라보니 하늘 끝이 보이는 것 같고,
凌虛地欲浮.　　높이 솟아있는 땅은 떠있는 듯하네.
入窗風日好,　　창문으로 들어오는 바람과 볕이 좋아서,
下榻更淹留.　　자리에서 내려와 더욱 오래 머무르네.

나머지 아홉수도 또한 절묘하였다. 그는 또 〈예양을 논함〉을 지어서 옛 사람들이 말하지 않았던 일을 논하였다. 대체로 그의 시와 글은 모두 높이 떠 있고 기세가 하늘을 찌를듯하여 세속을 벗어난 듯한 느낌이 있어 속세

의 다른 사람들은 모방할 수 있는 것이 아니었다.

그 뒤에 태복승 김식과 중서사인 장성이 우리나라에 왔다. 김식은 시를 잘 지었으며, 율시에 더욱 능하였다. 그리고 필법이 절묘하고, 대나무를 아주 뛰어나게 그렸다. 그림을 요구하는 사람이 있으면 좌우의 손으로 휘둘러 그려 주었다. 또 족자簇子 하나에 그림을 그려 세조에게 올리니 세조가 그림 잘 그리는 선비로 하여금 옮겨 그려서 채색을 하게하고 또 글 잘 짓는 선비로 하여금 시를 지어 탈태환골의 뜻을 나타나게 하였다. 그를 연회에 초청하는 날, 그것을 벽에 걸어놓았는데 태복이 처음에는 알아보지 못하다가 자세히 보고 나서 크게 웃으며 말하기를 『이것은 임금께서 호걸을 어리둥절하게 만들려고 한 것입니다.』고 하였다. 중국 사신이 이런 시를 지었다.

新試東藩雪苧袍, 동쪽 나라의 눈같이 흰 새 모시 도포를 입고,
夜深騎鶴過江皐. 깊은 밤에 학을 타고 강 언덕을 지나가노라.
玉簫聲透青天月, 옥퉁소 부는 소리 푸른 하늘의 달에 울려,
吹落丹山白鳳毛. 단산의 봉황의 흰 털을 불어 떨어뜨리네.

신고령申高靈은 이런 시를 지었다.

天上儒仙蜀襭袍, 하늘 위에 노니는 신선이 촉나라 비단 도포를 입고,
筆端清興寄林皐. 붓끝의 맑은 흥치를 푸른 언덕에 담았네.
青丘正值千嶺運, 청구에서 바로 천년에 한 번 오는 성운을 만났으니,
玉葉瓊枝化翠毛. 옥 같은 잎과 구슬 같은 가지가 푸른 깃털로 변하였네.

김괴애는 이런 시를 지었다.

十載春風染舊袍, 10년 봄바람이 낡은 도포를 물들이고,
貞姿會見雪霜皐. 곧은 자태는 눈과 서리가 낀 언덕에서 만나보네.
誰教白質還青骨, 누가 흰 바탕을 푸른 뼈로 돌아오게 하였던가,
變化中山一穎毛. 중산의 한 털붓이 변화시켰다네.

이문간은 이런 시를 지었다.

霜雪臞姿拔翠袍,　눈과 서리에 여윈 자태를 푸른 도포로 가리고,
籜龍風雨變江皐.　죽순은 비바람에 강 언덕을 변하시키는구나.
歲寒結得枝頭實,　한겨울 가지에 열매를 맺으니,
棲集丹山五彩毛.　단산에 오색 봉황 깃드는 구나.

서달성은 이런 시를 지었다.

此君奇節可同袍,　대나무의 뛰어난 절개 도포를 같이할 만하고,
玉立亭亭萬丈皐.　옥처럼 우뚝하게 만장이나 되는 언덕에 섰네.
龍騰變化應多術,　용처럼 날아오르는 변화 술법도 많은지라,
一夜雷風換骨毛.　하룻밤 천둥과 바람소리에 모골이 바뀌네.

김복창은 이런 시를 지었다.

苦節何曾換故袍,　굳은 절개 언제 옛 도포를 바꾼 적이 있는가,
枉教堅白辨湘皐.　억울하게 견백으로 소상강 언덕을 분별하게 하네.
晴窓披得鵝溪繭,　개인 날 창가에서 아계견鵝溪繭을 펼쳐 보니,
依舊靑靑頰上毛.　예전대로 싱싱하게 푸르고 푸른 깃털이 위에 있네.

그 뒤에 호부랑중 기순이 행인 장근과 함께 왔다. 호부는 순박하고 신중하며, 온화하고 편안하며, 시와 부賦를 잘 지으니 임금이 매우 후하게 대접하였다. 호부가 임금의 풍채를 흠모하여 말하기를 『참으로 천인이다』고 하였다. 노선성과 서달성이 관반이 되고, 나와 홍겸선과 이차공이 종사관이 되어 뜻밖의 일에 대비하였다. 서달성이 말하기를 『중국사신이 비록 시를 잘 지으나 이것은 다 오래전부터 구상하였던 것일 테니 내가 먼저 시를 지어 차운하라고 청하면 저편에서 반드시 매우 곤궁하게 될 것이다』라고 하였다. 한강에서 노닐던 날, 제천정에 오르자 달성이 시 몇 수를 내보이며

말하기를 『나으리들이 지은 운을 제가 도저히 답할 수 없습니다. 지금 서투른 글을 지어 드리니 화답을 바랍니다.』라고 하였다. 호부가 미소를 지으면서 한번 보더니 곧 붓을 잡고 써내려 가는데 한번 쓴 글에 점 하나 다시 찍는 일이 없었다. 그 중에 시를 보면

百濟地形臨水盡,	백제의 지형은 물에 임하여 다하였고,
五臺泉脈自天來.	오대산의 샘물줄기는 하늘에서 내려온다.

라고 한 글귀라든가,

倚罷高樓不盡情,	높은 누각에 기대었으나 정을 다하지 못해,
又攜春色泛空明.	다시 봄빛을 끌어 맑고 훤한 강에 배를 띄운다.
人從竹葉杯中醉,	사람은 잔속의 죽엽주에 취하고,
舟向楊花渡口橫.	배는 양화도 어귀로 가로 질러가네.

라는 글귀이다. 또 〈강지수사〉를 지으면서 배를 타고 물결 따라 내려가면서 잠령에 이르기까지 읊기를 그치지 아니하였다. 서달성은 올려다보지도 못하고 모자를 젖혀 쓰고 길게 신음만 할 뿐이었다. 김문량은 입을 딱 벌린 채 다물지 못하고 『근래에 나는 침을 맞지 않으면 시상이 메말라 버린다. 그런 까닭에 이와 같은 괴로움을 받는다.』라고 하면서, 문맥을 잇지 못하니 사람들이 모두 웃었다.

[2] 충선왕에 대한 익재의 충성심

高麗忠宣王久留元, 有所鐘情者. 及東還, 情人追來, 王折蓮花一朶, 贈之以爲別. 日夕, 王不勝眷戀, 令益齋更往見之. 益齋往, 則女在樓中, 不食已數日. 言語不能辨, 强操筆書一絶云 : 『贈送蓮花片, 初來的的紅. 辭枝今幾日, 憔悴與人同.』 益齋回啓云 : 『女入酒家, 與少年飮酒, 尋之不得耳.』 王大懊, 唾地. 翌年慶壽節, 益齋進爵, 退伏庭下言死罪. 王問之, 益齋呈其詩, 道其事. 王垂淚曰 :『當日若見詩, 竭死力還往矣. 卿愛我, 故變言之, 眞忠懇也.』

고려 충선왕이 오래도록 원나라에 머물러있는 동안에 정든 여자가 있었다. 임금이 우리나라로 돌아오게 되었을 때 정든 사람이 따라오자, 연꽃 한 송이를 꺾어주며 이별의 정표로 삼았다. 임금이 밤낮으로 연정을 잊지 못하여 익재를 시켜 다시 가보게 하였다. 익재가 가니 여자가 누각 안에 있었는데 밥을 먹지 않은 지가 이미 여러 날이 되었다. 그리하여 말도 잘할 수 없었으나 간신히 붓을 잡고 절구 한 수를 지었다.

贈送蓮花片,　　보내주신 연꽃 한 송이,
初來的的紅,　　처음엔 곱게 곱게 붉더니,
辭枝今幾日?　　가지 떠난 지 이제 며칠인가?
憔悴與人同.　　시들기가 사람과 같구나.

익재가 돌아와 아뢰기를『여자는 술집에 들어가 젊은 사람과 술을 마신다는데, 찾아도 찾을 수 없었습니다.』고 하였다. 임금이 매우 원망하여 땅에 침을 뱉었다. 다음해 경수절에 익재가 술잔을 올리고 뜰 아래로 물러가 엎드리고는『죽을 죄를 지었습니다』고 말하니 임금이 까닭을 물었다. 익재가 그 시를 올리며 그때 일을 말하니 임금이 눈물을 흘리면서 말하기를『만약 그날 이 시를 보았다면 죽을힘을 다해서라도 들어갔을 것이다. 경이 나를 사랑하기 때문에 일부러 말을 바꾸어 한 것이니 참으로 충성스럽다』고 하였다.

【참고문헌】

成俔 著 · 南晩星 譯,《慵齋叢話》, 良友堂, 1994.

死六臣 · 鄭麟趾 · 成俔 外 著, 李植 外譯,《韓國의 思想大全集》8, 同和出版公社, 1972.

국역《大東野乘》, 민족문화추진회, 1971.
이인로, (國譯)《破閑集》, 高麗大學校 民族文化研究所, 1975.
洪萬宗 저, 허권수 역주,《詩話叢林》上, 까치東洋學18, 1993.
白山學會 編,《朝鮮時代 北方 關係史攷》(2), 白山資料院, 1995.
국역《조선왕조실록》CD-ROM, 서울시스템주식회사, 한국학데터베이스 연구소.
전병욱,《皇華集》1 · 2, 青雲文化社, 영인본, 1998.
張撝之 · 沈起煒 · 劉德重 主編,《中國歷代人名大辭典》, 上海古籍出版社, 1999.
羅竹風 主編,《漢語大詞典》, 漢語大詞典出版社, 1993.
이두희,《韓國人名字號辭典》, 啓明文化社, 1998.

(朴京順)

9.《추강냉화秋江冷話》1

남효온(南孝溫, 1454~1492)2이 저술했다. 효온의 자는 백공伯恭이며, 호는 추강秋江 · 행우杏雨이고 시호는 문정文貞으로 본관은 의령宜寧이다.

《추강냉화》는 단지 한 권뿐이며, 남씨 문집인 《추강집秋江集》에 수록되어 있다. 전서는 총 67조항인데, 시를 이야기 한 것은 24조항이 있다. 이 책은 조선 성종成宗 23년(1492)에 만들어졌으며, 명나라 효종孝宗 홍치弘治 5년(1492)의 일이다.

1 | 추강냉화(秋江冷話) : 조선 전기 생육신의 한 사람인 추강(秋江) 남효온의 잡록으로 《秋江集》 권7 잡저 중에 수록되어 있다. 이 책은 선조 10년에 간행한 《추강집》의 뒤에 부록되었으나, 야사로서 이긍익(李肯翊)의 《연려실기술(燃藜室記述)》 별집 야사류 중에 그 이름이 보이며 《대동야승(大東野乘)》 중에도 두 책을 따로 나누어 채집하였다. 그러나 《추강집》에 부록된 원문을 그대로 수록한 것이 아니고 그 원문을 추려 초록한 것이다.
내용은 저자가 성종 및 연산군 때에 직접 듣고 보았던 그 당시의 많은 일화 중에서 남겨 둘만한 것들을 추려 모은 수필집이며, 총 67조로 당시의 인정 · 풍속들을 짐작할 수 있는 자료들이다. — 譯註 《詩話叢林》上, 저자 홍만종(洪萬宗), 역자 허권수(許捲洙) · 윤호진(尹浩鎭), 도서출판 까치, 1993.

2 | 남효온(南孝溫, 1454~1492) : 생육신의 한 사람으로 자는 백공(伯恭), 호는 추강(秋江) 또는 행우(杏雨) · 최락당(最樂堂), 본관은 의령(宜寧)이고 김종직(金宗直)의 문인이었다. 어려서 사육신의 충성을 보고, 벼슬할 생각을 버리고 각지를 유랑하다가 병사하였다. 김종직의 제자요, 전에 소릉(昭陵 : 文宗의 妃 權氏의 능) 복위를 상소한 일이 있다 하여 갑자사화(甲子士禍) 때 부관참시(剖棺斬屍) 당했으나, 중종이 위에 오르자 좌승지(左承旨)를 추증하고, 숙종 때에는 함안(咸安)에 서산서원(西山書院)을 세워 다른 생육신과 함께 배향되고, 다시 정종(正宗) 때에는 이조 판서에 추증되었다. 저서는 《추강집(秋江集)》 · 《추강냉화(秋江冷話)》 · 《사우명행록(師友名行錄)》 · 《귀신론(鬼神論)》등이 있다. — 한국고전번역원(www.itkc.or.kr)

[1] 두시杜詩『山行一溪水, 曲折方屢渡』에 대한 생각

積城[3]之靑鶴洞在紺岳山[4], 洞口有一溪, 回互曲折. 余嘗訪詩僧於雲溪寺[5], 匹馬一囊, 窮源討幽, 方渡一溪十二, 然後至其麓. 後讀杜詩『山行一溪水[6], 曲折方屢渡』[7], 正與曩日所見無異. 風簷展書, 如對靑鶴, 然不知劉須溪[8]何人也? 以『一』字爲可笑, 何耶? 愚竊疑必下『一』字, 然後於下句『屢渡』字, 尤有味也.

3 | 적성(積城) : 감악산이 있는 적성면을 말함. 경기도 파주시 적성면이다.

4 | 감악산(紺岳山) : 높이 675m이다. 예부터 바위 사이로 검은빛과 푸른빛이 동시에 흘러나온다 하여 감악(紺岳), 즉 감색바위라고 하였다. 이 일대는 광활한 평야지대로 삼국시대부터 전략적 요충지였다. 원래 감악사 · 운계사 · 범륜사 · 운림사 등의 4개 사찰이 있었다는데 현재는 1970년 옛 운계사 터에 재창건한 범륜사만 남아 있다. 장군봉 아래는 조선 명종 때 의적 임꺽정이 관군의 추적을 피해 숨어 있었다는 임꺽정 굴이 있다. — 네이버(www.naver.com)

5 | 운계사(雲溪寺) : 주 3) 참조. 창건시기에 대해서는 알려져 있지 않다. 1481년(성종 12)에 편찬한《동국여지승람》에는 이 절이 존재한다고 기록되어 있고, 1799년(정조 23)에 편찬한《범우고(梵宇攷)》에는 폐사되었다고 기록되어 있을 뿐 자세한 연혁은 전하지 않는다.

6 | 산행일계수(山行一溪水) :《문연각사고전서전자판》의 모든 자료에는 계행일류수(谿行一流水)로 되어있다.

7 | 산행일계수(山行一溪水) 두 구 : 〈서지촌에서 초당이 있던 곳을 찾아 밤에 찬공 스님의 토굴에 묵으며 두 수(西枝村, 尋置草堂地, 夜宿贊公土室二首)〉

出郭眄細岑, 성곽을 나와 산봉우리 곁눈질해보고,
披榛得微路. 가시덤불 헤치고 작은 길을 만드네.
溪行一流水, 계곡을 흐르는 것이 한 줄기 물에 불과한데,
曲折方屢渡. 굽이지고 꺾여 바야흐로 여러 번 건너게 되네.
贊公湯休徒, 찬공은 탕휴 스님의 제자로,
好靜心迹素. 고요함을 좋아하고 본심이 깨끗하였네.
昨枉霞上作, 어제는 霞上에 관한 작품을 완곡하게 표현하였고,
盛論巖中趣. 오늘은 암혈 속에 사는 취미를 크게 이야기 하네.

※탕류(湯休) : 남조(南朝) 宋의 스님, 바로 혜휴(惠休)를 말하는데 본래 성이 탕이며, 문채가 뛰어나고 아름다웠다. 무제(武帝)가 환속을 명해 양주(揚州)종사사(從事使: 늘 자사를 따라다니던 별가종사사(別駕從事使)에 이르렀다. 송서(宋書)《서담지전(徐湛之傳)》에 보인다. 후에 고승의 대명사가 되었다.

—《辭源》, 商務印書館, 北京 香港, 1987.

—《杜甫全詩集》제2권, 鈴木虎雄 註解, 復刻愛藏版, 1978, pp.104~109.

적성에 있는 청학동은 감악산의 동구에 있는데, 한 시내가 감돌아 굽이져 꺾이며 흐른다. 내가 일찍이 운계사의 시 잘 짓는 스님을 찾아간 적이 있는데, 말 한 마리에 주머니 하나 가지고, 시내의 근원이 다한 곳까지 깊은 곳을 찾다보니, 한 시내를 무려 열두 번이나 건넌 뒤에야 그 산기슭에 이르렀다. 뒤에 두시杜詩를 읽다보니 『계곡을 흐르는 것이 한 줄기 물에 불과한데, 굽이지고 꺾이어 바야흐로 여러 번 건너게 되네.』라고 하였는데, 바로 이전에 내가 본바와 다른바가 없었다. 바람 부는 처마아래서 책을 펼치니, 청학을 대하는 듯한데, 유수계가 어떤 사람이기에 『一』자가 가소롭다고 하였는데, 그 까닭이 무엇인가? 내 생각에는 아래에 『一』자를 반드시 쓴 후에라야 아래 문장의 『여러 번 건너다屢渡』라는 말이 더욱 맛이 있지 않을까한다.

[2] 시의 정의 및 효용, 작시태도 등 시관

得天地之正氣者人. 一人身之主宰者心. 一人心之宣泄於外者言. 一人言之最精且淸者詩. 心正者詩正, 心邪者詩邪. 商周之〈頌〉[9] · 桑間[10]之〈風〉[11] 是也. 然太古之時, 四岳[12] 之氣完, 人物之性全. 樵行而歌吟者, 爲

8 | 유수계(劉須溪, 1232~1297) : 애국 문인 유진옹(劉辰翁)을 말한다. 자는 회맹(會孟)이고 호는 수계이며 길주(吉州) 여릉(廬陵 : 지금의 江西省 吉安) 사람으로 송나라 말기의 문신 · 시인이다. 시집에 《수계집須溪集》 · 《수계사경시(須溪四景詩)》와 후인들이 편집한 《수계사(須溪詞)》가 있으며, 《노자》 · 《장자》 · 《세설신어(世說新語)》 등에 평점을 붙인 것으로 알려져 있다. 그 중 《세설신어(世說新語)》는 소설 평점의 효시를 이룬 작품이다.
 - 《중국 고전 이야기》 2권(송대부터 청대까지) 송철규, 출판사 소나무, 2000,

9 | 〈송(頌)〉 : 형용과 무용을 가리키는 용(容)이며, 춤과 노래를 결합시키는 종합예술적인 방식을 취하고 있던 고대의 음악 형태. - 《中國文學史》金學主 · 李東鄕 · 金榮九 공저, 한국방송대학출판부, 2000.

10 | 상간(桑間) : 《예기 · 악기(樂記)》에 『桑間濮上之音, 亡國之音也.』라 하였다. 주석에 이르기를 『복수(濮水)』의 위 땅에 상간이란 것이 있는데 망국의 소리로 이 물에서 나온 것이다. 『옛날 은나라 주(紂)왕이 사연(師延)에게 음탕하고 퇴폐적인 음악을 만들게 하였는데, 그 뒤 복수에 절로 가라앉았다.』고 했다. - 《辭源》, 商務印書館 北京 香港, 1987.

〈標枝〉[13]·〈擊壤〉[14] 之歌；守閨而詠言者, 爲〈漢廣〉[15]·〈摽梅〉[16] 之詩；初不用功於詩, 而詩自精全. 自後人心訛漓, 風氣不完.〈風〉變而〈騷〉[17] 怨,〈騷〉變而五言支離, 五言變而律詩拘束. 漢而魏晉而唐, 浸不如古矣. 雖以太白·宗元爲唐之詩伯, 而所以爲四言詩[18], 所以爲〈平淮雅〉[19] 者, 猶未免時習. 視古之稚人婦子, 亦且不逮遠矣. 是故士君子莫不於詩下功焉, 如杜詩『讀書破萬卷, 下筆如有神』[20], 歐陽子從『三上』[21] 覓之. 而晩

11 | 《풍(風)》: 여러 제후국에서 유행했던 민가를 모아놓은《국풍(國風)》을 말한다. －《中國文學史》金學主·李東鄕·金榮九 공저, 한국방송대학출판부, 2000.

12 | 사악(四岳) : 중국의 태산(泰山)·화산(華山)·형산(衡山)·항산(恒山)의 사악(四嶽)을 말한다.

13 | 〈표지(標枝)〉: 높이 빼어난 가지라는 말.《장자(莊子)·천지(天地)》에「上如標枝, 民如野鹿」이란 말이 있는데 빼어난 높은 가지가 무심히 위에 있는 것처럼 지극히 잘 다스려진 무위의 치가 되면 임금은 무심히 위에 있을 뿐이란 뜻. －《秋江冷話,紫海筆談(外)》南孝溫·金時讓 著 南晩星 譯, 삼성문화문고, 1981. p.61

14 | 〈격양(擊壤)〉: 악부(樂府) 잡요(雜謠) 가사의 한 가지.(日出而作, 日入而息, 鑿井而飮, 耕田而食, 帝力于我何有哉). －《秋江冷話,紫海筆談(外)》南孝溫·金時讓 著 南晩星 譯 삼성문화문고 1981. p.61.

15 | 〈한광(漢廣)〉:《시경·국풍·주남(周南)》에 있다. －《秋江冷話,紫海筆談(外)》南孝溫·金時讓 著 南晩星 譯, 삼성문화문고, 1981. p.61.

16 | 〈표매(摽梅)〉:《詩經·國風·召南》의〈摽有梅〉편을 말한다. －《秋江冷話,紫海筆談(外)》南孝溫·金時讓 著, 南晩星 譯, 삼성문화문고, 1981, p.61.

17 | 〈소(騷)〉: 초사(楚辭)를 대표하는 굴원(屈原)의 대표작으로 리듬이 장중하고 구성이 복잡하고 세련되어 있다. －《中國文學史》金學主·李東鄕·金榮九 공저, 한국방송대학출판부, 2000.

18 | 사언시(四言詩) : 한 구(句)가 넉 자로 이루어진 고체(古體)의 한시(漢詩).

19 | 〈평회아(平淮雅)〉:〈평회이아(平淮夷雅)〉를 말한다. 당나라 유종원(柳宗元)이《시경·소아》를 모방하여 지은 글. 자기 신세가 조정에 있지 못하고 멀리 유주(柳州)에 좌천되어 있어서 억울하고 불평에 찬 회포를 토로했음. (원문 : 臣宗元言 : 臣負罪竄伏, 違尙書箋奏十有四年……) －《漢詩語辭典》, 전관수, 국학자료원, 2002.
《柳河東全集》上唐, 柳宗元, 北京燕山出版社, 1996.

20 | 독서파만권(讀書破万卷) 두 구 :〈위좌승님께 드림(奉贈韋左丞丈)〉

甫昔少年日,　　저는 지난날 젊었을 때에,
早充觀國賓.　　일찍이 향시에 뽑혔습니다.
讀書破萬卷,　　만권의 책을 독파하여,

唐之士, 積功夫或至二三十年, 始與〈風〉·〈雅〉[22] 彷佛者, 間或有之. 夫豈偶然哉?

천지의 정기正氣를 받은 것이 사람이요, 한 사람의 몸을 맡아 주재하는 것은 마음이며, 사람의 마음이 밖으로 나온 것이 말이요, 사람의 말이 가장 정성되고 맑은 것이 시詩다. 마음이 바르면 시가 바르고, 마음이 사특하면 시도 사특해진다. 상商 · 주周의 〈송頌〉과 상간桑間의 〈풍風〉이 바로 그러하다. 태고太古 적에 사악(四岳)의 기운이 완전하고, 인물의 본성이 온전하여 나무하면서 노래 부른 것이 〈표지標枝〉와 〈격양擊壤〉의 노래가 되었고, 규방을 지키며 읊은 것이 〈한광漢廣〉과 〈표매摽梅〉의 시가 되었다. 이와 같이 처음부터 시를 열심히 공부하지 않아도 시는 저절로 정교하고 완전했다. 그 뒤부터 인심이 그릇되고 풍기風氣가 온전하지 못해서 〈풍〉이 변하여 〈소〉가 되었는데, 그것은 원怨에 치우치고, 〈소〉가 변하여 오언시가 되었는데 그것은 지리하고, 오언시가 변하여 된 율시律詩는 구애됨이 많다. 한漢에서 위魏 · 진晉 · 당唐으로 내려오면서 점점 옛날보다 못해졌다. 이태백과 유종원柳宗元을 당시의 대가로 치지만, 4언시가 되고, 〈평회아平淮雅〉가 된 까닭에 오히려 습속을 면하지 못하고 옛날의 아녀자와 비교하여 별로 나을

下筆如有神.　붓을 대면 신이 있는 것 같습니다.
賦料揚雄敵,　부는 양웅에 필적한다 생각 했고,
詩看子建親.　시는 조식(曹植)에 가깝다고 여겼습니다.
李邕求識面,　이옹이 알고 지내기를 바랐었고,
王翰願卜鄰.　왕한은 이웃에 살기를 원했습니다.
－《진리의 벗이 되어》 52호, 〈중국시 산책 · 두보의 시세계〉, 車柱環, 성천문화재단, 2001.

21 | 삼상(三上) : 문장을 구상하는 데 좋은 기회가 되는 세 곳, 곧 마상(馬上) · 침상(枕上) · 측상(厠上 : 뒷간)을 말한다. 구양수(歐陽脩)의 〈귀전록(歸田錄)〉에서 나온 말이다. －《秋江冷話, 紫海筆談(外)》, 南孝溫 · 金時讓 著, 南晚星 譯, 삼성문화문고, 1981, p.61.

22 | 《아(雅)》 : 《시경》의 《대아(大雅)》 · 《소아(小雅)》를 지칭. －《中國文學史》 金學主 · 李東鄕 · 金榮九 공저, 한국방송대학출판부, 2000.

것이 없다. 그러므로 선비와 군자들이 시에 많은 공을 들이지 않을 수 없었는데, 두시杜詩의

讀書破萬卷, 책 만권을 독파하니,
下筆如有神. 붓을 들면 신이 깃들인 듯하다.

한 것이나, 구양수歐陽修가 삼상三上에서 그 시상詩想을 찾았다고 한 것 같은 것이다. 만당의 선비들은 시 공부를 쌓는 일이 혹 2, 30년에 이르러서야 비로소 〈풍〉·〈아〉와 비슷한 것이 간혹 생겼다. 이 어찌 우연한 일이라 하겠는가?

[3] 유학공부와 시

鄭伯勗[23]有周·程·張·朱[24]之見, 窮通五經, 獨不取攻詩之士, 曰 : 『詩, 性情之發, 何屑屑强下工夫爲[25]?』其意雖不爲詩, 德備而經通, 則亦何爲病? 總如此, 與腐儒之見無異. 如古之十二律[26]·八音[27]·五聲[28], 消

23 | 정백욱(鄭伯勗, 1450~1504) : 이름은 여창(汝昌)이며, 백욱은 그의 자이고, 호는 일두(一蠹)이다. 시호 문헌(文獻)이며 본관은 하동(河東)이고 함양(咸陽) 출생으로 김종직(金宗直)의 문인이다. 《용학주소(庸學註疏)》·《주객문답설(主客問答說)》·《진수잡저(進修雜著)》등의 저서가 있었으나 무오사화 때 부인이 태워 없애 그 유집(遺集) 일부가 정구(鄭逑)의 《문헌공실기(文獻公實記)》속에 전할 뿐이다. 문집에 《일두유집(一蠹遺集)》이 있다. – 네이버(www.naver.com)

24 | 주정장주(周程張朱) : 성리학의 원조인 주돈이(周敦頤)·정호(程顥)와 정이(程頤)·장재(張載)·주희(朱熹) 등을 가리키는 말인데, 성리학을 정주학(程朱學)·도학(道學)·주정장주(周程張朱)의 학이라고도 부른다. – 한국고전번역원(www.itkc.or.kr)

25 | 위(爲) : 앞의 何와 호응하여 문장 뒤에서 의문사 역할을 한다.

26 | 12율(十二律) : 음악의 6율과 6려(呂)이니 6율을 양(陽), 6려를 음(陰)이라 한다. – 《秋江冷話,紫海筆談(外)》 南孝溫·金時讓 著 南晩星 譯 삼성문화문고 1981. p61)

27 | 팔음(八音) : 여덟 가지 악기의 소리. 즉 금(金 : 鍾종)·석(石 : 磬경쇠)·사(絲 : 絃거문고·비파)·죽(竹 : 管피리)·포(匏 : 笙생황)·토(土 : 壎질나발)·혁(革 : 鼓북)·목(木 : 柷타악기)의 소리. – 《秋江冷話,紫海筆談(外)》, 南孝溫·金時讓 著, 南晩星

融渣滓, 動盪血脉, 故聖賢人無不知之習之. 然不可生知, 故孔子從萇弘[29]學之. 詩功於人亦然, 使人清其心, 使人虛其懷, 使人無邪心, 使人養浩然; 牢籠百態, 瀰漫乎天地之間. 不得如古人自然而詩, 則必若勉思積功, 然後庶幾乎萬一. 是故邵子[30]·周子[31], 亦未免於好詩. 而朱文公[32]晚年好讀杜詩·後山[33], 而註《楚騷》, 或與釋相酬唱[34]. 衡山[35]之詩, 五日之內百

譯, 삼성문화문고, 1981, p61)

28 | 오성(五聲) : 음의 고저청탁(高低淸濁)에 따라 분류한 소리의 다섯 가지. 즉 궁·상·각·치·우(宮·商·角·徵·羽)의 소리. — 《秋江冷話/紫海筆談(外)》南孝溫·金時讓 著, 南晩星 譯, 삼성문화문고, 1981, p.61.

29 | 장홍(萇弘, 기원전 약 575?~기원전 492) : 공자(孔子)의 스승. 동주(東周) 촉(蜀 : 지금의 사천성(四川省) 자중현(資中縣) 서북변경과 자양시(資陽市)가 인접한 일대에서 출생했다. 자가 장홍으로 주대에 이름난 학자이며 정치가이다. 어려서부터 책읽기를 좋아하고 천문·역법·음률 등에 능통했다. 지금 자중현 발수향(發輪鄕) 용수촌(龍水村)에 장홍사(萇弘祠)와 장홍독서대(萇弘讀書台)가 남아있다. 《도경(圖經)》·《자양현지(資陽縣志)》·《자중현지(資中縣志)》에 그의 전이 있다. — 百度(www.baidu.com)

30 | 소자(邵子, 1011~1077) : 중국 송(宋)나라 공성(共城) 사람으로, 학자·시인이다. 호는 안락선생(安樂先生)이며 자는 요부(堯夫)이고 시호가 강절(康節)이라 소강절이라 불릴 때가 많다. 《황극경세서(皇極經世書)》 62편을 저작하여 천지간 모든 현상의 전개를 수리로서 해석하고 그 장래를 예시하였으며, 또 《관물내외편(觀物內外編)》 2편에서 허심(虛心), 내성(內省)의 도덕수양법을 설명하였다. 또한 자유로운 시체(詩體)의 시집 《이천격양집(伊川擊壤集)》 20권의 작품이 있고, 《어초문답(漁樵問答)》 1권 등이 있다. — 《辭源》 商務印書館, 北京 香港, 1987.

31 | 주자(周子, 1017~1073) : 중국 송(宋)나라의 유학자로 호는 염계(濂溪)이며, 자는 무숙(茂叔) 도주(道州 : 湖南省 道營縣) 출생. 만년에 여산(廬山) 기슭의 염계서당(濂溪書堂)에 은거하였기 때문에 문인들이 염계선생이라 불렀다. 저서에는 《태극도설(太極圖說)》《통서(通書)》가 있으며, 수필 《애련설(愛蓮說)》에는 그의 고아한 인품이 표현되었다. 남송의 주자(朱子)는 염계가 정호(程顥)·정이(程頤) 형제를 가르쳤기 때문에 도학(道學 : 宋代의 新儒教)의 개조라고 칭하였다. — 네이버백과사전

32 | 주문공(朱文公, 1130~1200) : 주자(朱子 : 이름은 熹)의 시호.

33 | 후산(後山, 1053~1101) : 송(宋)나라 때 시인 진사도(陳師道). 자는 이상(履常)·무기(無己), 호는 후산거사(後山居士). 팽성(彭城; 江蘇省) 출신. 진사도는 증공(曾鞏)에게서 배웠으며, 황정견(黃庭堅)에게서 시를 배워 강서시파(江西詩派)가 되었다. 문장은 간결하고 남송 초에 임연(任淵)의 주 12권이 있는데, 시대에 따라 배열하였다. 저서에 《후산시화(後山詩話)》·《후산집(後山集)》 20권·《장단구(長短句)》 2권 등이 있다. 소문육군자(蘇門六君子)의 한 사람. — 《辭源》 商務印書館, 北京 香港, 1987.

餘篇. 伯勗以詩爲異端, 則亦異端周 · 邵乎? 晦庵乎? 佔畢齋[36]金先生曰 : 『詩陶冶性情』吾從師說.

정여창은 주정장주周程張朱에 대한 견해가 깊고 오경에 정통했는데, 다만 시를 전공하는 선비를 취하지 않고 이르기를, 『시란 성정性情의 발로인데, 어찌 번거롭게 굳이 공부를 해야 한단 말인가』라고 하였다. 그 뜻은 비록 시는 못 짓더라도 덕을 갖추고 경서에 능통하면 또한 무엇이 허물이 되겠느냐는 것이다. 이런 생각은 썩은 선비의 소견과 다를 바가 없다. 옛날의 12율律 · 8음音 · 5성聲 같은 것은 마음의 찌꺼기를 말끔히 사라지게하고, 혈맥을 시원하게 소통하게 하여 성현들은 그것을 알고 부지불식간에 익히지 않는 이가 없었다. 그러나 태어나면서부터 알 수는 없는 것이므로 공자도 장홍萇弘에게서 배웠다.

시의 공이 사람에게 역시 그러하여, 사람으로 하여금 그 마음을 맑게 하고, 가슴을 비게 하며, 사특한 마음이 없게 하고, 호연지기浩然之氣를 기르게 하며, 삼라만상을 둘러싸고 천지사이에 가득 차있다. 옛 사람과 같이 저절로 시를 쓰기가 어려우니, 반드시 힘써 생각하고 공을 쌓은 뒤에라야 그 만분의 일이라도 가까워질 것이다. 그러므로 소자邵子나 주자周子가 시를 좋아하였고, 주자朱子도 만년에 두시杜詩와 《후산집后山集》을 즐겨 읽었으며 초楚 나라의 소騷를 주해하고, 혹은 스님들과 더불어 수창하여, 형산衡山의 시가 5일 동안에 백여 편이나 되었다. 백욱은 시를 이단시했는데 그렇다면 주자周子 · 소자 또한 이단이며, 회암晦庵이 이단이란 말인가? 점필재佔畢齋 김 선생이 말하기를, 『시는 성정을 도야한다』했는데 나는 스승의 말씀을 따른다.

34 | 수창(酬唱) : 시가를 서로 불러주고 받음.

35 | 형산(衡山) : 형산은 중국 5악 중 하나로 남악이다. 호남성 형양시(湖南省 衡陽市)에 위치하고있다. 72 봉우리가 구불구불 800里나 이어져 7개의 현과 시에 걸쳐있다. 주봉은 축융봉(祝融峰)으로 해발 1290m이다.

36 | 점필재(佔畢齋, 1431~1492) : 김종직(金宗直)의 호. 자는 계온(季昷) · 효관(孝盥)이며 본관이 선산(善山)이다.

【참고문헌】

《辭源》, 商務印書館, 1987.

전관수, 《漢詩語辭典》, 국학자료원, 2002.

南孝溫 · 金時讓 著, 南晩星 譯, 《秋江冷話/紫海筆談(外)》, 삼성문화문고, 1981.

金學主 · 李東鄕 · 金榮九 공저, 《中國文學史》, 한국방송대학출판부, 2000.

洪萬宗 著, 許捲洙 · 尹浩鎭 譯註, 《詩話叢林》 上, 도서출판 까치, 1993.

鈴木虎雄 註解, 《杜甫全詩集》 제2권 復刻愛藏版, 日本圖書, 1978.

송철규, 《중국고전이야기》 둘째 권(송대부터 청대까지), 소나무, 2000.

안대회, 《조선후기시화사연구》, 국학자료원, 1995.

柳宗元, 《柳河東全集》 上唐, 北京燕山出版社, 1996.

車柱環, 〈중국시 산책 4〉, 《진리의 벗이 되어》 52호, 성천문화재단, 2001.

진영미, 〈농암 시론에서의 사치와 문예미 탐색〉, 《東方漢文學》 제21집, 2001.

【그 외 참고자료】

《文淵閣 四庫全書 電子版》

(崔繼良)

10. 《소문쇄록謏聞瑣錄》1

조신(曹伸, 1450~1521?)2)이 지었다. 조신의 자字는 숙분叔奮, 호號는 적암適菴으로, 본관이 창녕昌寧이다.

이 책은 세 권으로, 조선朝鮮 중종中宗 20년에 편찬되었으며, 이는 명明 무종武宗 정덕正德 16년에 해당한다.

1 | 《소문쇄록(謏聞瑣錄)》: 주로 역사와 지리에 관한 글이 실려 있는데, 《소문쇄록》은 들은 것도 많지 않고, 변변찮은 이야기란 뜻으로, 서문에 의하면, 『소문』이란 궁중의 도서관에 감추어 둔 중국의 전실(典實)한 말도 아니고, 귀로 전해 들었거나, 불경(不經)스런 말만 표절했기 때문이라 한다. 『쇄록』이란 조야(朝野)의 여러 기록에 간간히 희학(戱謔)하거나, 전인들의 음풍농월에 일자일언(一字一言)이라도 특이한 것이 있으면, 망령되게 자질구레한 평론을 하거나 함부로 졸렬한 말을 덧붙였다고 한 말로 보아 30년간의 조야 생활에서 얻은 견문을 기록한 내용이라 볼 수 있겠다. 즉, 『소문쇄록』이란 자잘한 단편록(斷片錄)이라는 뜻이다. 상권에는 132화, 하권에 137화로 모두 269화의 단편적인 이야기 속에는 편자가 활동했던 당대의 야사나 문학에 관련된 자료들을 듬뿍 담고 있으며, 김종직(金宗直), 서거정(徐居正)등 조선 초기의 대표적 문인에 얽힌 시화(詩話)를 소개하였고, 고려 말부터 조선 초기까지의 문인들에 관한 기록 또한 많으며, 소화(笑話), 중국과 일본의 지리, 풍속에 관한 내용을 담고 있어, 사화(史話), 일화(逸話), 시화(詩話), 소화(笑話) 등 여러 가지 내용을 한 곳에 담은 잡록이라 볼 수 있다. 《소문쇄록》은 오래 필사본으로 전해오다가 1909년에 근대 활자본으로 널리 알려진 《대동야승(大東野乘)》의 것이 있고, 필사본 그대로를 영인, 간행한 《대동패림(大東稗林)》(《패림(稗林)》이라고도 함), 《시화총림(詩話叢林)》의 것도 있다. 그러나 간행연대는 알 수 없다.

2 | 조신(曹伸): 조선 중종 때의 군신이자 역관. 《두시언해(杜詩諺解)》를 지은 조위(曺偉)의 서형(庶兄)이다. 문장에 뛰어났고 특히 시를 잘 지었다. 성종 10년에 신숙주(申叔舟)를 따라 일본에 가 문명을 떨쳤고, 돌아와 사역원정(司譯院正)으로 발탁되었다. 중종(中宗)의 명으로 김안국(金安國)과 더불어 《이륜행실도(二倫行實圖)》를 편찬하였다. 외국어에도 능통하여 역관으로 명(明) 나라에 7번, 일본에 3번 다녀왔다. 명나라에 갔을 때에는 안남국(安南國,베트남) 사신과 시로 수창하여 외국에까지 이름을 떨쳤다. 만년에는 금산(金山)에 은거하면서 풍류로 세월을 보냈다. 저서에 《적암시고(適庵詩稿)》 · 《소문쇄록(謏聞瑣錄)》 · 《백년록(百年錄)》등이 있다.

[1] 이정李定이 애송한 시

宗室永川君定3, 喜王荊公及本國陽城君李承召之詩4, 每誦陽城之〈白頭山賦〉5. 一日侍內宴6, 醉甚, 近就御前平坐, 請曰 : 『蘇與王孰優?』 上不答, 但曰 : 『未可知.』 永川曰 : 『荊公優矣.』

임금의 일가인 영천군 이정이 왕형공과 우리나라 양성군 이승소의 시를 좋아하여 매번 이승소의 《백두산부》를 암송했다. 하루는 궁중잔치에서 매우 취해 임금의 앞으로 가까이 나아가 청하기를 『소식과 왕안석 중에 누가 더 났습니까?』하니, 왕이 대답하지 않고, 다만 『아직 잘 모르겠다.』했다. 이정이 『왕안석이 더 낫습니다.』라고 했다.

[2] 서거정의 〈왕형공집을 읽고〉

達城徐文忠公7, 號四佳齋. 〈讀王荊公集〉 絶句曰8 : 『杜鵑當日哭天津,

3 | 종실영천군정(宗室永川君定) : 종실은 임금의 일가라는 뜻이며, 태종대왕의 둘째 왕자인 효령대군(孝寧大君, 1396~1486)의 다섯째 아들인 영천군 이정(李定)을 가리킴.

4 | 왕형공(王荊公) : 형공(荊公) : 《백운소설(白雲小說)》 주 10) 참조.
양성군이승소(陽城君李承召) :. 조선 세종 · 세조 때에 활약한 문신(1422~1484). 본관은 양성(陽城). 자는 윤보(胤保). 호는 삼탄(三灘). 시호는 문간(文簡). 1447년(세종 29) 문과에 장원, 1458년(세조 3) 사은부사(謝恩副使)가 되어 명나라에 다녀왔다. 1471년(성종 2) 좌리공신으로 양성군에 봉해졌다. 당대의 문장가로 예악(禮樂),음양(陰陽),율력(律曆), 의약, 지리등 여러 방면에 조예가 깊었으며 1474년 신숙주(申叔舟),강희맹(姜希孟) 등과 함께 《국조오례의(國朝五禮儀)》를 편찬. 저서에 《삼탄집(三灘集)》이 있다.

5 | 〈백두산부(白頭山賦)〉 : 전문은 이승소의 저서 《삼탄집(三灘集)》과 다른 곳에서도 전혀 찾을 수 없었음. 다만 《대동야승》에 수록된 성현(成俔)이 지은 《용재총화(慵齋叢話)》 제4권에서 정통 유학자인 이윤인(李尹仁) · 이유인(李有仁) 형제와 이정의 대화와, 이정이 두 형제에게 〈백두산부〉를 아느냐고 묻는 부분만 보일 뿐 전문은 수록되지 않았다. 자세한 내용은 한국고전번역원(www.itkc.or.kr).

6 | 내연(內宴) : 내진연(內進宴)의 준말로서, 조선 시대에 내빈(內賓, 궁중의 여관(女官)으로 품계를 지닌 내명부(內命婦)작위를 받은 부인)을 모아 베풀던 궁중 잔치를 가리킴.

天下蒼生事事新. 相業早知能誤世, 半山端合作詩人.』[9] 頗有議論.

문충공 서거정의 호는 사가재로, 〈왕형공집을 읽고〉라는 절구에 말하기를

杜鵑當日哭天津, 두견이 당일 천진에서 울 때,
天下蒼生事事新. 천하의 백성들은 일마다 새로웠네.
相業早知能誤世, 재상자리 세상을 그르칠 줄 일찍 알았더라면,
半山端合作詩人. 반산에서 시인 노릇 하는 것이 제격에 맞았을 것을.

이라고 했다. 자못 의론이 담겨 있다.

7 | 문충공(文忠公) : 서거정(徐居正, 1420~1488)을 가리킴. 시호(諡號)가 문충이다. 본관은 달성(達城), 자는 강중(剛中), 호(號)는 사가제(四佳齋), 1444년(세종 26) 식년문과에 급제, 1470년(성종 1) 좌찬성(左贊成)에 이르렀으며 이듬해 좌리공신(佐理功臣)이 되고 달성군(達城君)에 책봉되었다. 문장과 글씨에 능하여 《경국대전(經國大典)》·《동국통감(東國通鑑)》·《동국여지승람(東國輿地勝覽)》 편찬에 참여했으며, 또 왕명을 받고 《향약집성방(鄕藥集成方)》을 국역(國譯)했다. 성리학(性理學)을 비롯, 천문·지리·의약 등에 정통했다. 문집에 《사가집(四佳集)》 저서에 《동인시화(東人詩話)》·《동문선(東文選)》·《역대연표(歷代年表)》·《태평한화(太平閒話)》·《필원잡기(筆苑雜記)》·《골계전(滑稽傳)》이 있다. 기타 앞 《동인시화(東人詩話)》·《필원잡기》에 소개된 내용 참고.

8 | 〈독왕형공집(讀王荊公集)〉 : 전문이며, 서거정이 지은 《사가시집(四佳詩集)》 卷之二 第二 詩類에 수록되어있다. — 한국고전번역원(www.itkc.or.kr)

9 | 두견당일곡천진(杜鵑當日哭天津) 네 구 : 두견새는 그 울음소리가 피를 토하듯 울기 때문에, 여기서 두견은 왕안석이 신법(新法)을 주장한 것을 비유하였음.
천진(天津) : 하늘로 가는 나루터로서, 여기서는 황제를 찾아가는 길목을 뜻함.
반산(半山) : 왕안석(王安石)의 고택(古宅)인 반산정(半山亭)을 가리킴. 지금의 강소성(江蘇省) 남경(南京)에 위치해 있는데. 고택이 종산(鐘山 : 지금의 紫金山)과 시가지 중간에 있었기 때문에 이렇게 이름 지었다고 함. 왕안석은 신법을 주장하였으나, 반대파인 구법(舊法)당의 반대로 실패하고 재상에서 물러나 이곳 반산에 와서 여생을 보냈음. 그리하여 왕안석 자신이 쓴 시중에서도 『반산』을 언급한 시가 굉장히 많음. 예를 들면 〈홀로 돌아오면서(獨歸)〉·〈과주에 배를 대고(泊船瓜洲)〉·〈종산풍경(鐘山既事)〉 등이 있음.

【참고문헌】

정용수 번역,《국역 소문쇄록》, 국학자료원, 1997.
《국역 대동야승》, 한국고전번역원(www.itkc.or.kr), 1981.
김두종,《소문쇄록해제》, 한국고전번역원(www.itkc.or.kr), 1971.
조종업,《소문쇄록해제》, 동서문화사, 1989.
홍만종 저,《역주 시화총림》, 허근수 외 共譯註, 까치출판사, 1993.
이우성 편,《소문쇄록》, 아세아문화사, 1990.

(李明珍)

11. 《용천담적기龍泉談寂記》[1]

김안로(金安老, 1481~1537)[2]가 지었다. 김안로의 자는 이숙頤叔이며, 호는 희락당希樂堂 · 용천龍泉 · 퇴재退齋이며, 본적은 연안延安이다.

이 책은 2권으로, 조선 중종中宗 20년(1525)에 지어졌으며, 명 세종世宗 가정嘉靖 4년에 해당한다. 작가는 서언에서 이 작품은 답답함을 없애고, 쓸쓸함을 달래는 데 목적이 있다고 밝히고, 심심함을 푸는 일반적인 소설 · 수필로 보았으니, 창작 태도는 비교적 여유롭다. 책 속에 명나라 사신이 조선의 선비들과 시를 지어 주고받았던 일이 기록되어 있어[3], 자료로서의 가치가 매우 높다.

[1] 서거정과 기순이 한강에서 창화한 이야기

成廟朝, 祁戶部順來頒帝命[4]. 道途所由, 覽物興詠. 遠接使四佳徐先生

1 | 《용천담적기(龍泉談寂記)》 : 조선 중기의 문신 김안로가 쓴 잡록집이다. 이 책은 그가 귀양살이 하는 때에 자신이 평소에 체험과 것과 들은 것을 모아서 기록한 것으로 35종의 일을 수록하고 있다. 또한 단락의 구분 없이 우리나라에 왔던 중국 사신들과 조선 접반사들 사이에 벌어졌던 각종의 일화와 시화도 수록되어 있어 자료로서의 가치도 매우 높다. 《대동야승(大東野乘)》에 전문이 수록되어 있다. — 《한국시화총편》, 동서문화사, 1989. 조종업 『용천담적기해제』 참조.

2 | 김안로(金安老) : 조선 중종 때의 권신(權臣). 1501년 진사가 되었고, 1506년 별시문과에 장원급제하였다. 후에 이조판서 · 예조판서 · 우의정 · 좌의정의 벼슬을 하였다. 1537년 문정왕후의 폐위를 기도하다가 발각되어 사사되었다. — 《민족문화대백과사전 4》, 한국정신문화연구원, 1991. 769쪽.

3 | 지금 이 글은 대략 기순이 1476년 2월 2일에 압록강을 건넌 후 20일에 한양에 도착하여 한양에서 보낸 며칠 동안 한강 유람을 하면서 창화한 내용을 적고 있다. — 한국시가연구 제10집 143쪽 : 《황화집(皇華集)》 수록 명사신의 사행시에 보이는 조선인식

4 | 기순(祁順, 1434~1497) : 《필원잡기(筆苑雜記)》 주 31) 참조.

以爲平平[5], 心易之. 竣使事明日, 四佳以漢江之遊請. 順曰 :『諾. 在途酬唱, 客先主人 ; 明日江上, 主人先客以起興可也.』四佳預述一律, 幷錄夙製〈永川明遠樓〉詩韻, 曰 :『當豎此老降幡矣.』到濟川亭[6], 酒未半, 於座上微吟, 若爲構思之狀, 索筆書呈一聯, 有曰 :『風月不隨黃鶴去, 煙波長送白鷗來.』[7] 順卽席走毫, 曰 :『百濟地形臨水盡, 五臺泉脈自天來.』[8] 顧四佳曰 :『是否?』筆鋒橫逸, 不可枝梧, 四座皆色沮. 乖崖亦預席[9], 當和

5 | 사가서선생(四佳徐先生) : 서거정(徐居正)을 말한다. 서거정에 대하여는 앞의 《필원잡기》 주 2) 참조.

6 | 제천정(濟川亭) : 제천정이 있던 곳은 지금 용산구의 한남동과 보광동 사이로 남산의 지맥이 한강가로 높이 뻗어 나간 등성이였는데 그 연대가 확실하지 않지만 이미 조선 초기부터 정자가 있어 유명하였다. 중국의 사절이 오면 정부에서는 그들을 이 강변의 명소 제천정으로 안내하여 유연(遊宴)하는 것을 상례로 삼았다. 따라서 중국의 사절이 올 때 마다 제천정 위에서의 내외귀빈 · 문인들의 유연과 시음(詩吟)이 있었으며 많은 내외문사들의 창화시(唱和詩)가 남겨 전한다. — 서울육백년사(seoul600.visitseoul.net)

7 | 풍월불수황학거(風月不隨黃鶴去) 두 구 : 이 시는 서거정이 읊은 원운(原韻)이며, 위의 본문에서는 기순이 차운(次韻)을 한 것으로 되어있으나, 《황화집》을 보면 윤자운(尹子雲,1416~1478. 본관 무송(茂松). 자 망지(望之). 호 낙한재(樂閒齋). 시호 문헌(文憲). 1444년(세종 26) 식년문과에 급제, 1450년 정인지(鄭麟趾) 등과 《고려사》편찬에 참여하였다)이 하였다. 시의 일부이다. — 네이버(www.naver.com)

樓中佳麗錦筵開, 　누각 안에서는 아름다운 연회가 열리고.
樓外青山翠似堆. 　누각 밖의 푸른 산은 비취처럼 쌓여있네.
風月不隨黃鶴去, 　바람과 달을 황학을 따라가지 않고,
煙波長送白鷗來. 　아지랑이 긴 물결을 흰 갈매기 보내온다.
登臨酬唱三千首, 　산을 오르고 강을 찾아 시 삼천 수 수창하고,
賓主風流一百杯. 　손님과 주인은 술 백 잔으로 풍류를 즐기네.
更待夜深吹玉笛, 　밤 깊어지기를 더 기다려 옥피리 불고,
月明牛斗共徘徊. 　달이 밝아 별들은 모두 배회하네.

—《황화집 (영인본)》, 청운문화사, 1998년. 2집. 24쪽.

8 | 백제지형임수진(百濟地形臨水盡) 두 구 : 이 시에 관하여는 앞의 《용재총화(慵齋叢話)》 주 68) 참조.

9 | 괴애(乖崖) : 김수온(金守溫, 1410~1481). 조선 초기의 문신. 본관은 영동, 자는 문량(文良), 호는 괴애 · 식우(拭疣)이다. 1441년에 식년문과에 병과로 급제하였고, 얼마 지나지 않아 세종의 특명으로 집현전학사가 되었다. 후에 한성부윤 · 공조판서 · 호조판서를 역임하였다. 《치평요람(治平要覽)》 · 《의방유취(醫方類聚)》 등을 편찬하였고, 시호는 문평(文平)이다. —《민족문화대백과사전4》,한국정신문화연구원, 1991. 742쪽.

押, 有『堆』字, 苦吟思涸, 攢眉顧人曰：『神耗意竭, 吾其死矣.』久乃僅綴云：『崇酒千瓶肉百堆.』[10] 爾後又有『頭』字押, 乖崖云：『黑雲含雨已臨頭.』[11] 順曰：『可洗肉百堆.』[12] 乘舟放棹, 順流而下, 江山役神, 觴豆疲形, 操?瀝精, 不暇流眄. 而西日半銜, 夕波微興, 倚醺瞑目之頃, 舟至蠶頭峯下[13]. 戶部開目曰：『是何地名?』舌者曰：『楊花渡.』卽吟一律：『人從竹葉杯中醉, 舟向楊花渡口橫.』[14] 四佳次云：『山似高懷長偃蹇, 水如健筆更縱橫.』[15] 二公巧速略相似, 猶兩雄對陣[16], 持久不決, 奇正變化[17], 莫不相?.

10 | 숭주천병육백퇴(崇酒千瓶肉百堆) : 괴애 김수온이 지었다. 시의 일부이다.

西湖春晚欲花開, 서호에 봄이 깊어 꽃은 피고자 하고,
崇酒千瓶肉百堆. 좋은 술이 천병이요 고기는 백 무더기라.
一札璽書從日下, 한 편의 옥새 찍힌 글은 황제에게서 내려오고,
九重霄漢使星來, 깊은 하늘 은하수에서 사절로 별이 오셨네.
山河表裏文侯國, 산과 물은 문후국의 안과 밖을 이루었고.
賓主懽娛太白杯. 손님과 주인은 태백의 술잔으로 기뻐 즐겼네.
高閣暫辭相揖罷, 높은 누각에서 잠시 작별하며 서로 인사하고 파하는데,
彩舟江上更徘徊. 화려한 배는 강 곁에서 다시 배회하네.

—《황화집 (영인본)》, 청운문화사, 1998년. 2집. 25쪽.

11 | 흑운함우이임두(黑雲含雨已臨頭) : 《황화집》에는 이 부분이 기록되어 있지 않다.

12 | 가세육백퇴(可洗肉百堆) : 주11)와 상동.

13 | 잠두봉(蠶頭峯) : 지금의 남산이다. 중국사신이 오면 대개 제천정에서 배를 띄워 노량 · 용산 · 마포의 강류를 따라 잠두 하에까지 이르고 여기서 다시 봉두에 연석을 베풀기도 하였지만 때로는 이 성서 10리 거리의 명승지인 잠두봉을 바로 찾아 하루의 놀이를 즐기기도 하였다. — 서울육백년사(seoul600.visitseoul.net)

14 | 인종죽엽배중취(人從竹葉杯中醉) 두 구 : 이 시구에 관하여는 앞의 《용재총화》 주 69) 참조.

15 | 산사고회장언건(山似高懷長偃蹇) 두 구 : 주 14) 시의 차운이다. 서거정이 지었는데, 시의 일부이다.

風流江海十年情, 강과 바다 풍류를 십년동안 마음으로 그리워하였고,
坐對湖光潑眼明. 갑자기 좋은 풍경 대하니, 눈이 번쩍 밝아지네.
山似高懷長偃蹇, 산은 높은 회포를 안은 듯 높고 우뚝하게 솟아 있고,
水如健筆更縱橫. 물은 힘찬 붓과도 같이 다시 출렁이네.
柁樓擧酒日初落, 배 위 누각에서 술잔을 드니 해가 막 떨어지고,
官渡哦詩潮自生. 관도에서 시를 읊으니 물결이 저절로 이네.

鋒交戰合, 電流雷迅, 揖讓之風存乎鼓旗之間. 雖堂堂八陣[18], 擧扇指麾; 而仲達之算無遺策, 亦未易降也. 順嘗曰 : 『先生在中朝, 亦當居四五人內矣.』 行返到臨津舟上, 四佳先賦古風長韻[19], 順卷紙尾置案上, 手披徐徐, 覽一句輒成一句, 手眼俱下, 須臾覽訖, 而步韻亦訖. 步訖而筆猶不停, 連書竟紙, 颯颯風馳雨驟, 而一篇又成. 四佳心服之, 顧從事蔡懶齋曰[20] :

更待月明扶醉去. 다시 달이 밝길 기다려 술에 취한 당신을 부축하고 가리니,
杏花疎影不禁淸. 살구꽃 성긴 그림자 맑음을 금치 않으리.
—《황화집 (영인본)》, 청운문화사, 1998년, 2집, 35~36쪽.

16 | 양웅대진(兩雄對陣) : 제갈량(諸葛亮)과 사마의(司馬懿)의 오장원(五丈原 : 지금의 섬서성(陝西省) 미현(郿縣) 남서쪽, 위수(渭水) 남쪽 기슭에 있는 구릉) 대진을 의미한다. 234년 촉한(蜀漢)의 제갈량(諸葛亮)은 이곳에서 대군을 이끌고 위(魏)나라 장군 사마의(司馬懿)와 장기전을 펼쳤으나 진중에서 죽었다. 촉한의 군대는 제갈량의 유언에 따라 그가 살아 있는 것처럼 위장하고 대오를 정비해서 퇴각하다가 사마의가 추적하자 이를 반격, 사마의는 제갈량이 살아 있는 줄 알고 도망쳤다.
— 삼국지넷(www.samgugji.net)

17 | 기정(奇正) : 고대 병법 용어로, 싸움에서 대진하여 맞붙는 것이 정(正)이며, 기습하는 것이 기(奇)이다.

18 | 팔진(八陣) : 제갈량이 군사를 거느리고 전쟁을 수행하는 가운데 전대 병가들의 진법을 계승 발전시켜 연구해 낸 독특한 진법이다. 사실, 팔진도는 제갈량이 병사를 훈련시키고 행군하거나 숙영하거나 싸움을 할 때 각기 다른 여러 가지 상황에 대비하여 제정한 군사 배치와 작전 방안이었다. 장애물을 설치하여 적을 막음으로써 쇠뇌(여러 개의 화살이 연달아 발사되는 활)를 쏘는 병사들의 공격이 충분히 발휘될 수 있도록 고안된 것이 이 진법의 특색이다. — 삼국지넷(www.samgugji.net)

19 | 고풍장운(古風長韻) : 임진강에서 읊은 고시체의 장운은 《황화집》 2집 48~53쪽에 수록되어 있다.

20 | 채나재(蔡懶齋, 1449~1515) : 채수(蔡壽). 조선 초기의 문신. 중종반정공신. 본관은 인천(仁川). 자는 기지(耆之),호는 나재(懶齋). 1470년 (성종1)에 예문관수찬이 된 뒤, 《세조실록》·《예종실록》의 편찬에 관계하였고, 1485년에 성절사(聖節使)로서 명나라에 다녀온 뒤 성균대사성 등을 거쳐 호조참판이 되었다. 1506년 중종반정이 일어나자 여기에 가담하여 인천군(仁川君)에 봉군되었다. 그 후 벼슬을 버리고 경상고,함창(咸昌: 지금의 경상북고,상주) 에 쾌재정(快哉亭)을 짓고 은거하여 독서와 풍류로 여생을 보냈다. 천하의 서적과 산경(山經)·지지(地誌)·패관소설(稗官小說)에 까지 해박하였고, 음악에도 조예가 깊었으며, 시문에 특히 뛰어났다. 저서로는 《나재집》 2권이 있다. —《민족문화대백과사전 21》, 한국정신문화연구원, 1991, 741쪽.

『速矣, 多矣.』額稍蹙然, 卽連賡兩什[21], 意思泉湧浩浩莫竭. 彼一再唱而和必重累, 以多爲勝, 此亦希世之捷手也.』

성종 때에 호부 기순이 황제의 명령을 반포하러 왔다. 도중에 사물을 보고 홍이 나는 까닭에 시를 읊었다. 원접사 사가 서 선생은 평범하다 여기고, 속으로 그것을 얕보았다. 사신 일을 마친 다음날 사가는 한강에서 놀기를 청하였다. 기순이 말하기를 『좋소. 도중에서 시 답하기를 손님이 주인보다 먼저 하였으니, 내일 강에서는 주인이 손님보다 먼저 홍을 돋우는 것도 좋겠소.』라 하였다. 사가가 미리 율시 한편을 짓고, 또 미리 지어두었던 〈영천명원루〉 시의 운자를 적고는 『저 보잘 것 없는 젊은 놈에게 이 늙은이가 항복을 받아내야겠다.』라고 하였다. 제천정에 이르러, 술은 반도 마시지 않고, 자리에서 다소 읊조리며, 어떤 구상을 하는 모양을 하고, 붓을 찾아 시 한 련을 적어

風月不隨黃鶴去, 바람과 달은 황학을 따라가지 않고,
煙波長送白鷗來. 아지랑이 긴 물결은 흰 갈매기 보내온다.

라고 하였다. 기순이 즉석에서 붓을 휘둘러 말하기를

百濟地形臨水盡, 백제 지형은 강물을 따라 다하고,
五臺泉脈自天來. 오대산 물줄기는 하늘에서 내려온다.

라 하였다. 사가를 돌아보며 말하기를 『이것이 틀리오?』라고 하자, 필봉이 자유분방하여, 대항할 수가 없었으며, 자리에 있던 사람들의 얼굴빛의 기가 모두 꺾이었다. 괴애乖崖 김수온 또한 참석하여, 화압해야 하는데 『퇴堆』자가 있어, 고심 고심 읊었으나 생각이 말라버려, 눈썹을 찌푸리며 사람들

21 | 양십(兩什) : 이 시들은 《황화집》 2집 46~47쪽에 수록되어 있다.

을 돌아보고 말하였다. 『생각도 나지 않고 뜻도 다해버렸으니, 내가 죽을 지경이구려.』 오래 지나서야 겨우 글을 엮어 말하기를 『훌륭한 술이 천 병이요, 고기는 백 무더기라.』하고서는 그 뒤에 또 『두頭』자로 각운을 해야 되자 김수온이, 『검은 구름이 비를 안고 뱃머리 위에 다다랐구나.』하였다. 기순이 『가히 고기 백 무더기를 씻을 만 하구려.』라 말하였다. 배를 타고 노를 띄워 물결 따라 내려오니, 강산이 정신을 사로잡고, 술과 음식은 정신을 피곤하게 하고, 붓을 잡고 정력을 기울였던 통에 한눈 팔 겨를이 없었다. 서쪽 해는 반쯤 서산에 물려있고, 저녁 물결이 잠잠해졌는데, 술에 얼큰하게 취해 눈을 지그시 감고 있는 사이에 배는 잠두봉 아래에 이르렀다. 기순이 눈을 뜨고, 『여기는 지명이 무엇이오?』라고 하니, 통역관이 『양화도라 합니다.』라고 대답하였다. 바로 율시 하나를 읊기를

人從竹葉杯中醉, 사람은 죽엽주 잔 중에 취하고,
舟向楊花渡口橫. 배는 양화나루터를 향해 가로질러 가는구나.

하였다. 사가가 그 운에 맞추어

山似高懷長偃蹇, 산은 높은 회포를 안은 듯 높고 우뚝하게 솟아있고,
水如健筆更縱橫. 물은 힘찬 붓과도 같이 다시 출렁거리네.

라 하였다. 두 사람의 교묘하고 빠르기가 대략 서로 비슷하여, 마치 두 영웅이 대진한 것 같이 오래도록 결판이 나지 않았고, 기습하기도 하고 대진해서 싸우기도 하는 변화를 서로 잘 알지 못하였다. 칼을 맞닥뜨리고 싸움이 붙어, 번개 같이 빠르고 뇌성같이 날쌔어 진격하고 물러나는 기세가 깃발과 북 사이에 있었다. 비록 당당하게 팔진八陣을 벌리고 부채를 들고 지휘하였지만, 사마중달司馬仲達의 계산도 실수하나 없었으니, 역시 항복받기는 쉬운 일이 아니었다. 기순이 일찍이 말하기를 『선생이 중국에 계셨더라면 정말 시 잘 짓는 4·5명 이내에 들것입니다.』라 하였다.

돌아가는 길에 임진강 배를 타고서 사가가 먼저 고시체의 장운을 지으

니, 기순이 두루마리 끝을 탁자위에 두고 손으로 짚어가며 천천히 보아 내려가는데, 한 귀를 보기만 하면 또 시 한 귀를 짓고 하여 손과 눈이 한꺼번에 내려가면서 그것을 잠깐 사이에 다 보자, 운에 꼭 맞추어 지은 시도 역시 다 지어졌다. 운을 다 맞추고서도 붓은 계속 멎지 않고, 연이어 종이가 다 되도록 시를 짓는데, 마치 바람이 질주하고 비가 쏟아지는 것처럼 또 한 편의 시가 이루어졌다. 사가가 마음속으로 그것을 탄복하고, 종사관 채나재를 돌아보며 『빠르고도 많이 지었다.』라 하였다. 이마를 약간 찌푸리고는 곧 이어 스무 수를 지으니, 뜻이 샘물 같이 솟아나 다할 줄 몰랐다. 저쪽에서 한 번 부르면 화답이 반드시 중첩되어 포개지고, 많이 짓는 것으로 이기려 하니, 이것 또한 정말 세상에 드문 민첩한 솜씨이다.

【참고문헌】

《국역 대동야승》 III, 고전국역총서 민족문화추진회 편찬, 1971.

《황화집 (영인본)》 2집, 청운문화사, 1998.

조종업 편, 《한국시화총편》, 동서문화사, 1989.

《민족문화대백과사전》 4, 한국정신문화연구원, 1991.

이혜순, 〈《황화집(皇華集)》 수록 명사신의 사행시에 보이는 조선인식〉, 한국시가연구 10권, 2001. 1.

【그 외 참고자료】

서울육백년사(seoul600.visitseoul.net)

삼국지넷(www.samgugji.net)

(李惠英)

12. 《체의성삼자주해體意聲三字注解》1

윤춘년尹春年2이 지었다. 춘년의 자는 언구彦久이고, 본관은 파평坡平이다. 이 책은 한권이고 조선 명종 7년(1552)에 지었는데, 명 세종世宗 가정嘉靖 31년에 해당된다. 원나라 사람 양재楊載3가 《시법원류詩法原流》를 지었는데 윤춘년이 그 중 『체體 · 의意 · 성聲』세 글자에 대해 상세한 주석을 다니 마침내 또 하나의 책이 완성되었다. 책에서 『체體 · 의意』 두 글자에 대한 주해는 비교적 간단하나, 『성聲』자에 대한 논술은 매우 상세하여 자못 정밀하게 주의를 기울여 연구해 볼만한 가치가 있다.

〈시법원류서詩法源流序〉

[1] 시가에서 말하는 정종正宗에 대한 견해

余少時嘗見眞景元所撰《文章正宗》[4], 而疑之曰 : 『文章有正宗乎? 若果

1 | 《체의성삼자주해》: 이 책은 본래 시법(詩法)과 시격(詩格)에 관해 시법의 원류를 설명한 원론적 내용인 시법정론(詩法正論) · 시법가수(詩法家數) · 시해(詩解)와 두보의 시를 대상으로 시의 격식을 분석한 시격(詩格) 및 체의성(體意聲)에 대한 윤춘년의 생각을 서술한 부록인 시법원류체의성삼자주해(詩法源流體意聲三字註解)의 세 부분으로 구성되어 있는데, 본 고는 그 중 세 번째에 해당한다.

2 | 윤춘년(尹春年, 1514~1567) : 조선 명종(明宗)때의 학자이자 정치가, 소윤(小尹)인 윤원형(尹元衡)의 6촌으로 그에게 아부하여 비난을 받았으며, 벼슬은 이조판서에 이름. 성격이 경박하고 대학자로 자부하였으나 사생활은 청렴결백하였다고 함.

3 | 양재(楊載, 1271~1323) : 원나라 시인, 자는 중홍(仲弘), 포성(浦城: 지금의 복건성) 사람, 우집(虞集) · 게혜사(揭傒斯) · 범형(范淳)과 더불어 원나라 시의 사대가로 칭송되었다. 시집으로 《한림양중홍시집》이 있고, 당송시대에 관한 이야기들을 엮어놓은 《시법가수(詩法家數)》라는 편저가 있음.

有之, 則所謂正宗者, 不過今人之所論句法而已, 此外安有他正宗哉?』又見楊伯謙所撰《唐詩正音》[5], 而疑之曰 : 『唐詩有正音乎? 若果有之, 則所謂正音者, 亦不過今人之所論平側而已, 此外安有他正音哉?』然則古人之所作, 自合於正宗 · 正音, 而今人之所作亦自合於正宗 · 正音矣. 今人有也, 今之平側, 只辨別平上去入者也, 非古人之所謂正音者也. 然世無知者, 則正宗 · 正音之妙, 何從而學之, 何從而聞之哉? 余因而自歎曰 : 『時有古今而心無古今, 地有彼此而人無彼此. 然則我國豈有異於中國, 而今人亦豈不及於古人乎? 雖無師友之相傳, 亦有簡編之可尋.』遂取古人論詩之書, 晝而誦之, 夜而思之. 歲月已多, 怳然有悟. 則詩家之所謂正宗者, 有三焉 : 曰體也 · 曰意也 · 曰 : 聲也.

내가 어릴 적에 일찍이 진덕수陳德秀가 쓴《문장정종》을 본 적이 있는데, 의문스러운 부분이 있어 말하길『문장에 정종이 있는가? 만약 있다면 소위 정종이라는 것은 오늘날 사람들이 말하는 구법에 불과할 따름인데, 어찌 이밖에 다른 정종이 있겠는가?』또, 양사홍楊士弘이 지은《당시정음》을 보니, 의문스러운 부분이 있어 말하길『당시에 정음이 있는가? 만약 있다면 소위 정음이라는 것은 또한 오늘날 사람들이 말하는 평측에 불과할 것인데, 어찌 이밖에 다른 정음이 있으리오?』그렇다면, 고인이 지은 것은 저절로 정종과 정음에 부합되었을 것이고, 금인이 지은 것 또한 저절로 정종과 정음에 부합될 것이다. 오늘날 사람들에게는 평측이 있어 다만 평 · 상 · 거 · 입만을 구분할 뿐이니, 고인이 말하는 정음은 아니다. 그러면 세상의

4 |《문장정종(文章正宗)》: 송대 성리학자인 진덕수(陳德秀 : 1178~1235, 자는 景元)가 편찬한 것으로 모든 문장을 사명(辭命 : 천자가 신하나 백성들에게 내린 훈령이나 명령문) · 의론(議論 : 어떤 원리나 사상을 체계화하여 논한 글) · 서사(敍事 : 일의 시말을 기록한 글) · 시가(詩歌 : 문학적인 글)의 네 종류로 구분하고, 의리를 밝히고 세용(世用)에 절실한 문장이 글로서 가치가 있음을 피력해 놓았다. 총 20권이다.

5 |《당시정음(唐詩正音)》: 원대 양사홍(楊士弘, 자는 伯謙)이 편찬한 당시선집, 본래《당시시음(唐詩始音)》1권 ·《당시정음(唐詩正音)》6권 ·《당시유향(唐詩遺響)》7권의 3부로 편찬되었고 1344년 완성되었다.

무지한 자들은 정종과 정음의 오묘한 이치를 어떻게 좇아서 듣고 배울 수 있겠는가? 나는 이로 인해 자탄하며 말하길 『시간에는 고금이 있으나 마음에는 고금이 없고, 지역에는 여기저기가 있으나 사람에게는 피차가 없다. 그러한 즉 우리나라가 어찌 중국과 다를 것이며 금인이 또한 어찌 고인에 미치지 못할 것인가? 비록 스승과 벗이 서로 전해주는 바가 없다 하더라도 또한 책이 있어 찾아 볼 수 있다.』 마침내 고인이 시를 논한 책을 얻어 낮에는 암송하고 밤에는 곰곰이 생각해 보았다. 세월이 이미 많이 흘러 홀연히 깨달은 바가 있게 되었다. 즉, 시가에서 말하는 정종이라는 것에는 세 가지가 있는데, 체 · 의 · 성을 말한다.

[2] 체 · 의 · 성에 대한 개략적 설명

所謂體者, 卽元稹所謂由詩以下九名[6], 皆屬事以作, 雖題號不同, 而悉謂之詩, 如歌 · 行 · 篇 · 詠之類也. 所謂意者, 子思子曰 : 『喜怒哀樂之未發謂之中, 發而皆中節謂之和.』[7] 夫中者, 性也; 和者, 情也. 而其所以主張之者, 意也. 所謂聲者, 卽沈約[8] 所謂宮羽相變, 低昂殊節, 若前有浮聲,

6 | 원진소위유시이하구명(元稹所謂由詩以下九名) : 당나라 시인 원진(779~831)이 그의 친구 백거이에게 보낸 편지[敍詩寄樂天書] 에서 자기가 37세가 될 때까지 쓴 시를 고풍(古風), 악풍(樂風), 악부고체(樂府古體), 신악부(新樂府),, 오언율시, 칠언율시, 율풍(律風), 도망시(悼亡詩), 고체연시(古體戀詩) 등 10종으로 분류하여 20권으로 편집하였다고 하였음.《원씨장경집(元氏長慶集)》, 권30.

7 | 희노애락지미발위지중(喜怒哀樂之未發謂之中) 두 구 :《중용(中庸)》에 나오는 말.

喜怒哀樂之未發謂之中,　　희노애락이 발하지 않은 것을 中이라 하고,
發而皆中節謂之和.　　발하여 모두 절도에 맞는 것을 和라 한다.
中也者天下之大本也,　　中이란 것은 천하의 큰 근본이요,
和也者天下之達道也.　　和란 것은 천하의 공통된 도이다.

8 | 약(約) : 「約」은 원본에서 「括」로 나온다. — 원주(原註)
심약(沈約, 441~513)의 자는 휴문(休文) 시호는 은(隱)이다. 절강성(浙江省) 무강(武康) 출생으로 제나라 때 동양태수(東陽太守)를 지냈다 하여 심동양(沈東陽)이라고도 일컬어진다. 궁체시(宮體詩)의 선구(先驅)로 사성(四聲)의 구별을 명백히 하고 시의 팔병설(八病說)을 제창하여 사성팔병설을 제창하였다.《사성보(四聲譜)》·《진서(晉

則後須切響者也[9]. 然則曰體 · 曰意 · 曰聲之於詩家, 猶三達德[10] 之於《中庸》也, 三綱領[11] 之於《大學》也. 達德不全, 則豈能成中庸之德? 綱領何不及於古人? 而古人豈獨能勝於今人哉?

소위 체體는 원진이 말한 시詩 이하의 9가지 명칭은 모두 일에 따라 지은 것으로 비록 제목과 명칭은 다르나 모두 시라고 부르니, 가歌 · 행行 · 편篇 · 영詠과 같은 것이 이러한 종류이다.

소위 의意는 자사子思께서 말씀하신 『희로애락이 가슴속에서 발산하여 나오지 않은 것을 중中이라 하고, 표출되어 모두 조화롭게 되는 것을 화和라 한다.』 무릇 중이란 것은 성性이요, 화라는 것은 정情이다. 그리고 그 주장해 내는 것이 『의意』이다. 소위 성은 심약沈約이 말한 궁성宮聲과 우성羽聲 같은 오음이 서로 변하고 높낮이의 리듬이 달라 만일 앞에 부성이 있다면 뒤에는

書)》 · 《송서(宋書)》 · 《제기(齊記)》 · 《송세문장지(宋世文章志)》 등 저술이 많았으나 《송서》만 전해지고 있다.

9 | 궁우상변~즉후수절향(宮羽相變~則後須切響) : 심약의 《송서(宋書) · 사령운전론(謝靈運傳論)》에 나오는 말. 오색이 서로 조화를 이루고, 팔음이 서로 화음을 이루는 것은, 색채와 음률이 제각기 사물의 규율에 들어맞기 때문이다. 궁우를 서로 변화시키려면 저앙을 서로 조절해야한다. 만약 앞에 부성이 있으면, 뒤에는 반드시 절향을 두어야 한다. 한 구 안에서 음과 운이 모두 달라야 하고, 두 구 안에서 경중이 모두 달라야 하니, 이러한 이치에 통달해야 비로소 문장을 논할 수 있다.(夫五色相宣, 八音協暢, 由乎玄黃律呂, 各適物宜. 欲使宮羽相變, 若前有浮聲, 則後須切響. 一簡之內, 音韻盡殊 : 兩句之中, 輕重悉異, 妙達此旨, 始可言文.)

※궁우(宮羽) : 오음을 가리키나 여기에서의 '궁' 은 '평성', '우' 는 '측성'

※저앙수절(低昂殊節) : 원문에는 '低昂互節' 로 나온다. 고저의 소리가 서로 조절된다는 뜻.

※부성(浮聲) : 《문심조룡(文心雕龍) · 성률(聲律)》편에 '무릇 소리에는 나는 소리와 가라앉는 소리가 있다(凡聲有飛沈)' 라고 하였는데, 부성은 '비(飛)' 에 해당하는 것으로 평성을 가리킨다.

10 | 삼달덕(三達德) : 《중용》에서 말하는 지(智) · 인(仁) · 용(勇)을 가리킴, 이 세 가지는 각기 배우기를 좋아함(好學) · 힘써 행함(力行) · 부끄러움을 앎(無恥)으로 풀이된다.

11 | 삼강령(三綱領) : 《대학》에서 말하는 명덕을 밝힘(明明德) · 백성을 새롭게 함(新民) · 지선에 그침(止於至善)을 가리킨다.

반드시 절향을 해야 하는 것이다. 그렇다면 시가에서 체 · 의 · 성은《중용》에서의 삼달덕三達德이며,《대학》에서의 삼강령三綱領과 같다. 달덕이 온전치 못하면 어찌 중용의 덕을 이룰 수 있으리오? 강령은 어찌 고인에 미치지 못할 것인가? 또 고인이 어찌 유독 금인보다 뛰어나다고 할 수 있으리오?

[3] 시의 3요소 – 體 · 意 · 聲

其後偶見嚴滄浪[12]之論曰 :『夫學詩者以識爲主, 入門須正. …… 路頭一差, 愈騖愈遠.』[13] 又見李西涯[14]之《詩話》曰 :『李太白 · 杜子美爲宮, 韓退之爲角.』[15] 余竊疑之曰 : 今人作詩, 只以五字七字爲句法而已, 未聞有正路也 ; 只以平上去入爲平側而已, 未聞有五音也[16]. 而滄浪 · 西涯之

12 | 엄창랑(嚴滄浪, 1197~1253) : 송(宋)나라의 시론가(詩論家)인 엄우(嚴羽)를 가리킴. 생존연대 불확실. 호 창랑(滄浪). 자 의경(儀卿). 복건성(福建省) 소무(邵武) 출생. 관직에 뜻을 두지 않고 일생동안 은자로서의 지조를 고집하였으며, 각지를 유람하며 많은 승려 · 도사들과 교유하였다. 저서로는《창랑집(滄浪集)》·《창랑시화(滄浪詩話)》가 있는데,《창랑시화》는 송대(宋代)에 배출된 시론 중에서 가장 뛰어난 체계를 정립한 시론서(詩論書)로서 선학적(禪學的)인 발상에 바탕을 두고, 시의 원리론적 소향성(遡向性)이 강하였다. 때문에 시학이론의 구상력과 분석력에 매우 탁월하였다. 그는 미적 감흥을 시의 제일의(第一義)로 삼았기 때문에 교양학문으로 간주한 당시의 강서시파(江西詩派)의 시풍을 비판하였다. 홍취를 얻기 위해서는 무아경에 들어가야 한다고 주장하였다.

13 | 이식위주(以識爲主) :《창랑시화》의 제일 첫머리에 나오는 말.

14 | 이서애(李西涯, 1447~1516) : 명나라 호광다릉(湖廣茶陵) 사람, 자는 빈지(賓之), 호는 서애(西涯), 이름은 동양(東陽)이다. 저서로는《회록당집(懷麓堂集)》《회록당시화(懷麓堂詩話)》《연대록(燕對錄)》이 있다.

15 | 이태백 · 두자미위궁(李太白 · 杜子美爲宮) :『시에 5성을 다 갖춘 자는 적은데, 오직 궁성을 갖춘 자만이 가장 우수하니 대개 여러 소리를 겸할 수 있기 때문이라. 이태백 · 두자미의 시는 궁이요, 한퇴지의 시는 각이다. 이로써 예를 들면 비록 백가라도 모두 알 수 있다(詩有五聲全備者少, 惟得宮聲者爲最優. 盖可以兼衆聲也. 李太白 · 杜子美之詩爲宮, 韓退之之詩爲角, 以此例之, 雖百家可知也.』–《회록당시화》

16 | 오음(五音) : 현대음악 악보상의 1(do) · 2(re) · 3(mi) · 4(sol) · 5(la)에 상당하는 것이다. 중국의 음계는 예로부터 궁(宮) · 상(商) · 각(角) · 치(徵) · 우(羽)의 5성 혹은 5음

論如是者, 何也? 無乃二人以狂言妄語而欺後世耶! 然之二人者, 乃古今詩家之所謂傑然者, 而天下之人未嘗有不信焉. 則夫以中國之廣, 豪傑之衆, 豈盡被欺誣, 而我國之人獨能不被欺誣乎? 況二人之論旣與景元 · 伯謙相合, 則景元, 吾道之大儒; 伯謙, 虞集[17]之所取. 雖不信滄浪 · 西涯, 獨不信景元 · 伯謙, 可乎? 夫然後始識文章有正宗, 唐詩有正音, 而今人之識不能及乎此也. 非徒不能及乎此也, 蓋知有正宗 · 正音者亦鮮矣. 然則今之句法, 只湊合五字七字者也, 非古人之所謂正宗者. 不備, 則豈能造大學之道乎? 由是觀之, 滄浪之正路主乎意, 而體 · 聲在其中 ; 伯謙之正音 · 西涯之五音主乎聲, 而體 · 意亦在其中. 而至於景元之所謂正宗, 乃總其體 · 意 · 聲而言者也. 然則詩家之所謂正宗者, 豈在於此外乎?

그 후 우연히 엄우嚴羽가 지은 글을 보게 되어 말하길 『무릇 시를 배우는 자는 식견을 위주로 하되, 반드시 입문이 올발라야 한다. 시작이 조금이라도 차이가 나면 가면 갈수록 더욱 멀어진다.』 또, 이동양李東陽의 《시화詩話》에 가로되 『이백과 두보[의 작품] 궁宮이고, 한유각角이다.』라고 적혀있다. 나는 은근히 의문스러워 말하길 : 금인이 시를 짓는 데에는 다만 5자 · 7자로만 구법을 삼을 따름이니 정로가 있다는 것은 들어본 적이 없고, 평 · 상 · 거 · 입으로만 평측을 삼을 따름이니 오음이 있다는 것은 들어본 적이 없다. 엄우와 이동양이 논한 것은 이와 같으니 어찌하여 그러한가? 두 사람이 광언과 망언으로 후세인들을 기만한 것이란 말인가! 그러나 이 두 사람은 고금시가에서 말하는 걸출한 자들로, 천하 사람들 중에 믿지 않은 사람이 없었다. 무릇 중국의 드넓음과 호걸들의 무수함으로 모두 속임을 당하였는데, 어찌 우리나라 사람들만 유독 속임을 당하지 않을 수 있는가? 하물

을 사용하였는데, 이 음에는 상대적인 음고(音高)만 존재하기 때문에 통상 궁으로 음계의 기점을 삼아 궁의 음고가 확정되면 모든 5성음계의 각급의 음고도 확정되었다.

17 | 우집(虞集, 1272~1348) : 원대 · 임천(臨川) 숭인(崇仁) 사람, 자는 백생(伯生), 호는 소암(邵庵), 시문에 능통하였고, 저술서로는 《도원학고록(道園學古錄)》 · 《도원유고(道園遺稿)》가 있다.

며 두 사람의 논법은 이미 진덕수陳德秀 · 양사홍楊士弘과 더불어 서로 맞아 떨어지니 진덕수는 유학의 큰 선비이고, 양사홍은 우집虞集이 취한 바이다. 비록 엄우와 이동양을 믿지 않더라도 유독 진덕수와 양사홍을 믿지 않는 것은 가능한가? 무릇 그러한 후에 문장에 정종이 있고 당시唐詩에 정음이 있다는 것을 알기 시작하였으나 지금 사람들의 지식이 이것에 미치지 못할 뿐만 아니라, 대개 정종 · 정음을 알았던 사람들 또한 드물었다. 그렇다면, 지금의 구법은 다만 5자 · 7자를 모아 놓은 것일 뿐, 옛 사람들이 말하는 정종은 아니다. 이러한 것을 갖추지 아니하면 어찌 대학의 도에 이를 수 있겠는가? 이로부터 볼 것 같으면, 엄우의 정로正路는 뜻을 위주로 하고 체 · 성은 그 속에 있다.

양사홍의 정음과 이동양의 오음은 소리가 위주이고 체와 의 또한 그 속에 있다. 그러나 진덕수가 말하는 정종에 있어서는 체 · 의 · 성을 종합하여 말한 것이다. 그러한 즉, 시가에서 소위 정종이라는 것이 어찌 이밖에 있으리오?

[4] 《시법원류》에 대한 소견

今觀《詩法源流》, 亦有體 · 意 · 聲之論, 然則愚之所見, 似爲不誣, 而況楊仲弘所傳杜詩諸格, 眞律詩之正宗也[18]. 其所謂體也 · 意也 · 聲也, 俱在於其中, 則愚之所見尤似不誣矣. 然信古而不信今, 貴耳而不貴目者[19], 天下之情也. 愚之所見, 雖不能取信於今世, 而豪傑之士, 得此編而信之, 有所悟焉, 不以平上去入爲平側, 而悟平側於平上去入之外 ; 不以五字七字爲句法, 而悟句法於五字七字之外. 由滄浪之正路, 達西涯之五音, 則

18 | 율시지정종(律詩之正宗) : 양재의 《시가법수》중의 〈율시요법(律詩要法)〉을 말함. 여기서는 율시의 기승전결, 7언과 5언의 특징, 자안(字眼 : 중요한 글자) 등에 대하여 두보의 시구를 인용해 가면서 설명하고 있음.

19 | 귀이이불귀목자(貴耳而不貴目者) : 유자(劉子 : 북주의 劉晝로 전함) 《신론(新論)》에 『세상 사람들이 모두 옛 것만 중시하고 지금의 것을 경시하는 것은 소문만 귀하게 여기고 실제 사실을 보는 것은 가볍게 여기는 것이다.(世咸尊古卑今, 貴所聞, 賤所見.)』에서 인용한 말이다.

正宗·正音之作不徒在於古人, 而必在於今人矣. 若使景元·伯謙復生於今世, 則其續成《正宗》·《正音》之編也無疑矣. 同志之士, 庶幾勉之. 嘉靖壬子仲冬, 通政大夫司諫院大司諫知製教[20]·坡平尹春年謹序.

지금《시법원류》를 보면, 또한 체·의 성에 대해 논한 부분이 있으니 나의 소견으로는 기만하지 않은 것 같다. 하물며 양재가 전하는 두보의 여러 격식들은 진실로 율시의 정종이다. 소위 체·의·성은 모두 그 속에 있는 것이니 나의 소견은 더욱 거짓됨이 없을 것이다. 그러므로 옛것을 믿고 지금의 것을 불신하는 것은 귀는 중요하게 여기되 눈은 중요하게 여기지 않는 것으로 천하의 성정이다. 나의 소견은 비록 현세에서 믿을 만한 부분을 취할 수 없다 하더라도 호걸지사가 이러한 글을 얻어서 믿고 깨닫는 바가 있으면 평상거입의 성조로 평측을 삼지 말고, 그 밖에서 평측을 깨닫고, 5언·7언을 구법으로 여기지 말고 그 밖에서 구법을 깨달아야 한다. 엄우의 정로에서 이동양의 오음까지 정종?정음은 고인을 따르는 것이 아니라 반드시 금인에 있는 것이다. 만약 진덕수?양사홍으로 하여금 현세에 부활하게 한다면《정종正宗》《정음正音》을 이어서 완성한다는 것은 의심할 바가 없다. 뜻을 같이 하는 선비들이 이것에 힘써주기를 바라노라.

가정년간 임자년 한겨울에 통정대부 사간원 대사간 지제교 파평윤 춘년이 삼가 서를 쓰노라.

[5] 시의 형식 – 體

五言古詩 : 詩以古名, 蓋繼《三百篇》之後者, 世傳枚乘[21]諸公之作是也.

20 | 통정대부(通政大夫) : 통정대부(通政大夫)는 조선시대 국가의 중요한 정책을 결정하는 데 참여하였으며 정3품에 해당, 사간원(司諫院)은 국왕에 대한 간쟁과 논박을 담당하는 관청으로 사헌부(司憲府)·홍문관(弘文館)과 함께 삼사(三司)라 함. 대사간(大司諫)은 사간원의 최고 벼슬, 지제교(知製教)는 국왕의 교서(教書)등의 작성을 담당하는 관직.

七言古詩：從張衡《四愁》[22] 詩來.

辭：因其立辭, 謂之辭.

歌：放情長言謂之歌.

行：步驟馳騁有如行書, 謂之行. 宜痛快詳盡, 若行雲流水也.

歌行：兼之曰歌行.

操：操者, 操也. 君子操守有常, 雖阨窮猶不失其操也.

曲：聲音雜比・高下長短, 謂之曲；委曲以盡其意也.

吟：吁嗟感慨, 如蛩螿之吟, 謂之吟.

嘆：沉吟深思, 發乎太息, 謂之嘆.

怨：恚恨也, 憤而不怒曰怨.

引：序先後, 載始末, 謂之引.

謠：非鼓非鍾, 徒訶[23]謂之謠, 宜隱蓄諧音而通俚俗也.

詠：詠之爲言永也, 嗟歎之不足, 故永言之.

篇：篇者, 徧也, 寫情鋪事, 明而徧也.

律詩：有對偶[24]音律, 謂之律詩.

絶句：絶句者, 截句也, 句絶而意不絶, 蹙繁就簡也.

오언고시 : 시의 옛 명칭으로 대개《삼백편》의 뒤를 이어 나온 것이며, 세상에 전하는 매승(枚乘) 같은 여러 사람들의 작품들이 이것이다.

칠언고시 : 장형의《四愁》에서 나온 시.

사 : 말을 세웠기 때문에 그것을 일러 사라 한다.

21 | 매승(枚乘, ?~기원전 140) : 전한・회음(淮陰) 사람, 자는 숙(叔), 산문과 운문의 중간 형식인《칠발(七發)》등의 작품을 저술하여 사마상여(司馬相如)등의 사부(辭賦)문학에 큰 영향을 끼쳤다.

22 | 장형(張衡, 78~139) : 후한(後漢) 남양(南陽) 사람. 자는 평자(平子). 부문(賦文)・천문(天文)・역학(曆學)의 대가.
《사수(四愁)》: 총 4장이고, 각 장은 7구 각 구는 7언으로 구성되어 있다.

23 | 가(訶) : 『歌』이다. — 원주(原註)

24 | 우(偶) : 원본에서 『遇』로 나온다. — 원주(原註)

가 : 감정을 펼쳐 말을 길게 한 것을 일러 『歌』라 한다.

행 : 유연하게 흘러가는 것이 마치 행서와 같아 행이라 일컫는다. 마땅히 통쾌하고 상세하여 거침이 없다.

가행 : 합쳐서 가행이라 일컫는다.

조 : 조는 지조이다. 군자가 지조를 지켜 항상 됨이 있으니 비록 곤액에 처하더라도 그 지조만을 잃지 않는다.

곡 : 소리가 뒤섞이고 높고 낮으며 길고 짧은 것을 일러 곡이라 하는데, 곡에 기탁하여 그 뜻을 지극히 상세하게 설명한다.

음 : 탄식하며 감개하는 것, 여러 가지 벌레가 울 듯이 감개를 나타내어 음이라 한다.

탄 : 나지막이 읊조리고 깊게 생각하여 크게 한숨짓는 것에서 발하는 것을 탄이라 한다.

원 : 원망하다. 분하여도 성내지 않는 것을 원이라 하다.

인 : 앞뒤의 순서를 배열하고 시작과 끝을 기록하는 것을 일러 인이라 하다.

요 : 북을 두드리지도 않고 종을 치지도 않으며 반주 없이 노래 부르는 것을 요라 하는데, 마땅히 은밀히 품고 음을 맞추어 이속에 통해야 한다.

영 : 詠이라는 것은 永이다. 탄식으로는 부족하여 오래 읊조리는 것이다.

편 : 편은 두루 미치는 것이다. 감정이나 사건을 서술하여 두루 밝히는 것이다.

율시 : 대구를 맞추고 음을 조율하는 것을 율시라 한다.

절구 : 절구는 구를 끊는 것이다. 구를 끊지만 뜻은 끊어지지 않고, 긴박하고 번거로운 것이 간단하게 된다.

[6] 시의 주제이자 내용 — 意

愚謂心者, 統性情者也. 意者, 主張乎心者也. 所爲性者, 仁義禮智之謂也, 是謂五性[25]. 所爲情者, 喜怒哀樂之謂也, 是謂七情[26]. 蓋五性各有體,

25 | 오성(五性) : 인(仁) · 의(義) · 예(禮) · 지(智) · 신(信)을 가리킨다.

其不可相雜；若當仁而義, 當義而仁, 則失其性矣. 七情各有其用, 不可相亂；若當喜而哀, 當哀而喜, 則失其情矣. 人於性情之用, 少失其常則謂之愚妄；而獨於作詩, 雖失其性情之常而不謂之愚妄者, 何也? 其意愚妄, 則其詩不足觀矣.

내가 말하는 심心은 성정을 통솔하는 것이다. 의意는 마음에서 주장하는 것이다. 소위 성性은 인의예지를 말하는 것으로 이를 오성五性이라 한다. 소위 정은 희로애락을 말하는 것으로 이를 칠정七情이라 한다. 대개 오성은 제각기 형식을 갖고 있어 서로 섞일 수가 없다. 어질어야 할 때 의롭다든지, 의로워야 할 때 어질다면 본성을 잃어버리는 것이다. 칠정도 제각기 쓰임이 있어 서로 혼란되어서는 안 된다. 만약 기쁠 때 슬퍼하고, 슬퍼해야 할 때 기뻐한다면 그 감정을 잃어버리는 것이다. 인간이 성정의 쓰임에 대해 조금이라도 그 떳떳함을 잃게 된다면 그를 일러 어리석고 망령되다 말할 것이다. 유독 시를 지을 때에는 성정이 떳떳함을 잃어도 어리석고 망령되다 하지 않으니 무슨 이유인가? 그 뜻이 어리석고 망령되었다면 그 시는 볼 것도 없다.

[7] 시의 소리 – 聲

[7-1] 시의 소리

五言：平淡. 七言: 雄渾. 辭：平亮. 歌：高暢. 行：瀏亮. 曲：縟諧. 吟：沉細. 嘆：音長聲絶. 怨：凄斷. 引：平永. 謠：質俚.

五音：宮：土穩. 商：金響. 角：木起. 徵：火細 羽：水嘔. 十二律[27]：

26 | 칠정(七情) : 희(喜) · 노(怒) · 애(哀) · 락(樂) · 애(愛) · 오(惡) · 욕(欲)을 가리킨다.

27 | 십이율(十二律) : 율(律)은 본래 음을 정하는 죽관(竹管)을 가리키는 것으로 옛날에는 12개의 길이가 서로 다른 율관으로 12개의 높이가 서로 다른 표준음을 불어 냄으로써 음악의 고저를 확정하였고, 이 표준음을 12율이라고 하였다. 황종(黃鍾) · 태주(太

黃鍾, 十一月. 大呂, 十二月. 太簇, 正月. 夾鍾, 二月. 姑洗, 三月. 仲呂, 四月. 蕤賓, 五月. 林鐘, 六月. 夷則 : 七月. 南宮, 八月. 無射, 九月. 應鍾, 十月. 蓋十二律旋相爲宮也. 詳見《律呂新書》[28] 及《文筌》[29].

오언五言 : 평담하다. 칠언七言 : 웅장하고 힘차다. 사辭 : 평량하다. 가歌 : 높고 막힘이 없다. 행行 : 세차며 경쾌하다. 곡曲 : 화려하면서도 조화롭다. 음吟 : 깊으면서 세밀하다. 탄嘆 : 음이 길고 소리가 끊어진다. 원怨 : 쓸쓸하면서 끊어진다. 인引 : 평범하면서 오래 읊조린다. 요謠 : 질박하면서 속되다.

오음五音 : 궁은 토土에 해당하는데 안온하고, 상은 금金에 해당하는데 울리는 것이고, 각은 목木에 해당하는데 소리가 일어나는 것이고, 치는 화火에 해당하는데 가는 것이며, 우는 수水에 해당하는 것으로 울리는 것이다.

십이율十二律 : 황종黃鐘은 11월, 대려大呂는 12월, 태주太簇는 정월, 협종夾鐘은 2월, 고선姑洗은 3월, 중려仲呂는 4월, 유빈蕤賓은 5월, 임종林鐘은 6월, 이칙夷則은 7월, 남려南宮는 8월, 무역無射은 9월, 응종應鐘은 10월이다. 대개 십이율은 궁과 더불어 도는 것이다. 《율려신서律呂新書》와 《문전文筌》에 상세히 보인다.

[7-2] 오음五音 — 宮·商·角·徵·羽

愚謂土之聲爲宮者, 宮聲出於土也. 金之聲爲商者, 商聲出於金也.

簇)·고선(姑洗)·유빈(蕤賓)·이칙(夷則)·무역(無射)은 양율(陽律)로서 6율이라 부르고, 대려(大呂)·협종(夾鍾)·중려(仲呂)·임종(林鐘)·남려(南呂)·응종(應鍾)은 음률(陰律)로서 6여(六呂)라고 불렀는데, 이 두 가지를 합쳐 율려(律呂)라고 한다.

28 | 《율려신서(律呂新書)》 : 송대 음악학자인 채원정(蔡元定, 1135~1198)이 지음, 1419년(세종 원년) 우리나라에 처음으로 소개되었고 세종조 아악정비 때 특히, 율관(律管) 개정과 〈아악보(雅樂譜)〉편찬 및 제례악 정비에 중요한 영향을 미친 음악 문헌이다.

29 | 《문전(文筌)》 : 1책, 원대 진역증(陳繹曾)이 편찬, 《속수사고전서》에 수록된 필사본 《문전》에는 고문보(古文譜 : 1~7)와 시보(詩譜), 고문궁식(古文矜式) 등이 함께 묶어져 있음. 시문창작의 법칙적 측면에 대해 자세히 설명한 문화(文話 : 문장에 관한 이야기)로 작문법에 있어 가장 치밀한 저술 중 하나이다.

角・徵・羽亦然. 蓋聲出於氣, 故莫之然而然. 今者擊土則爲宮, 擊金則爲商, 擊木則爲角. 至於火之烈也, 其聲爲徵. 水之激也, 其聲爲羽. 窮天地而爲一, 通萬國而無異, 豈不妙乎! 且宮之聲自爲宮, 商之聲自爲商, 角之聲自爲角. 故當初聖人之定五音也, 非制其字聲而定五音也, 乃因其五音而制字聲也.

내 생각으로는 토의 소리가 궁이 되는 것은 궁성이 토에서 나왔기 때문이다. 금의 소리는 기에서 나오는 고로 상성은 금에서 나온다. 각・치・우 역시 그러하다. 대개 소리는 기에서 나오는 것이므로 그렇지 않은 듯하면서도 그러하다. 오늘날 흙을 두드리면 궁이 되고, 금을 두드리면 상이 되며 목을 두드리면 각이 된다. 불이 뜨거워지면 그 소리는 치가 된다. 물이 격해지면 그 소리는 우가 된다. 천지가 다하면 하나가 되고 만국이 통하면 다른 것이 없게 되니 어찌 오묘하지 않은가!

또한 궁의 소리는 스스로 궁이 되고, 상의 소리는 스스로 상이 되며, 각의 소리는 스스로 각이 되니 고로 성인이 오음을 정한 것은 그 글자와 소리를 정한 것이 아니라 오음을 정한 것이니 이에 그 오음에 기인하여 글자와 소리를 정한 것이다.

[7-3] 시의 외재율 – 平・上・去・入

或問曰 :『宮・商・角・徵・羽之聲, 屬之於平上去入之韻矣. 凡作詩者, 一一求合於此, 則可以合於詩聲乎?』曰 :『不然. 宮・商・角・徵・羽之屬於平上去入者, 此韻書之所以有定法也. 宮・商・角・徵・羽之散於字字者, 此詩聲之所以無定法也. 此之於《易》, 則八卦有定位, 此猶韻書也 ; 六虛[30]無定位, 此猶詩聲也. 有定位者, 可以目見 ; 無定位者, 在乎

30 | 육허(六虛) : 주역의 육효 자리에 해당하는 육위(六位 : 初位・二位・三位・四位・五位・上位)가 비워져 있는 상태를 말한다.

心悟矣. 陳伯敷[31]曰 :「字字有五音, 聲聲有十二律, 消息活法用之.』[32] 吳立夫[33]曰 :「詩本無定聲, 亦無定韻, 聲取其諧, 韻取其協, 平固未始常爲平, 側固未始常爲側, 清固未始不協爲濁, 濁固未始不協爲清.」[34] 愚豈敢鑿空言之哉!』

혹은 묻기를『궁 · 상 · 각 · 치 · 우의 소리는 평성 · 상성 · 거성 · 입성의 운에 배속된다. 무릇 시를 지을 때 하나하나 여기에 합치되도록 한다면 시의 소리에 부합할 수 있겠는가?』말하기를『그렇지 않다. 궁 · 상 · 각 · 치 · 우가 평 · 상 · 거 · 입에 속하는 것은 이 운서韻書가 정해진 법칙이 있기 때문이다. 궁 · 상 · 각 · 치 · 우가 글자마다 흩어져 있는 것은 이 시의 소리가 정해진 법칙이 없기 때문이다. 이러한 것들이《역경》에서는 팔괘가 정해진 위치가 있으니 이는 운서와 같고, 육허六虛는 정해진 위치가 없으니 이는 시의 소리와 같다. 정해진 위치가 있는 것은 눈으로 볼 수 있고, 정해진 위치가 없는 것은 마음에서 깨달을 수 있다. 진백부陳伯敷가 말하길「글자마다 오음이 있고, 소리마다 12율이 있으니 운율의 리듬감으로 그것을 사용한다.」오립부吳立夫가 말하길「시는 본래 정해진 소리가 없고, 또한 정해진 운이 없다. 소리는 조화로운 것을 취하면 그만이고, 운은 알맞은 것을 취하기만 하면 그만이다. 평성이 본래 평성이었던 것은 아니고, 측성이 본

31 | 진백부(陳伯敷, 1332전후) : 이름은 역증(繹曾), 자가 백부임. 원나라 때의 문인. 국자감의 조교를 지냄. 저서로《시보(詩譜)》·《문전(文筌)》·《고문긍식(古文矜式)》등이 있음.

32 | 자자유오음(字字有五音) 세 구 :《문전》에 수록된《시보》에는『凡律, 聲聲有五音, 字字有十二律, 消息活法用之(무릇 시율에는 소리 소리마다 5음이 있고, 글자 글자마다 12율이 있으니, 그 소식을 잘 알아내어 살아있는 법으로 그것을 잘 사용해야한다).』고 하였다.

33 | 오립부(吳立夫, 원나라 말기) : 이름은 래(萊), 자가 입부임. 과거에도 합격하지 못하고 44세로 죽었으나, 그 문인 송렴(宋濂) 같은 사람을 제자로 두었기 때문에 명나라 초기에 이름이 크게 알려짐. 문집 :《연영집(淵穎集)》(12권)

34 | 시본무정성(詩本無定聲) 여덟 구 :《연영집(淵穎集)》권12 · 〈고시고록후서(古詩考錄後序)〉에 나오는 말.

래 측성이었던 것은 아니며 청이 처음부터 탁과 조화되지 않은 것은 아니고 탁이 처음부터 청과 조화되지 않은 것은 아니다」 내가 어찌 감히 공론을 할 수 있겠는가!』

[7-4] 본궁을 통해서 본 시의 내용과 소리의 관계

或問曰 :『《文筌》有本宮之語[35], 願聞其說.』曰 :『凡詩聲皆以第一字爲本宮矣. 欲定本宮, 則須先觀一篇之意. 其意和平, 則其聲必和平, 故定之以宮・徵. 其意哀怨, 則其聲必哀怨, 故定之以商, 羽矣. 如「月到天心處」[36], 則於五音則爲黃鐘之徵, 於十二律則爲仲呂之宮矣. 如「洞庭西望楚江分」[37], 則於五音[38]則爲黃鐘之商, 於十二律則爲無射之宮矣. 今作假令於後, 知音之士苟悟於此, 則《文筌》之所謂本宮者, 自然心悟矣.「月(宮)到(徵)天(宮)心(商)處(角), 風(宮)來(徵)水(羽)面(商)時(宮). 一(徵)

35 | 본궁(本宮) :《시보》:『凡叶端一字, 中本宮, 從此高下, 取此相間, 復終於本宮, 疊疊無端, 如貫珠是也(무릇 조화를 이루는 단초가 되는 한 글자는 궁에 바탕을 두어야 되니, 여기에 따라서 올라가기도 하고 내려가기도 하며, 이것에서부터 서로 사이가 생기기도 하나, 다시 궁을 바탕으로 함에서 끝나니, 첩첩이 끝이 없음이 마치 구슬을 꿰는 것과 같음이 바로 이것이다).』

36 | 월도천심처(月到天心處) : 소옹(邵雍, 1011~1077), 자는 요부(堯夫), 호는 강절(康節)이 명리를 떠난 도심의 청명을 풍광에 비유하여 토로한 〈청야음(淸夜吟)〉의 한 구절이다.

月到天心處, 달은 하늘 가운데에 이르고,
風來水面時. 바람은 수면에 불어오는구나.
一般淸意味, 이처럼 맑고 상쾌한 맛을,
料得少人知. 세상에 아는 사람 적으리라.

37 | 동정서망초강분(洞庭西望楚江分) : 이백의 〈족숙인 형부시랑 엽 및 중서사인 가지님을 모시고 동정호에서 노닐며(陪族叔刑部侍郎曄, 及中書賈舍人至遊洞庭湖)〉의 한 구절이다.

洞庭西望楚江分, 동정호를 서쪽으로 바라보니 초강이 양 갈래로 흩어지고,
水盡南天不見雲. 물이 다한 남쪽하늘 끝에는 구름 한 점 보이지 않네.
日落長沙秋色遠, 장사에 해는 지고 가을빛 아득하게 무르익으니,
不知何處弔湘君. 모르겠도다 어디에 가 상군을 조상해야 할는지.

般(商)清(宮)意(商)味(角), 料(徵)得(角)少(徵)人(商)知(宮).」此詩以仲呂爲宮, 林鐘爲商, 南呂爲角, 黃鐘爲徵, 太簇爲羽, 卽俗所謂平調也[39]. 「洞(宮)庭(商)西(徵)望(商)楚(角)江(商)分(宮), 水(羽)盡(變徵)南(宮)天(商)不(角)見(宮)雲(宮). 日(羽)落(角)長(商)沙(徵)秋(宮)色(角)遠(商), 不(角)知(商)何(徵)處(羽)吊(角)湘(商)君(宮).」此詩以無射爲宮, 黃鐘爲商, 太簇爲角, 仲呂爲徵, 林鐘爲羽, 卽俗所謂界面調也[40].』

혹은 묻기를 『《문전文筌》에 본궁이라는 말이 있는데, 그 학설을 듣고 싶다.』 말하길 『무릇 시의 소리는 모두 첫 번째 글자를 본궁으로 삼는다. 그 본궁을 결정하려면, 가장 먼저 시 한 편의 뜻(내용)을 살펴보아야 한다. 그 뜻이 화평하면 그 소리도 반드시 화평하므로 궁 · 치로 정한다. 그 뜻(내용)이 애원하면 그 소리가 반드시 애원의 소리이므로 상 · 우의 소리로 결정된다. 예를 들어 「月到天心處」는 오음에서 황종의 치가 되고, 십이율에서 중려의 궁이 된다. 또, 「洞庭西望楚江分」은 오음에서 황종의 상이 되고, 십이율에서 무역의 궁이 된다. 지금의 작품이 가령 후세에 소리를 아는 선비가 진실로 이에 대해 깨닫는다면, 《문전文筌》의 본궁이라는 것은 자연히 마음으로 깨닫게 될 것이다.

「月(宮)到(徵)天(宮)心(商)處(角), 風(宮)來(徵)水(羽)面(商)時(宮). 一(徵)般(商)淸(宮)意(商)味(角), 料(徵)得(角)少(徵)人(商)知(宮).」이 시는 중려의 궁, 임종의 상, 남려의 각, 황종의 치, 태주의 우로 속칭 평조平調이다.

「洞(宮)庭(商)西(徵)望(商)楚(角)江(商)分(宮), 水(羽)盡(變徵)南(宮)天(商)不(角)見(宮)雲(宮). 日(羽)落(角)長(商)沙(徵)秋(宮)色(角)遠(商), 不

38 | 즉어오음(則於五音) : 『五』는 원본에서 『吾』로 나와 있으나 위의 글자에서는 『五』로 고친다. — 원주(原註)

39 | 평조(平調) : 국악에서 사용되는 속악 음계의 하나, 중국음악의 치조와 양악의 장조에 가까운 낮은 음조. — 《표준국어대사전》

40 | 계면조(界面調) : 슬프고 애타는 느낌을 주는 음조로, 서양음악의 단조와 비슷함. — 위와 같음.

(角)知(商)何(徵)處(羽)吊(角)湘(商)君(宮).」

이 시는 무사의 궁, 황종의 상, 태주의 각, 중려의 치, 임종의 우로 속칭 계면조界面調이다.』

[7-5] 시의 내재율 — 인간 내부의 자연스러운 감정

或問曰:『《文筌》曰:「情哀者貴嗢細, 情樂者貴響起者[41], 何也?」』曰:『人之哀情屬陰, 其氣自外而入來, 故其聲必細嗢. 哀之極者, 則尤細嗢矣. 人之樂情屬陽, 其氣自內而發外, 故其聲必響起. 樂之極者, 則其聲尤響起矣. 夫笑者, 樂之聲也. 哭者, 哀之聲也. 意樂則其發於外也, 不得不笑;意哀則其發於外也, 不得不哭;此乃自然之理也. 夫詩之聲亦然, 隨意之所存而聲應焉, 此《文筌》之所以有此論也. 吁! 樂而笑, 哀而哭者, 天下古今之情也, 何獨於詩聲而莫之然也?』

혹은 묻기를 『《문전文筌》에서 이르길 「감정이 슬픈 자는 가늘게 흐느낌을 귀하게 여기고, 감정이 즐거운 자는 울림이 일어남을 귀하게 여기니 어찌 된 것인가?」 말하길 『사람의 슬픈 감정은 陰에 속하여 그 기운이 밖에서 안으로 들어오므로 그 소리는 반드시 가늘게 흐느끼고, 슬픔이 극에 달하면 더욱 흐느끼게 된다. 사람의 즐거운 감정은 陽에 속하여 그 기운은 안에서 밖으로 발산되는 것이므로 그 소리는 반드시 울림이 일어난다. 즐거움이 극에 달하면 그 소리는 더욱 울리게 된다. 무릇 웃음은 즐거운 소리이고, 울음은 슬픈 소리이다. 뜻이 즐거우면 밖으로 발로되어 웃지 않을 수 없고, 뜻이 슬프면 밖으로 발로되어 울지 않을 수 없으니 이것은 자연스러

41 | 정애자귀올세(情哀者貴嗢細) 두 구 : 《문전》의 《시보》 : 『七言古詩, (7언고시에서 감정이 즐거운 것은 음향이 올라가는 것을 귀하게 여기나 비를 갑자기 많이 내리게 해서는 아니 되므로 가늘게 흐느낌을 사용해야 하고, 감정이 슬픈 것은 가늘게 흐느낌을 귀하게 여기나 역시 비를 갑자기 내리게 해서는 아니 되기 때문에 음향이 올라감을 사용해야 한다).』 이 말 다음에 주 35)에 인용한 말이 계속됨.

운 이치다. 시의 소리도 그러하여 뜻이 있는바에 따라서 소리가 상응하게 된다. 이것이 바로《문전文筌》에서 이러한 논법이 있게 된 까닭이다. 아! 즐거우면 웃는 것이고 슬프면 우는 것은 천하고금의 감정으로 어찌 시의 소리에만 그러하겠는가?』

[7-6] 호흡을 통한 소리의 조합

或曰 :『然則欲審詩聲, 當從何人?』曰 :『知之不難也, 吾知呼吸之氣, 則可知之矣. 夫天地之間, 不過一陰一陽而已. 乾動而直, 故闢, 坤靜而翕, 故闔. 闢者, 在人爲呼也 ; 闔者, 在人爲吸也. 然則呼者, 氣之升也. 吸者, 氣之降也. 升者, 其聲濁. 降者, 其聲淸. 濁者徐緩, 淸者短促. 然濁中有輕重, 淸中亦有輕重, 一呼一吸, 各有自然之妙矣. 大抵呼而方升也, 不可卒爲之降 ; 吸而方降也, 不可卒爲之[42]升. 呼吸有序, 升降有漸, 此乃自然地理也, 非人力之所能變也. 宮爲全濁[43], 商爲次濁[44], 角爲淸濁[45], 中徵爲次淸[46], 羽爲全淸[47]矣. 悟之於方寸之內, 而辨之於呼吸之間, 則作詩之際, 五音自當和諧而不相散亂矣. 今之歌者之發聲也, 不得卒濁, 亦不得卒淸, 隨氣低昂, 自合淸濁者, 此非歌者之用力而然, 吾之呼吸之氣莫

42 | 지(之) :『之』는 원본에 없으나 위의 글에 보충하였다. — 원주(原注).

43 | 전탁(全濁) : 중국 음운학에서 어두자음(語頭子音)을 조음(調音)위치에 따라 아(牙) · 설(舌) · 순(脣) · 치(齒) · 후(喉)의 5음으로 나누고 5음을 다시 청(무성음) · 탁(유성음), 유기(有氣 · 무기(無氣)에 의해 세분화 하였는데, 전탁은 순탁(純濁), 최탁(最濁)이라고 부른 사람도 있는데, 유기유성음이다. 영어로는 sonant라고 하며, 국제음성기호로는 b′-, d′-, g′-, z- 같은 발음임.

44 | 차탁(次濁) : 유성무기음이다. liquid 라고 하며 m-, n-, l- 같은 발음임.

45 | 청탁(淸濁) : 불청불탁(不淸不濁) 또는 반청 반탁(半淸半濁) 또는 차탁이라고 하여 위의 차탁과 같이 보는 학자도 있고, 비음(m-, n-, ŋ-)은 차탁, 유음(l-)은 탁으로 나눈 학자도 있음.

46 | 차청(次淸) : 무성유기음이다. aspirated surd 라고 하며, p′-, t′-, ʦ′-, k′- 같은 발음.

47 | 전청(全淸) : 무성무기음이다. unaspirated surd, p-, t- ts-, k- 같은 발음. — 이상 羅常培의《漢語音韻學導論》臺灣, 九思出版社 영인본, p.25 참조.

之然而然者矣, 若能引而伸之, 則其於審詩聲也何有?』

혹은 묻기를 『그러한 즉 시의 소리를 추정하고자 한다면 마땅히 어디부터 들어가야 하는가?』 말하길 『그것을 아는 것은 어렵지 않다. 내가 호흡의 기운을 안다면 그것을 알 수 있다. 무릇 천지는 일음일양一陰一陽일 뿐이고, 하늘은 동적이면서도 곧은 것이니 고로 벽闢이다. 땅은 정적이면서도 화합하는 것이니 고로 합闔이다.

벽이라는 것은 사람이 내쉬는 것에 있고 합이라는 것은 사람이 들이쉬는 것에 있다. 그러한 즉 내쉬는 것은 기운이 올라가는 것이고 들이쉬는 것은 기운이 내려가는 것이다. 올라가는 것은 그 소리가 탁하고 내려가는 것은 그 소리가 맑다. 탁한 것은 느리고 완만하며 맑은 것은 짧고 촉급하다. 그러나 탁한 것 가운데에 경중이 있고 맑은 것 가운데에도 경중이 있다. 내쉬고 들이쉬는 것에는 각기 자연의 오묘함이 있다. 대저 내쉬면서 올라가면 갑자기 내릴 수가 없으며, 들이쉬면서 내려가면 갑자기 올릴 수가 없다. 호흡에는 순서가 있고, 올라가고 내려가는 것에도 순차가 있으니, 이 또한 자연의 이치이므로 인력으로 바꿀 수 있는 것이 아니다.

궁은 전체가 탁한 것이고, 상은 그 다음으로 탁한 것이고, 각은 탁하고도 맑은 것이고, 중치는 다음으로 맑은 것이며 우는 전부 맑은 것이다. 마음으로 깨달아 호흡으로 그것을 판별하면 시를 지을 때 오음이 스스로 조화롭게 되어 흩어지고 어지러워지지 않게 된다.

지금 노래 부르는 자가 소리를 냄에 갑자기 탁의 소리를 낼 수 도 없고 갑자기 청의 소리를 낼 수 도 없다. 소리의 오르고 내림에 따라 저절로 청탁이 합해지니 이는 노래부르는 자가 노력해서 그러한 것이 아니라 내 호흡의 기운이 그렇게 되지 않을 수 없기 때문에 그러한 것이다. 이를 끌어다 적용해보면 시의 소리를 살펴보는데 무슨 어려움이 있겠는가?』

[7-7] 글자의 상호 조합을 통한 시의 소리

或曰 :『論氣之升降以辨聲之淸濁, 則旣釋然矣, 然願發其一端使有所悟, 何乎?』 曰 :《玉屑》[48] 云 :『固有二字一意而聲且同, 可用此而不可用彼者.《選》詩云「庭皐木葉下」[49],「雲中辨煙樹」[50], 還可作「庭皐樹葉下」·「雲中辨煙木」? 至此惟可默會, 未易言傳也』[51] 云. 此乃妙語也. 愚

48 |《옥설(玉屑)》:《시인옥설(詩人玉屑)》이라 하며, 송대(宋代) 위경지(魏慶之, 자는 醇甫, 호는 菊庄)가 지었다. 총 20권으로 송대 사람들의 시론을 부문별로 집록해 놓았다. 11권까지는 시법 · 시체 · 시격 · 시의 종지를 학습하는 법 등에 관해 서술하였고, 12권부터는 시대별 시인과 작품 등을 수록하였다.

49 | 정고목엽하(庭皐木葉下) : 남조 양(梁) 나라 유운(柳惲)의 〈옷 다듬이(擣衣詩)〉에 나오는 구절 :

孤衾引思緒, 혼자 덮은 이부자리 속에 걱정만 끝없이 늘고,
獨枕悵憂端. 홀로 벤 베갯머리엔 근심만 더해가네.
…………
行役滯風波, 수자리 살러나가 모진 풍파에 막혀,
遊人淹不歸. 떠도는 사람 세월가도 돌아오지 못하시네.
亭皐木葉下, 정자의 연못에는 나뭇잎 떨어지고,
隴首秋蓬飛. 밭두렁에는 가을 구름 나는구나.
鶴鳴勞永歎, 학 울면서 나의 긴 탄식 위로하나,
採綠傷時暮. 푸른 잎사귀 뜯다가보니 늦가을에 시든 것 슬프네.
………

—《문연각사고전서전자판》의《연감유함(淵鑑類函)》(권372)에서 인용. 여기서 이 구절의 출전을 선시(選詩 :《문선》에 나오는 시)라고 한 것은 착오이며,『庭』자도 여기서는『亭』자로 되어 있음.

50 | 설중변연수(雲中辨煙樹) : 사조(謝眺, 자는 玄暉)가 지은 〈선성을 가려고 신임포를 나와서 판교로 향하며(之宣城出新林浦向版橋)〉에 나오는 구절.

江路西南永, 강 길은 서남쪽으로 길고,
歸來東北騖. 돌아가는 흐름은 동북쪽으로 달리네.
天際識歸舟, 하늘과 맞닿은 곳에서 배 알 것이고,
雲中辨江樹. 구름 속인가 하였더니 강변의 나무 분명하네.
旅思倦搖搖, 나그네 생각 일렁일렁 피로하고,
孤遊昔已屢. 외로운 여행 옛날에도 자주 하였지.
旣懽懷祿情, 이미 벼슬할 마음 품음 즐겨하였으나,
復協滄洲趣. 다시 도사와 같은 취미 어울리네.
………… —《문선》(권27).《문연각사고전서전자판》대부분 자료에는『煙』은『江』으로 되어 있음.

51 |《시인옥설》권6 139면의 〈글자를 제자리에 놓다(下字)〉조에 소개된 것으로 본래《室中語》를 인용한 것.

嘗以五音調切之, 前一句若下『木』字, 則『庭』爲宮, 『皐』爲徵, 『木』爲角, 『葉』爲商, 『下』爲宮, 五音和協矣. 若下『樹』字, 則『庭』爲徵, 『皐』爲羽, 『樹』爲徵, 『葉』爲角, 『下』爲羽, 五音散亂矣. 後一句若下『樹』字, 則『雲』爲宮, 『中』爲商, 『辨』爲角, 『煙』爲商, 『樹』爲宮, 五音和協矣. 若下『木』字, 則『雲』爲徵, 『中』爲商, 『辨』爲宮, 『煙』爲商, 『木』爲角, 五音散亂矣.

혹은 말하길 『기운의 승강으로써 소리의 청탁을 판별한다면 이미 의문이 풀리긴 하나 한 실마리를 발견하여 깨닫는 바가 있게 되기를 바란다면 가능한 말인가?』

말하길 《시인옥설詩人玉屑》에서 이르길 『두 글자가 같은 뜻을 가지고 소리도 같은데 이 글자는 쓸 수 있고 저 글자는 쓸 수 없는 경우가 있다. 《문선》에 「정원의 못에 나뭇잎 떨어지네(庭皐木葉下).」, 「구름 속인가 하였더니 안개 낀 나무숲 분명하네(雲中辨煙樹).」라 하였는데 이를 「庭皐樹葉下」, 「雲中辨煙木」이라 쓸 수 있겠는가? 이러한 문제는 오직 스스로 터득할 수 있을 뿐이요 쉽게 말로 전할 수 없다.』이것이 바로 오묘한 말이다.

내가 일찍이 오음으로써 그것을 조절調切하여 분석하였으니 앞의 한 구절에 만약 『木』자를 넣었다면, 『庭』은 궁이 되고, 『皐』는 치가 되고, 『木』은 각이 되고, 『葉』은 상이 되고, 『下』는 궁이 되어 오음이 조화롭게 된다. 만약 『樹』자를 넣었다면, 『庭』은 치가 되고, 『皐』는 우가 되고, 『樹』는 치가 되고, 『葉』은 각이 되고, 『下』는 우가 되어 오음이 산만하고 어지럽게 된다. 다음 구에 『樹』자를 넣는다면, 『雲』은 궁이 되고, 『中』은 상이 되고, 『辨』은 각이 되고, 『煙』은 상이 되고, 『樹』는 궁이 되어 오음이 조화롭게 된다. 만약 『木』자를 넣게 되면, 『雲』은 치가 되고, 『中』은 상이 되고, 『辨』은 궁이 되고, 『煙』은 상이 되고, 『木』은 각이 되어 오음이 산만하고 어지럽게 된다.

[7-8] 성률론을 통해서 본 시의 음악미

夫詩之爲聲也, 一字之聲變, 則一句之聲大變矣; 一句之聲變, 則一篇之聲亦大變矣. 今定四句之聲, 乃只就四句而定之也. 若擧一篇之聲而定之, 則今定四句之聲亦變矣. 固不可以執一而論之也. 大抵詩之聲不過上下上應而已 ; 若上下相應, 則雖千變萬化, 而其變而通之則一也. 子曰 : 『吾道一以貫之.』[52] 詩聲亦然. 嗚呼! 文章小技也, 知之不難也, 而世或有不知者焉 ; 況大道之源 · 本心之體乎? 後之人苟因愚說而有悟於詩聲, 則天下之理一也, 其於道也, 亦將有悟矣, 豈不幸[53]哉! 固[54]志之士, 幸毋誚焉.

대저 시의 소리는 한 글자의 소리가 변화하면 한 구의 소리가 크게 변화하고, 한 구의 소리가 변화하면 한 편의 소리 또한 크게 변화한다. 지금 네 구의 소리를 정하니 이에 네 구에만 정한다. 만약 시 전체의 소리를 들어서 그것을 정한다면, 지금 네 구의 소리도 변할 것이다. 진실로 하나만 가지고 논할 수는 없다.

대저 시의 소리는 상하의 글자가 상응하는데 불과하다. 상하의 글자가 상응하면 천만가지로 변화한다 하더라도 그 변통하는 원리는 한가지다.

공자께서 말씀하시길 『나의 도는 하나로 통해 있다.』라 하였으니 시의 소리도 그러하다.

오호라! 문장의 작은 기교라는 것은 그것을 아는 것이 어렵지 않으나 세상에 모르는 사람이 있다. 하물며 대도大道의 근원과 본심本心의 내용은 말할 것도 없다.

후세사람이 진실로 나의 견해로 인해 시의 소리에 대하여 깨달음을 얻는다면 천하의 이치는 하나가 될 것이다. 그 도에 있어서도 장차 깨달음이 있을 것이니 어찌 불행하리오! 뜻을 같이하는 선비는 다행히 비난하지 않을 것이다.

52 | 오도일이관지(吾道一以貫之) : 《논어 · 이인(里仁)》에 나오는 말이다. — 원주(原註)
53 | 행(幸) : 원본에서 「辛」으로 나온다. — 원주(原註).
54 | 고(固) : 마땅히 「同」자 일 것이다. — 원주(原註).

【참고문헌】

안대회,《尹春年과 詩話文話》(文筌·詩法原流 등 영인 첨부), 소명출판사, 2000.

안대회,《韓國漢詩의 分析과 視角》, 연세대학교출판부, 2000.

안대회,《조선후기의 시화사 연구》, 국학자료원, 1995.

이장우·노장시,《중국인들의 생활과 문화》, 중문출판사, 2004.

이장우·우재호·장세후 옮김,《古文眞寶 前集》, 을유문화사, 2001.

성백효 역주,《大學·中庸集註》, 전통문화연구회, 1995.

김학주,《조선시대 간행 중국문학 관계서 연구》, 서울대출판부, 2000.

吳戰壘 저·유병례 역,《중국시학의 이해》, 태학사, 2003.

臺靜農 편,《百種詩話類編》, 藝文印書館, 1974.

蕭統 편, 張啓成·徐 達 역주,《文選全譯》, 귀주인민출판사, 1990.

(石文珠)

13. 《송계만록松溪漫錄》[1]

권응인權應仁[2]이 지었다. 응인의 자는 사원士元이고, 호는 송계松溪, 본관은 안동이다.

《송계만록》 2권으로, 조선 선조 17년(1584)에 지어졌으니, 명 신종神宗 만력萬曆 12년에 해당한다. 권응인은 주로 소동파시를 논하여서, 책에는 자못 소동파시의 특색 있는 곳을 추천하고 칭찬하였다. 또한 책에 명나라와 조선의 사신들이 창화唱和한 자료와 명성이 드러나지 않은 중국 작가의 작품을 기재하였는데, 아주 가치가 있다.

[1] 명의 유응기, 조선의 이산해

嘉靖丙辰年間, 大明人劉應箕[3]見執於倭寇. 在寇船中, 爲我國人所擒.

1 | 《송계만록(松溪漫錄)》: 상 · 하 2권. 이 책의 내용은 대부분 고금 명문장들의 시화를 연대의 순서 없이 기록한 것이며, 하권에는 조야(朝野)로부터 견문한 설화들도 채록되어 있다. 이 책은 이긍익(李肯翊)의 《연려실기술(燃藜室記述)》별집 야사목(野史目)에 들어 있으며, 현재 널리 유통되고 있는 것은 《대동야승(大東野乘)》본으로 권56에 들어 있다. 홍만종의 《시화총림(詩話叢林)》상권[일부만 수록] · 《대동패림(大東稗林)》등에도 수록되어 있다.

2 | 권응인(權應仁, ?~?) : 조선시대의 문인. 자는 사원(士元), 호는 송계(松溪). 경상도관찰사를 지낸 권응창의 아우(庶弟)이며, 퇴계의 제자였으나, 신분이 서자였기 때문에 큰 벼슬을 하지 못하고 겨우 한리학관(漢吏學官)을 지냈다. 1562년(명종 17)에 시재가 뛰어나 문장에 능한 일본 사신이 왔을 때, 특명으로 선위사(宣慰使) 일행의 한 사람이 되어 이를 맞았다. 당시 송대(宋代)의 시풍(詩風)이 유행하던 문단에 만당(晩唐)의 시풍을 받아들여 큰 전환을 가져왔으며, 시평(詩評)에도 훌륭한 업적을 남겼다. 저서에 《송계집(松溪集)》이 있다.

3 | 유응기(劉應箕) : 명나라 사람. 진사(進士) · 한림원 서길사(庶吉士)가 되었다. 저서로는 《관새시말(款塞始末)》1권이 있다. 그와 관련된 우리나라의 기록은 유희춘(柳希春)

到王京作詩曰 :『只怨干戈不怨天, 離鄕去國路千千. 愁纏病骨哀衰運, 涙?紅顔泣盛年. 見月思歸西塞外, 看雲心逐北堂[4]前. 旄邱[5]見葛何多日, 尾瑣孤身困此邊.』李宰相鵝溪公[6]少時次其韻云 :『鯤海鯨波杳接天, 南荊迢遞幾三千. 流離異國惟孤影, 飄泊他鄕是弱年. 蝶夢[7]有時傳塞外, 雁書[8]無路抵家前. 知君夜夜思親處, 秋雨蕭蕭客枕邊.』時劉年十五六, 鵝溪年十七八, 年皆幼稚, 詩已成章. 自古早達者必夙成, 鵝溪則今爲宰執, 不知劉亦旣達耶? 或云登第已久, 未知其果然否也?

가정 병진년(1556, 명종 11) 무렵에 명나라 사람 유응기가 왜구에게 잡혔다. 왜구의 배 안에 있다가 우리나라 사람에게 잡혔다. 서울에 와서 시를 지었다.

의 《미암집(眉巖集) · 권6》과 박장원(朴長遠)의 《구당선생집(久堂先生集) · 권1》 등에 보인다.

4 | 북당(北堂) : 《시경》에 북당(北堂)이란 말이 나왔는데, 그것은 부인이 거처하는 곳을 말한 것이다. 후세에는 어머니를 가리키는 말로 쓰였다.

5 | 모구(旄邱) : 《시경 · 모구(旄丘)》에 『모구[앞은 높고 뒤는 낮은 언덕] 의 칡이여, 어찌 그리 마디가 길기도 하냐? 숙이여 백이여, 어찌 그리 날짜를 끄느냐?(旄丘之葛兮, 何誕之節兮? 叔兮伯兮, 何多日也?)』라 하였다. 여(黎)나라 임금이 나라를 잃고 위(衛)나라에 와서 머문 지가 오래 되어도 위나라에서 자기네를 원조하여 본국으로 보내주지 않는다고 원망하여 지은 것이다.

6 | 아계공(鵝溪公) : 즉 이산해(李山海, 1539~1609). 조선 중기의 문신. 본관은 한산(韓山). 자는 여수(汝受), 호는 아계(鵝溪). 홍문관정자 · 병조좌랑 · 정언을 거쳐 이조좌랑이 되었다. 1567년(선조 즉위년) 원접사종사관(遠接使從事官)으로 명나라 조사(詔使)를 맞이하였다. 1588년 우의정에 올랐고, 이무렵 동인이 남인 · 북인으로 갈라지자 북인의 영수로 정권을 장악하였다. 다음해에 좌의정에 이어 영의정이 되었으며, 종계변무(宗系辨誣)의 공으로 광국공신(光國功臣) 3등에 책록되고, 아성부원군(鵝城府院君)에 책봉되었다. 서화와 산수묵도(山水墨圖)에 뛰어났으며, 저서로 《아계집》이 있다. 시호는 문충(文忠).

7 | 접몽(蝶夢) : 즉 호접몽(胡蝶夢)으로, 전국시대 장주(莊周)가 꿈에 나비가 되어 물아(物我)의 분별을 잊고 즐겁게 놀았다는 고사에서 온 말이다. — 《장자(莊子) · 제물론(齊物論)》

8 | 안서(雁書) : 기러기가 편지를 전한다는 말. 천자가 상림 가운데서 활을 쏘아 기러기를 잡았는데, 기러기 발에 묶인 비단에 적힌 글에 「소무 등이 어느 늪 가운데 있다」라 하였다.(天子射上林中得雁, 足有繫帛書言「武等在某澤中」.) — 《한서(漢書) · 소무전(蘇武傳)》

只怨干戈不怨天, 다만 전쟁을 원망하고 하늘을 원망하지 않아,
離鄕去國路千千. 고향을 등지고 나라를 떠나니 길은 몇 천 리라네.
愁纏病骨哀衰運, 시름이 병든 뼈를 감싸 쇠한 운명 슬퍼하고,
淚洒紅顏泣盛年. 눈물은 붉은 얼굴에 뿌려 젊은 나이에 흐느끼네.
見月思歸西塞外, 달 보니 그리움은 서새[고향] 밖으로 돌아가고,
看雲心逐北堂前. 구름 보니 마음은 북당[어머니] 앞으로 달려가네.
旄邱見葛何多日, 모구에서 칡을 본 지 며칠이 지났는가?
尾瑣孤身困此邊. 고생으로 외로운 몸 여기서 곤욕당하네.

재상 아계 대감이 젊었을 때 이 시에 차운하여 지었다.

鯤海鯨波杳接天, 큰 바다 거센 물결은 아득히 하늘에 닿아,
南荊迢遞幾三千. 남쪽 형땅[초나라] 아득하니 거의 삼천 리 되네.
流離異國惟孤影, 이국 땅에서 떠돌아다니니 오직 외로운 그림자뿐이오,
飄泊他鄕是弱年. 타향에서 유랑한 것은 어린 때였네.
蝶夢有時傳塞外, 나비 꿈 때때로 변경 밖으로 돌아가지만,
雁書無路抵家前. 기러기 편지는 집 앞에 닿을 길이 없네.
知君夜夜思親處, 알겠노라, 그대 밤마다 어버이 그리워하여,
秋雨蕭蕭客枕邊. 나그네 베갯가에 가을비 쓸쓸히 내린다네.

당시 유응기의 나이 15, 6세요 이산해의 나이는 17, 8세여서, 나이는 모두 어렸으나 시는 이미 문장을 이루었다. 예부터 일찍 현달한 사람은 반드시 숙성하는데, 이산해는 지금 재상宰相이 되었으나, 유응기도 역시 현달하였는지 모르겠다. 어떤 이는 급제한 지가 이미 오래되었다 하니, 과연 그런지 아닌지 알 수 없다.

[2] 명나라 사신의 시를 평함

古今天使無高下, 僕品題於湖陰[9], 祁順[10]爲首, 倪謙[11] · 董越[12]次之, 金湜[13]七言律極好, 張寧[14]似爲未熟云. 公嘗詠董圭峰『江雨釀寒來樹杪, 嶺雲分月落巖阿』之句, 稱譽者不一. (『分月』, 它本作『分暝』.)

고금간에 중국 사신의 시에 높고 낮음이 없어서, 내가 정사룡에게 품평하도록 하니, 기순이 제일이요, 예겸 · 동월이 다음이요, 김식은 칠언율시가 극히 좋고, 장녕은 미숙한 것 같다고 하였다. 공은 일찍이 동월의,

江雨釀寒來樹杪, 강 비 추위를 빚어 나무 끝에 오고,
嶺雲分月落巖阿. 재 구름 달빛을 나누어 바위 언덕에 떨어지네.

라는 구를 읊으며 칭찬하여 기린 것이 한번이 아니었다. (『분월』은 딴 판본에는 『분명』으로 되어 있다.)

9 | 호음(湖陰) : 즉 정사룡(鄭士龍, 1491~1570) : 조선 중기 문신. 이름은 사룡(士龍). 자는 운경(雲卿). 호는 호음(湖陰). 본관은 동래(東萊). 1509년(중종 4) 별시문과에 장원, 사가독서(賜暇讀書)를 하였으며, 1544년 공조판서로 동지사(冬至使)가 되어 명(明)나라에 다녀왔다. 중국 사신으로 가서 이름을 떨쳤으며 저서는《호음잡고(湖陰雜稿)》·《조천일록(朝天日錄)》등이 있다.

10 | 기순(祁順, 1434~1497) :《필원잡기(筆苑雜記)》주 31) 참조.

11 | 예겸(倪謙, 1415~1479) :《필원잡기》주 13) 참조.

12 | 동월(董越) : 자는 상거(尙矩), 호는 규봉(圭峯), 영도(寧都) 사람. 한림원 시강으로서 성종 19년(1488)에 명나라 황제 효종(孝宗, 1488~1505)의 즉위조서(卽位詔書)를 가지고 왔다. 동월은《정동일록(征東日錄)》·《조선잡지(朝鮮雜誌)》1권 ·《봉사록(奉使錄)》1권과 그는 조선을 왔다 가면서 보고 들은 것을 기록하여 1490년《조선부(朝鮮賦)》를 지었다. 그의 시문집으로는《규봉문집(圭峯文集)》42권이 있다. 그의《조선부(朝鮮賦)》는 널리 알려진 것이다.

13 | 김식(金湜) :《필원잡기》주 28) 참조.

14 | 장녕(張寧, 1426~1496) :《필원잡기》주 27) 참조.

[3] 중국사신과 율곡의 각운자 사용의 착오

王天使敬民[15]之〈早行頒詔〉詩云：『天威咫尺頒殊渥, 東國衣冠盡拜稽.』遠接使栗谷李相公珥[16]甫次其韻云：『殷殷呼嵩騰瑞霧, 三韓厥角一時稽.』蓋稽首之稽, 皆用仄聲, 而王公旣誤, 栗谷襲謬何耶? 僕以詩評于相公, 公卽改押, 故《皇華集》所載, 與草稿不同. 栗谷才氣過人, 博識多聞, 而倉卒之際, 尙有此錯, 幾不免貽笑, 況才不逮栗谷而當此任者, 不亦難乎?

중국 사신 왕경민의 〈새벽에 출발하여 조서를 반포하러 가다〉 시에,

天威咫尺頒殊渥,	천자의 위엄이 지척에 계신 듯 특별한 은혜 반포하시니,
東國衣冠盡拜稽.	동국의 의관들이 모두들 절하며 조아리네.

라 하였고, 원접사 율곡 이이 대감이 차운하여

殷殷呼嵩騰瑞霧,	은은한 만세 소리 상서로운 안개 드날리니,
三韓厥角一時稽.	삼한의 머리들이 일시에 조아리네.

라 하였다. 대개 계수(稽首 : 머리를 조아려 절하는 것)의 계稽자는 다 측성으로

15 | 왕경민(王敬民) : 명나라 만력(萬曆) 10년인 1582년(선조 15)에 중국 황태자의 탄생을 알리는 조사로 조선에 온 황홍헌(黃洪憲)의 부사(副使). 이때의 원접사는 좌찬성 이이(李珥)였고, 이때 지은 시는《임오황화집(壬午皇華集)》에 수록되었다. 그러나 여기 인용된 왕경민과 이율곡의 시는 이 책에 수록되어 있지 않음.

16 | 이이(李珥, 1536~1584) : 자는 숙헌(叔獻), 호는 율곡(栗谷). 1568년(선조 1) 천추사(千秋使)의 서장관(書狀官)으로 명나라에 다녀왔으며, 1581년 대사헌 · 예문관제학을 겸임하고, 동지중추부사를 거쳐 양관대제학(兩館大提學)을 지냈다. 이듬해 이조 · 형조 · 병조의 판서를 역임하고, 1583년 다시 이조판서에 임명되었다. 이듬해 정월 49세를 일기로 죽었다.

쓰이는데, 왕경민이 이미 틀린 것을 이이가 잘못 따른 것은 어째서인가? 내가 그 시를 상공에게 평하니, 상공이 곧 바꾸어 압운하였으므로, 《황화집》에 실린 것은 초고와 다른 것이다. 이이는 재주와 기질이 남보다 뛰어났고, 박식다문博識多聞하였음에도 갑작스러운 상황에서는 오히려 이러한 잘못이 있어 웃음거리를 면치 못할 뻔 하였는데, 하물며 재주가 이이에 미치지 못하면서 이 임무를 맡은 자에게는 또한 어려운 일이 아니겠는가?

[4] 나만호의 뛰어남

中朝有羅萬湖[17]者, 以詩鳴于世. 萬曆壬午, 誕生皇太子, 此人將奉詔東來, 以其年老, 換黃公洪憲[18]. 羅之〈薊門見獵〉詩[19] 云 : 『滿目邱墟百戰餘, 旅情衰草共悽如. 寒山古堠逢秋獵, 遠水孤燈見夜漁. 家在瀟湘多暮雨, 雁來溢浦少鄕書. 故人一別三千里, 惆悵東西未定居.』 句法圓活, 所謂阪[20]上走丸也. 此乃傳聞者, 以所作之不多得爲嘆也.

중국에 나만호라는 사람이 있었는데 시로써 세상에 이름이 났다. 만력 임오년(1582, 선조 15)에 황태자가 탄생하여, 이 사람이 장차 조서를 받들고 우리나라에 오게 되었다가, 연로하였기 때문에 황홍헌 공과 바꾸게 되었다. 나만호의 〈계문에서 사냥을 보다〉라는 시에서

17 | 나만호(羅萬湖) : 미상. 《학산초담(鶴山樵談)》에서는 나만화(羅萬化)라 하면서 다시 상고해야 한다고 하였다.

18 | 황홍헌(黃洪憲, 1541~1600) : 자는 무중(懋中), 호는 규양(葵陽). 수수(秀水 : 지금의 浙江 嘉興市 지역) 사람. 저서는 《벽산학사집(碧山學士集)》·《유헌록(輶軒錄)》등이 있다.

19 | 《학산초담》에는 여민표(黎民表)의 〈시랑 장가윤 초보에게 보내다(寄張侍郎佳胤肖甫)〉로 기재되어 있으나 글자가 많이 다르고, 이 시를 전하는 사람의 말만 듣고 적은 것이라 잘못되었다고 하였다.

20 | 판(阪) : 원본에는 「板」자로 되어 있음. — 원주(原註)

滿目邱墟百戰餘,　　눈에 가득한 언덕은 백 번이나 넘게 전쟁한 땅으로,
旅情衰草共悽如.　　나그네 심정 시든 풀과 함께 처절하네.
寒山古堠逢秋獵,　　추운 산 옛 토성에 가을 사냥의 때가 되고,
遠水孤燈見夜漁.　　먼 물 외로운 등불에 밤 고기잡이 보이네.
家在瀟湘多暮雨,　　집은 소상강 가에 있어 저녁 비 많은데,
雁來湓浦少鄕書.　　기러기 분포에서 날아오나 고향 편지 없네.
故人一別三千里,　　친구는 한 번 이별에 3천 리나 떨어지니,
惆悵東西未定居.　　동과 서에 정처 없음을 슬퍼하네.

라 하였는데, 구법이 원활하여 이른바 판자 위에 구슬이 구르는 것 같다. 이것은 전해들은 것으로, 그의 작품을 많이 얻어 보지 못한 것이 한스럽다.

[5] 절지折枝의 뜻

《孟子》曰:『爲長者折枝.』旣有朱文公註, 不可容贅於其間. 但黃山谷詩『如倚胡牀得按摩』[21], 其下箋引『《禮記·內則》:「疾痛苛癢而敬抑搔

21 | 시 제목은 〈(廖袁州次韻見答幷寄黃靖國再生傳次韻寄之)〉이고, 원시는 아래와 같다.
春去懷賢感物多,　　봄이 가니 어진 이 생각하며 사물에 느끼는 바 많은데,
飛花高下罥絲窠.　　나는 꽃이 높고 낮게 비단 구덩이에 걸리네.
傳聞治境無戾虎,　　전해 들으니 경내의 치안을 유지함에 호랑이 같은 폐단이 없고,
更道豐年鳴白鼉.　　또 말하노니 풍년이 들어 흰 악어가 우네.
史筆縱橫窺寶鉉,　　역사 기록의 필재 종횡무진하여 간보와 서현을 엿보이고,
詩才淸壯近陰何.　　시 짓는 재주는 맑고도 씩씩하여 음갱과 하손에 가깝네.
寄聲千萬相勞苦,　　이런저런 말 띄워 당신의 괴로움 위로하려니,
如倚胡牀得按摩.　　호상에 의지하여 안마를 받는 듯하네.
※백타(白鼉) : 흰 악어.《전당시》권382 제28수 장적(張籍)〈흰 악어가 울다(白鼉鳴)〉『하늘에서 비 내리려하고 동풍이 부니, 남쪽 시내의 흰 악어 동굴 안에서 울어서라네. 6월이라 사람 사는 곳 우물에 물 없는데, 밤에 악어 울음소리 들리니 사람들 모두 일어나네(天欲雨, 有東風, 南谿白鼉鳴窟中. 六月人家井無水, 夜聞鼉聲人盡起.)』.
※보현(寶鉉) : 진(晉)나라의 간보(干寶)와 송(宋)나라의 서현(徐鉉).
※음하(陰何) : 양(梁)나라의 시인인 음갱(陰鏗)과 하손(何遜).

之.」其註云 :「抑, 按. 搔, 摩之.」』又引『《孟子》曰 :「爲長者折枝.」其註云 :「折枝, 按摩[折] 手節也.」』又引『劉峻[22]《廣絶交論》[23] :「折枝, 按摩手足也.」』以此觀之, 子朱子以前, 讀《孟子》者, 必以折枝爲按摩也. 小者之於長者, 按摩手足之說, 亦爲切襯, 故今姑記之.

맹자가 말한『어른을 위하여 가지를 꺾는다』는 말은, 이미 주자朱子의 주석이 있으니, 그 사이에 군더더기를 허용하지 않는다. 그러나 황산곡[黃庭堅] 의 시에,『마치 외국 침대에 기대서 안마를 받는 것 같네.』라 하였는데, 그 시 밑의 잔 주에『《예기 · 내칙》에「쑤시고 가려우면 가만히 누르고 문지른다.」라 하였는데 그 주석에「누른다는 것은 만진다는 것이요, 문지른다는 것은 비벼주는 것이다.」』라는 말을 인용 하였다. 그리고 또『《맹자》에서「어른을 위하여 가지를 꺾는다.」고 하였는데, 그 주석에『가지를 꺾는다는 것은 안마하기 위하여 손마디를 꺾는 것이다.」』라고 하는 말을 인용 하였다. 또『유준의 〈광절교론〉에「절지는 수족을 안마하는 것이다.」라 하였다.』라는 말도 인용하였다. 이것으로써 보면 주자 이전에는《맹자》를 읽는 사람이 반드시 절지를 안마로 해석하였던 것이다. 나이 어린 사람이 어른을 위하여 손발을 안마한다는 설이 또한 적절한 것이기 때문에 여기에 잠깐 적어둔다.

22 | 유준(劉峻, 463~522) : 자는 효표(孝標). 남조(南朝) 때 송(宋) · 제(齊) · 양(梁) 3대에 걸쳐 살았고 평원(平原, 지금의 山東 淄博市) 사람. 제나라 무제(武帝) 영명(永明) 4년(486)에 강남으로 돌아왔고 전교비서(典校秘書)로 부름을 받았지만, 대중에게 영합하지 못하는 성격 때문에 무제의 미움을 받아 기용되지는 못하였다. 이에 그는 〈변명(辨命)〉을 지어 자신의 흉회를 털어놓았고, 나중에는 또 〈광절교론〉을 지어 세상인심의 부박함을 개탄하기도 하였다.

23 | 〈광절교론(廣絶交論)〉 : 유준이 한때 황문시랑(黃門侍郞)을 지냈고 당대의 대문장가였던 임방(任昉)의 아들들이 몰락하여 떠돌아다녀도 평소의 친지들이 거들떠보지도 않는 것을 보고 한탄하여 지은 글이다. 한(漢) 나라 주목(朱穆)이 〈절교론〉을 지었는데 그것을 부연한다는 뜻에서 〈광절교론〉이라고 하였다.《문선(文選)》 권55에 있다.

[6] 방울[鈴] 의 의미

白樂天〈長恨歌〉有『夜雨聞鈴斷腸聲』之語,《左傳》註云 :『和在車衡, 鈴在旗上, 動則皆有鳴聲.』蓋和鈴, 象鸞鳥之聲者也. 明皇幸蜀, 霖雨彌旬, 棧道[24]中聞鈴聲, 悼念貴妃, 作〈雨淋鈴曲〉. 樂天之所謂鈴者指此. 我國人以鈴爲雨鈴, 蓋雨下時水氣成團狀, 若金鈴. 故日雨鈴者, 乃我國之方語也, 中原之人亦豈有此語也? 況鈴上着『聞』字者, 非吾所謂雨鈴明矣. 雨鈴豈有聲者也? 雖有識者, 習以爲常, 反怪我言. 屢質於舌官, 曰 :『中國之人本不用此語』云. 故記吾所聞, 以俟博洽.

[6]

백거이의 〈장한가〉에, 『밤비 속에 들리는 방울 소리는 애간장을 끊었다네.』라는 말이 있고, 《좌전》 주에, 『화和는 수레 횡목에 달린 것이고, 방울[鈴] 은 기旗 위에 달린 것으로, 움직이면 모두 소리가 난다.』하였는데, 대개 화와 방울은 난조 소리를 상징한 것이다. 명황[唐 玄宗]이 촉으로 피난갈 때, 열흘 내내 장마가 들어 잔도에서 방울 소리를 들으며 양귀비를 슬피 생각하여《우림령곡》을 지은 것이다. 백거이가 말한 영鈴은 이것을 두고 한 말인데, 우리나라 사람들은 영鈴을 빗방울로 생각한다. 대개 비가 내릴 때 물기가 동그랗게 되어 마치 금방울 같다. 그러므로 빗방울이라고 하는 것은, 바로 우리나라의 사투리이다. 중국 사람들에게 어찌 이런 말이 있겠는가? 하물며 영鈴자 앞에 『문聞』자를 붙였으니, 우리가 말하는 빗방울이 아님이 명백하다. 빗방울이 어찌 소리가 있겠는가! 비록 유식한 사람일지라도 익숙하여 늘 그런 것으로 여겼기 때문에, 오히려 내 말을 이상하게 생각할 것이다. 누차 통역관에게 질문해 보았으나, 『중국 사람은 본시 이 말을 쓰지 않습니다.』라 하였다. 그러므로 내가 들은 말을 적으니, 박식한 사람이 밝혀주기를 기다린다.

24 | 잔도(棧道) : 험한 산의 낭떠러지와 낭떠러지 사이에 다리를 놓듯이 하여 낸 길 각도(閣道). 촉중(蜀中)으로 가는 길은 산이 험준하여 벼랑에 선반을 매듯이 길을 놓아 통행하였다.

[7] 소동파시의 뛰어남

今世詩學, 專尙晩唐, 閣束蘇詩. 湖陰聞之笑曰 : 『非卑之也, 不能也.』 退溪亦曰 : 『蘇詩果不逮晩唐耶?』 愚亦以爲如坡詩所謂 『豈意青州六從事, 化爲烏有一先生』[25] · 『凍合玉樓寒起粟, 光搖銀海眩生花.』[26] · 『風花誤入長春苑, 雲月長臨不夜城』[27], 不知晩唐詩中有敵此奇絶者乎? 高麗時

25 | 기의청주육종사(豈意青州六從事) 두 구 : 시 제목은 〈장질부가 술 6병을 보낸다고 하였는데, 편지만 오고 술을 오지 않아, 장난삼아 짧은 시를 지어 묻다(章質夫送酒六壺, 書至而酒不達, 戱作小詩問之)〉이고, 원시는 아래와 같다.

白衣送酒舞淵明,	하인이 술을 보내온다하니 도연명을 춤추게 하고,
急掃風軒洗破觥.	빨리 풍헌을 쓸고 술잔을 막 씻어내네.
豈意青州六從事,	어찌 알았으랴, 청주의 6종사가,
化爲烏有一先生.	오유선생이 될 줄을.
空煩左手持新蟹,	공연히 번거롭게 왼손에는 새로 난 게를 잡고,
漫繞東籬齅落英.	산만하게 동쪽 울타리 감돌며 떨어지는 꽃향기 맡네.
南海使君今北海,	남해로 갔던 사신 지금은 북해에 있으니,
定分百榼餉春耕.	백 통에 나누어 봄날 밭가는 이들에게 먹여야 되리.

26 | 동곡옥루한기속(凍合玉樓寒起粟) 두 구 : 〈눈 내린 후 북대의 벽에 쓰다(雪後書北臺壁)〉 2수 중 제2수에 나오는 구절이다.

城頭初日始翻鴉,	성 머리에 막 해 뜨니 까마귀 날개 짓 시작하고,
陌上晴泥已沒車.	거리의 눈 개인 진흙에 이미 수레가 빠졌네.
凍合玉樓寒起粟,	옥루가 얼어붙어 소름이 돋을 만큼 춥고,
光搖銀海眩生花.	은해가 빛에 일렁이니 눈이 침침할 만큼 부시네.
遺蝗入地應千尺,	살아남은 메뚜기 땅에 들어가니 틀림없이 천 자는 될 것이고,
宿麥連雲有幾家.	지난해 심은 보리 구름에 이어진 듯 잘 될 것이니 몇 집이나 보이겠는가?
老病自嗟詩力退,	늙고 병든 이 몸은 시 짓는 재주 퇴색함을 스스로 탄식하나니,
空吟氷柱憶劉叉.	부질없이 〈고드름〉시 읊으며 유차를 생각하네.

※유차(劉叉) : 당(唐)나라 헌종(憲宗) 원화(元和)연간에 활동하였던 시인. 생졸년 · 자 · 호 · 관적(貫籍)이 상세하지 않다. 대표작인 〈고드름〉 · 〈눈수레(雪車)〉로 노동(盧仝) · 맹교(孟郊)보다 높이 평가된다.

※〈고드름(氷柱)〉 : 유차의 대표작으로, 안사(安史)의 난으로 인해 피폐해 진 세상을 황제께서 고드름 같이 맑고 깨끗한 안목으로 바로 잡으시기를 바라는 내용의 시다.

27 | 풍화오입장춘원(風花誤入長春苑) 두 구 : 시 제목은 〈눈 내린 후 건명사에 이르러 드디어 묵다(雪後到乾明寺, 遂宿)〉이고, 원시는 아래와 같다.

門外山光馬亦驚,	문 밖의 산 빛에 말도 놀라니,

每榜云：『三十三東坡[28]出矣.』 麗代文章優於我朝, 而擧世師宗, 則坡詩不可謂之卑也. 若薄其爲人, 則晩唐詩人賢於蘇者幾何人耶? 唯退溪相公好讀坡詩, 常誦『雲散月明誰點綴, 天容海色本澄淸.』[29] 之句, 其所著詩, 使坡語者多矣.

지금의 시학은 오로지 만당을 숭상하고 소동파 시를 버려두고 있다. 정사룡이 듣고 웃으며 『소동파의 시를 낮게 보는 것이 아니라, 그렇게 지을 수 없기 때문이다.』라 하였고, 퇴계선생 역시 『소동파의 시가 과연 만당에 미치지 못하는가?』라 하였다. 나 역시 생각하기를, 소동파의 시에 이른바,

豈意靑州六從事, 어찌 알았으랴, 청주 육종사가,
化爲烏有一先生. 오유선생이 될 줄을.

階前屐齒我先行. 섬돌 앞 나막신 신고 내가 먼저 가네.
風花誤入長春苑, 바람에 날린 눈은 장춘원에 잘못 들어왔지만,
雲月長臨不夜城. 구름 낀 달은 불야성에 오래 임하네.
未許牛羊傷至潔, 소와 양이 지극한 순결함 상하게 하지 않게 하고,
且看鴉鵲弄新晴. 까마귀와 까치가 막 눈 그침을 갖고 노는 것 보네.
更須攜被留僧榻, 다시 모름지기 이불 가지고 승방에 머물러서,
待聽摧簷瀉竹聲. 처마 따라 대나무에 물 흐르는 소리 듣기를 기다리네.

28 | 삼십삼동파(三十三東坡) : 고려 시대에 과거 합격자의 정원은 없었으나, 중엽 이후에는 대체로 33명이었다. 당시의 선비들은 소동파를 숭상하고 그의 체를 많이 본받았다.

29 | 운산월명수정철(雲散月明誰點綴) 두 구 : 시 제목은 〈6월 20일 밤에 바다를 건너다(六月二十日夜渡海)〉이고, 원시는 아래와 같다.

參橫斗轉欲三更, 삼성이 북두칠성 돌아 삼경이 되려하니,
苦雨終風也解晴. 궂은 비 종일 부는 바람 또 갤 수 있겠네.
雲散月明誰點綴, 구름 흩어져 달 밝으니 그 누가 가리겠는가?
天容海色本澄淸. 하늘색과 바다 빛은 본디 맑은 것이네.
空餘魯叟乘桴意, 괜스레 노나라 노인 뗏목 타려는 뜻 남아서,
粗識軒轅奏樂聲. 대략 헌원에서 풍악 울리던 소리 알겠네.
九死南荒吾不恨, 구사일생으로 살아남은 나는 한스럽지 않으니,
玆游奇絶冠平生. 이 뱃놀이 빼어남을 평생의 최고로 여기리.

凍合玉樓寒起粟,	옥루가 얼어붙어 소름이 돋을 만큼 춥고,
光搖銀海眩生花.	은해가 빛에 일렁이니 눈이 침침할 만큼 눈부시네.

風花誤入長春苑,	바람에 날린 눈은 장춘원에 잘못 들어왔고,
雲月長臨不夜城.	구름 낀 달은 불야성에 오래 임하네.

라는 것들이, 만당시 가운데 이처럼 기묘하고 빼어난 것과 대적할 만한 것이 있는지 모르겠다. 고려 시대에 과거의 방榜이 붙을 때마다 『33인의 소동파가 나왔다.』하였다. 고려의 문장은 우리 조선보다 우수한데, 그때 온 세상이 소동파를 본보기로 삼았으니, 소동파의 시를 수준 낮은 것이라 할 수 없다. 만약 그 사람됨을 가볍게 보아서라면, 만당의 시인으로 소동파보다 나은 사람이 몇이나 되겠는가? 유독 퇴계 대감은 소동파 시를 즐겨 읽어 언제나,

雲散月明誰點綴,	구름 흩어져 달 밝으니 그 누가 가리겠는가?
天容海色本澄淸.	하늘색과 바다 빛은 본디 맑은 것이네.

라는 구를 외우며, 자신이 지은 시에도 소동파의 시를 끌어 쓴 것이 많다.

[8] 이희보의 문학성

鄭湖陰遠接龔[30]·吳[31], 蘇退休[32]遠接華[33]·薛[34], 各有稱譽. 湖陰曰 :

30 | 공용경(龔用卿, 1500~1563) : 자는 명치(鳴治), 호는 운강(雲岡), 명대 복건성 회안(懷安) 사람. 가정(嘉靖) 5년에 1등으로 진사가 되었으며, 좌춘방좌유덕(左春坊左諭德)을 지냈으며, 한림원에서 《명윤대전(明倫大典)》과 《대명회전(大明會典)》편찬에 참여하였다. 가정 15년에서 조서를 받고 외교 사절로 조선에 왔다가 다시 복명하지만 오래지 않아 병들어 죽었다. 저작은 《사조선록(使朝鮮錄)》및 《운강집(雲岡集)》과 시들이 있다. —《명인전기자료색인(明人傳記資料索引)》 참조.

『龔勝華.』退休曰：『華勝龔.』莫有決者. 安分[35]曰：『蘇之言是也.』未幾, 僕適赴燕京, 質於中朝之人, 則曰：『華之文章雅麗典重, 可秉文衡[36].』安分之老於文章可知.

정사룡은 공용경 · 오희맹을 원접하였고, 소세양은 화찰 · 설정총을 원접하였는데, 각자 칭찬하는 바가 있었다. 정사룡은 『공용경이 화찰보다 낫다.』라 하고, 소세양은 『화찰이 공용경보다 낫다.』라 하여, 결정된 바가 없었다. 이희보는 『소퇴휴의 말이 옳다.』하였다. 얼마 후에 내가 마침 연경燕

31 | 오희맹(吳希孟) : 자는 자순(子醇), 호는 용진(龍津). 무진(武進) 사람. 가정(嘉靖) 11년에 진사(進士) 급제하여 동양 지현(東陽知縣)을 지냈고, 공용경과 함께 조선(朝鮮)에 사신으로 다녀간 뒤에 강서참의(江西參議)에 발탁되었으며, 관직은 광신 지부(廣信知府)에 이르렀다.

32 | 소퇴휴(蘇退休) : 즉 소세양(蘇世讓, 1486~1562). 조선 전기의 문신. 본관은 진주(晋州). 자는 언겸(彦謙), 호는 양곡(陽谷). 1521년 영접사(迎接使) 이행(李荇)의 종사관으로 명나라 사신을 맞았고, 그뒤 왕자사부(王子師傅) 등을 지냈다. 1533년 지중추부사에 올라 진하사(進賀使)로 명나라에 다녀왔다. 1537년 형조 · 호조 · 병조 · 이조판서를 거쳐 우찬성이 되었다. 문명이 높고 율시(律詩)에 뛰어났으며, 글씨는 송설체(松雪體)를 잘 썼다. 저서로는《양곡집(陽谷集)》이 있다. 시호는 문정(文靖).

33 | 화찰(華察, 1497~1574) : 자는 자잠(子潛), 호는 홍산(鴻山), 명대 강소성 무석(無錫) 사람. 가정 5년에 진사가 되고, 서길사(庶吉士)와 병부낭중(兵部郎中) · 한림수찬(翰林修撰)을 지냈다. 가정(嘉靖) 18년(1539)에 황태자 책립을 알리는 사신으로 조선에 왔다. 저서에는《암거고(巖居稿)》·《한원고(翰苑稿)》등이 있다. ─《명인전기자료색인(明人傳記資料索引)》참조.

34 | 설정총(薛廷寵) : 생졸년은 상세하지 않다. 자는 여승(汝承), 호는 췌헌(萃軒), 복청(福淸) 용전상설촌(龍田上薛村) 사람. 명대 가정 11년 진사가 되었고, 행인(行人)을 거쳐 형과급사중(刑科給事中)과 공과좌급사중(工科左給事中)을 지냈으며, 1539년에 화찰(華察)의 부사(副使)로 조선에 왔다.

35 | 안분(安分) : 즉 이희보(李希輔, 1473~1548). 조선 중기의 문신 · 문장가. 본관은 평양(平壤). 자는 백익(伯益), 호는 안분당(安分堂). 1506년(중종 1) 직제학에 재직 중 연산군의 나인 장녹수(張綠水)에게 아부하였다는 사헌부의 탄핵을 받고 이듬해 파직되었다. 1509년 다시 기용되어 선산부사 · 공조참의 · 나주목사 · 대사성 동지(同知) 등을 역임하였다. 문장에 능하였다. 저서로는《안분당시집》2권이 있다.

36 | 문형(文衡) : 조선시대 때의 대제학(大提學)을 달리 이르는 말.

京에 가서 중국 사람들에게 질문하였더니, 『화찰의 문장은 우아하고 법도에 맞아 문형을 잡을 만하다.』라 하였다. 이안분이 문장에 노련한 것을 알 수 있다.

[9] 중국사신의 뛰어남

許天使國[37], 魏天使時亮[38]之來也, 朴駱村忠元[39]甫爲遠接使. 行到嘉山[40], 聞明廟昇遐. 天使雖有作, 以國恤不答. 許之文章, 於東國罕有屏[41]肩者, 如〈謁箕子廟辭〉, 求於古人之中未易多得. 若迭相唱和, 不知駱村當輸幾籌耶?

중국 사신 허국 · 위시량이 올 때, 낙촌 박충원 군이 원접사가 되었다. 가

37 | 허국(許國, 1527~1596) : 자는 유정(維禎)이며, 가정 44년(1565, 명종 20)에 진사 · 서길사(庶吉士)를 거쳐 한림원 검토(檢討)가 되어 정묘년(1567, 명종 22)에 융경제(隆慶帝)의 등극 조서(詔書)를 가지고 사행하여 왔다. 이 때 부사는 위시량(魏時亮), 조선에서의 원접사는 박충원(朴忠元)이었으며, 이들의 시문창수(詩文唱酬)는 정묘년(1567, 명종 22)《황화집(皇華集)》에 자세하다. 그는《조선일기(朝鮮日記)》라는 저술을 남겼다.

38 | 위시량(魏時亮) : 자는 공보(工甫) 또는 순경(舜卿), 호는 경오(敬吾). 남창 사람이며 가정 38년 진사, 중서사인(中書舍人) 병과급사중(兵科給事中)을 거쳤으며, 이때(융경 1년)에 조사로 사행했으며 왕양명의 문묘 종사 문제에 관련된 인물로서 관직은 형부상서(刑部尙書)에 이르렀고,《대유학수(大儒學粹)》이라는 저술도 있다.

39 | 박충원(朴忠元, 1507~1581) : 조선 중기의 문신 · 학자. 자는 중초(仲初), 호는 낙촌(駱村) · 정관재(靜觀齋). 1545년 인종이 중국사신 영접사로 명소(命召)하여 나가기도 하였다. 1554년 성절사(聖節使)로 중국에 다녀온 뒤 형조참의가 되었다. 1558년 한성우윤 · 병조좌랑을 거쳐 밀원군(密原君)에 봉해졌고, 홍문관제학(弘文館提學)에 제수되었다. 1567년(선조 1) 이조판서로 전직되었을 때, 중국에서 사신이 나올 때 원접사가 되어 기대승(奇大升) · 이후백(李後白) · 이산해(李山海)를 종사관으로 삼았다. 그 뒤 여러 중직을 거쳐 정승에 이르렀다. 시호는 문경(文景)이며, 저서로《낙촌유고》가 있다.

40 | 가산(嘉山) : 지금의 평안북도에 소재.

41 | 병견(屏肩) : 곧 병견(並肩)이다. — 원주(原注)

산에 이르러 명종이 승하하였다는 소식을 들었다. 중국 사신이 비록 시를 지었으나 국상國喪 때문에 화답하지 못하였다. 허국의 문장은 동국東國에서 어깨를 겨눌 이가 없으니, 그의 〈기자묘를 배알한 글〉는 옛사람들 가운데서도 많이 볼 수 없는 것이다. 만약 그와 서로 주고받았더라면 박충원이 얼마쯤 모자랐을지 모른다.

【참고문헌】

민족문화추진회,《국역 大東野乘》14, 서울 : 민족문화문고간행회, 1985.

洪萬宗 著, 許捲洙 · 尹浩鎭 譯註《詩話叢林》上, 서울 : 도서출판 까치, 1993.

洪萬宗 著, 洪贊裕 譯註,《詩話叢林》上, 서울 : 通文館, 1993.

繆鉞 · 霍松林 · 周振甫 · 吳調公 撰,《名家鑑賞 宋詩大觀》, 香港, 商務印書館, 1988.

王文誥 輯注,《蘇軾詩集》, 北京, 中華書局, 1982.

(都惠眞, 朴韓圭)

14. 《학산초담鶴山樵談》1

허균(許筠, 1569~1618)2이 지었다. 허균의 자는 단보端甫, 호는 교산蛟山·성수惺叟·성소거사惺所居士·학산鶴山·백월거사白月居士이고 본관은 양천(陽川)이다.

《학산초담鶴山樵談》 1권은 조선 선조宣祖 26년(1593)에 완성되었는데 이는 명나라 신종神宗 만력萬曆 21년에 해당한다. 글 중에서는 명나라 사람들의 시를 매우 자세하고 합당하게 논하고 있으며, 작자가 명대 시가자료에 대해 많이 알고 있고, 또한 그것을 깊이 이해하고 있음을 알 수 있다. 예를 들어 말하면 전후칠자前後七子3를 하나하나 예를 들고, 그 뒤에 각각 평가를 해놓은 것이다.

1 | 《학산초담(鶴山樵談)》: 필사본. 1책. 허균(許筠)의 시문집 《성소부부고(惺所覆瓿藁)》의 부록으로 제 26권에 있으며, 《허균전집》에도 수록되었다. 이는 1593년(선조 26) 저자가 임진왜란을 피해 강릉에 있으면서 지은 것으로, 그가 살았던 선조 무렵의 시인들에 대한 시화·시평 99칙과 시인에 관한 소개 9칙, 총 108칙으로 구성되어 있다. 이 책은 문(文)은 도(道)를 실어 전하는 도구(載道論)로 보는 당말·송대의 시풍을 심미론적 입장에서 비판하고, 이백·두보로 대표되는 성당(盛唐)시대의 시풍을 회복할 것을 골간으로 하고 있다. 이와 함께 《성수시화(惺叟詩話)》·《국조시산(國朝詩刪)》등도 그의 시 비평 안목을 확인할 수 있는 자료들이다.

2 | 허균(許筠): 광해군(光海君) 때의 문신·소설가로, 명(明)나라 사신이 왔을 때 원접사(遠接使)의 종사관(從事官)으로 사신 주지번(朱之蕃)을 영접하여 명문장으로 이름을 떨쳤고, 천추사(千秋使)가 되어 명나라에 가서 천주교(天主教) 기도문을 얻어 왔으며, 호조참의(戶曹參議)·좌참찬(左參贊)을 지냈고, 반란을 계획하다가 능지처참(陵遲處斬)되었다. 저서로는 《홍길동전(洪吉童傳)》·《성수시화(惺叟詩話)》·《성소부부고》·《학산초담》 등이 있다.

3 | 전후칠자(前後七子): 명대(明代)에 문인들 중 진(秦)·한(漢)의 문장과 성당(盛唐)의 시를 내세워 복고(復古)를 주장하는 무리들이 있었는데, 먼저 전칠자(前七子)라 하여 이몽양(李夢陽)·하경명(何景明)·왕구사(王九思)·왕정상(王廷相)·강해(康海)·변

[1] 전후칠자에 대한 평가

明人詩, 蓀谷[4]以何仲默[5]爲首, 仲兄[6]以李獻吉[7]居最, 尹月汀[8]以李于麟[9]度越前二子, 論莫之定. 鳳洲[10]之言曰 : 『律之獻吉而高, 仲默而暢, 于麟

공(邊貢) · 서정경(徐禎卿) 7명이다. 그리고 다시 후칠자(後七子)는 이반룡(李攀龍) · 왕세정(王世貞) · 사진(謝榛) · 서중행(徐中行) · 종신(宗臣) · 양유예(梁有譽) · 오국륜(吳國倫) 7명이다. 대체로 전칠자의 활약 시기는 홍치(弘治, 1488~1505) · 정덕(正德, 1506~1521)년간이고, 후칠자의 활약 시기는 가정(嘉靖, 1522~1566)연간이다.

4 | 손곡(蓀谷, 1539~1612) : 이달(李達)의 호. 자는 익지(益之), 호는 손곡(蓀谷), 동리(東里), 서담(西潭). 홍주(洪州) 사람이며 삼당파(三唐派) 시인으로 불리는 조선 중기의 시인. 이첨(李詹)의 후손으로서 서출(庶出)이며 박순(朴淳)의 문하생으로 어려서부터 문장에 능하여 선조 때 한리학관(漢吏學官)이 되었으나 곧 사퇴했다. 같은 문하생인 백광훈(白光勳)과 최경창(崔慶昌)과 더불어 삼당시인으로 일컬어졌고 서예에도 깊은 조예를 갖고 있었다. 허균과 그의 누이 허난설헌(許蘭雪軒)에게 시를 가르치기도 했음. 허균은 스승인 이달이 훌륭한 재능을 지녔으나 서얼이기 때문에 불우하게 사는 것을 가슴 아파하여 『홍길동전』을 지었다는 설이 있음. 문집에 손곡집(蓀谷集)이 있다.

5 | 중묵(仲默, 1483~1521) : 하경명(何景明)의 자. 호는 대복(大復). 중국 하남(河南) 신양(信陽) 출신으로 명나라 시인. 『전칠자(前七子)』의 한 사람. 저서로는 《하대복선생집(何大復先生集)》 (38권) 《하자잡언(何子雜言)》 (1권) · 《대복론(大復論)》 (1권) 등이 있다.

6 | 중형(仲兄) : 이름이 허봉(許篈 : 1551~1588)으로 조선중기의 문신. 자는 미숙(美叔), 호는 하곡(荷谷). 허균의 둘째형. 1574년 서장관(書狀官)으로 명나라에 가서 《하곡조천기(荷谷朝天記)》를 썼다. 문집에 《하곡집》 · 《하곡수어(荷谷粹語)》등이 있다.

7 | 헌길(獻吉, 1475~1529) : 이몽양(李夢陽)의 자. 호는 공동자(空同子). 명나라 시인. 시문의 복고를 주창하여 『문필진한(文必秦漢), 시필성당(詩必盛唐)』을 주장, 진한(秦漢)의 고문과 이백 · 두보의 시를 이상으로 하고 시의 격조를 중시하였다. 저서에는 《이공동전집(李空同全集)》 66권과 그 부록 2권이 있다.

8 | 월정(月汀, 1537~1616) : 윤근수(尹根壽)의 호, 자는 자고(子固), 호는 월정(月汀) · 외암(畏菴), 시호는 문정(文貞)이며. 본관은 해평(海平). 이황(李滉)의 문인으로 명종 13년(1558) 별시 문과에 급제. 성리학(性理學)에 밝았고, 문장과 글씨에 뛰어났다. 벼슬은 영의정까지 올랐다. 저서에 《조천록(朝天錄)》 · 《월정집(月汀集)》 · 《월정만필(月汀漫筆)》 등이 있다.

9 | 이우린(李于麟, 1514~1570) : 이반룡(李攀龍)의 자. 호는 창명(滄溟), 중국 산동(山東省) 제남(濟南) 출신. 가정(嘉靖)23년에 진사가 되었고, 섬서제학부사(陝西提學副使)를 지냈다. 후칠자(後七子)의 한 사람. 저서에는 《이창명선생전집(李滄溟先生全集)》 (30권), 《고금시산(古今詩刪)》 (34권)이 있다.

10 | 봉주(鳳洲, 1526~1590) : 왕세정(王世貞)의 호, 엄주산인(弇州山人). 자는 원미(元

而大[11]； 亦不以某爲首而某次之也.』 益之嘗出一律示之曰：『此仲默之逸詩, 初不覺眞贋.』 則曰：『此詩淸絶, 選律者不當遺之, 必君之擬作.』 益之不覺盧胡. 詩曰：『客衾秋氣夜迢迢, 深屋疏螢度寂廖. 明月滿庭凉露濕, 碧天如水絳河遙. 離人夢斷千重嶺, 禁漏聲殘十二橋. 咫尺更懷東閣老[12], 貴門行馬隔雲霄.』[13] 間架句語酷似大復, 具眼者亦未易辨也. 詩乃上月汀相公之作也.

명나라 사람의 시를 이달은 하경명을 으뜸으로 치고, 중형은 이몽양을 가장 위에 놓았다. 윤근수는 이반룡을 그 두 사람보다 뛰어나다고 보고 있으니, 그 낫고 못함을 정할 수 없었다. 왕세정이 이렇게 말했다. 『율격은 이몽양은 높고, 하경명은 막힘이 없으며, 이반룡은 커서 또한 누가 으뜸이고, 누가 그 다음인지 말할 수가 없다.』

이달이 일찍이 율시 한 수를 꺼내어 나에게 보여주며 말했다. 『이것은 세상에 전하지 않은 하경명의 시일세. 처음에는 참인지 거짓인지 깨닫지 못할 걸세』라고 하면서 곧 말했다. 『이 시는 깨끗하고 아름다워, 그의 율시를 고르는 사람이 마땅히 빠뜨리지 않을 것이니, 틀림없이 당신이 본뜬 작품일 걸요』 이달은 자기도 모르게 크게 웃었다. 그 시에 이르기를

美). 강소성(江蘇省) 태창(太倉) 출신. 명나라 문학자. 후칠자(後七子)의 한 사람. 《엄주산인사부고(弇州山人四部考)》(174권)·《속고(續稿)》(207권)는 그의 전집이며, 문학·예술론은 《예원치언(藝苑卮言)》에 수록되어 있고, 중국 4대기서(四大奇書)의 하나로 알려진 《금병매(金瓶梅)》가 그의 작품이라는 설이 있으며, 희곡으로는 《명봉기(鳴鳳記)》가 유명하다.

11 | 율지헌길(律之獻吉) : 《명시화전편(明詩話全篇)》(권4), p.4283에는 『五七言律, 至仲默而暢, 至獻吉而大, 至于鱗而高 ; 絶句俱有大力, 要之, 有化境在』라고 적혀 있어, 이 인용문과는 다소 차이가 보임.

12 | 동각로(東閣老) : 한(漢) 나라 공손홍(公孫弘)이 승상이 되어, 동각을 지어 어진 선비를 맞아들인 고사. 여기서는 윤근수(尹根壽)를 가리킴.

13 | 객금추기야초초(客衾秋氣夜迢迢) 여덟 구 : 이시는 이달이 윤근수에게 지어준 작품으로 시제는 《버금가는 재상 월정에게 드림(上月汀亞相)》이다.

客衾秋氣夜迢迢,　　나그네 이불에 스미는 가을 기운에 밤은 깊어가고,
深屋疏螢度寂寥.　　그윽한 집에 반딧불 몇 마리가 쓸쓸하게 넘나드네.
明月滿庭凉露濕,　　밝은 달빛은 뜨락 가득하고 찬 이슬은 젖어드는데,
碧天如水絳河遙.　　푸른 하늘은 강물 같은데 은하수는 아득해라.
離人夢斷千重嶺,　　집 떠난 사람의 꿈은 끊어져 고개고개 겹겹한데,
禁漏聲殘十二橋.　　궁궐 누수 소리는 열 두 다리에 여운지네.
咫尺更懷東閣老,　　지척에서 더욱 동각로東閣老 그립건만,
貴門行馬隔雲霄.　　고귀한 집 앞의 행마는 하늘처럼 아득해라.

라고 하였다. 글의 짜임새와 그 말투가 하경명과 꼭 같아서, 안목이 있는 사람이라도 또한 구별하기 쉽지 않다. 이 시는 곧 이달이 윤근수에게 지어 준 작품이다.

[2] 명나라 문인 등계달과 중형의 일화

明人滕季達[14], 字晉生, 吳[15]人, 能文詩, 工書藝, 踏遍天下名山大川, 自號北海. 韓小宰世能癸酉頒詔於東方[16], 北海從而來. 時權習齋擘[17] · 鄭文峯惟一[18] · 柳西厓相公爲從事, 石峯韓濩[19]以善寫亦隨焉. 北海與四公

14 | 등계달(騰季達) : 이름은 달(達), 계달은 자(字). 한세능의 고향 친구로서, 과거 공부를 버리고, 산천을 유람하면서 시를 지었다 함. — 조헌(趙憲) 《조천일기》

15 | 오(吳) : 지금의 절강지역.

16 | 한세능(韓世能, 1528~1598) : 자는 존량(存良), 호는 경당(敬堂), 명나라 소주부(蘇州府) 장주(長洲) 사람. 사신으로 조선에 왔다. 저서에 《운동습초(雲東拾草)》 14권이 있다.
소재(小宰) : 명나라 한림원(翰林院) 편수(編修)의 별칭. 이 때 명나라에서 한세능 사신을 보내와 명 목종(穆宗)이 죽고 신종(神宗)이 즉위하였다는 조서를 반포하였다.

17 | 권벽(權擘, 1520~1593) : 자는 대수(大手), 호는 습재(習齋)이며 본관은 안동(安東). 조선 중기의 문신. 중종(中宗) 38년(1543) 문과에 급제. 벼슬은 감사(監司). 시문(詩文)에 뛰어났다. 저서로는 《습재집(習齋集)》이 있다.

18 | 정유일(鄭惟一, 1533~1576) : 자는 자중(子中), 호는 문봉(文峯)이며 본관은 동래(東萊). 조선 중기의 문신. 이황(李滉)의 문인으로 명종 13년(1558) 문과에 급제. 시부

相得, 懽甚, 累以詩文酬唱. 時仲氏爲太史入侍, 記事捷給, 詔使問：『孰誰?』金宰相繼輝[20]以翰林學士名某字某對之, 北海求見而無便. 甲戌, 仲氏以价聘於周[21], 相見朝天官[22]恨其晩也. 及還東方, 北海累因使臣通書相訊. 黃詹事洪憲[23] · 王都憲敬民[24]壬午頒詔而來, 北海傳書, 俾達於仲氏. 且曰：『某之官次不爲宣慰[25], 必作都監[26], 二君不可草率相待.』詹事至義順館, 問於通事郭之元[27], 知其來待也, 出書以示, 且贈手扇, 仲氏逑亦韻律以謝. 兩使相顧而歎曰：『藩國[28]亦有人才.』及返, 詹事語北海曰：『老兄實知人矣.』洪唐城純彦[29]云.

(詩賦)에 뛰어났고, 한중록(閒中錄) · 관동록(關東錄) · 송조명현록(宋朝名賢錄) 등을 저술하였으나 임진왜란 때 소실되었다. 벼슬은 대사간(大司諫). 저서로는《문봉집(文峯集)》이 있다.

19 | 한호(韓濩, 1543~1605) : 자는 경홍(景洪), 호는 석봉(石峰). 삼화(三和) 사람. 어려서부터 어머니의 격려로 서예에 몰두하였으며, 왕희지(王羲之) · 안진경(顔眞卿)의 체를 익혀 독특한 석봉체(石峰體)를 확립. 명종(明宗) 22년(1567) 진사시에 합격. 외교문서를 도맡아 썼는데 중국에까지 이름을 날렸다. 작품으로 많은 비문(碑文)이 전해지고 있다.

20 | 김계휘(金繼輝, 1526~1582) : 자는 중회(重晦), 호는 황강(黃岡)이며 본관은 광산(光山). 1581년 종계변무(宗系辨誣: 조선 개국 초부터 선조 때까지 약 200년간 명나라에 잘못 기록된 조선태조 이성계의 종계를 개록해 줄 것을 주청한 사건)를 위한 주청사(奏請使)로 베이징(北京)에 갔다. 이듬해 돌아와 예조참판에 올라 경연관(經筵官)이 되었다. 뒤에 이조판서가 추증되고, 나주의 월정서원(月井書院)에 배향되었다.

21 | 주(周) : 명나라를 가리킴.

22 | 천관(天官) : 문장의 뜻이 정확하지 않다.『관(官)』은『궁(宮)』으로 생각된다. — 원주(原註)

23 | 황홍헌(黃洪憲, 1541~1600) : 자는 무중(懋中), 호는 규양(葵陽), 명대 절강 가흥(嘉興) 사람, 편수(編修)의 직무를 담당. 일찍 조선에 칙사로 왔다. 저서에《조선국기(朝鮮國紀)》·《독예일초(讀禮日鈔)》·《벽산학사집(碧山學士集)》등이 있다.

첨사(詹事) : 한림원(翰林院) 편수(編修)의 별칭이고 이 때 명나라에서 황홍헌과 왕경민을 보내와 황태자 탄생의 조서를 반포하였다.

24 | 왕경민(王敬民) :《송계만록(松溪漫錄)》주 15) 참조.

25 | 선위사(宣慰使) : 재해, 병란 등이 지난 뒤, 임금의 명령에 따라 백성의 질고를 위문하던 임시 벼슬.

26 | 도감(都監) : 고려 · 조선 시대에 국상(國喪)이 나거나 궁궐을 짓는 등 국가의 중대사(重大事)를 관장하게 할 목적으로 임시로 둔 관청 또는 그 관청의 우두머리.

명나라 사람 등계달의 자는 진생, 오 땅 사람으로 시문에 능하고 서예에 뛰어났고, 또한 천하의 명산대천을 두루 돌아다녔으며, 스스로 북해라 불렀다. 소재 한세능이 계유년(癸酉年, 선조 6, 1573)에 우리나라에 조칙을 반포하러 왔을 때 북해가 따라왔다. 그때 습재 권벽 · 문봉 정유일 · 서애 유성룡이 종사관從事官이 되고, 석봉 한호가 글씨를 잘 썼기 때문에 역시 수행하였다. 북해는 네 분과 서로 뜻이 맞아 몹시 좋아하여 여러 번 시문으로 응답하였다. 그때, 중형은 태사로 조정에 들어가 임금을 섬기면서 일을 기록하는데 솜씨가 좋고 거침없자, 칙사가 『누구십니까?』고 물으니 재상인 김계휘가 한림학사로 이름은 무엇이요 자는 무엇이라 대답하자, 북해가 면회를 청했으나 적당한 기회가 없었다.

갑술년(甲戌年, 선조 7, 1574)에 중형은 사신으로 명나라를 방문 하였을 때, 천자를 배알하는 궁에서 북해를 만나보고 늦게 만난 것을 한스러워하였다. 중형이 우리나라로 돌아온 뒤에도 북해는 여러 번 사신 편에 편지를 보내어 문안하였다. 첨사 황홍헌 · 도헌 왕경민이 임오년(壬午年, 선조 15, 1582)에 조칙을 반포하러 올 때 북해는 편지를 보내며 중형에게 전해 달라 부탁하였다. 그러면서 『그의 벼슬이 선위사宣慰使가 되지 않았으면 반드시 도감이 됐을 것이오. 당신들은 그를 소홀히 대해서는 안 되오』라 하였다. 첨사가 의순관에 이르러 역관 곽지원에게 물어보고 중형이 나와서 기다리고 있음을 알게 되자, 편지를 꺼내 보이고 또 쥘부채[手扇] 를 선사하니 중형도 알맞은 대구를 찾아서 역시 율시를 지어 고맙다고 인사하였다. 두 사신은 서로 마주보고 감탄하면서 『번국에도 역시 인재가 있구려』하고 말하였다. 귀국하자 첨사가 북해에게 『노형은 참으로 사람을 볼 줄 아십니다그려』라고

27 | 곽지원(郭之元) : 조선중기의 역관(譯官).

28 | 번국(藩國) : 제후(諸侯)의 나라. 번방(藩邦). 여기서는 조선을 일컬음.

29 | 홍순언(洪純彦) : 조선중기의 역관(譯官). 본관은 남양(南陽). 광국공신(光國功臣)에 녹훈되었다. 《어우야담(於于野譚)》에 실린 홍순언사(洪純彦事)에는 『곽지원과 홍순언은 뛰어난 역관이다. 그들은 중국어를 잘해 여러 번 중국에 들어갔다.』라는 내용이 있다.

하였다. 이것은 당성군 홍순언에게 들은 말이다.

[3] 정유일이 세상을 뜨자 북해가 지은 시

鄭司寇[30]惟一捐世, 北海聞之, 挽以詩曰 : 『念昔遊玄菟[31], 傾蓋淸江[32]上. 寒月漾芳罇, 雪花凝毳帳. 斯年五字[33]上河梁, 握手臨風起三倡. 別來何自遽遊仙, 萬里逍遙鶴背煙. 秋夜冷[34]然華表柱[35], 碧天無際望君還.』淸冷脫凡, 讀之爽然, 中國之人愛惜人才, 皆此類.

사구 정유일이 세상을 뜨자, 북해가 듣고 다음과 같이 만사를 지었다.

念昔遊玄菟,	그리워라 지난날 현토 땅에 노닐 때,
傾蓋淸江上.	맑은 강 위에 일산을 기울이고 즐긴 일.
寒月漾芳罇,	싸늘한 달빛 감미로운 술잔에 일렁이고,
雪花凝毳帳.	눈송이는 털방장에 엉기었었지.
斯年五字上河梁,	그해 다섯 사람은 다리에 올라,
握手臨風起三倡.	바람머리에 손잡고 일어나 세 번이나 노래 불렀지.
別來何自遽遊仙,	헤어진 뒤 갑자기 신선이 되어,

30 | 사구(司寇) : 형벌관계의 업무를 담당. 정유일이 대사간을 지냈으므로 이렇게 부름.

31 | 현토(玄菟) : 옛 군(郡) 이름. 한 무제(漢武帝)가 설치하였다. 관할구역은 요녕성(遼寧省) 동부 및 조선 함경도(咸鏡道) 일대를 말하며, 또한 일반적으로 국경의 요새를 말한다.

32 | 청강(淸江) : 물색갈이 아주 투명한 강.

33 | 오자(五字) : 1573년(선조 6)에 명나라 사신 한세능이 왔을 때 같이 어울렸던 우리나라의 권벽(權擘) · 정유일(鄭惟一) · 유성룡(柳成龍) · 한호(韓頀)와 등계달(滕季達) 자신을 말함. 성소부부고에는 『字』가 『子』로 되어 있다.

34 | 냉(冷)은 『영(泠)』이어야 할 것이다. — 원주(原注).

35 | 화표주(華表柱) : 1) 고대에 제왕이 간언을 받아들이는 것을 나타내거나 혹은 길을 지시하는 나무기둥. 2) 고대에 다리거나 궁전, 성벽 혹은 능묘 등 앞에 장식용을 겸한 거대한 기둥. 3) 가옥외부의 화려하고 아름다운 장식.

萬里逍遙鶴背煙.	학 타고 노을 속 만 리 길을 소요하다니.
秋夜冷然華表柱,	가을밤은 화표주에 쓸쓸하고,
碧天無際望君還.	푸른 하늘 가 없는데 그대 학이 되어 오기만을 바라누나.

말쑥하고 속기가 없어 읽으면 마음이 시원해지니, 중국인이 인재를 아끼기가 대개 이와 같다.

[4] 중형이 황홍헌에 대한 평가

黃詔使之詩, 人皆短之. 仲氏獨曰 : 『如此等才, 自未易得.』人皆不信. 及見《風敎雲箋》[36] 載詹事之文, 文法簡嚴, 典麗溫醇 ; 仲氏可謂知才者.

황홍헌의 시를 사람마다 시원찮게 여겼으나 중형만은 혼자 『이런 인재는 예로부터 찾아보기가 쉽지 않다』라고 했다. 그러나 남들은 믿지 않았다. 《풍교운전》에 첨사의 글이 실린 것을 보면, 문법이 간결하고 엄숙하며, 전아하고 미려하며, 온후하고 순수하였으니 중형은 인재를 아는 분이라고 할 만하다.

[5] 중형의 시문을 배우는 순서

仲氏論學文章, 須要孰讀韓文, 先立門戶 ; 次讀左氏, 以致簡潔 ; 次讀《戰國策》, 以肆縱橫; 次讀《莊子》, 以究出沒 ;《韓非》·《呂覽》, 以暢支流 ;《考工》[37] ·〈檀弓〉[38], 以約志氣 ; 最要熟看《太史公》, 以張其橫放傑出之態. 爲詩, 則先讀《唐音》[39], 次讀李 · 白, 蘇 · 杜則取才而已.

36 | 《풍교운전(風敎雲箋)》: 미상.

37 | 《고공(考工)》: 중국의 가장 오래 된 공예기술서(工藝技術書). 전한(前漢) 성제(成帝, 기원전 32~기원전 7) 때 《주례(周禮)》에 편입되었음.

중형은 문장을 배우는 것을 말한다면, 반드시 한유韓愈의 글을 숙독하여 우선 문호를 세워야 하고, 다음으로 《좌씨전左氏傳》을 읽어 간결함에 이르러야 한다고 하셨다. 다음에는 《전국책》을 읽어 종횡으로 구애됨이 없어야 하고, 그 다음에는 《장자》를 읽어 신출귀몰神出鬼沒하는 솜씨를 연구해야 한다고 하셨다. 《한비》·《여씨춘추》는 지류를 통창케 하고, 《고공기》·〈단궁〉은 뜻을 가다듬게 하며, 《사기》를 가장 숙달하게 읽어 뛰어난 자태를 충분하게 펼 수 있게 해야 한다고 하셨다. 시를 배울 때는 먼저 《당음》을 읽어야 하고, 다음으로 이백과 백거이의 시를 읽어야 하며, 소식蘇軾·두목杜牧은 그 솜씨만 따면 그만이다라고 하셨다.

[6] 시문의 경지

仲氏嘗恨曰 :『我平生坐熟讀樊川之罪, 文章不高.』李益之亦曰 :『蘇·黃之詩著肺中已久, 故造語無盛唐氣格.』然作詩當如二家而止, 何必更企陶·謝間邪?

중형은 늘『내가 평생에 늘 두목의 시를 익히 읽은 탓으로 문장이 높지 못하다』고 한탄하였고, 이달 또한『소동파와 황정견의 시가 내 폐부에 배인지가 이미 오래되어 시어를 만듦에 성당의 기품이 없다』고 하였다. 그러나 시 짓기를 소동파와 황정견처럼 하면 그만이지, 하필 새삼스레 도연명陶淵明과 사령운謝靈運 사이를 꾀할 것인가.

[7] 정용의 시마詩魔

鄭鎔字百鍊[40]嘗中風, 一日自言曰 :『見一年少書生戴蓮花巾, 貌若玉

38 | 《단궁(檀弓)》: 《예기(禮記)》의 편명.

39 | 《당음(唐音)》: 당(唐)나라 때의 잘 지은 시를 뽑아 엮은 책.

雪, 自稱唐雅士姚鍇[41], 與李長吉[42]友善, 棲雁蕩山[43]將二百年. 聞東方山水最佳, 移棲漢挐山近千年, 欲向金剛山. 與汝有緣, 故來住三角山, 已三十年, 今始到此. 作詩曰 :「萬里鯨波海日昏, 碧桃花影照天門. 鸞驂一息空千載, 緱嶺靈簫[44]半夜聞.」又曰 :「棲身三角三十春, 日日每向南雲哭. 松風不如龍吟[45]聲, 蘭雁又下三陵鶴. 三陵鶴不來, 蜀道峯前秋月黑.」或問「蘭雁」之義, 則曰 :「衰蘭之節雁來賓, 故云也.」』如此歲餘, 魔[46]去而病愈.

李顯郁[47]之魔長篇大作亦能之, 至於散文皆圓熟. 百鍊之魔, 格過於顯郁, 而律詩且不及絶句, 况其文乎? 鍇之名不見於傳記小說, 抑唐末以絶句名家者乎? 仲氏愛其五言絶句, 以爲不減盛唐.《題魯山舊宅[48]》曰 :

40 | 정용(鄭鎔) : 호는 오정(梧亭). 해주(海州) 사람이다. 시로 세상에 알려졌으나 일찍 죽었다.《國朝詩刪》의《조선시대의 한시 1》에서 백련(百鍊)은 정용의 자라고 하였다. 그러므로 본문에서의 子는 字의 오자인 것 같아서 수정하였다.

41 | 요개(姚鍇) : 미상. 상해고적출판사의《전당시》에도 이름이 전하지 않음.

42 | 장길(長吉, 790~816) : 이하(李賀)의 자. 중당의 시인으로 흔히 이장길로 더 잘 알려져 있다. 복창(福昌: 지금의 河南省 宣陽) 사람. 당나라 왕실의 먼 후손으로 어려서부터 글을 잘 지어 한유 · 황보식(皇甫湜) 등에게 인정을 받았다고 하나 진사 시험에도 급제하지 못하고 최하급 관직인 종9품 봉예랑(奉禮郎)을 지냈을 뿐이다. 심아지(沈亞之)와 교유하여 친하게 지냈으며, 27세에 죽었다. 그의 시는 예리한 감각을 바탕으로 하여 새로운 표현과 상상을 융합시켜 아름답고 신기한 경지를 이루고 있어, 흔히 귀재(鬼才)라 일컬어진다. 특히 악부시에 뛰어났고, 통치 집단의 부패와 환관의 전횡 등 현실을 폭로 · 풍자한 작품들이 많다. 전체적으로 정조가 음울한 분위기를 자아내며, 자기의 온 심혈을 기울여 시를 쓴듯하나 언어를 지나치게 조탁한 면이 보인다.《이장길가시(李長吉歌詩)》 4권이 전한다.

43 | 안탕산(雁蕩山) : 절강성 동남부에 있는 산으로, 남안탕산은 평양현(平陽縣)의 서쪽에 있고, 북안탕산은 악청현(樂清縣)의 동북쪽에 있다.

44 | 구령령소(緱嶺靈簫) : 춘추 시대 주나라 영왕(靈王)의 태자 진(晋)이 피리를 매우 잘 불어서 피리로 봉황새의 울음소리를 내곤 했는데, 그가 도사(道士)인 부구공(浮丘公)과 숭산(嵩山)에 올라가 30여 년 만에 신선이 되어 구지산(緱氏山)으로 신선이 되어 올라갔다는 고사에서 온 말이다. 구령(緱嶺)은 곧 구지산을 가리킨다.

45 | 용음(龍吟) : 용의 울음소리. 또는 피리 소리를 일컫기도 한다.

46 | 마(魔) : 시마(詩魔). 시(詩)를 짓고자 하는 생각을 일으키는 일종(一種)의 마력(魔力).

47 | 이현욱(李顯郁) : 이조 선조 때 귀신들렸던 사람.

『人度桃花岸. 馬嘶楊柳風. 夕陽山影裏, 寥落魯王宮.』《淸明日贈人》曰 :『二月燕辭海, 千村花滿秦[49]. 每醉淸明節, 至今三十春.』《春晩》詩曰 :『酒滴春眠後, 花飛簾捲前. 人生能幾何, 悵望雨中天.』《秋日》詩 :『菊垂雨中花, 秋驚庭上梧. 今朝倍惆悵, 昨夜夢江湖.』[50]《聞琴》詩曰 :『佳人挾朱瑟, 纖手弄柔荑. 忽彈流水曲, 家在古陵西.』益之又傳『明月不知滄海暮, 九嶷山[51]下白雲多』之句, 則已入夢境矣. 百鍊之弟名鑑[52]者, 余之密友也, 備聞其詳.

정용의 자는 백련이고 일찍이 중풍에 걸렸는데 하루는 스스로 말하기를, 『어떤 젊은 서생을 만났는데, 연화관蓮花冠을 쓰고 용모는 옥설 같았는데 스스로 자신은 당 나라의 선비 요개로 이하와 친한 친구 사이인데, 안탕산에 산지 거의 2백년이 된다고 하였다. 조선의 산천이 가장 아름답다기에 한라산에 옮겨 산지도 천 년 가까이 되는데 금강산으로 가려고 하였다. 자네와 인연이 있으므로 삼각산에 와 살게 되었는데 그런지도 벌서 30년이 되었는데 이제야 비로소 여기에 왔다」고 하면서 시를 지어 말하기를

萬里鯨波海日昏,	만리라 큰 바다에 날은 저문데,
碧桃花影照天門.	벽도꽃 그림자 하늘문에 비치네.
鸞驂一息空千載,	신선 수레 한 번 쉬면 천년이 훌쩍 지난다던데,

48 | 노산구택(魯山舊宅) : 단종(端宗)이 영월에 유배되어 있을 때 거처하던 집을 가리킨다. 단종은 세조(世祖)에게 왕위를 물려준 뒤 노산군(魯山君)으로 강봉(降封)되었다가 숙종 때 다시 복위되었다.

49 | 진(秦) : 지금의 섬서(陝西)와 감숙(甘肅)을 가리킴.

50 | 《국조시산(國朝詩刪)》의 《조선시대의 한시 1》에서 〈노산군의 낡은 저택에서 짓다(題魯山舊宅)〉·〈청명날 사람에게 주다(淸明日贈人)〉·〈춘만(春晩)〉·〈추일(秋日)〉 등 4수의 시는 정용(鄭鎔)의 시로 나와 있다.

51 | 구의산(九嶷山) : 또한 창오산(蒼梧山)이라고도 하는데 호남성 영주시(永州市) 영원현(寧遠縣) 남쪽에 위치하고 있으며 순임금의 능묘 유적지다.

52 | 감(鑑) : 호는 삼옥(三玉), 벼슬은 정랑(正郞)에 이르렀다.

緱嶺靈簫半夜聞.　　구령의 신선 피리 소리 한밤에 들리누나.

하고 또 말하기를

棲身三角三十春,　　삼각산에 머문 지 삼십년인데,
日日每向南雲哭.　　매일 남녘 구름 바라보며 울었네.
松風不如龍吟聲,　　솔바람 소리는 용 읊조리는 소리만 못하고,
蘭雁又下三陵鶴.　　난안은 또 삼릉학만 못하네.
三陵鶴不來,　　삼릉학은 오지를 않고,
蜀道峯前秋月黑.　　촉도봉 앞엔 가을 달만 어둡겠구나.

라고 했다. 어떤 이가 난안이 무슨 뜻이냐고 묻자, 「난초가 시들 무렵이면 철새인 기러기가 오기 때문」이라 하였다』라고 하였다. 이렇게 한 해 남짓 지나더니 시마詩魔가 떠나자 병도 나았다.

이현욱의 시마는 장편 대작도 다 지을 수 있었고, 산문散文에 대해서도 다 원숙하였다. 정백련에게 걸린 시마는 격은 현욱보다 나았지만 율시는 절구에 못 미쳤으니, 더구나 그 문文이야 말할 게 있겠는가. 요개의 이름은 전기소설에 보이지 않으니, 혹은 당나라 말기에 절구로 이름난 것이 아닌가 한다. 중형은 백련의 오언 절구를 사랑하여 성당에 못지않다고 여겼다. 〈노산군의 낡은 저택에서 짓다〉에서

人度桃花岸.　　사람은 복사꽃 핀 강 언덕을 지나고,
馬嘶楊柳風,　　말은 버들에 스치는 바람 맞으며 운다.
夕陽山影裏,　　해질녘 산 그림자 속에는,
寥落魯王宮.　　노산군의 집이 쓸쓸하구나.

라고 하였다. 〈청명날 사람에게 주다〉에서는

二月燕辭海,　　2월이라 제비가 바다 건너오니,

千村花滿秦.　고을마다 꽃이 가득하네.
每醉淸明節,　청명이면 으레 취한 지도,
至今三十春.　지금까지 서른 해가 되었네.

〈늦은 봄〉이란 시에서 이르기를

酒滴春眠後,　봄잠 자고 나서 술잔 따르니,
花飛簾捲前.　꽃은 걷어 올린 발 앞에서 흩날리네.
人生能幾何,　인생이 그 얼마리오,
悵望雨中天.　서글피 비 내리는 하늘을 바라보네.

라고 하였다. 〈추일〉 시에서

菊垂雨中花,　국화는 빗속에 꽃을 드리우고,
秋驚庭上梧.　정원의 오동나무 가을에 놀라누나.
今朝倍惆悵,　오늘아침 갑절이나 서글퍼짐은,
昨夜夢江湖.　어젯밤 세상 꿈을 꾸어서일세.

라고 하였다. 〈금 소리를 듣다〉이란 시에서

佳人挾朱瑟,　아름다운 여인 붉은 비파를 끼고,
纖手弄柔荑.　섬섬옥수로 새싹을 만지작거리누나.
忽彈流水曲,　갑자기 유수곡 타니,
家在古陵西.　집이 고릉 서녘에 있네.

라고 하였다. 이달이 또

明月不知滄海暮,　달이 밝으니 동해가 저문 줄도 모르고,
九疑山下白雲多.　구억산 기슭엔 흰 구름만 자욱하네.

라는 구절을 전해 주었는데, 이런 구절은 이미 꿈속의 경지에 든 것이다. 백련의 아우를 감이라 부르는데, 나와 절친하므로 상세한 이야기를 모두 들었다.

[8] 여민표의 시

明人山東參議[53]黎民表[54], 字惟敬, 工詩,《寄張侍郎佳胤肖甫》曰:『滿目川原百戰餘, 旅情衰草共蕭疏. 寒山古驛逢秋騎, 遠樹殘燈見夜漁. 地近瀟湘多暮雨, 雁來湓浦少鄕書. 故人政在雲霄外, 悃悵煙波未定居.』此詩流播東方.《松溪漫錄》載以羅狀元萬化之詩, 字多舛誤. 松溪只聞傳者之言, 故未免紕繆. (按《松溪錄》,『萬化』作『萬湖』, 未詳孰是. 從當更考.)

명나라 사람 산동 참의 여민표의 자는 유경인데 시에 뛰어났다.《장시랑 가윤 초보에게 보내다》라는 시는 다음과 같다.

滿目川原百戰餘,	온 냇벌엔 백 번 넘어 전쟁을 치른 자취,
旅情衰草共蕭疏.	먼 길을 떠나는 심정과 시든 풀은 모두 쓸쓸하네.
寒山古驛逢秋騎,	스산한 산 오래된 역에서 말 탄 가을 손을 만나고,
遠樹殘燈見夜漁.	먼 숲과 가물대는 불빛에 밤 고기잡이 보이네.
地近瀟湘多暮雨,	땅이 소상에 가깝고 보니 저녁 비가 많이 내리고,
雁來湓浦少鄕書.	기러기 분포에서 날아오나 고향 편지 드물구나.
故人政在雲霄外,	벗은 마침 아득한 하늘가에 있거니,
悃悵煙波未定居.	안개 낀 물가에 정처 없음을 슬퍼하네.

53 | 참의(參議) : 관명. 원(元) · 명(明)때는 중서성(中書省) 속관(屬官).

54 | 여민표(黎民表) : 자는 유경(惟敬), 호는 요석산인(瑤石山人) · 여관자(黎貫子). 명나라 광동(廣東) 종화(從化) 사람. 시로 유명하며 서화(書畵)에도 뛰어났다. 저서에《요석산인고(瑤石山人稿)》·《양생잡록(養生雜錄)》·《유후어록(諭後語錄)》등이 있다.

이 시가 우리나라에 퍼졌다. 《송계만록》에는 나장원 만화의 시로 실려 있는데, 글자가 많이 틀렸다. 송계는 전하는 사람의 말만 들었기 때문에 착오를 면치 못했던 것이다. (《송계만록》을 따르면, 만화는 만호라고도 하는데 어느 것이 옳은지 모르니 다시 상고해야 할 것이다.)

[9] 명나라의 이름난 시인들

明人以詩鳴者：何大復景明 · 李崆峒夢陽, 人比之李 · 杜. 一時稱能者：邊華泉貢 · 徐博士禎卿 · 孫太白一元[55] · 王檢討九思. 何 · 李之長篇 · 七律俱善. 近古李于鱗 · 王元美[56]亦稱二大家, 而吳國倫 · 徐中行 · 張佳胤[57] · 王世懋[58] · 李世芳[59] · 謝榛 · 黎民表 · 張九一[60]等, 皆並驅爭先.

명나라 사람으로서 시로 이름난 이로는 대복 하경명과 공동 이몽양이 있는데 사람들은 이들을 이백과 두보에 비긴다. 한 시대에 재능 있는 사람으로 일컬어진 자는 화천 변공과 박사 서정경 · 태백 손일원 · 검토 왕구사이

55 | 손일원(孫一元, 1484~1520) : 자는 태초(太初), 호는 태백산인(太白山人). 관적은 상세하지 않다. 시를 잘 지었다. 저서에 《태백산인고(太白山人稿)》가 있다.

56 | 왕원미(王元美, 1526~1590) : 《학산초담(鶴山樵談)》 주 10) 참조.

57 | 장가윤(張佳胤, 1526~1588) : 자 초보(肖甫), 명 가경(嘉靖) 5년에 사천성 동량(銅梁) 사람. 집이 거래산(岠崍山)아래에 있기 때문에 호를 거래산인(岠崍山人)이라고 한다. 절강순무(浙江巡撫) · 계요총독(薊遼總督) 병부상서 등을 지냈다. 저서에 《장거래선생집(張岠崍先生集)》이 있다. 《명사(明史)》 (열전 권110)에 전기가 있다.

58 | 왕세무(王世懋, 1536~1588) : 자는 경미(敬美), 호는 인주(麟洲), 왕세정의 동생이다. 어렸을 때부터 총명하고 배우기를 좋아하였으며 시를 잘 지어 세상에 알려졌으며, 그의 문학주장이 왕세정과 비슷하였고, 문단에서 세정의 버금으로 쳤으며, 소미(少美)라는 미칭을 가지고 있었다. 저서로는 《왕의부집(王儀部集)》 · 시화 《예포힐여(藝圃擷余)》 등이 있다.

59 | 이세방(李世芳) : 명나라 시인. 미상.

60 | 장구일(張九一, 1533~1598) : 자는 조보(助甫), 호는 주전(周田). 하남성(河南省) 신채(新蔡) 사람. 가정(嘉靖) 32년 진사에 합격. 후에 서울에서 시사(詩社)를 결성하였다. 저서에 《녹파루시집(綠波樓詩集)》과 《삭방주의(朔方奏議)》가 있다.

다. 하경명 · 이몽양의 장편과 칠언율시[七律] 는 모두 잘 썼다. 근고에 이반룡 · 왕세정 역시 이대가二大家라 일컬어지며, 오국윤 · 서중행 · 장가윤 · 왕세무 · 이세방 · 사진 · 여민표 · 장구일 등이 모두 나란히 달리며 앞을 다투었다.

【참고문헌】

정양완 역, 《국역 성소부부고》 권3, 한국고전번역원(www.itkc.or.kr), 1983.

김학주 저, 《중국문학사》, 신아사, 2001.

張撝之 등 편찬, 《中國歷代人名大辭典》, 上海古籍出版社, 1999.

羅竹風 主編, 《漢語大詞典》, 漢語大詞典出版社, 1993.

【그 외 참고자료】

《한국인명대사전》, 누리미디어.

百度(www.baidu.com)

네이버(www.naver.com)

(梁承惠, 朴京順)

15.《월정만필月汀漫筆》[1]

윤근수(尹根壽, 1537~1616)[2]가 지었다. 근수의 자는 자고子固, 호는 월정月汀이며, 본관은 해평海平이다.

이 책 두 권은 조선 선조宣祖 30년(1597)에 지어졌으며 명나라 신종神宗 만력萬曆 25년에 상당하다. 책에서 명나라 시를 많이 언급하였는데 예를 들면 대가인 이몽양李夢陽 · 왕세정王世貞 등외에 또한 사신들의 시도 논급하였다.

[1] 이몽양 시문의 훌륭함을 늦게 알다

登第後, 通官高彦明[3]謂余曰 :『昔年曾見李堂和宗則[4], 言辛巳年嘉靖[5]

1 | 《월정만필(月汀漫筆)》 : 윤근수가 평소에 보고 듣고 또 책에서 본 것에 대해 느낀 대로 적어 모은 것이다. 내용은 중국 · 동국(東國)의 역사 고증, 풍속 · 문장 · 필법 · 시화 · 인물 · 군자출처(君子出處) · 설화(說話) · 풍수 · 복서(卜筮) · 천사(天使)응접 등에 관해 두루 논급했는데, 중국은 하(夏) · 은(殷) · 주(周) 삼대에서부터 명(明)대까지, 동국은 기자조선(箕子朝鮮)에서부터 이조 선조(宣祖)때까지의 일들이다. 그 중에도 명대 특히 저자가 네 차례에 걸쳐 연경에 사신으로 가서 보고 들은 내용에 관해서, 동국관계는 이조 중기의 시화와 기묘사화(己卯士禍) · 을사사화(乙巳士禍)에 관해 비교적 정확하게 논급하였는데 특히 조선 중기의 중국과의 외교와 시문학과 기묘 · 을사사화에 관한 연구에 좋은 자료가 된다.

2 | 윤근수(尹根壽) : 조선 중기의 문신이며 학자이다. 퇴계 이황(李滉)의 문인. 선후로 많은 벼슬을 하였는데 임진왜란 후 문안사(問安使), 원접사(遠接使), 주청사(奏請使)로 명나라와의 외교를 담당, 중국 광녕(廣寧)에 세 번, 요동(遼東)에 여섯 번이나 왕래하며 국난 극복에 힘썼다. 그 후 우찬성(右贊成)이 되어 판의금부사(判義禁府事)를 겸임, 1604년 호성공신 2등에 봉해졌다. 문장과 글씨에 뛰어나 당대의 거장으로 일컬어졌으니, 특히 글씨는 영화체(永和體)라 하여 격찬을 받았다. 저서로는《월정집》·《월정만필(月汀漫筆)》·《조천록(朝天錄)》·《조경창수(朝京唱酬)》 등이 있다. 시호는 문정(文貞)이다.

3 | 고언명(高彦明) : 조선 인종(仁宗)과 명종(明宗)시기의 통역관.

登極, 詔使唐修撰皐[6]出來時, 遠接使容齋李公[7]問於天使曰 :「當今天下文章誰爲第一?」唐答曰 :「天下文章以李夢陽[8]爲第一.」』其時崆峒[9]致仕, 家居汴梁[10], 而名動天下. 我國不知, 雖聞此言, 亦不肯訪問於中原, 可歎! 近世始得《崆峒集》者, 而始知詩文兩極其至. 王[11]·李[12]諸公, 極其推尊, 我國之知崆峒子晩[13]矣.

4 | 이당화종측(李堂和宗則) : 미상.

5 | 가정(嘉靖, 1522~1566) : 명대(明代) 세종(世宗)의 연호.

6 | 당고(唐皐, ?~?) : 명대 시인. 자는 수지(守之). 호는 심암(心菴). 흡현(歙縣, 지금의 하남성) 사람이다. 정덕(正德)9년에 진사(進士)장원을 했고, 후에 무종실록(武宗實錄)을 찬수했으며, 시강(侍講, 왕이나 세자에게 경학을 강의하는 관직)을 지냈고, 중종 16년(1521)에 한림수찬(翰林修撰)으로 상사(上使)가 되어, 병과 급사중(兵科給事中) 사도(史道) 부사(副使)와 사신이 되어 조선을 다녀갔다. 저서로《심암문집(心菴文集)》이 있다. ―《명대전기자료색인(明代傳記資料索引)》참고.
※수찬(修撰) : 관직명, 당대(唐代) 사관(史館)에 수찬이 있으며, 나라의 역사를 편찬하는 것을 주관하였다. 송대(宋代)에 집영전(集英殿)·우문전(右文殿) 등에 수찬이 있었다. 원대(元代)에 이르러 한림원(翰林院)에서 수찬을 설치하기 시작. 명대(明代)에서 이것을 그대로 본받아 보통 전시(殿試)가 발표되면 일갑(一甲) 제일명(第一名) 진사[狀元] 에게 바로 한림원의 수찬직을 수여한다.

7 | 용재(容齋) : 조선 중종 때의 문신 이행(李荇, 1478~1534)의 호. 자는 택지(擇之). 호는 용재·창택어수(滄澤漁水)·청학도인(青鶴道人). 갑자사화 때 폐비 윤씨의 복위를 반대하다가 유배되었으나, 기묘사화 후 입조(入朝)하여 대제학·이조판서·우의정 등을 지냈다. 저서에《용재집》이 있다.

8 | 이몽양(李夢陽, 1475~1529) : 중국명나라의 시인. 자 헌길(獻吉). 호 공동자(空同子).《학산초담(鶴山樵談)》주 7) 참조.

9 | 공동(崆峒) : 이몽양의 호.《학산초담(鶴山樵談)》주 7) 참조. 한 책 속에서 어떤 곳에서는『崆峒』으로, 어떤 곳에서는『空同』이라고 썼다.

10 | 변량(汴梁) : 오대(五代, 907~960)와 북송(960~1127)때의 국도. 지금의 하남성(河南省) 개봉(開封).

11 | 왕세정(王世貞, 1526~1590) : 자는 원미(元美), 호는 봉주(鳳州)·엄주산(弇州山) 사람. 중국 명나라의 문학자.《학산초담(鶴山樵談)》주 10) 참조.

12 | 이반룡(李攀龍, 1514~1570) : 자는 우린(于鱗). 호는 창명(滄溟). 중국 명나라의 시인.《학산초담(鶴山樵談)》주 9) 참조.『而始知詩文兩極其至王·李諸公』이 구절에서 본문은『其至』뒤에 마침표를 찍었는데 국역《대동야승(大東野乘)》에는『제공(諸公)』뒤에 표점이 있다.

13 | 본문은『만(晩)』자가 빠져 있으나 국역《대동야승》에는 있다.

과거에 급제한 후, 통역관 고언명이 나에게 일러 말하기를, 『이전에 이당화 종측을 만났더니 말하기를, 신사년(辛巳年 : 중종16년, 1521)에 가정황제가 등극하자 조서를 알리는 사신 수찬 당고가 오셨을 때, 원접사 이행이 중국 사신에게 「지금 천하의 문장은 누가 제일입니까?」하고 묻자, 당고는 「천하의 문장은 이몽양이 제일이라고 생각합니다」』라고 대답하였다한다. 그 때 공동은 [나이가 많아서] 벼슬을 사직하고 변량에 살고 있었지만 이름이 천하에 알려져 있었다. 그러나 우리나라는 알지 못하였고 비록 이 말을 들었으면서도 중원에 가서 그를 방문하려고 하지 않았으니 탄식할 일이다. 근세에 와서야 비로소 《공동집》을 얻었고, 그의 시와 문장이 극치에 달하였다는 것을 알기 시작하였다. 왕세정 · 이반룡 등과 같은 분들이 그를 지극히 존경하여 받들었으니, 우리나라는 공동자를 안 것이 너무 늦었다.

[2] 유정수의 〈과강부過江賦〉의 뜻

劉靜修[14]百代人物, 而以〈過江〉[15] 一賦疵之. 靜修又有詩曰 : 『臥榻而今又屬誰, 乾坤回首見旌旗. 路人爭指降王道, 好似周家七歲兒[16].』 頗含譏諷, 亦〈過江賦〉之意.

유정수는 백대를 전할 만한 인물이나, 〈과강〉이라는 부賦 하나가 흠이었다. 정수는 또 다른 시에서,

14 | 유정수(劉靜修, 1249~1293) : 본명은 유인(劉駰), 자는 몽기(夢驥)였으나 후에 이름은 유인(劉因), 자는 몽길(夢吉)이라 하고 호를 정수(靜修)라 하였다. 하북 출신. 처음에는 훈고학을 공부하였으나, 후에 주자학 계통의 조강한(趙江漢)으로부터 송대의 주염계(周濂溪)에서 주자에 이르기까지의 도학(道學)을 익히고 1291년 원의 세종으로부터 집현학사(集賢學士) 가의대부(嘉議大夫)에 임명되었으나 관직을 고사(固辭)하였다. 큰 업적은 없으나, 원대의 거유(巨儒)로서 유명하며, 시문에도 능하여 《정수문집(靜修文集)》 30권을 저술하였다.

15 | 《강을 지나다(過江)》 : 사고전서 《정수집(靜修集)》 (권17)에 전한다.

16 | 주가칠세아(周家七歲兒) : 후주(後周)의 공제(恭帝). 7세에 올라 여덟 달 만에 송태조(宋太祖)에게 양위 당함. 이 시의 제목은 〈이일 저일을 적는다(書事) 5수〉인데 그 중 제3수임. — 역시 《정수집》 (권17)에 보임.

臥榻而今又屬誰, 누운 자리 지금은 또 누구에게 속하는가,
乾坤回首見旌旗. 하늘 땅 돌아보니 깃발만이 보이네.
路人爭指降王道, 길가의 사람들 다투어 항복한 임금을 가리키며 말하기를,
好似周家七歲兒. 마치 주나라 일곱 살 아이와 흡사하다하네.

라고 하였는데, 자못 조롱과 풍자가 들어 있어 또한 〈과강부〉의 뜻과 같았다.

[3] 정유길의 평가

恭憲王朝[17], 黃洪憲[18]天使有先聲, 一日於經席問鄭林塘惟吉[19] 曰 :『我國詔使所著詩, 誰爲第一?』林塘對以祈順[20], 張寧[21]次之. 以今觀之, 張靖之詩, 篇篇皆絶唱, 合其第一 ; 而林塘之對云然, 何邪?

공헌왕때 황홍헌이라는 중국 사신은 명성이 미리 알려져 있었는데 하루는 경연에서 [임금님께서] 임당 정유길에게, 『우리나라 조사들이 지은 시 가운데 누구의 것이 제일가오?』라고 물으니 정유길은, 기순이 첫째고, 장녕이 그 다음입니다라고 대답하였다. 지금 와서 살펴보건대, 장녕의 시는 편마다 절창이라 첫째가 되어야 합당한데, 임당이 그렇게 대답한 것은 무엇 때문인가?

17 | 공헌왕(恭憲王, 1545~1567) : 조선 제 13대 왕인 명종(明宗). 자는 대양(對陽), 이름은 환(峘), 시호는 공헌(恭憲).
18 | 황홍헌(黃洪憲, 1541~1600) : 자 무중(懋中), 호 규양(葵陽). 일찍 조선에 칙사(勅使)로 왔다. 《학산초담(鶴山樵談)》 주 23) 참조.
19 | 정임당(鄭林塘, 1515~1588) : 정유길(鄭惟吉)임. 자는 길원(吉元). 호는 임당(林塘) · 상덕재(尙德齋). 조선 중기의 문신으로 재상을 지냄. 본관은 동래(東萊). 문집에 《임당유고(林塘遺稿)》, 글씨로 《한기비(韓琦碑)》(高陽)가 있다. 저본(底本)의 『言』은 『吉』의 오자임.
20 | 기순(祁順, 1434~1497) : 《필원잡기(筆苑雜記)》 주 31) 참조.
21 | 장녕(張寧) : 《필원잡기(筆苑雜記)》 주 27) 참조.

【참고문헌】
羅竹風 主編,《漢語大詞典》, 漢語大詞典出版社, 1993년.
국역《大東野乘》XIV, 고전국역총서 62, 민족문화추진회, 1975년 11월.
국역《조선왕조실록》, 서울시스템주식회사, 한국학데이터베이스연구소.
趙鍾業編,《韓國詩話叢編》2, 太學社, 1996년 5월.

【그 외 참고자료】
네이버(www.naver.com)
百度(www.baidu.com)

(朴京順)

16. 《오산설림五山說林》[1]

차천로(車天輅, 1556~1615)[2]가 지었다. 천로의 자는 복원復元이며 호는 오산이고 본관은 연안延安이다. 《오산설림》세 권은 조선 광해군光海君 3년(1611) 명明 신종神宗 만력萬曆 39년에 완성되었다. 이 책은 시를 논한 것이 72편에 달하는데, 당송唐宋시에 대한 논급이 자못 많고, 특히 이백과 두보시 주注의 분석과 변정辨正에 대해 매우 많이 실려 있으며 약간의 논의와 상세한 설명은 매우 참고할 만한 가치가 있다.

[1] 이백 〈우언寓言〉시에 대한 주註의 오류

〈寓言〉[3]：『武王昔不豫, 翦爪投河湄』[4] 注：『〈金縢〉[5]：「王有疾不豫」.

1 | 《오산설림(五山說林)》: 당 · 송의 이태백(李太白) · 두자미(杜子美) · 맹호연(孟浩然) · 진후산(陳后山: 陳師道) · 소동파(蘇東坡) 등 시 문인들의 시문학 등을 비롯하여 여말(麗末) 국초(國初)의 세가 · 재상 · 시인 · 문호 등에 관련된 많은 일화와 전설들을 채집하였으며 또는 관기(官妓)와 사창(私娼)들에 얽힌 연정 · 해담(諧談) 등과 신혼 처녀들에 관한 비화들이 적지 않게 끼어있다. 본서가 귀중한 사료로서 널리 이용되지는 아니하였으나 그 당시의 인정 풍속들을 짐작할 수 있는 좋은 자료이다. 《오산설림초고(五山說林草藁)》라고도 한다. 필사본. 2권 1책이며, 《대동야승(大東野乘)》 · 《광사(廣史)》 · 《시화총림(詩話叢林)》등에 실려 있다. — 한국고전번역원(www.itkc.or.kr)

2 | 차천로(車天輅) : 서경덕(徐敬德, 1489~1546)의 문인이다. 호는 난우(蘭嵎) · 귤실(橘室) · 청묘거사(淸妙居士)인데 선조 때 문과에 올라 교리(校理)로 광해군 때 봉상시첨정(奉常寺僉正)을 지냈다. 오산의 아우 창주(滄洲) 차운로(車雲輅)와 오산의 형 차은로(車殷輅)도 다같이 문장에 뛰어나 조부 광운(廣運)에서 이들 삼형제까지 『삼세 오문장(三世五文章)』의 칭호를 들었으며 흔히 당나라 삼소(三蘇)에 비유되었다. — 〈車天輅의 文學 硏究〉박현옥 1995 (한문학논집, 13권, pp.149~169.)

3 | 〈우언(寓言)〉 : 이백 시의 한 제목. 우언이란 자기의 생각을 다른 사물에 비교해서 은근히 풍자하는 말로 우의(寓意)와 같음.

《史記》與《尚書》皆言爲三壇, 周公北面, 植璧東班[6], 告於太王[7]・王季, 不言翦爪事』[8] 此注誤.《史記・蒙恬傳》[9] :『成王有疾, 甚殆, 公旦[10]自齋

4 | 武무왕석불예(王昔不豫) 두 구 : 〈우언〉 3수 중 제1수의 제3구와 제4구이다.

周公負斧扆,　　주공이 부의를 졌는데,
成王何夔夔.　　성왕은 어찌 두렵고 두려운가?
武王昔不豫,　　무왕이 옛날 병이 나 편치 않자,
翦爪投河湄.　　주공이 손발톱 깎아 하수가에 던졌네.
賢聖遇讒慝,　　성현이 사특함을 만나니,
不免人君疑.　　임금의 의심을 피할 길 없어라.
天風拔大木,　　큰 바람은 큰 나무를 뽑아버리니,
禾黍咸傷萎.　　곡식은 모두 상하고 마르는구려. ― 졸역

※부의(斧扆) : 문 사이에 설치한 도끼 모양을 그려놓은 병풍.

5 | 〈금등(金縢)〉 : 뜻은 금으로 봉인하다. 꼭꼭 묶다.《서경》에『무왕이 병이 나자, 주공이 〈금등〉을 지었다.(武王有疾, 周公作 〈金縢〉)』고 했다. 그 내용은 대체로 4막(幕 또는 場)으로 이루어져 있다. 〈금등〉에 기록된 것은 주공의 거동과 관계있는 것들인데, 어떤 것들은 매우 기괴하다. 예를 들자면, 무왕(武王)이 병이 깊자, 태공(太公)과 소공(召公)이 무왕을 위해 길흉을 점치려 한다. 주공(周公)이 저지하며 말하기를『선왕을 놀라게 해서는 안 된다.(未可以戚我先王)』고 했다. 선왕은 태왕(太王)・왕계(王季)・문왕(文王)을 말한다.「이어서 주공은 오히려 단을 쌓고 자신이 점을 치고 기도했다.」는 내용이 있다. 이 때 제물을 갖춘 다음 사관(史官)에게 축문을 지어 빌게 했는데 축문의 내용은「당신들의 후손인 무왕이 병이 났는데, 제(周公)몸으로 무왕의 병이나 죽음을 대신하게 해 주십시오」라는 것이었다. 제사가 끝난 뒤 축문을 쇠로 봉한 궤짝 안에 넣어 보관케 했다. ―《사고전서・이태백집주》

6 | 동반(東班) :《사기》등 대부분의 책에는『병규(秉圭)』로 되어있는데,《이태백집주》에서 〈우언(寓言)〉 3수의 주에는『圭』가『珪』로 되어있다.

7 | 태왕(太王) :《사기》등 대부분의 책에는『大王』으로 나오고,《이태백집주》에서 〈우언삼수〉의 주에는『太王』으로 되어있다. ―《사고전서・이태백집주》참조.

8 | 무왕석불예(武王昔不豫)의 주석 : 누구의 주석인지 미상.《상서》에 이르기를『은나라를 이긴지 2년 만에 왕이 병이 나서 편치 못하자, 주공이 태왕・왕계・문왕의 신령께 고했다. 주공이 돌아오자 왕은 다음날 병이 나았다.(旣克商二年, 王有疾不豫, 公乃告太王・王季・文王・公歸, 翌日乃瘳.)』―《사고전서・상서고문소증(尙書古文疏證)》『주공이 이때 스스로 인질이 되어서 삼단을 설치하고, 북쪽을 향해 서서 벽을 이고 규를 잡아 태왕・왕계・문왕께 고했다(周公於是乃自以爲質, 設三壇, 周公北面立, 戴璧秉圭, 告于大王・王季・文王)』―《사고전서・사기》

9 | 몽념(蒙恬, ?~기원전 210) : 선조는 제나라 사람이었다. 그의 조부 몽무(蒙驁)와 부친 몽무(蒙武) 모두 진의 명장이다. 기원전 221년 진이 6국을 통일할 때 큰 공을 세웠으며, 기

剪爪, 以沈於河.』[11] 蓋太白兼用之[12].

〈우언寓言〉에,

武王昔不豫,　　무왕이 옛날 병이 나 편치 않자,
翦爪投河湄.　　손발톱을 깎아 하수가에 던졌네.

란 시구가 있는데 그 주에, 『〈금등金縢〉에 「왕이 병이 나서 편치 못하였다.」 하였고, 《사기史記》와 《상서尙書》에는 모두, 삼단三壇을 만들고, 주공周公이 북쪽을 향하여 벽璧을 놓고 규圭를 잡아 태왕太王 · 왕계王季 · 문왕文王께 고했다고 하였을 뿐 손발톱을 깎은 일은 말하지 않았다』라 하였는데, 이 주는 잘못이다. 《사기史記》 〈몽념전蒙恬傳〉에, 『성왕成王이 병을 앓아 매우 위태로워지자, 주공 단旦이 손톱과 발톱을 깎아 하수에 던졌다.』 하였으니, 이태백

원전 215년 흉노(匈奴)정벌 때 활약이 컸을 뿐 아니라 이듬해 만리장성을 완성하였고, 북쪽 변경을 경비하는 총사령관으로서, 상군(上郡 : 陝西省 膚施縣)에 주둔하였다. 시황제(始皇帝)가 죽자, 환관 조고(趙高)와 승상(丞相) 이사(李斯)의 흉계로 투옥, 자살하였다. 그의 동생 몽의(蒙毅)도 상경(上卿)을 지냈다. — 四海一家軍事網(http:seehi.fayay.com)

10 | 주공(周公, ?~기원전 1105) : 서주 초기의 정치가이며 사상가다. 성은 희(姬) 이름은 단(旦)인데 숙단(叔旦)이라고도 함. 주 문왕(周文王)의 아들이며 주 무왕(周武王)의 동생이고, 성왕(成王)의 숙부로 무왕을 도와 상(商)을 멸했다. 무왕이 붕어하고 성왕이 어려 주공이 섭정을 했다. 법령과 제도를 개정하고, 다시 낙읍(洛邑)을 동도(東都)로 삼아 중원(中原)을 통치하는 중심으로 여겼으며, 천하가 태평성세를 이루게 하였다. — 《한어대사전》, 上海 : 漢語大辭典出版社 2001. 제2판.

11 | 성왕유질(成王有疾) 네 구 : 《사기》 권88 〈몽념열전〉에 이런 말이 있다. 『성왕이 병이 중해, 주공 단은 스스로 그의 손톱을 깎아 강에 버리고 이르기를 「왕이 의식이 없자 주공 단이 일을 집행했다. 재앙이 닥쳤으나 단은 그 상서롭지 못한 것을 받아들였다. 이에 상서는 그 기록된 것을 감추었지만 믿을만하다.(及成王有病甚殆, 公旦自揃其爪以沈於河, 日 : 「王未有識, 是旦執事. 有罪殃, 旦受其不祥. 乃書而藏之記府, 可謂信矣.」)』

12 | 겸용지(兼用之) : 뒤에 가서 청나라 건륭 때에 《이태백문집집주(集註)》(사고전서의 이태백문집집주) 를 만든 왕기(王琦)가 이 시의 주석에서 『이 시는 대개 [무왕과 성왕 때] 두 가지 일을 합하여 서로 쓴 것이다(此詩蓋合二事而互之)』라고 한 말이 보임.

의 구절은 무왕의 고사와 성왕의 고사를 겸하여 인용한 것으로 보아야 할 것이다.

[2] 이백의 〈한양 현의 전임 녹사 보익輔翼 군에게 띄우다(贈漢陽輔錄事)〉시 주석의 오류

〈贈漢陽輔錄事[13]〉: 『應念投沙客, 空餘弔屈悲』[14] 注: 『投沙客, 屈原也.』[15] 注誤. 屈原作《懷沙賦》, 非投沙也. 按《史記》, 賈誼爲長沙王太傅, 及渡湘水, 爲賦以弔屈原. 今曰: 『投沙客』者, 白被謫, 故自言如誼之投長沙也. 又有詩曰: 『投沙弔楚臣.』[16] 又曰: 『已作[17]投沙伴.』[18]

13 | 녹사(錄事): 옛날 관청의 기록원. 모두 종 9품으로 모든 현에 녹사가 있었다. —《사고전서 · 이태백집주》

14 | 투사객(投沙客) 두 구: 〈한양 현의 전임 녹사 보익(輔翼) 군에게 띄우다(贈漢陽輔錄事)〉 2수 중 제1수의 제7구와 제8구.

聞君罷官意, 그대 벼슬의 뜻을 버렸다는데,
我抱漢川湄. 나는 한강물 가를 맴돌고 있네.
借問久疎索, 오래 소식 뜸해 물어보노니,
何如聽訟時. 송사를 들을 때와는 어떠한가?
天清江月白, 하늘 맑고 강에 비친 달 밝고,
心靜海鷗知. 그 마음 고요함을 갈매기도 알리.
應念投沙客, 장사에 버려진 나그네 생각하다가,
空餘弔屈悲. 공연히 굴원을 조상한 슬픔만 남으리. — 졸역

15 | 투사객주(注): 『양제현은 말한다. 파관(罷官)은 관인(官印)을 풀고 해임되는 것이다. 미(湄)는 물가(濱)다. 장사에 버려진 객은 굴원이다. 가의가 장사왕의 태부가 되어 상수를 건너다가 부를 지어 굴원을 조위했다.(楊齊賢曰: 罷官解印也, 湄猶云:濱也, 投沙客, 屈原也. 賈誼爲長沙王太傅, 渡湘水爲賦以弔屈原)』 —《사고전서 · 이태백집주》

16 | 투사조초신(投沙弔楚臣): 〈추포현령 최모씨에게 드림(贈崔秋浦)〉 3수 중 제3수

河陽花作縣, 하양은 꽃으로 고을을 만들고,
秋浦玉爲人. 추포는 옥으로 사람을 만들었네.
地逐名賢好, 땅은 명현을 좇아서 좋아지고,
風隨惠化春. 바람은 사랑을 따라서 봄을 이끈다.
水從天漢落, 물은 은하수로부터 떨어지고,
山逼畫屛新. 산은 그림병풍과 똑같이 새로워진다.

한양 보록사漢陽輔錄事에게 띄운 시에,

應念投沙客,　　장사에 버려진 나그네 생각하다가,
空餘弔屈悲.　　공연히 굴원을 조상한 슬픔만 남으리.

라는 시구가 있는데 그 주에, 『장사에 버려진 나그네를 굴원屈原이라』한 것은 잘못이다. 굴원은 〈회사부(懷沙賦 : 돌을 안고서)〉를 지었으나, 돌을 안고서

應念金門客,　　틀림없이 그대는 생각하리라 금마문(金馬門)을 드나들던 한림학사가,
投沙弔楚臣.　　장사에 버려져 초나라 신하 조위하고 있음을.
— 졸역, 원문은《사고전서 · 이태백문집》권8
※양제현의 주석 : 『《진서》에서 반악이 하양현령이 되었을 때 복숭아와 자두를 심었는데 사람들은「하양은 모든 고을이 꽃이로다」고 하였다.「물은 은하수로부터 떨어진다.」고 한 것은 구화산의 폭포를 말한다. 이태백은 일찍이 금란전에 대조(待詔)가 되었기 때문에 이르기를「금문객」가의가 상수를 건너다가 부를 지어 굴원을 조문했다. 소사빈의 주석 : 땅은 명현을 좇아서 좋아지고(地逐名賢好)」는 홍(興)이 그 위의 두 구에서 우러나온 것인데, 추포가 최령을 얻은 것이, 마치 하양이 악양을 얻어 안정되었다고 이른 것인데, 마치《진서》에서 고둔(皐屯)의 장암이라 불리던 것이 [허순(許詢)이 놀았기 때문에] 허도암이 되었다는 것과 유사하다. (楊齊賢曰 :《晉書》, 潘岳爲河陽令, 植桃李, 人號, 河陽一縣花, 水從天漢落者, 九華山之瀑布. 太白, 嘗待詔金鑾, 故曰 : 金門客, 賈誼渡湘水, 爲賦以弔屈原. 士贇曰 : 地逐名賢好者, 興在上兩句, 謂秋浦得崔令而好, 猶河陽得岳陽而宿, 亦猶晉書所呼, 皐長岩爲許度岩之類也.)』—《사고전서 · 이태백집분류보주》권10

17 | 작(作) : 다른 책에는 선(先)으로 되어있음.

18 | 투사반(投沙伴) :〈야랑 유배길에[무창(武昌)의] 서새역에 이르러 배은에게 부치다(流夜郎至西塞驛寄裵隱)〉

揚帆借天風,　　돛을 높여 하늘의 바람 빌리니,
水驛苦不緩.　　배가 정박하는 곳은 느린 걸 견디지 못한다.
平明及西塞,　　새벽에 서새역에 이르니,
已先投沙伴.　　이미 장사에 버려진 사람의 짝이 되었네.
迴巒引羣峰,　　굽어 도는 산들 여러 봉우리를 이끌고,
橫蹙楚山斷.　　가로질러 초지역의 산들을 끊는구나.
砅衝萬壑會,　　물소리 바위에 부딪히며 수많은 계곡이 만나,
震沓百川滿.　　천둥치듯 분답하게 뭇 강을 채우네. — 졸역
…… (후략)

투신자살한 것은 아니다. 《사기》를 고찰하면, 가의賈誼가 장사왕長沙王의 태부太傅가 되어서 상수湘水를 건너게 되었을 때 부賦를 지어서 굴원의 혼을 조위弔慰하였다. 이제 여기에서 「장사에 버려진 나그네」라 함은 이태백이 정배 가는 신세가 되었으므로, 스스로 자기를 가리켜 가의와 같이 장사에 버려진 사람이 되었다는 말이다. 또 어떤 시에 이르기를,

投沙弔楚臣.　　장사에 버려져 초나라 신하를 조위하고 있음을.

하였고, 또

已作投沙伴.　　이미 장사에 버려져 사람의 짝이 되었노라.

하였다.

[3] 이백의 〈호무인胡無人〉을 논함

〈胡無人〉[19], 其終曰：『胡無人, 漢道昌, 陛下之壽三千霜. 但歌大風雲飛揚, 安用猛士守四方』蕭士贇[20] 注曰：『一本無「陛下之壽」以下三句者,

19 | 호무인(胡無人) : 〈호무인(胡無人)〉
……
敵可摧, 旄頭滅,　　적을 무찌를 수 있고, 적의 깃발 꺾을 수 있으리.
履胡之腸涉胡血.　　오랑캐 오장 짓밟고 그 피를 건너리.
懸胡青天上,　　오랑캐 목 푸른 하늘높이 매달고,
埋胡紫塞傍.　　오랑캐 주검 붉은 요새 옆에 묻으리.
胡無人, 漢道昌,　　오랑캐 사람 없으면 한나라 힘 떨치고,
陛下之壽三千霜.　　폐하의 수명 3천세를 누리리라.
但歌大風雲飛揚,　　다만 대풍운비양만 부를 것이지,
安得猛士兮守四方.　　어찌 맹사 얻어 사방을 지킬 것인가?
—《이태백 악부시》 진옥경 역주 해설, 사람과 책, 1998. pp.129~130 참조.

20 | 소사빈(蕭士贇) : 원(元)나라의 이태백시 주석가, 자는 수가(粹可), 영도(寧都) 사람으

是使蘇子由見之, 必云：如何也.』 此注大可笑. 穎濱[21]嘗曰：『李白詩有不識理處. 漢高《大風歌》[22]「安得猛士守四方」者, 乃帝王安不忘危之意也. 白曰：「安用猛士守四方」, 何也?』[23] 今注白詩者, 去此三句, 以解嘲於穎濱[24]. 楚則失矣, 齊亦未爲得也. 白旣以〈胡無人〉命篇, 乃曰胡無人則漢道昌矣, 陛下當壽三千霜矣, 今日但歌《大風》而已, 將安用猛士也? 語意甚明白. 彼二子不及知, 異哉!

로 송(宋)나라 양제현(楊齊賢)이 주석한 이태백시집은 다시 손질을 가하여《이태백집분류보주》(30권)을 내었음.《빙애집(氷愛集)》이라는 문집이 있으나 후세에 전하지 않음.

21 | 영빈(穎濱, 1039~1112) : 자(字)는 자유(子由) 이름은 소철(蘇轍) 호는 영빈(穎濱)이라 했다. 소순(蘇洵)의 아들, 소식(소동파)의 아우로 문하시랑(門下侍郞)까지 되었다. 당송팔대가(唐宋八大家)의 한 사람이며, 시문 외에도 많은 고전의 주석서(注釋書)와《난성집(欒城集)》(84권) 등의 저서가 있다.

22 | 〈대풍가(大風歌)〉:《역옹패설(櫟翁稗說)》주 92) 참조.

大風起兮雲飛揚. 큰바람 몰아침이여, 구름 날아오르도다.
威加海內兮歸故鄕. 위엄 천하에 떨치며 고향에 돌아왔도다.
安得猛士兮守四方? 어찌하면 용사 얻어 천하 지킬 수 있나?

—《고문진보 전집》, 황견 엮음, 이장우 · 우재호 · 장세후 옮김, 을유문화사, 2002, pp.469~470 참조.

이 글은《사기(史記) · 고조본기(高祖本紀)》와《문선(文選)》에도 수록되어 있다.

23 | 이백시유불식리처(李白詩有不識理處)~하야(何也) :『한 고제가 풍패로 돌아가서 시를 지으니「大風起兮, 雲飛揚威加海內兮, 歸故鄕安得猛士兮, 守四方」라 하였다. 고제가 어찌 문자로써 세상에 이름 높은 분이겠는가? 제왕의 풍도가 정말 그러하여 그 마음에서 우러나온 것이다. 그러나 이백이 도리어「大風雲飛揚, 安用猛士守四方」라고 하였으니 그가 이치를 모름이 이와 같다라 하였다.(漢高帝歸豊沛, 作歌曰：「大風起兮, 雲飛揚威加海內兮, 歸故鄕安得猛士兮, 守四方」高帝豈以文字高世者哉? 帝王之度, 固然發於其中, 而不自知也. 白詩反之曰：「但歌, 大風雲飛揚, 安用猛士守四方」其不識理如此).』—《난성집 · 시병오사(詩病五事)》

24 | 금주백시자(今注白詩者) : 소사빈을 말함. 소사빈이 이르기를「이 시는 한도창(漢道昌)」에 이르면, 이 한 편의 뜻이 이미 충분하다. ……어떤 판본에는 이 아래 3구는 없는데, 그것이 맞다. 없는 것을 소철이 보았더라면, 반드시 함부로「이치를 모른다」는 비난을 하지는 않았을 것이라고 하였다(蕭曰：詩至漢道昌, 一篇之意已足……一本無此三句者是也. 使蘇子由見之, 必不肯輕致不識理之誚矣).」—《이태백집교주》p.272.

〈호무인胡無人〉편 끝에,

胡無人, 漢道昌,	호에 사람 없으면 한의 도가 융창하고,
陛下之壽三千霜.	폐하의 수명 3천세를 누리리라.
但歌大風雲飛揚,	다만 대풍운비양만 부를 것이지,
安用猛士守四方.	어찌 맹사 얻어 사방을 지키려는가?

하였다. 소사빈蕭士贇이 주하기를, 『다른 판본에는 「陛下之壽」이하 세 구절이 없는데, 옳다. 소철蘇轍로 하여금 이것을 보게 하면, 반드시 어떻게 말을 할 것인가?』하였다. 이 주는 대단히 가소롭다. 소철은 일찍이 말하기를, 『이태백의 시에는 이치를 알지 못하는 곳이 있다. 한 고조漢高祖의 〈대풍가大風歌〉에,

安得猛士守四方,	어찌하면 용사 얻어 천하 지킬 수 있나?

란 뜻은 바로 제왕帝王이 편안하더라도 위태로운 것을 잊어버리지 않는다는 뜻인데 이태백이 말하기를, 「어찌하면 용사 얻어 천하 지킬 수 있나?」하였으니, 무슨 말인가.』하였다. 오늘날 이태백의 시를 주하는 자는 이 세 구절을 버림으로써 소철의 조롱을 변명하는데, 소사빈도 틀린 것이고, 소철도 태백 시의 뜻을 모른 것이다. 이태백이 이미 호무인胡無人으로 시의 편명을 짓고 이에 이르기를, 『호胡에 사람 없으면 한漢의 도가 융창하고, 폐하의 수가 3천세를 누리리라. 오늘날에 있어서는 다만 대풍가만 부르면 그만이지, 맹사는 무엇에 쓸 것입니까.』한 것으로 보아, 말뜻이 명백한데 소사빈과 소철 두 사람은 이것을 미처 알지 못하였으니 이상하다.

[4] 이백의 〈국가행鞠歌行〉 註의 오류

〈鞠歌行〉:『奈何今之人, 雙目送飛鴻.』[25] 注引齊桓公[26]與管仲[27]語鴻鴈之事[28], 誤甚.《史記 · 孔子世家》:『衛靈公與孔子語, 見蜚雁, 仰視之,色不在孔子, 孔子遂行.』[29] 白詩又曰 : 『目色送飛鴻, 邈然不可攀』[30] 亦使此事.

〈국가행(鞠歌行)〉에,

25 | 내하금지인(奈何今之人) 두 구 : 〈곤궁한 선비의 노래(鞠歌行)〉

……

朝歌鼓刀叟, 조가의 백정 늙은이,
虎變磻溪中. 반계에서 출세하네.
一擧釣六合, 단번에 온 세상을 낚아 올려,
遂荒營邱東. 마침내 영구 동쪽 차지했네.
平生渭水曲, 평생 위수곡 부른다 한들,
誰識此老翁. 그 누가 이 늙은이 알아주려나?
奈何今之人, 요즈음 사람들 어이 하려나,
雙目送飛鴻. 기러기 바라보며 딴전만 피우니.

— 《이태백 악부시》, 진옥경 역주 해설, 사람과 책, 1998, pp.234~235 참조.

26 | 제 환공(齊桓公, ?~기원전 643) : 춘추오패(五覇)의 한 사람. 관중(管仲)을 재상으로 기용, 그의 패자(覇者)의 자리가 확립되었다고 전해진다.

27 | 관중(管仲, ?~기원전 645) : 춘추시대 제나라의 재상. 이름은 이오(夷吾), 자가 중.

28 | 홍안지사(鴻鴈之事) : 소사빈이 《분류보주》에서 인용한 《관자 · 법언(法言)》에 나오는 말.

29 | 위령공여공자어(衛靈公與孔子語) 다섯 구 : 「위령공이 공자와 같이 앉아 말하다가 때마침 날아가는 기러기를 보고 그것을 우러러보느라고 시선이 공자에게 있지 않으니, 공자가 마침내 떠나고 말았다.(衛靈公與孔子語, 見蜚鴈, 仰視之, 色不在孔子, 孔子遂行.)」 — 《사고전서 · 책부원구 · 열국군부 · 실현(失賢)》 청(淸)나라 왕기의 《이태백 문집》에는 이 전고를 이 시 주석에 인용하고 있음.

30 | 목색송비홍(目色送飛鴻) : 〈율양 북호정에서 놀며, 와옥산을 바라보고 옛일을 회고하며 같이 온 나그네에게 줌(遊溧陽北湖亭, 望瓦屋, 山懷古贈同旅〉

游子託主人, 나그네 주인에게 부탁하려,
仰觀眉睫間. 주인의 미간을 우러러 보누나.
目色送飛鴻, 눈으로 날아가는 기러기만 물끄러미 보고 있으니,
邈然不可攀. 막연하여 더위잡지 못하겠구나.
長吁相勸勉, 길게 탄식하며 나그네들끼리 서로 타이르며,
何事來吳關. 『무슨 일로 오땅 관문까지 왔는가?』하네.
聞有貞義女, 듣자하니 정숙하고 의로운 여인 있어,
振窮溧水灣. 율강물 굽이 빈민구제를 다했다하네.

奈何今之人，　요즈음 사람들 어이 하려나
雙目送飛鴻.　기러기 바라보며 딴전만 피우니

란 시구가 있는데, 그 주에 제 환공齊桓公과 관중管仲이 홍안鴻雁을 말한 고사를 인용하였으니, 대단히 잘못이다. 《사기》〈공자세가孔子世家〉에, 『위령공衛靈公이 공자와 같이 앉아 말하다가 때마침 날아가는 기러기를 보고 그것을 우러러보느라고 시선이 공자에게 있지 않으니, 공자가 마침내 떠나고 말았다.』란 고사가 바로 그것일 것이다. 이태백이 시에 또 쓰기를,

目色送飛鴻，　눈으로 날아가는 기러기만 물끄러미 보고 있으니,
邈然不可攀.　막연하여 더위잡지 못하겠구나.

한 것도, 공자의 이 고사를 가리켜 쓴 것이다.

[5] 이백 〈枯魚過河泣〉 주석의 오류

〈枯魚過河泣〉：『萬乘愼出入，柏人以爲戒』[31] 『柏人』[32] 當作 『柏谷』.

31 | 〈고어과하읍(枯魚過河泣)〉 : 마른 생선이 고래에게 섣부른 처세를 삼가라고 이야기하는 노래로《雜曲歌辭》중의 하나.
……
誰使爾爲魚，　누가 널더러 고기되라 했더냐?
徒勞訴天帝.　천제께 호소해도 소용이 없네.
作書報鯨鯢，　글을 지어 고래에게 가르쳐 주노니,
勿恃風濤勢.　풍랑의 거센 힘을 믿는 게 아니라네.
濤落歸泥沙，　파도가 밀려나가 개펄위로 돌아오면,
翻遭螻蟻噬.　난데없이 개미들에게 뜯기게 된다네.
萬乘愼出入，　만승천자는 처신을 삼가야지,
柏人以爲誡.　박인 이야기를 경계 삼아서.
— 진옥경 역주 해설,《이태백 악부시》, 사람과 책, 1998, pp.223~225 참조.

32 | 박인(柏人) : 한 고조(漢高祖)가 평성(平城)에서 조(趙) 나라를 통과할 때 그 왕(이름은 장오(張敖), 고조의 맏사위)은 고조를 사위의 예로 받들었지만 고조는 모욕적인

《史記 · 張耳傳》33 :『上從東垣還, 過趙, 貫高34等乃辟人柏人之置35.』此高祖非微行人. 潘岳36〈西征賦〉:『長傲賓於柏谷, 妻睹貌而獻餐37』38 注 :『武帝微行, 夜至柏谷, 亭長欲殺之』39 云云.

태도를 보였다. 고조가 뒷날 다시 조나라를 지나게 되었을 때 조왕의 신하들이 자객을 벽에 숨겨 해치려 했으나, 고조는 그 지방의 이름이 박인(柏人 : 迫人, 즉 사람에게 덤빈다)임을 알고 미리 몸을 피하여 무사하였다.

33 | 장이(張耳, ?~기원전 202) : 전국시대 말기 위(魏)나라 대량(大梁) 사람, 위의 왕자 신릉군(信陵君)의 문하객이었으나, 기원전 225년 위가 진(秦)에 망하자 진(陳)나라로 망명했다. 진승의 난 때 그 밑으로 들어갔고, 뒷날 조나라의 장상(將相)을 지냈다. 뒤에 한고조에게 귀순하여 조왕(趙王)에 봉해지고, 그 아들 오(敖)가 고조의 사위가 됨.

34 | 관고(貫高) : 본래 장이(張耳)의 식객으로 있었는데, 60여세에 조나라의 재상이 되었다.

35 | 벽인백인지치(辟人柏人之置) :《사기 회주고증(會注考證)》에는 이 부분 다음과 같이 구두점을 찍어 표기하고 있음 :『上從東垣還過, 趙貫高等乃壁人柏人, 要之置厠(황제가 동원으로부터 돌아가는 길에 들렀는데, 조나라의 관고 등이 이에 박인 땅에서 벽 속에 사람을 숨겨놓고 역 곁에서 죽이려 하였다).』여기의『辟』자는『壁』자의 오자임이 분명함.『置』자는《고증》의 주석에서 청나라 고염무(顧炎武)의 설을 따라서 역(驛)으로 보았음.

36 | 반악(潘岳, 247~300) : 진(晉)나라 문인, 자는 안인(安仁). 하남성(河南省) 형양(滎陽) 출생. 최초에 사공태위(司空太尉) 가충(賈充)의 서기관이 되었다. 그 후 여러 관직을 역임. 그의 〈죽은 아내를 애도함(悼亡詩)〉 3수는 진정이 넘쳐흘렀고 또한 방향을 모색하던 당시의 수사주의적 문학에 하나의 전기를 마련해 준 것이었다. 이 외에 〈서정부(西征賦)〉 · 〈추흥부(秋興賦)〉 · 《금곡집시(金谷集詩)》가 있다.

37 | 찬(餐) : 어떤 판본에는 손(飧)으로 되어있다.

38 | 장오빈어박곡(長傲賓於柏谷) 두 구 : 〈서쪽 정벌의 부(西征賦)〉

長傲賓於柏谷, 정장(亭長)은 박곡에서 손님에게 거만하게 대했는데,
妻覩貌而獻餐. 아내는 [손님의] 얼굴을 엿보고는 밥상을 올렸다네.
疇匹婦其已泰, 여관집의 아낙네 같은 이 조차 이미 태연하게 대하였는데,
胡厥夫之謬官. 어찌 그 정장 영감은 관리노릇 잘못 하는가?
昔明王之謬幸, 옛날 현명한 군주가 순행을 하실 때에는,
固淸道而後往. 본래 길을 맑게 정리한 뒤에 나가시네.
懼銜橛之或變, 재갈을 물리는 사이에도 혹 변고가 생길까 두려워하기에,
峻徒御以誅賞. 말모는 사람들에게까지 엄격하게 통제하며 상벌을 내리시네.

— 졸역,《漢魏六朝百三家集 · 晉潘岳集》

39 | 무제미행(武帝微行) 세 구 :「한 무제(漢武帝)가 즉위한 뒤에 미행하여 일찍이 박곡에 이르러, 정장(亭長 : 역마을의 역장)에 투숙하려 하였는데, 정장이 받아주지 않자 여

이태백의 〈고어과하읍枯魚過河泣〉에,

萬乘愼出入,　　만승천자는 처신을 삼가야지,
柏人以爲戒.　　박인 이야기를 경계 삼아서.

라는 시에서 「박인이위계柏人以爲戒」의 박인柏人은 박곡柏谷이 되어야 한다. 《사기史記》〈장이전張耳傳〉에 보면. 『한漢 나라 8년에 고조高祖가 동원東垣에서 돌아와 조趙 나라를 지나게 되었는데 관고貫高 등이 바로 박인역에서 벽 속에 사람을 숨겨 놓았다.』고 하였으니 이때 고조는 미행한 것이 아니다. 반악潘岳의 〈서정부西征賦〉에,

長傲賓於柏谷,　　정장亭長은 박곡에서 손님에게 거만하게 대했는데,
妻覘貌而獻餐.　　아내는 [손님의] 얼굴을 엿보고는 밥상을 올렸다네.

란 구절이 있는데 그 주에, 『한 무제漢武帝가 미행하여 밤중에 박곡에 이르니, 정장이 죽이려 하였다.』는 고사가 있다. 이것으로 보아, 박인보다는 박곡이 더 사리에 가깝다고 생각된다.

관집 집에서 자려고 하였다. 정장 늙은이가 젊은이 10여인에게 모두 활과 칼 검을 주고, 여관 집의 주인할머니더러 과객을 내보내라하는데, 그 부인이 그 남편 늙은이를 보고 하는 말이, 「내가 이 대부를 보아하니 보통 사람이 아니요, 또 스스로 준비가 되어 있으니 도모할 수가 없을 것 같소.」(帝卽位, 爲微行, 嘗至柏谷, 夜投亭. 長宿, 亭長不納, 乃宿逆旅. 翁要少年十餘人, 皆持弓矢刀劍, 令主人嫗出過客. 婦謂其翁曰 :, 吾觀此大夫, 非常人也, 且有備, 不可圖也……)」 — 《은거통의(隱居通議)》(권26) 원래는 《한무고사(漢武故事)》에 있는 이야기를 인용함. 조나라에 들린 한고조를 죽이려다가 실패하여, 혹형을 당하였으나 끝내 조왕은 이 일에 처음부터 관여하지 않았음을 주장하여, 의리 있는 사람으로 명성을 얻고, 죽음도 면하게 되었으나 끝내 명예를 위하여 자결하였음.

[6] 이백의 〈俠客行〉을 논하다

『縱使俠骨香, 不慚世上英』[40] 『使』 當作 『死』. 王維詩 : 『縱死猶聞俠骨香.』[41] 曾見一本亦如此[42].

縱使俠骨香,　　비록 의로운 뼈 향기롭게 할지언정,
不慙世上英.　　세상 영웅들께 부끄러울 게 없다네.

란 구절의 사使 자는 사死 자가 되어야 한다. 그 증거로서는 왕유王維 시의 「종사유문협골향縱死猶聞俠骨香」을 들 수 있고, 또 일찍이 다른 판본을 보았는데, 거기에도 이와 같이 되어 있었다.

40 | 종사(縱使) : 설령…할지언정. 소사빈의 《분류보주이태백집》에 이렇게 되어있음.
〈협객의 노래(俠客行)〉
……
救趙揮金槌,　　조나라 구하러 쇠몽둥이 휘두르니,
邯鄲先震驚.　　한단이 먼저 쩌렁쩌렁 울렸네.
千秋二壯士,　　천추에 빛나는 두 장사 있었으니,
烜赫大梁城.　　대량성에 그 이름 크게 떨쳤네.
縱使俠骨香,　　비록 의로운 뼈 향기롭게 할지언정,
不慚世上英.　　세상 영웅들께 부끄러울 거 없다네.
誰能書閣下,　　그 누가 서재 아래서,
白首太玄經.　　흰머리 되도록 어려운 책만 읽으리?

41 | 종사유문협골향(縱死猶聞俠骨香) : 〈소년의 노래 (少年行)〉 4수 중 제2수 제4구
出身仕漢羽林郎,　　나와서 한나라에 벼슬하여 금위군 우림랑 되어,
初隨驃騎戰漁陽.　　처음엔 표기장군 따라 어양에서 싸웠네.
孰知不向邊庭苦,　　누가 가 보지도 않고 변방의 고통 알리오?
縱死猶聞俠骨香.　　설령 죽더라도 의로운 뼈 향기롭다는 소리 들으리.

42 | 일본(一本) : 청나라 무왈기(繆曰芑)가 중간한 《이태백문집》(사고전서 수록) 이외에 여러 책에서 대개 『使』자 대신 『死』로 되어 있음.

[7] 이백이 〈선성 조태수님께 바친 시(贈宣城趙太守悅)〉의 글자 오류

〈贈宣城趙太守悅〉:『溟海不振蕩, 何由縮鵬鯤. 所期玄津白, 倜儻假騰騫』[43]『縮』[44] 是『縱』字之誤.『玄津白[45]』是『要津日』之誤.

〈선성宣城 태수太守 조열趙悅님께 바치는 시〉에

溟海不振蕩,	바다 늠실늠실 움직이지 않는다면,
何由縮鵬鶤.	어떻게 붕과 곤 같은 큰 새를 풀어 놓을 수 있으리오?
所期玄津白,	바라는 바 내 요로에 오르고 싶은 날에,
倜儻假騰騫.	얽매임 없이 훨훨 날아오르는 나리의 힘 빌리게 되리.

란 구절이 있다. 여기에서 축縮 자는 종縱 자의 잘못이요, 현진백玄津白은 요진일要津日의 잘못이다.

43 | 〈증선성조태수열(贈宣城趙太守悅)〉: 이 시는 3수인데, 여기 인용된 부분은 그 중 제3수의 마지막 부분임. 이 시의 내용으로 보아 조열은 중앙정부의 어사대(御史臺)의 어사와 여러 지방의 수령으로 근무하였으며, 이 시 이외에도 그와 관련된 글이 이태백의 문집에 2편이나 더 수록되어 있음. 이 시는 이백이 그에게 이끌어줄 것을 바라면서 썼음.

獼猴騎土牛,	저는 원숭이가 흙으로 만든 소를 탄 것같이 느리고,
羸馬夾雙輈.	야윈 말이 쌍수레 바퀴사이에 낀 것같이 답답합니다.
願借羲和景,	원하노니 사또님께서는 희화(해 모는 사람)의 해를 빌려,
爲人照覆盆.	이 백성 위해서 억울함 밝혀 주소서.
溟海不振蕩,	바다 넘실넘실 움직이지 않는다면,
何由縮鵬鯤.	어떻게 붕과 곤 같은 큰 새를 풀어 놓을 수 있으리오?
所期玄津日,	바라는 바 내 요로에 오르고 싶은 날에,
倜儻假騰騫.	얽매임 없이 훨훨 날아오르는 나리의 힘 빌리게 되리.

— 원문은 주금성(朱金城) 교주,《이태백집교주》상해고적출판사, 1980년에 의거. 졸역

44 | 축(縮): 어떤 판본에 이렇게 되었는지 미상.

45 | 현진백(玄津白): 소사빈의 책에 이렇게 되어 있음.

[8] 〈남릉의 풍경을 엮음, 오송산을 제목삼아(紀南陵題五松山)〉의 오자誤字

〈題五松山〉:『伊尹生空桑[46], 指庖佐皇極.』『指』當作『捐』[47].『三年帝道明, 威質終輔翼』[48]『威』當作『委』[49].

〈남릉의 풍경을 엮음, 오송산을 제목삼아(紀南陵題五松山)〉시에,

伊尹生空桑, 이윤이 공상에서 태어나,
指庖佐皇極. 손으로 요리하여 탕왕을 도왔다.

에서 지포指庖의 지指 자는 연捐 자가 되어야 한다. 이어서,

三年帝道明, 3년에 임금의 도가 밝아지니,
威質終輔翼. 신하가 되어 끝까지 도왔다.

46 | 공상(空桑) : 이윤의 출생지. 지금의 하남성 자류현의 남부임.

47 | 지당작연(指當作捐) : 소사빈의 주석본 이외에는 모두 지(指)자가 연(捐)자로 되어 있음.

48 | 이윤생공상(伊尹生空桑) 두 구와 삼년제도명(三年帝道明) 두 구 : 〈남릉의 풍경을 엮음, 오송산을 제목삼아(紀南陵題五松山)〉

……(중략)

伊尹生空桑, 이윤은 공상에서 태어나,
捐庖佐皇極. 손으로 요리하여 탕왕을 도왔네.
桐宮放太甲, 오동나무 궁궐에 태갑을 두고,
攝政無愧色. 섭정을 하면서도 부끄럼 없었네.
三年帝道明, 3년 만에 천자의 도가 밝아지니,
委質終輔翼. 신하가 되어 끝까지 도왔다네.
曠哉至人心, 밝은 덕이 백성의 마음에 닿으니,
萬古可爲則. 만고에 모범이 될 만하구나.

……(후략)

— 원문은 주금성(朱金城) 교주,《이태백집교주》상해고적출판사, 1980년에 의거. 拙譯.

※이윤(伊尹) : 은(殷 : 商)의 창시자인 탕(湯)의 대신.

※태갑(太甲) : 상대(商代)의 태종(太宗).

49 | 위당작위(威當作委) : 소사빈의《사고전서》의 주석본에도『위(委)』자로 되어 있음.

에서 위威 자는 위委가 되어야 한다.

[9] 이백 〈옛 시를 본받다〉의 서시西施와 동린東鄰

〈效古〉:『自古有秀色, 西施與東鄰.』[50] 宋人有非此詩者, 曰:『太白以東施爲東鄰, 是牽於押韻, 殊不及東坡. 坡有詩曰:「絳蠟銷殘玉斝飛, 離歌唱徹萬行啼. 他年一舸鴟夷[51]去, 記取儂家舊姓西.」[52] 豈爲韻所拘者邪?』[53] 此可謂管見. 按東家施·西家施者, 有施氏兩人, 故以東西別之, 則西非姓也. 白之東隣云者, 乃用司馬相如[54]〈美人賦〉[55]語, 不必指東施也.

50 | 서시(西施)와 동린(東鄰): 이백의 〈옛것을 본받다(效古)〉 2수 중 제2수

自古有秀色,	자고이래 절세의 미인 있으니,
西施與東鄰.	그 이름 서시와 동린이라.
蛾眉不可妬,	미인은 시샘해서는 안 되는데,
況乃效其矉.	하물며 그 찌푸림을 본받으랴?
所以尹婕好,	그렇기 때문에 윤첩여는,
羞見邢夫人.	형부인을 만나서 부끄러워하였네.
低頭不出氣,	고개를 숙인 채 숨도 제대로 못 쉬고,
塞默少精神.	말이 막히어 의기소침했다네. 졸역

※서시(西施, ?~?): 중국 춘추시대 월국(越國)의 미녀. 저라산(苧羅山) 근처에서 나무장수의 딸로 태어났다. 절세미녀였기 때문에 그 지방의 여자들은 무엇이든 서시의 흉내를 내면 아름답게 보일 것이라 생각하고, 병이 들었을 때의 서시의 찡그리는 얼굴까지 흉내를 냈다고 한다. 그래서 방빈(倣矉)이라는 말까지 생겼다.

※동린(東隣): 서시를 따라했다 해서 「동시(東施)」라고 불린다. 서시의 건너 마을에 살고 있던 처녀 동시는 서시와는 반대로 심한 추녀(醜女)였다. 자신의 못생긴 얼굴을 비관해서 항상 집 밖을 나오지 않고 지내던 그녀가 서시의 찡그리는 모습에 남자들이 기절할 정도로 좋아한다는 이야기를 듣고 찡그리는 것이라면 자기도 자신이 있다고 생각하고 집 밖으로 나와 지나가던 남자들 앞에서 얼굴을 찡그렸다. 여기서 생겨난 고사가 효빈(效矉)이다. 『찡그림을 본받는다』는 의미의 효빈, 맹목적으로 남을 따라하는 상황을 이 고사에 비유해서 사용하고 있다.

※윤첩여(尹婕好)와 형부인(刑夫人): 한 무제(漢武帝) 때 총애 받던 비빈으로 윤형피면(尹邢避面: 서로 질투하여 만나기를 꺼리다)이란 성어가 생겨남.

51 | 치이(鴟夷): 술 담는 가죽부대.

52 | ~구성서(舊姓西): 소동파(蘇東坡)의 시 〈딴 사람 시의 각운자에 맞추어, 남겨두고 떠

이태백의 〈옛 시를 본받아(效古)〉에,

自古有秀色, 예로부터 뛰어난 미인이 있으니,
西施與東鄰. 서시와 동린이라.

는 구절이 있다. 송나라 문인 중에 이 시를 비난하는 자가 있어 말하기를, 『이태백이 동시東施를 동린東隣으로 하였으니, 이것은 압운押韻에 이끌린 것으로, 소동파蘇東坡의 시에 훨씬 못 미친다. 소동파의 시에,

絳蠟銷殘玉斝飛, 붉은 초 다 닳으니, 옥 불꽃이 튀고,
離歌唱徹萬行啼. 이별가 끝마치니, 한없는 눈물 흐르네.
他年一舸鴟夷去, 다른 해에 한 조각배로 치이를 가져가,
記取儂家舊姓西. 내 집의 옛 성 서를 써오리라.

했는데, 이 시에 어디가 운에 구애됨이 있는가.』하였는데, 송나라 사람의 이 평은 좁은 소견에서 나왔다고 하겠다. 살펴보건대 동가시東家施 · 서가시西家施란 것이 있어, 시씨施氏 두 사람이 있었던 까닭에 동과 서로써 구별하였다고 한다면, 곧 서西는 결코 성姓이 아니다. 이태백이 동린이라 한 것

나가는 뜻을 적음(次韻代留別)〉의 내용.

53 | 기위운소구자사(豈爲韻所拘者邪) : 송나라 갈립방(葛立方)이 쓴 《운어양추(韻語陽秋)》(권6) : 『「붉은 초 다 닳으니……」. 이 시는 《환우기》같은 지리책의 설명과도 비슷하게 평이하지만, 말하는 방식이 조금 다르나, 어찌 운에 조금도 구애됨이 있는가(似與《寰宇記》, 所言不同, 豈爲韻所牽耶)」

54 | 사마상여(司馬相如, 기원전 179~기원전 117) : 중국 전한(前漢)의 대표적인 부(賦) 작가. 자는 장경(長卿). 〈자허부〉 · 〈상림부(上林賦)〉 · 〈애진이세부(哀秦二世賦)〉 · 〈대인부(大人賦)〉 · 〈미인부(美人賦)〉 · 〈장문부(長門賦)〉 등이 전함.

55 | 〈미인부(美人賦)〉 : 《사고전서 · 한위육조백삼가집》 권2에 「신의 동쪽 이웃에 한 여자가 있어, 구름 같은 머릿결에 풍만한 몸매, 초승달 같은 눈썹에 하얀 이(臣之東鄰有一女子, 玄髮豐豔, 蛾眉皓齒)……라는 것이 있다.

은 바로 사마상여司馬相如의 〈미인부美人賦〉의 시어를 인용한 것이지, 꼭 동시를 가리킴은 아니다.

[10] 두보시 〈알선주묘謁先主廟〉 주註의 오류

老杜 〈謁先主廟〉[56] : 『錦江[57]元過楚, 劍閣[58]復通秦』[59] 注 : 『過楚通秦, 則本可以混一, 而今不能, 蓋傷之也.』[60] 殊失作者之意. 錦江自蜀過荊州始入海, 此言荊州本爲先主之有而見失於東吳也. 秦惠王[61]時, 張儀[62]始通蜀道, 今蜀爲魏所呑, 則是劍閣復通於秦也.

56 | 〈알선주묘(謁先主廟)〉 : 선주가 오에 패한 후 어복으로 돌아가 기주(夔州) 영안궁(永安宮)에서 죽었기 때문에 선주의 사당이 성도와 기주의 두 곳에 있었다. 대력 원년(766) 가을의 작품이다. 선주는 촉한(蜀漢)의 황제 유비(劉備)를 말함.

57 | 금강(錦江) : 같은 이름의 강이 세 개나 있지만 사천성(四川省)에 있는 것이 가장 크다.

58 | 검각(劍閣) : 사천성(四川省) 검각산(劍閣山). 장안(長安)에서 촉으로 가는 길에 있다.

59 | 금강원과초(錦江元過楚) 두 구 : 〈선주의 사당을 배알하고 (謁先主廟)〉

錦江元過楚, 금강은 원래 초땅을 지나는데,
劍閣復通秦. 검각은 다시 진땅으로 통하누나.
舊俗存祠廟, 옛 풍습이 사당를 두었는데,
空山立鬼神. 텅 빈 산에 혼령을 모셨구나.
虛簷交鳥道, 빈 처마에는 새 날아다니는 길 얽혔고.
枯木半龍鱗. 시든 나무 반쯤 용 비늘 같구나.
竹送清溪月, 대나무는 맑은 내의 달을 보내고,
苔移玉座春. 이끼는 옥좌의 봄에 옮겨가누나.

— 《杜詩와 杜詩諺解》 권6 이현희 외 3인 공저 신구문화사 1997. pp.222~236 참조.

60 | 과초통진(過楚通秦)~개상지야(蓋傷之也) : 《사고전서 · 구가집주두시(九家集注杜詩)》(같은 말이 《사고전서 · 보주두시(補注杜詩)》권31에도 인용되어 있음). 「조[차공]은 말한다. 초를 지나고 진에 통한다는 것은 본래부터 한데 묶어 볼 수 있지만, 이제 그렇지 못하다 함은 그것을 슬퍼함이다(趙[次公] 云 : 過楚通秦則, 言其本可以混一, 而不能焉則, 所以傷之也)」

61 | 진 혜왕(秦惠王) : 이름은 사(駟), 효공(孝公)의 아들이며, 진 무왕(秦武王)과 진 소왕(秦昭王)의 부친이다. 진나라는 헌공(獻公)과 효공(孝公) 양 대에 걸친 변법강국 도모를 거쳐서, 혜왕 때에는 제일 강국이 되었으며, 혜왕은 양대 선군의 업적을 취한 역량을 거대한 현실성과로 변화시켰다. 혜왕은 진국의 하서(河西)의 옛 땅을 되찾았으며,

노두老杜63의 〈선주先主 사당을 배알하고(謁先主廟)〉 시에,

錦江元過楚, 금강은 원래 초를 지나 흘렀고,
劍閣復通秦. 검각은 다시 진땅으로 통한다.

라는 시구가 있다. 그 주에 말하기를, 『초를 지나고 진에 통한다는 것은 본래부터 한데 묶어 볼 수 있지만, 이제 그렇지 못하다 함은 그것을 슬퍼함이다.』라고 하였는데, 이것은 지나치게 작자의 뜻을 잃어버린 것이다. 금강은 촉蜀으로부터 형주荊州를 지나 비로소 바다로 들어가게 되니 이것은 형주가 본래 선주 유비의 소유였는데 동오東吳한테 빼앗긴 것을 말한 것이다. 진 혜왕秦惠王 때 장의張儀가 처음으로 촉도蜀道를 개통하였는데, 이제 촉이 위魏 나라에 병탄되었으니 이것은 검각이 다시 진에 통한 것이다.

[11] 두보시 〈惠儀寺園, 送辛員外〉에서 「分手」

〈惠儀寺園, 送辛員外〉: 『直到綿州始分手, 江頭樹裏共誰來.』64 一本

중원을 통해 한중(漢中)과 파촉(巴蜀)을 점령해, 진이 6국을 통일하는 풍부하고 견고한 기반을 조성했다. 진나라는 이 때 이미 천하를 통일할만한 경제적 기초를 다졌다.

62 | 장의(張儀, ?~기원전 309) : 전국시대(戰國時代) 위(魏)나라의 모사(謀士). 종횡가(縱橫家)의 비조. 연횡책(連衡策)을 주창하면서, 위(魏) · 조(趙) · 한(韓)나라 등 동서[橫]로 잇닿은 6국을 설득, 진(秦)나라를 중심으로 하는 동맹관계를 맺게 하였다. 혜왕이 죽은 뒤 실각, 위나라로 피신하였으며 재상이 된 1년 만에 죽었다.

63 | 노두(老杜) : 두보(杜甫)를 말함.

64 | 직도면주시분수(直到綿州始分手) 두 구 : 〈또 보내고(又送)〉

雙峰寂寂對春臺, 두 봉우리 적적하게 봄날의 고대(高臺)를 마주하였고,
萬竹青青照客杯. 만 그루 대나무 푸르고 푸르게 나그네의 잔에 비치네.
細草留連侵坐軟, 가는 풀 아련히 자리 침범하여 부드럽고,
殘花悵望近人開. 마지막 꽃 창망히 사람 가까이 피었네.
同舟昨日何由得, 같은 배 타던 어제를 어찌 다시 얻을까?
幷馬今朝未擬回. 나란히 말 탄 오늘 아침 돌아오지 않으리.
直到綿州始分手, 곧장 면주에 이르게 되면 악수하고 이별하리니,

『分手』作『分首』是. 崔豹[65]《古今注》[66]:『漢鄭弘[67]於沈釀肆[68]逢故人, 明朝[69]乃分首而去』[70] 駱賓王〈序〉『分首三秦.』[71]

〈혜의사惠儀寺의 정원에서 원외랑 신씨를 떠나 보낸다〉는 시에,

江頭樹裏共誰來? 강가 나무 사이로 누구와 같이 되돌아올거나?

–《두보시의 이해》譯詩 : 정양, 國譯: 박완식, 이회문화사, 1996. 참조하여 조금 고침.

※제목 〈우송(又送)〉은, 〈혜의사원송신원외(惠儀寺園送辛員外)〉란 시를 한 수 적고 난 뒤에, 다시 또 한 수의 송별시를 별도로 썼다는 뜻임.

65 | 최표(崔豹) : 진(晉) 나라 사람. 자(字)는 정능(正能).

66 | 《고금주(古今注)》 : 중국 진(晉)나라 최표(崔杓)가 엮은 책. 여복(輿服) · 도읍(都邑) · 음악(音樂) · 조수(鳥獸) · 어충(魚蟲) · 초목(草木) · 잡주(雜注) · 문답석의(問答釋義)의 8편 3권으로 되어 있는데, 고조선(古朝鮮)때의 『공무도하가』도 실려 있음.

67 | 정홍(鄭弘) : 후한 때의 사람. 자는 거군(巨君), 회계 산음(會稽山陰) 사람. 서역도호(西域都護) 정길(鄭吉)의 종손(從孫 : 질손)이다. 회양(淮陽)태수 · 상서령(尙書令) · 평원상(平原相) · 시중(侍中) · 태사농(太司農) 등 역임.

68 | 심양(沈釀) : 심양은 본래 배의 통행세를 받던 부두의 이름이 두 자 뒤에 《오산설림(五山說林)》 원본에는 「肆」자가 있으나, 《고금주》(사고전서본)에는 「태(埭)」로 되어 있음.

69 | 명조(明朝) : 다음 주석을 보면 『朝』자 대신 『旦』자로 되어있음. 뜻은 마찬가지임.

70 | 분수(分首) : 《고금주》권하에 『한(漢) 나라의 정홍(鄭弘)이 영문향(靈文鄕)의 색부(嗇夫: 재판 · 세금 담당관리)가 되어 공무로 나가 낙양에 이르지 못해 둑에서 하룻밤을 묵게 되었는데, 둑의 이름이 심양(沈釀)이었다. 둑에서 옛 친구를 만났으나 사방을 둘러보아도 황야 뿐, 촌락은 멀리 떨어져 있어 술을 파는 곳이 없었다. 품은 정을 펼칠 수가 없자, 돈을 물속에 던져 입을 대고 마셨는데, 실컷 마시자 모두 대취했다하여, 다시 그 시내 이름을 심양천으로 고치고는 다음 날 아침 서로 헤어졌다(漢鄭弘爲靈文鄕嗇夫, 行官, 京洛未至, 宿一埭, 埭名沈釀, 於埭逢故舊友人, 四顧荒郊, 村落絶遠, 酤酒無處. 情抱不伸, 乃以錢投水中依口而, 飮飮盡酣暢, 皆得大醉, 因更爲沈釀川, 明旦乃分首而去)』라 했다.

71 | 분수삼진(分首三秦) : 삼진은 옛 진나라가 있었던 지금의 섬서성 일대를 말함. 《문원영화》 권715 낙빈왕의 〈봄날 규봉에서, 익부의 두 참군을 송별하는 연회에서 지은 시두루마리[詩卷]의 서문(初春於圭峯, 送益府竇參軍宴詩序)〉에 『삼진에서 이별하고 천리를 돌려보낸다. 푸른 하늘에 걸린 해는 옛나라 세월의 것이 아니다. 옥술잔 금주전자는 타향의 술. 더구나 규봉 남쪽을 바라보니 높이 오르는 정 더욱 간절해진다(分首三秦, 送歸千里. 靑天白日, 非舊國之春秋. 玉斝金樽, 是他鄕之杯酒. 況復圭峯南望, 切登高之情).』고 했다.

直到綿州始分手, 곧장 면주에 이르게 되면 비로소 악수하고 이별하리니,
江頭樹裏共誰來? 강가 나무 사이로 누구와 같이 되돌아올거나?

란 시구가 있다. 그런데 다른 책에는 분수分手가 분수分首로 되어 있으니, 이것은 최표崔豹의 《고금주古今注》에 있는 말이다. 한漢 나라의 정홍鄭弘이 심양沈釀에서 방자하게 친구를 만나고, 다음 날 아침 서로 헤어졌다는 고사에서 분수分首임이 확실하여진다. 또 낙빈왕駱賓王 서序에 「분수삼진分首三秦」이란 말도 있어 이것을 증명한다.

[12] 「산대山帶」의 의미

唐詩:『風吹山帶遙知雨, 露濕荷裳易報秋.』[72] 注者不釋, 人皆未解. 按盛弘[73]之守荊州, 記『荊山朝有雲橫帶山腰, 不崇朝而雨, 土人謂之「山帶」』. 見《藝文類聚》[74].

72 | 풍취산대요지우(風吹山帶遙知雨) 두 구 : 〈강주로 돌아가는 손님을 작별하며(送客歸江州)〉 한굉(韓翃, ?~785, 자는 君平, 南陽人)
東歸復得采眞遊, 동쪽으로 돌아가 다시 참된 자적(自適) 얻겠고,
江水迎君日夜流. 강물은 그대 맞아 주야로 흐르리.
客舍不離靑雀舫, 객사는 청작 장식한 배와 멀리 떨어지지 않고,
人家舊在白鷗洲. 인가는 옛날처럼 백구주에 그대로 있네.
風吹山帶遙知雨, 바람 불어 산허리에 구름 감돌면 멀리 비올 것 알겠고,
露濕荷裳已報秋. 이슬이 연잎 적시니 이미 가을임을 알리네.
聞道泉明居止近, 샘물소리 분명하게 들리면 가까이 인가가 있으리,
籃輿相訪爲淹留. 대나무 가마타고 그대를 방문하여 머물러야지. — 졸역
※『易』은 《문연각사고전서전자판》 등 모든 자료에 『已』로 되어 있음.

73 | 성홍(盛弘) : 남조시대 송(宋)나라 사람으로 생졸연대 미상. 《수서(隋書)·경적지(經籍志)》에 『《형주기(荊州記)》 3권은 송의 임천왕시랑(臨川王侍郞) 성홍이 지은 것이다.』라고 하였다.

74 | 《예문유취(藝文類聚)》 : 당(唐)나라 구양순(歐陽詢) 등이 칙명을 받들어 편찬한 유서(類書) 100권. 천(天)·세시(歲時)·지(地)·주(州)·군(郡)·산(山)·수(水)·부명

당시唐詩에 『풍취산대요지우風吹山帶遙知雨 노습하상이보추露濕荷裳易報秋』란 구절이 있는데, 주석가들이 해석을 하지 못하였다. 성홍盛弘의 〈형주기荊州記〉를 고찰해보면, 『형산荊山에 아침 구름이 있어, 산허리에 비껴 띠면, 아침이 다하기 전에 비가 오고, 지방 사람들은 이것을 「산대山帶」라 부르는데, 《예문유취藝文類聚》에서 볼 수 있다.』

[13] 두보 〈세병마행洗兵馬行〉시에서 위餧 자의 오류

《史記·信陵君傳》:『如以肉投餒虎.』[75] 班孟堅[76]用此文而略之曰:『如以肉餧虎.』[77] 此言以肉於餓虎也. 按《說文》[78] 及《韻書》[79], 餒·餧, 字音義同. 杜草堂[80]不解《漢書》文義, 乃於〈洗兵馬行〉:『回紇餧肉蒲萄

(符命)·제왕(帝王) 등 48부(部)로 나누어, 먼저 사실을 기록한 다음 그것에 관한 시문(詩文)을 수록하였다. 이 가운데 소미도(蘇味道)·이교(李嶠)·송지문(宋之問)·심전기(沈佺期)의 시가 들어 있는 것은 후인이 찬입(竄入)한 것이다. 명나라 가정(嘉靖) 연간의 간행본이 전한다.

75 | 여이육투뇌호(如以肉投餒虎):《사고전서·사기》 권77에 「고기를 굶주린 범에게 던져 줌과 같은데, 무슨 공이 있겠는가? 공자가 재배하고 계책을 물었다.(如以肉投虎, 何功之有? 公子再拜問計).」라고 했다. ─ 신릉군은 앞의 주 33) 참조.

76 | 반맹견(班孟堅, 32~92): 이름은 고(固), 자가 맹견(孟堅)이다. 부풍 안릉(扶風安陵: 지금의 陝西 咸陽 東北) 人으로 동한(東漢)의 이름난 사학가이며 문학가이다. 《한서》 전 120권을 지었다.

77 | 여이육위호(如以肉餧虎):《전한서》 권32에 「주린 범에게 고기로써 함과 같다면, 무슨 이익이 있는가? 장염과 진석이 이르기를: 일이 이미 긴요하니 함께 죽어서 믿음을 보일뿐, 어찌 훗날을 근심 하리오?(如以肉餧虎, 何益? 張黶·陳釋曰:『事已急要, 以俱死立信, 安知後慮!)』

78 | 《설문(說文)》:《설문해자(說文解字)》를 말한다. 총 15편으로 후한(後漢)의 허신(許愼)이 편찬. 그 당시 통용된 모든 한자 9,353자를 540부(部)로 분류하고, 그 각 자(字)에 자의(字義)와 자형(字形)을 설해(說解: 訓詁解釋)하였음.

79 | 《운서(韻書)》: 한자(漢字)의 운(韻)을 분류하여 일정한 순서로 배열한 서적의 총칭. 《광운》, 《시운(詩韻)》 같은 책.

80 | 두초당(杜草堂, 712~770): 두보를 말함. 당(唐)나라 시인. 자는 자미(子美), 호는 소릉(少陵). 하남성(河南省) 공현(鞏縣)을 본거지로 하는 소호족(小豪族) 출신. 중국 최

宮』[81] 蘇過[82] 〈詠鼠鬚筆〉[83] : 『磔肉餧餓猫.』[84] 皆以『餧』爲『餽』字之義, 蓋子美誤也[85].

고의 시인이라는 뜻에서 〈시성(詩聖)〉, 이백(李白)과 아울러 일컬을 때는 〈이두(李杜)〉, 당나라 말기의 두목(杜牧)에 견줄 때는 〈노두(老杜)·대두(大杜)〉라 불린다. 759년 겨울, 두보는 안사의 난(安史)을 피해 현종(玄宗)을 따라 촉으로 피난을 왔는데, 친구 엄무(嚴武)의 도움으로 호숫가에 초가집을 짓고 살았다. 완화계(浣花溪)에 있기 때문에 완화초당이라고도 한다. 두보는 이곳에서 4년여 동안 살았는데, 이 때 지은 시 중에서 현재까지 전해지는 시는 240여 수가 된다. 대표적으로 〈복거(卜居)〉·〈춘야희우(春夜喜雨)〉·〈강촌(江村)〉등의 시는 초당에서 지내던 그의 시름없는 한가로운 심경을 읽을 수 있다. 그리하여 두보의 별호가 『草堂』 또는 『浣花』가 되었고 그의 시집이 《草堂詩集》으로 명명된 빌미가 되기도 했다. 저서에 《두공부집(杜工部集, 20권)》있다.

— 《두보와 이백》, 이병주, 대우학술총서 424 논저, 1999.

81 | 위육(餧肉) : 〈병마를 씻으며 부르는 노래(洗兵馬行)〉

祇殘鄴城不日得, 오직 업성에만 잔당 있으나 며칠 버틸 수 없으리니,
獨任朔方無限功. 오로지 북쪽 절도사에게 무한한 공업(功業) 맡겼기 때문이네.
京師皆騎汗血馬, 장안에선 모두 피땀 흘리는 천리마 타고 왔으니,
回紇餧肉蒲萄宮. 포도궁에선 잔치 벌여 그 위구르 원병들에게 고기 먹이네.
已喜皇威淸海岱, 천자의 위세 이미 발해와 산동땅 맑게 한 것 기쁜 일이나,
常思仙仗過崆峒. 천자께서 공동산 지나오실 날 늘 기다려지네.
三年笛裏關山月, 삼년동안 들리던 전쟁 피리 속에 고향산천에 달이 솟아오르고,
萬國兵前草木風. 온 나라 연합군 앞에 초목 흔드는 바람 몰아치기 시작하네.

— 앞의 《보한집》의 [6] 경절구(警絶句) 조목 참조 요망.

82 | 소과(蘇過, 1072~1123) : 자(字)는 숙당(叔黨)이며 호는 사천거사(斜川居士). 미주(眉州) 미산(眉山 : 지금의 四川) 사람. 소식(蘇軾)의 셋째 아들로 철종(哲宗) 원우(元祐)6년(1091) 예부시에 응시했으나 급제하지 못하고, 소식이 혜주(惠州)로 귀양간 4년, 다시 담주(儋州)로 귀양갈 때 모두 따라 다녔다. 원부(元符) 3년(1100) 아버지를 따라 북으로 돌아왔다. 《송사(宋史)》 권338에 전(傳)이 있다. 세인들은 그를 소파(小坡)라 부르고 소식을 대파(大坡)라 부른다. — 《사고전서 · 산서통지》 참조.

83 | 〈쥐의 수염으로 만든 붓을 읊다(詠鼠鬚筆)〉 : 《고금사문유취(古今事文類聚)》에는 서모필(鼠毛筆)로 되어있다. — 《사고전서》

84 | 책육위아묘(磔肉餧餓猫) : 〈쥐의 수염으로 만든 붓(鼠鬚筆)〉.

……(중략)

旣興丞相歎, 이미 승상 이사의 감탄을 받았고,
又發廷尉怒. 또 정위 장탄을 화나게도 했었다.
磔肉餧餓猫, 쥐 고기 찢어 굶주린 고양이 주고,

《사기 · 신릉군전》에, 『고기를 굶주린 범에게 던져 줌과 같다.』란 말이 있는데, 반맹견班孟堅은 이글을 인용하되 요약하여 말하기를, 『주린 범에게 고기로써 함과 같다.』하였으니 이것은 주린 범에게 고기로써 한다는 말이다. 《설문說文》및 《운서韻書》를 상고해 보면 뇌餒와 뇌餧 자는 음과 뜻이 같다. 두초당杜草堂은 《한서漢書》의 글 뜻을 알지 못하여, 바로 〈세병마행洗兵馬行〉이란 제목의 시에서, 「회흘위육포도궁回紇餧肉葡萄宮」이라 하고, 소과蘇過의 〈쥐의 수염으로 만든 붓을 읊다(詠鼠鬚筆)〉란 시에는, 「걸육위아묘磔肉餧餓猫」라 하여, 모두 뇌餒를 먹일 궤餽 자의 뜻으로 읽었다. 이는 아마 두자미의 잘못인 것 같다.

[14] 실實을 잃어버린 이백의 〈공무도하公無渡河〉

崔豹《古今注》: 『〈箜篌引〉[86], 朝鮮津卒霍里子高妻麗玉所作也. 子高

奮髥雜霜兎, 수염 잘라내어 토끼털과 섞어 붓 만들어,
挿架刀槊健, 붓통에 꽂으면 창을 세워둔 듯하고,
落紙龍蛇鶩. 종이에 글씨 쓰면 용과 뱀이 달리는 듯.
物理未易語, 사물의 도리는 따지기 어렵고,
時來得所遇. 만물은 때를 만나야 제구실 하는 것이라.
…… (후략)

—《中國漢詩眞寶》 金弘光 書藝文人畵出版社 2005. 참조.

85 | 개자미오야(蓋子美誤也) : 저자 차오산(車五山)이 여기에서 두자미(杜子美)를 공격하되, 뇌(餒)와 뇌(餧)는 음의(音義)가 같다. 말하자면 『주린다』는 뜻인데, 『먹인다』란 궤(餽)의 뜻으로 썼다고 한다. 이것은 오산의 잘못이다. 뇌(餒) 자는 다만 『주린다』란 뜻으로 쓰이고 뇌(餧) 자는 발음이 『뇌』일 때에는 뇌(餒) 자와 같은 뜻을 나타내지만, 위(餧) 일 때에는 『먹인다』는 뜻으로 되는 것을 모르고 한 말이다. 그러므로 본문의 반맹견 · 두초당 · 소과의 용법은 음을 『위』로 읽을 때 바른 것이다. 따라서 저자도 단안을 내리지 못했다.

86 | 〈공후인(箜篌引)〉 : 공후라는 관악기에 맞추어 부르는 노래란 뜻. 인(引)은 노래의 가락의 한 단위임. 시의 전문은 아래와 같다.

公無渡河. 임이여 물을 건너지 마오.
公竟渡河, 임은 끝내 물을 건너셨구려,
墮河而死, 끝내 물에 빠져 돌아가시매,

晨起刺船而櫂, 有一白首狂夫被髮提?, 亂流而渡. 其妻隨呼, 止之不及. 遂墮河水死. 於是援箜篌而鼓之, 作〈公無渡河〉之歌, 聲甚悽愴, 曲終, 自投河而死. 霍里子高還, 以其聲語妻麗玉, 玉傷之, 乃引箜篌而寫其聲, 聞者莫不墮淚飮泣焉. 麗玉以其聲傳隣女麗容, 名曰 :〈箜篌引〉焉.』按朝鮮津卽今大同江也, 而李白〈公無渡河〉:『黃河西來決崑崙, 咆哮萬里觸龍門.』[87] 雖曰詩人之語, 使事失實, 不可法也.

최표(崔豹)의《고금주古今注》에,『〈공후인箜篌引〉은 조선朝鮮의 진졸津卒 곽리자고霍里子高의 아내 여옥麗玉이 지은 것이다. 자고가 새벽에 일어나 배를 저어 가는데, 한 백발이 성성한 미친 늙은이가 머리를 풀어 헤치고 손에는 술병을 든 채 물에 뛰어들어 난류亂流를 헤치며 건너가니, 그 아내가 따라 오면서 가지 말라고 소리쳤으나, 미처 손쓸 사이도 없이 물에 빠져 죽고 말았다. 이렇게 되자, 그 아내가 공후箜篌를 잡아당겨 타며 부른 것이〈공무도

當奈公何.　　아. 임이여! 어쩌란 말이오.

※작자 : 이름이나 생몰연대가 밝혀지지 않은 어느 백수광부의 아내.

조선 정조 때 사람 한치윤(韓致奫)이 쓴《해동역사(海東繹史)》에는 이 노래가 여옥(麗玉)이란 여인의 작으로 되어 있어 현재는 지은이를 백수광부의 처로 보는 것이 통설로 되어 있다. 그러나 여옥은 단순히 이 노래의 전파자일 것이라는 설도 있고, 또 한나라 채옹(蔡邕)의〈금조(琴操)〉에는 곽리자고(霍里子高)로 되어 있기도 하다.

87 | 황하서래결곤륜(黃河西來決崑崙) 두 구 : 이백(李白)의〈임이여 물을 건너지 마오(公無渡河)〉시의 일부. 아래는 전문이다.

黃河西來決崑崙,　　황하가 서에서 흘러와 곤륜산을 끊고,
咆哮萬里觸龍門.　　만 리를 포효하며 용문에 부딪치네.
波滔天堯咨嗟,　　물결이 하늘에 닿자 요는 한숨짓고,
大禹理百川,　　우임금 만 강물 다스릴 제,
兒啼不窺家.　　아이 울어도 집에 들르지 않았네.
殺湍湮洪水,　　여울 없애고 넘치는 물 막아,
九州始蠶麻,　　온 땅에 누에치고 삼도심어,
其害乃去,　　재앙 사라지고,
茫然風沙.　　까마득히 모래 날렸네.
披髮之叟狂而癡淸.　　봉두난발 늙은이는 미치광이 얼뜨기.

—《이태백 악부시》진옥경 역주 해설, 사람과 책, 1998, pp.271~273 참조.

하가公無渡河歌〉이다. 그 소리가 대단히 슬펐는데, 이 곡을 끝마치자, 그 아내도 몸을 물에 던져 죽고 말았다. 곽리자고가 돌아와 그 소리를 아내에게 말해 주니, 아내 여옥麗玉이 슬피 여겨 공후로 그 소리를 묘사했는데, 이 소리를 듣는 사람은 눈물을 흘리면서 울지 않는 자 없었다. 여옥은 이 소리를 가지고 이웃집 여자 여용麗容에게 전하였는데, 이름을 「공후인箜篌引」이라 하였다.』했는데, 조선진朝鮮津을 고찰해 보면, 지금의 대동강大同江이다. 그런데, 이태백의 〈공무도하〉에,

黃河西來決崑崙, 황하가 서로 흘러 곤륜을 터놓으니,
咆哮萬里觸龍門. 만 리를 울부짖어 용문에 부딪치네.

하였으니, 비록 시인의 말이라고 하더라도, 일로 하여금 실實을 잃어버리게 하였으니, 본받을 것이 못 된다.

[15] 비파枇杷에 대해

杜詩:『枇杷樹樹香.』[88] 說者以爲枇杷無香, 誤也. 余往日本也, 於一古寺見一樹甚茂鬱, 數丈以下葉大而圓, 以(其)上葉樇(脩)而稍小, 狀如樗葉. 十月花盛開, 狀如梨花, 香氣酷烈, 不風而聞數畝. 老僧謂之盧橘, 冬結實至五月而熟. 唐詩『盧橘花開楓葉衰』[89], 相如〈上林賦〉[90]『盧橘夏熟』[91], 信然.

88 | 비파수수향(枇杷樹樹香) : 〈농가(田舍)〉
田舍淸江曲, 농가는 맑은 강의 굽이에,
柴門古道旁. 섭문은 옛 길가에 있구나.
草深迷市井, 풀 깊어 저자거리 못 찾고,
地僻嬾衣裳. 궁벽한 땅이라 옷 입기 게으르다.
櫸柳枝枝弱, 거류나무는 가지마다 보드랍고,
枇杷樹樹香. 비파나무는 나무마다 향기롭다.
鸕鷀西日照, 가마우지 서편 낙조를 받으며,
曬翅滿魚梁. 날개 말리느라 통발에 가득하네.

두시杜詩에,

枇杷樹樹香.　비파는 나무마다 향기롭다.

고 한 시구에 대해 해설하는 사람들이 『비파는 향기가 없다.』고 하였는데 이는 잘못이다. 내가 일본에 갔을 때, 어느 옛 절에서 비파나무 한 그루를 보았는데, 대단히 무성하였고 키가 몇 길이나 되었다. 아래의 잎은 크고 둥글며, 위의 잎은 길쭉하고 약간 작아 모양이 북나무 잎 같았다. 10월에 꽃이 활짝 피는데, 모양은 배꽃 같고, 향기가 매우 진하여 바람이 없어도 멀리 퍼졌다. 늙은 중에게 물어 보니, 『노귤盧橘』이라 하였다. 겨울에 열매가 나서 여름 5월이 되어야 익는다. 당시唐詩에,

盧橘花開楓葉衰.　노귤꽃이 피니 신나무 잎이 쇠했다.

하였고, 또 사마상여司馬相如의 〈상림부上林賦〉에도,

盧橘夏熟.　노귤이 여름에 익는다.

89 | 노귤화개풍엽쇠(盧橘花開楓葉衰) : 〈상수 남쪽에서 본대로(湘南卽事)〉 대숙륜(戴叔倫)
盧橘花開楓葉衰,　노귤[비파] 꽃 피면 단풍잎은 시드는데,
出門何處望京師.　문을 나간들 어디에서 서울을 바라볼 수 있을까?
沅湘日夜東流去,　완강과 상강은 주야로 동으로 흘러가는데,
不爲愁人住少時.　근심 찬 사람을 위해서 조금도 머물지 않네.

90 | 《상림부(上林賦)》 : 한 무제(武帝) 때 문인인 사마상여(司馬相如)가 지음. 무시공(無是公)이 나서서 초나라와 같은 제후들의 사냥터보다 훨씬 더 규모가 큰 천자의 사냥터인 상림에 대한 묘사를 화려하게 늘어놓는 것을 주요 내용으로 하고 있다.

91 | 노귤하숙(盧橘夏熟) : 『노귤이 여름에 익고, 감귤·등자·귤, 비파·대추·감, 팥배나무·능금나무·후박나무, 고욤나무·대추나무·버드나무·매화나무, 앵두나무·포도나무……(盧橘夏熟, 黃甘橙榛, 枇杷橪柿, 楟柰厚朴, 梬棗楊梅, 櫻桃蒲萄……)』《사고전서·문선주》 권8 〈상림부(上林賦)〉 내용의 일부다.

라고 하였는데, 참으로 그러하다.

[16] 삼신산三神山의 소재

三神山皆在海中, 自燕昭王[92]遣方士尋之不得, 秦始皇遣徐市[93]載男女三千求不死藥, 又不得[94]; 每以風引舟去爲解. 伍被[95]謂徐福至亶州[96], 得

92 | 연소왕(燕昭王, ?~기원전 279) : 성명은 희평(姬平). 그는 제(齊)나라에 의해서 연나라가 격파된 뒤 즉위하여, 제나라에 대한 복수를 다짐하고서 스스로를 낮추고 후한 예물로써 현사를 초빙하였다. 먼저 신하인 곽외(郭隈)를 위해 궁궐을 개축하고 스승으로 받들 듯이 정성으로 모시니 소문을 듣고 악의(樂毅) · 추연(鄒衍) 등이 그를 찾아와 도왔다. 후에 악의를 기용하여 제나라를 격파하여 원수를 갚고 영토를 확장했다.

93 | 서불(徐市, ?~?) : 서불(徐市)은 서복(徐福)이라고도 하는데, 진나라 때의 방사[신선술을 닦는 사람] 로, 자는 군방(君房)이다. 《사기(史記)》에는 서불(徐市)로 기술되어 있다. 진나라 시황제(始皇帝)의 불로불사(不老不死)하려는 소원을 풀어주기 위하여, 그는 수천 명의 동남동녀(童男童女)를 데리고 영약(靈藥)을 찾아 바다 끝 신산(神山)으로 배를 타고 떠났으나 중국에는 다시 돌아오지 않았다고 한다. 제주도에도 이와 관련된 이야기가 많이 전한다.

94 | 우부득(又不得) : 진시황이 동해에 불로초가 있다는 소문을 듣고 서복과 함께 동남동녀 3천명을 보냈더니 배를 타고 바다로 떠나 조주(祖洲)를 찾다 돌아오지 않았다고 함. 《사기 · 진시황본기(秦始皇本紀)》에 의하면, 진시황 28년에 『제나라 사람 서불 등이 상서를 올려 말하기를 「바다 가운데 三神山이 있어, 그 이름은 봉래(蓬萊) · 방장(方丈) · 영주(瀛洲)라고 하는데, 선인(僊人)이 살고 있습니다. 청컨대 재계하고 동남동녀들과 이들을 찾아 나설 수 있게 하십시오」라고 하니 이에 진시황은 서불을 파견하고 동남동녀 수천 명을 차출하여 바다에 나가 선인을 찾게 하였다.』고 한다.

95 | 오피(伍被) : 초나라 사람. 오자서(伍子胥)의 후손이라고도 한다. 회남왕(淮南王) 유안(劉安)이 반역을 꾀하여 그의 중랑(中郎) 오피에게 동조할 것을 요구했으나 오피는 거절하였다. 그러나 계속되는 요구에 하는 수 없이 유안을 위해 모반의 계획을 꾸몄는데 모반사건이 발각되자 그는 자수하여 모반의 과정을 자술했다. 무제(武帝)는 오피가 유안에게 여러 번 간하였고 한을 칭송한 점을 들어 용서하려 했으나 정위(廷尉) 장탕(張湯)이 모반주모자를 사면하는 것은 불가하다하여 처형시켰다. — 《한서(漢書) · 오피전(伍被傳)》

96 | 단주(亶州) : 「서불이 떠난 뒤 400년이 지나 서불의 자손이 단주(종자도로 생각됨)에 살고 있다고 전해지자 230(황룡2년) 손권은 무장병 1만을 파견해 바다를 건너 이주(夷洲 : 대만)와 단주를 수색하게 된다.」

平原廣澤, 止王不來[97], 卽今日本國也. 杜詩有『方丈三韓外』[98] 之句, 說者以爲三神山皆在我國, 方丈卽智異山, 瀛洲卽漢拏山, 蓬萊卽金剛山也. 余以爲漢拏山聳出海中. 在唐之世, 聞日本國富士山高四百里, 冬夏有雪, 疑是瀛洲山. 然《列子》[99] 歸墟[100]有五山, 六鰲戴之, 至龍伯國人釣鰲後, 五山隨流上下[101]. 岱輿 · 圓嶠二山, 漂失其所[102], 只有蓬萊 · 方丈 · 瀛洲三山, 始得根著. 然則三山在東海大荒中, 不在我國明矣.

97 | 지왕불래(止王不來) : 「서복은 평원과 넓은 못을 얻고, 그 곳에서 왕 노릇하며 돌아오지 않으니, 백성들이 비통해했다. 《사기 · 정의》에서 《괄지지(括地志)》에서 인용하여 이르기를 『단주는 동해에 있는데, 진시황이 서복을 보내 동남동녀와 함께 보냈는데, 마침내 이곳에 이르러……(徐福得平原廣澤, 止王不來, 於是百姓悲. 《正義》《括地志》云 : 亶州在東海中, 秦始皇遣徐福將童男女, 遂止此州,……)』라고 했다. ―《사기 · 회안열전(淮安列傳)》(권118)

98 | 방장삼한외(方丈三韓外) : 〈태상경 장기(張垍)께 드리는 20운(奉贈太常張卿二十韻)〉

方丈三韓外, 방장산은 삼한 밖에 있고,
崐崙萬國西. 곤륜산은 만국의 서쪽이라.
建標天地闊, 천지 광활한 곳에 표를 세우니,
詣絶古今迷. 절역에 나아가려하나 예나 지금이나 길 잃소.
氣得神仙逈, 기운은 신선의 아득함을 얻었고,
恩承雨露低. 은총은 우로의 낮게 내림 받들었소.
相門淸議衆, 재상의 가문에는 청의가 많고,
儒術大名齊. 유술은 큰 이름이 가지런하오.

―《두보 초기시 역해》, 이영주 외 4인, 솔출판사, 1999, 참조.

99 | 《열자(列子)》 : 춘추전국시대 열어구(列禦寇 : 열자)가 서술한 것을 문인과 제자들이 보완하여 8권 8편으로 나누어 기술한 잡가(雜家)류의 책.

100 | 귀허(歸墟) : 중국의 신선 사상에서 나온 말로 신선들이 장생불사하며 행복하게 사는 곳. 발해의 동쪽 몇 억만 리가 되는지조차 알 수없는 먼 곳의 큰 골짜기에, 사실은 오직 밑이 얼마나 깊은지조차 알 수없는 골짜기가 있는데, 그 아래 있는 밑바닥을 알 수없는 곳을 이름 하여 귀허라고 한다.……그 가운데 다섯 산이 있으니 대여 · 원교 · 방호 · 영주 · 봉래이다(渤海之東不知幾億萬里有大壑焉實惟無底之谷其下無底名曰 : 歸墟). ―《역사(繹史)》(청나라 마숙(馬驌)이 지음. 태고부터 진(秦) 말기까지의 고서를 섭렵하여 뽑아낸 사료를 유형별로 모아 논단(論斷)을 붙인 것으로 160권)

101 | 용백국인(龍伯國人) : 『《열자》에서 귀허에 다섯 산이 있고, 천제(天帝)가 큰 자라 열다섯 마리에게 다섯 산을 이고 있게 하였는데, 처음에는 우뚝 솟아 움직이지 않더

삼신산三神山은 모두 바다 가운데 있다. 연 소왕燕昭王 때부터 방사를 보내 찾았으나, 찾지 못하였고 진시황秦始皇이 서불을 보내서 남녀 3천을 싣고 가서 불사약을 구하게 하였으나, 또 찾지 못하였는데, 매양 바람이 배를 휘몰아 간 것으로 해석하였다. 오피伍被는 말하기를, 『서복徐福이 단주亶州에 이르러 평원과 넓은 못을 얻고, 그 곳에서 왕 노릇하며 돌아오지 않았다.』 하였는데, 곧 지금의 일본이다. 두시杜詩에,

方丈三韓外.　방장은 삼한 밖이다.

란 구절이 있는데, 해설하는 사람들은 삼신산이 모두 우리나라에 있는 것으로 여겨, 방장方丈은 지리산智異山이라 하고, 영주瀛洲는 한라산漢拏山이라 하고, 봉래蓬萊는 바로 금강산金剛山이라 한다. 내 생각으로는, 한라산은 바다에서 솟아 나왔고, 당 나라 때에는 일본의 후지산富士山이 높이가 4백 리요, 겨울 여름 할 것 없이 눈이 있다고 알려졌으니, 이것이 영주산이 아닐까. 그러나 《열자列子》 〈귀허편歸墟篇〉에, 『다섯 산이 있는데, 여섯 자라가 이것을 이고 있었다. 용백국龍伯國의 사람들이 자라를 낚은 뒤로는 이 다섯

니, 용백국의 한 거인이 여섯 마리를 한 번에 낚시질 하고나서 두 산은 북극으로 흘러갔다. 후인들이 오산이라고 칭하는 바는 여기서 나온 것이며……(歸墟中有五山, 帝使巨鼇十五載之五山始峙而不動龍伯國之大人一釣連六鼇於是二山流於北極. 後人所稱鼇山, 出此……按.』 ─《명의고(名義考)》

102 | 대여원교이산(岱輿圓嶠二山) : 『발해의 동쪽에 큰 골짜기가 있고, 그 중에 다섯 산이 있는데, 이르기를 대여 · 원교 · 방호 · 영주 · 봉래 다섯 산의 뿌리는 붙박인 데가 없었는데, 천제(天帝)가 해신에게 명하여 열다섯 마리 자라에게 머리를 들어 다섯 산을 이고 있도록 하니 처음으로 다섯 산이 대치하고 서서 움직이지 않게 되었다. 그런데 용백이란 나라의 한 거인이 발을 들어 몇 발자국 옮기지 않았는데도 이미 다섯 산이 다 낚여 올라와서 여섯 마리의 자라가 엉겨 붙게 되자, 대여와 원교 두 산은 큰 바다에 가라앉았다(渤海之東有大壑焉, 其中有五山, 曰 : 岱輿 · 圓嶠 · 方壺 · 瀛洲 · 蓬萊, 五山之根無所連著, 帝命禺强(疆)使巨鼇十五, 擧首而戴之五山始峙而不動, 而龍伯之國, 有大人, 擧足不盈數步而暨五山之所一釣, 而連六鼇, 於是岱輿圓嶠二山, 沈於大海)』고 했다. ─《기찬연해(記纂淵海)》

산이 물결을 따라 오르내려 대여岱輿와 원교圓嶠 두 산은 표류하여 어디에 있는지 모르고, 다만 봉래 · 방장 · 영주 세 산만이 처음으로 뿌리를 박았다.』하였으니, 세 산은 동해 대황중大荒中에 있는 것이요, 우리나라에 있지 않은 것이 분명하다.

[17] 두시 〈망악望嶽〉에 대한 단원양單元陽 《두시우득杜詩愚得》의 오류

杜詩 〈望嶽〉[103] :『安得仙人九節杖[104], 拄到玉女洗頭盆.』[105]《讀杜詩愚得》[106]『拄到』作『拄倒』, 其《注》意以玉女比楊妃, 乃曰 :『安得仙人

103 | 〈망악(望嶽)〉 : 악(嶽)은 구가주(九家注) · 전주(錢注) · 구주(仇注)의 모든 [두보시 주석] 판본에는『岳』으로 되어있다. — 원주(原註)

104 | 선인구절장(仙人九節杖) : 신선이 짚고 다닌다는 아홉 마디로 된 지팡이. 화산 봉우리의 하나라고도 하나 취하지 않는다. 《두시상주》에 인용된 《유근외전》에 『한 무제가 소실산에 올라 한 여자를 만났는데 고개를 들고 구절장으로 해를 가리키면서 왼쪽 눈은 감고 있었다. 동방삭이『이는 해의 정기를 마시는 것입니다』라고 말하였다(漢武登少室, 見一女子以九節杖仰指日, 閉左目, 東方朔曰:, 此食日精者.)』《구가집주두시》 조차공 주에『이 작품에서는 모두 화산 위의 명칭을 사용하였다. 선인구절장 · 옥녀세두분 · 거상곡 · 전괄봉은 모두 처소이다(趙云 : 此篇皆使華嶽上之名稱, 有仙人九節杖, 有玉女洗頭盆, 有車廂谷, 有箭栝峯, 皆處所也)』라고 하였다. —《두보 위관시기시 역해》 이영주 외 5인, 서울대학교출판부, 2004, p.200 참조.

105 | 주도옥녀세두분(拄到玉女洗頭盆) : 〈화산을 바라보며(望岳)〉

西岳崚嶒竦處尊,	서악은 첩첩이 우뚝 자리 잡아놓고,
諸峰羅立如兒孫.	여러 봉우리 자손처럼 벌리어 서있네.
安得仙人九節杖,	어떻게 하면 선인의 구절장을 얻어,
拄到玉女洗頭盆.	짚고서 옥녀의 세두분에 이를 수 있나?
車箱入谷無歸路,	수레가 골짜기에 드니 돌아갈 길 없고,
箭栝通天有一門.	오늬 모양 하늘 통하는 곳에 문하나 있네.
稍待西風涼冷後,	조금 지나 가을바람 차가워지면,
高尋白帝問眞源.	높이 백제 찾아가 참된 근원 물어보리.

— 바로 위의 책, 같은 쪽 참조.

106 | 《독두시우득(讀杜詩愚得)》 : 줄여서 『두시우득』이라고도 함. 명나라 양사기(楊士奇)의 문집에 다음과 같은 설명이 보임. 『선복(單夏) 원양(元陽)이 모두 18권을 지었는데, 우리 집에서 적어 둔 것은 모두 7책이다. 이전에도 두보시를 주석한 사람이

九節之杖, 拄倒楊妃之洗頭盆也』[107] 云, 不成文理. 剡人[108]單元陽[109], 可謂眞愚也已.

《두시杜詩》〈망악望嶽〉편에, 『안득선인구절장安得仙人九節杖 주도옥녀세두분柱到玉女洗頭盆』이란 구가 있다, 《독두시우득讀杜詩愚得》에는, 『주도拄到』가 주도拄倒로 되어 있는데, 그 주注에 『아마도 옥녀로서 양귀비에 비유한 것 같다』고 하고, 말하기를 『어찌 선인의 구절장을 얻어서 양귀비의 머리 감는 동이를 뒤엎으리오.』하였다. 섬인剡人 단원양單元陽은 어리석다 하겠다.

[18] 단장취의(斷章取義)를 평함

《詩三百篇》[110], 六義[111]各異, 而後之賦詩, 斷章取義[112], 故古人不分正變而皆賦之, 考於《左傳》可見. 且一時街謳巷謠[113], 未必人人皆出於正,

많았으나, 이 책은 설명이 간단명료하여 옛날 두보 같은 시인의 뜻을 잘 이해할 수 있다(單復元陽著, 凡十八卷, 余家所錄總七册. 昔之註杜詩者多矣, 而簡直, 明白, 得古詩人之意者.)』 – 《사고전서 · 동리속집(東里續集)》(권19)

107 | 주도(拄倒) : 『「어찌 선인의 구절장을 얻어서, 양귀비의 머리 감는 동이를 뒤엎으리오(安得仙人九節杖, 拄到玉女洗頭盆)?」에 대해 《보주두시》(권19)에서 이르기를: 선인에게 구절장 대나무 지팡이가 있기도 하나, 또한 구절은 옥녀의 머리감는 동이기도 하다. 산 모양으로 동이같이 생겼기 때문에 그렇게 말한 것이다……(仙人有九節杖笻杖亦有九節玉女洗頭盆因山形而名……)』라고 했다.

108 | 섬(剡) : 회계(會稽)의 한 지명.

109 | 선원양(單元陽) : 명대(明代) 사람. 이름은 복(夏), 자(字)는 양원(陽元)이며 회계(會稽) 사람이다. 《천경당서목(千頃堂書目)》에는 승현(嵊縣) 사람으로 되어있다. 홍무(洪武) 때 한양 하박관(漢陽河泊官)이 되었다. 또 이르기를 일명 복형(復亨)이라고도 했다.

110 | 《시삼백편(詩三百篇)》 : 《시경》 3백 5편의 준말.

111 | 육의(六義) : 시의 육의란 풍(風) · 아(雅) · 송(頌) · 부(賦) · 비(比) · 흥(興)이다. 풍아송이 시체(詩體)에 의한 구별임에 비하여, 부비흥은 시의 수사법 또는 표현법으로 구별함이 보통이다.

112 | 단장취의(斷章取義) : 장을 끊어서 뜻을 취해 온다. 작자의 본의, 시문 전체의 뜻이 어떠함은 상관없이 그 가운데에서 자신이 필요로 하는 구절만을 뽑아다 쓰는 것.

亦未必人人皆出於淫. 如《周 · 召南》, 或有淫風之詩, 鄭 · 衛亦或有正風之詩, 《大序》[114] 可以考矣. 自朱子斷爲序說, 遂爲不易之詩[115], 古之賦詩之義廢矣. 如〈凱風〉[116] 詩, 漢人或引而美皇后, 柳子厚亦用以思母[117], 曰 : 『哀吾生之不淑[118], 循凱風之悲詩.』[119] 昔人之用詩, 不拘如此. 今人若用〈凱風〉, 或於后或於母, 則人必目以妄發, 此豈春秋時某也賦某詩之旨哉?

113 | 가구항요(街謳巷謠) : 거리나 골목에서 불리는 노래.

114 | 《대서(大序)》 : 《시경》의 전체적인 성격을 총론한 것. 《소서》는 《시경》 각 시편의 유래를 말한 것이다. 《시경》의 구성을 국풍 15종, 소아 8종, 대아 3종, 송 5종으로 크게 나누었는데 그 밑에 다시 여러 시편이 수록되어 있으니 이의 시제(詩題)를 일일이 소개한 것이 소서이다.

115 | 시(詩) : 논(論)이 아닐까 생각된다. — 원주(原註)

116 | 〈개풍(凱風)〉 : 《시경 · 국풍 · 패풍(邶風)》에 나오는 시

凱風自南, 吹彼棘心. 남에서 부는 훈훈한 바람, 대추나무 싹을 어루만지네.
棘心夭夭, 母氏劬勞. 대추나무 싹이 성하게 됨은, 어머님 노고가 크심이었네.
凱風自南, 吹彼棘薪. 남에서 부는 훈훈한 바람, 대추나무 줄기를 어루만지네.
母氏甚善, 我無令人. 어머님 사랑 거룩하시건만, 우리는 훌륭한 아들 못되었네.
爰有寒泉, 在浚之下. 찬 샘은 어디에 있는고, 저 준 땅 아래에 있네.
有子七人, 母氏勞苦. 아들 일곱이 있건만, 어머님은 고생하시네.
睍睆黃鳥, 載好其音. 꾀꼴꾀꼴 꾀꼬리, 그 노랫소리 아름답구나.
有子七人, 莫慰母心. 아들 일곱이 있건만, 어머님 마음 달래지 못하네.

— 〈儒林外史에 나타난 淸代 知識人의近代意識과 그 한계〉 趙寬熙, 《중국어문논총》 11권, pp.151~173.

117 | 유자후사모(柳子厚思母) : 자후는 당송 팔대가의 한 사람인 유종원의 자, 유배지 영주(永州)에서 어머니가 죽은 것을 애도한 것을 여기서 말함.

118 | 불숙(不淑) : 《유하동집》의 어떤 판본이나 《신당서 · 유종원전》 등에는 「공간(孔艱)」으로 나온다. 단지 오래(吳萊)의 《연영집(淵穎集)》과 《흠정역대부휘(欽定歷代賦彙)》에 「내 삶이 깨끗하지 못함을 슬퍼하노니 모습은 더욱 마르고, 뜻은 더욱 움츠려지는구나(哀吾生之不淑, 汝形而益臞兮, 汝志之彌蹙」라고 나온다.

119 | 개풍지비시(凱風之悲詩) : 《유하동집 · 징구부(懲咎賦)》에 『내 삶이 크게 어려움을 슬퍼함이여, 개풍의 슬픈 시를 따라 가는 것 같구나. 죄가 하늘에 닿을 만큼 커서 혹독함이 내림이여. 빨리 죽지도 못하고 있구나. 다시 2년 세월의 추위와 더움을 넘김이여, 오직 보잘것없이 목숨만 붙잡고 있었구나(哀吾生之孔艱兮, 循凱風之悲詩. 罪通天而降酷兮, 不亟死而生爲. 逾再歲之寒暑兮, 猶貿貿而自持)』라고 했다. — 《사고전서 · 유하동집 · 징구부(懲咎賦)》

《시》삼백편三百篇의 육의六義가 각각 다른데, 시를 짓는 자가 단장취의斷章取義하는 까닭으로 옛사람은 정正과 변變을 분간하지 않고 다 그 시를 인용하였으니, 《좌전》에서 이것을 상고하여 볼 수 있다. 한때의 가구街謳와 항요巷謠가 꼭 사람마다 모두 정正에서 나왔다 하지 못할 것이요, 또 꼭 사람마다 음淫에서 나왔다고도 하지 못할 것이다. 예를 들어 말하면, 주남周南과 소남召南에도 혹 음풍淫風의 시가 있고, 정鄭 나라와 위衛 나라의 시에도 혹 정풍正風의 시가 있는 것과 같으며, 대서大序에서도 볼 수 있다. 주자朱子가 단정하여 서설序說을 만든 뒤로 드디어 바꿀 수 없는 《시》로 되어, 옛날 시를 짓는 뜻이 폐해졌다. 예를 들면, 〈개풍시凱風詩〉를 한 나라 사람이 혹 인용하여 황후를 찬미하였고, 유자후柳子厚는 또한 이 글을 인용하여 어머니를 사모하되,

哀吾生之不淑,	내 삶이 맑지 못함을 슬퍼함이여,
循凱風之悲詩.	개풍의 슬픈 시를 따르노라.

하였다. 옛사람이 시를 인용함에 구애받지 아니함이 이와 같았다. 오늘날 사람이 만일 〈개풍〉을 인용할 때 혹 왕후에 대하여서나 어머니에 대하여 인용하게 되면, 반드시 망발이라고 기록할 것이니, 이것이 어찌 춘추 때 아무나 아무 시를 지었다는 뜻이겠는가.

[19] 송나라 무인의 두보의 〈봄날 이백을 그리며(春日憶李白)〉에 대한 의문을 논함

宋時有武人, 擧杜詩問於人曰 : 『杜曰「白也詩無敵」, 繼之曰「清新庾開府, 俊逸鮑參軍」[120]. 旣曰無敵, 則何以但比庾・鮑也?』[121] 其人不能答. 然則武人亦未可輕也.

120 | 청신유개부(清新庾開府) 두 구 : 〈봄날 이백을 그리며(春日憶李白)〉시의 일부.

白也詩無敵,	이백의 시는 당할 자 없고,

송나라 때 어떤 무인武人이 두보杜甫의 시를 들어 사람에게 묻기를, 『두자미는 말하되, 「이태백은 시에 적수가 없다.」하고, 이어서

清新庾開府, 청신함은 유개부와 같으며,
俊逸鮑參軍. 준일함은 맛은 포조와 같네.

飄然思不羣. 뛰어난 생각 짝할 자 없네.
淸新庾開府, 청신함은 유개부와 같으며,
俊逸鮑參軍. 준일함은 마치 포조와 같네.
渭北春天樹, 푸른 숲 봄 하늘 위북의 나와,
江東日暮雲. 날 저문 구름 놀 강동의 그대.
何時一樽酒, 어느 제 주전자의 술 끌어안고서,
重與細論文. 다시금 차분히 글월 논할까.

※유개부(庾開府, 513~580) : 유신(庾信)을 말한다. 자는 자산(子山)이고, 남양(南陽) 신야(新野 : 河南省) 사람으로 유견오(庾肩吾)의 아들이다. 서육(徐陸)과 더불어 시명(詩名)을 날려 서유(徐庾)라 병칭된다. 서위(西魏) · 북주(北周)에서 거기대장군(車騎大將軍) · 표기대장군(驃騎大將軍) 같은 높은 벼슬을 지내고, 재상들이 누리는 개부의동삼사(開府儀同三司 : 승상부를 설치하고 3정승과 같은 대접을 받음)라는 특전을 받았기 때문에 유개부라 칭한다.

※포참군(鮑參軍, 414~466) : 자는 명원(明遠)이고 동해 관운현(東海 灌雲縣 : 강소성) 사람. 한때 임해(臨海) 유자욱(劉子頊)의 참군을 지냈기 때문에 포참군이라 칭한다. —《두보와 이백》 이병주 대우학술총서 1999. 참조.

121 | 두왈(杜曰)~유 · 포야(庾 · 鮑也) : 《시림광기(詩林廣記)》(권2)에 『《채관부시화》에서 : 내가 진사시험을 보러 갔을 때에, 일찍이 변경(汴京)의 여관에서 묵었는데, 몇몇 동행들이 두시를 논했는데, 옆에 식량을 운반하던 무인이 있었는데 어떤 사람이 그를 돌아보며 말하기를, 「자네도 일찍이 두시를 읽어 보았는가?」하고 물으니, 「평생 두시를 좋아했지만 여전히 이해가 안 되는 것이 많습니다. '이백의 시는 무적이다' 라고 해놓고 어째서 또 포조와 유신과 같다고 했는지요?」하고 물었을 때, 좌중은 그를 보고 비웃었지만, 당장 대꾸할 말이 궁색하였으나, 무사 또한 홀시할 게 아니다. 호초계가 이르기를 「유신은 준일하지 못하고 포조는 청신하지 못한데 이백은 그 두 가지를 다 겸했으니 무적이다」라고 했다. 「무인이 어찌 그것을 알리오?(蔡寬夫詩話云 : 予爲進士, 時嘗舍於汴中逆旅, 數同行亦論杜詩, 旁有一押糧運使臣, 或顧之曰 : 爾亦嘗觀杜詩乎? 曰 : 平生好觀, 然多不解, 因擧白也詩無敵, 相問曰 : 旣言無敵, 安得却似鮑照庾信? 時座中雖笑之, 然亦不能遽對, 則士亦不可忽也. 胡苕溪云 : 庾不能俊逸, 鮑不能清新, 白能兼之, 此其所以無敵也. 武弁何足以知之)』라고 했다.

하였다. 이미 무적無敵이라 말하고서 어찌하여 단지 유포庾鮑에게 비교하였는가.』하자, 그 사람은 대답을 못했다. 그러한즉, 무인도 경시해서는 안 될 것이다.

[20] 崔岦과 李義山 〈回中牡丹爲雨所敗〉에 대해 논하다

李義山[122] 〈回中牡丹爲雨所敗〉[123] 詩曰 :『浪笑榴花不及春, 先期零落更愁人. 玉盤迸淚傷心數, 錦瑟驚絃(絃)破夢頻. 萬里覆陰非舊圃, 一年生意屬流塵. 前溪舞罷君回顧, 並(倂)覺今朝粉態新.』[124] 十年前余與崔簡

122 | 이의산(李義山, 813~858) : 의산(義山) 사람인 이상은(李商隱)은 호가 옥계생(玉谿生)이며 회주(懷州) 하내(河內 : 지금의 河南省 沁陽縣) 사람이다. 몰락한 귀족가문 출신으로 재능이 뛰어났던 그는 17세 때 영호초(令狐楚)에게 문재를 인정받아 막부순관(幕府巡官)이 되었으며, 20세에 진사에 급제하였다. 그러나 당시 영호초와 정적관계에 있던 왕무원(王茂元)의 딸과 혼인하면서 영호초 일파에게 배은했다는 비난을 받게 되어 벼슬길이 막혀버렸다. 이때부터 이상은은 난해하고 생경한 시를 지어 그의 심리적 고뇌를 표현하였다. 그가 만당 전기의 대표적인 작가로서 중당과 달라진 풍격을 대변할 뿐만 아니라, 칠언율시사적 위상에 있어서도 여타의 만당 시인들과는 크게 다르기 때문이다. 그는 모두 598수의 시를 창작하였는데, 고체시가 47수이고, 근체시가 451수이니 전반적으로 근체시 창작에 치중하였다 할 것이다. 《中國文學史》 金學主 · 李東鄕 · 金榮九 한국방송대학출판부 2000.

123 | 〈회중목단위우소패(回中, 牡丹爲雨所敗)〉 : 개성(開成) 2년(837) 왕무원의 딸과 결혼한 후 장안(長安)으로 가서 박학굉사과(博學宏詞科)에 응시했으나 낙방하고 다시 경주(涇州)로 돌아오는 도중에 지은 것으로 2수로 되어있다.

124 | 낭소류화불급춘(浪笑榴花不及春) 여덟 구 : 〈돌아오는 도중 모란이 비에 지다(回中, 牡丹爲雨所敗)〉 2수 중 제2수의 전문이며 제1수 는 다음과 같다.

下苑他年未可追,	곡강에 있던 지난해는 추억할 수도 없겠고,
西州今日忽相期.	서쪽 고을에서 오늘 홀연 모란을 보았네.
水亭暮雨寒猶在,	저물녘 비로 물가 정자 한기 여전하여
羅薦春香暖不知.	비단자리 위의 봄 향기에도 따스함 모르네.
舞蝶殷勤收落蘂,	나비는 춤추며 은근히 떨어진 꽃술 거두고
佳人惆悵臥遙帷.	가인은 슬퍼하며 멀리 휘장아래 누워있네.
章臺街裏芳菲伴,	장대로에는 향기 날리고 있으리니
且問宮腰損幾枝.	궁녀허리 같은 버들은 또 얼마나 꺾였을지 묻고자하네.

易堂岦氏[125]論此詩, 崔公以爲『前溪舞罷』者, 謂牡丹隨風飛過也.『君回顧』者, 君指牡丹也.『並(倂)覺今朝粉態新』者, 謂牡丹雖落而色相(尙)新也. 余乃大笑, 心不然之. 崔公不以余言爲是, 其守株刻舟甚矣.

余以意釋之曰 :『浪笑榴花不及春』者, 言牡丹虛笑, 牧丹(榴花)不及春而發也.『先期零落更愁人』者, 言牡丹未盡開而雨摧, 是先期而落, 足以愁人也.『玉盤迸淚傷心數』者, 言雨濕如鮫淚也.『錦瑟驚絃破夢頻』者, 言雨聲如錦瑟也.『萬里重陰非舊圃』者, 言回中乃入蜀之道, 非舊鄉之圃也.『一年生意屬流塵』者, 言牡丹委在泥塵, 生意盡也.『前溪舞罷君回顧, 並(倂)覺今朝粉罷新』者,『前溪舞』『後溪舞』乃曲名, 見樂府. 君, 指言佳人也. 言佳人曾與牡丹鬪姸, 今日前溪舞罷後, 須回顧我爾之粉態, 並(倂)覺姸新也. 詩意謂牡丹花在, 美人顔色未嘗秀異 ; 今日牡丹花落, 始見玉貌粉色愈麗也.

余言如此, 而崔公自守己見, 不爲之然, 彼豈足與論詩者哉? 最可笑者, 牡丹色紅, 不可言粉色. 假使白牡丹也, 旣爲雨所敗, 則落在泥沙, 汙黷甚矣, 寧有粉態之新也?

이의산李義山 〈회중回中의 모란이 비에 지다(牧丹爲雨所敗詩)〉에,

浪笑榴花不及春, 석류꽃이 봄 와도 못 폈다고 비웃었더니,

— 〈이상은(李商隱) 영물시(詠物詩)에 나타난 인생감개(人生感慨)〉 이주희《嶺南中國語文學會論文集》 2005년 하반기 p.48 참조하여 조금 고침.

125 | 최립(崔岦, 1539~1612) : 자는 입지(立之) 호는 간이(簡易) · 동고(東皐)이며, 본관은 통천(通川). 이이(李珥)의 문인으로서 1561년(명종 16)의 식년문과에서 장원으로 급제하였다. 그는 당대의 문장가로 명성이 높았으며 명나라에 보내는 외교문서를 많이 작성하였다. 그의 문장은 차천로의 시, 한호(韓濩 : 석봉)의 글씨와 함께 『송도삼절』로 칭송받았으며《주역》에 조예가 깊어《주역》을 교정 간행하기 위한 교정청의 당상(堂上)으로 선임되기도 하였으며 간성(杆城)군수로 재직할 때《주역본의구결부설(周易本義口訣附說)》 4책을 만드는데 힘썼다. 문집《간이집》이 1631년 후인들에 의해 발간되었다.

先期零落更愁人.	모란이 먼저 지니 더욱 슬프게 하는구나.
玉盤迸淚傷心數,	옥쟁반 같은 꽃에 비 내려 상심의 눈물 한없건만,
錦瑟驚絃破夢頻.	금현 같은 비 소리에 놀라 꿈 자주 깨네.
萬里窮陰非舊圃,	만리에 구름 짙어 아름답던 옛 화원 아닌데,
一年生意屬流塵.	1년에 한 번 피는 꽃은 빗속에 먼지로 사라지네.
前溪舞罷君回顧,	전계무 같은 비 그치고 그대 돌아보니,
併覺今朝粉態新.	오늘 아침 분단장에 다시 싱그러움 느끼네.

이라 했다.

10년 전에 내가 간이당簡易堂 최립崔岦씨와 이 시를 논하였는데, 최공은 생각하기를, 『「전계무파前溪舞罷」란 모란이 바람을 따라 날아간다는 말이고, 「군회고君回顧」란 군은 모란을 가리킨 것이고, 「병각금조분태신併覺今朝粉態新」이란 모란꽃이 이미 떨어졌으나, 빛은 아직도 새롭다는 것을 말함이라.』하였다. 내 크게 웃고 마음으로 옳지 않게 생각했다. 최공이 내 말을 옳게 여기지 아니하니, 그의 고집이 심하다.

내가 뜻으로써 이 시를 다음과 같이 해석하였다. 『「낭소유화불급춘浪笑榴花不及春」이란 모란(또는 석류가)이 헛되이 봄에 미처 피지 못함을 비웃는다는 말이고, 「선기영락갱수인先期零落更愁人」이란 모란이 아직 다 피지 못하였는데, 비가 제 시기보다 앞서 떨어지게 되므로, 족히 사람으로 하여금 수심하게 한다는 말이고, 「옥반병루상심삭玉盤迸淚傷心數」이란 비에 젖기를 인어의 눈물같이 했다는 말이며, 「금슬경현파몽빈錦瑟驚絃破夢頻」이란 빗소리가 금슬소리 같다는 말이고, 「만리궁음비구포萬里窮陰非舊圃」란 돌아가는 도중에 그 자신이 촉도(蜀道)로 들어갔으니, 고향의 꽃밭이 아니라는 말이고, 「일년생의속류진一年生意屬流塵」이란, 모란이 버림을 받아 진흙에 있게 되니 생의生意가 진했다는 말이며, 「전계무파군회고前溪舞罷君回顧 병각금조분태신併覺今朝粉態新」이란 전계무前溪舞와 후계무後溪舞는 곧 곡명曲名으로 악부에 보이고, 군君은 가인佳人을 가리킴이니, 가인이 일찍이 모란과 고움을 다투었는데, 오늘 전계무파前溪舞罷한 뒤, 모름지기 나와 너의 분태粉態를 회고하니, 아울러 곱고 새로움을 깨닫겠다. 시의 뜻은 모란꽃이 있음에 미인의 안색이 일찍이 빼어나고 다름이 없더니, 오늘 모란꽃이 떨어지니, 비로소 나와 너의 옥 같은 모양과 아름다운 빛이 더욱 곱다는 것을 말함이다.』

내 말이 이 같은데, 최 공은 스스로 자기의 의견을 지켜 옳게 여기지 않으니, 저 어찌 족히 더불어 시를 논할 만한 사람이 되겠는가. 가장 웃을 만한 것은 모란은 붉은 빛이니 분색이라고 말할 수 없는 것이요, 가령 백모란이라 하더라도 비 때문에 패했은즉, 떨어져 진흙에 있게 되면 더러움이 심할 것이니 어찌 분단장이 더 곱고 새로울 수 있겠는가.

[21] 두시 〈두견행杜鵑行〉의 「업공業工」에 대한 풀이

老杜〈杜鵑行〉:『業工竄伏深樹裡, 四月五月啼偏呼.』[126] 業工, 注不釋. 余昔少時曾見一書:『杜鵑雛曰業工』今不記出自何書也.

노두(老杜)의 〈두견행杜鵑行〉에,

126 | 업공찬복심수리(業工竄伏深樹裡) 두 구 :〈두견의 노래(杜鵑行)〉

君不見,	그대는 보지 못하였소,
昔日蜀天子,	지난날 촉의 천자가,
化爲杜鵑似老烏.	두견새로 변해 늙은 까마귀와 같았다는 것을?
寄巢生子不自啄,	둥지에 의지해 새끼를 낳고 스스로 쫓지 않으니,
羣鳥至今爲哺雛.	뭇 새들 이제 와서 어린 새끼를 먹이네.
雖同君臣有舊禮,	비록 임금과 신하같이 옛 예가 있기는 하지만,
骨肉滿眼身羇孤.	혈육은 눈앞에 가득하지만 몸은 외로움에 쌓이네.
業工竄伏深樹裡,	업공은 깊은 나무속에 깊숙이 숨어,
四月五月偏號呼.	4, 5월이 되도록 사뭇 울기만 하누나. – 졸역

※편호호(偏號呼) : 원문 『啼偏呼』가 《문연각사고전서전자판》 등 모든 자료에는 이렇게 되어 있음.

※업공(業工) : 《오산설림(五山說林)》에서는 두견의 새끼라고 보았으나 《보주두시(補注杜詩)》에서는 『업공은 「깊은 나무속에 깊숙이 숨어」라는 것을 이르는 것이다(業工竄伏深樹裏, 盖謂此也)』라고 한 주석이 보이고 일역판 《두보전시집》(鈴木虎雄 譯)에서는 업(業)은 이(已 : 이미)이고, 공(工)은 교(巧 : 교묘하다)로 풀었음.

業工竄伏深樹裡,　　업공은 깊은 나무에 숨어,
四月五月啼偏呼.　　4, 5월이 되도록 사뭇 울기만 하누나.

하는 구가 있는데, 업공業工은 주注에서 해석하지 못했다. 내가 옛날 젊었을 적에 일찍이 어떤 책을 보았는데, 두견의 새끼를 업공이라 한다고 했는데, 지금 어느 책에서 나왔는지 기억하지 못하겠다.

【참고문헌】

황견 엮음 이장우 · 우재호 · 장세후 옮김, 《고문진보 전집》, 을유문화사, 2002.

김문기, 《국역 노계집》, 역락, 1999.

任昌淳, 《唐詩精解》, 소나무, 1987.

권문해 저, 남명학연구소 경상한문학연구회 역주, 《대동운부군옥》, 소명출판, 2003.

퇴계 이황 지음, 이장우 · 장세후 옮김, 《도산잡영》, 을유문화사, 2001.

鄭洋 · 朴浣植, 《杜甫詩의 理解》, 이회문화사, 1996.

李賢熙 · 李浩權 · 李鍾墨 · 姜晳中 共著, 《杜詩와 杜詩諺解》, 신구문화사, 1997.

이병주, 《두보와 이백》, 대우학술총서, 1999.

이영주 · 이석형 · 이남종 · 박홍준 · 김성곤 · 김만원, 《두보 위관시기시 역해》, 서울대학교출판부, 2004.

鈴木虎雄 譯, 《杜甫全詩集》, 日本圖書 センタ-, 1978.

이영주 · 박석 · 이석형 · 김만원 · 김성곤, 《두보 초기시 역해》, 솔출판사, 1999.

운곡, 《등선협로1》 (취편), 청어람, 2001.

이용범, 《사람》, 아이필드, 2003.

원굉도, 심경호 외 옮김, 《역주 원중랑집》, 소명출판, 2004.

이옥 저, 실시학사 고전문학연구회 역주, 《역주 이옥전집 2》, 소명출판, 2005.

환관 원저, 김한규 · 이철호 공역, 《염철론》 소명출판, 2002.

이충구 옮김, 《이아주소》 5, 소명출판, 2004.

진옥경 역주 해설, 《이태백 악부시》, 사람과 책, 1998.

사마광, 《자치통감 삼국지》 하, 살림출판사, 2004.

金學主 · 李東鄕 · 金榮九, 《中國文學史》, 방송대학출판부, 2000.

이종진 외, 《중국시와 시인》, 역락, 2003.

조관희, 《한권으로 정리한 이야기 중국사》, 청아출판사, 2003년.

趙寬熙, 〈儒林外史에 나타난 淸代 知識人의 근대의식과 그 한계〉, 중국어문논총 11권, 중국어문연구회, 2004.

장남희, 〈李商隱 詩世界論評〉, 중국인문과학 제14집, 중국인문학회, 2005.

陳甲坤, 〈芝峰類說의 杜詩批評 硏究〉, 어문론총, 경북어문학회 제32호, 1998.

박현옥, 〈車天輅의 文學 硏究〉, 한문학논집 13권, 1995.

【그 외 참고자료】

《文淵閣 四庫全書 電子版》

한국고전번역원(www.itkc.or.kr)

白度(www.baibu.com)

네이버(www.naver.com)

(崔繼良)

【찾아보기】

ㅇ